ハプスブルクの「植民地」統治

――ボスニア支配にみる王朝帝国の諸相――

村上　亮 著

多賀出版

iii

目 次

凡例　2

序論　サライェヴォ事件とハプスブルク帝国 ·························3

第1節　サライェヴォ事件—世界史の転換点　3

第2節　ボスニア統治の前提条件　7

第3節　研究史　15

第4節　本書の構成と史料　20

第1部　二重帝国体制とボスニア統治

第1章　ボスニア占領への道 ···························24

第1節　二重帝国体制の概要　24

第2節　アウスグライヒ後の外交政策　31

第3節　「東方危機」の勃発　33

第4節　ベルリン会議におけるボスニア問題　36

第2章　二重帝国体制への編入過程 ·····················39

第1節　ボスニア統治体制の基盤　39

第2節　地方行政の構築と法制面での同化政策　44

第3節　南スラヴ問題とボスニア併合　49

第4節　ボスニア憲法　52

第5節　小括　59

第2部　周辺地域開発の展開—クメット問題と農業振興

第3章　クメット問題への取り組み ・・・・・・・・・・・・・・・・・・・・・・・・・・・・・ 62

第1節　クメット政策への非難　62

第2節　クメット制度の形成　64

第3節　統治者側の現状認識　66

第4節　ハプスブルクの施策と「現実」　68

第5節　ムスリム地主層とハプスブルク政権　72

第6節　クメット償却の展開　75

第4章　農業振興策の展開 ・・・・・・・・・・・・・・・・・・・・・・・・・・・・・・・・・・・・・ 79

第1節　ボスニア農業の「停滞」？　79

第2節　ボスニア農業の生産実態　80

第3節　全般的措置　84

第4節　分野別措置　91

第5節　ボスニア通商と農業　98

第6節　小括　102

第3部　ボスニア農政と二重帝国体制

第5章　畜産問題にみるボスニアの従属性 ・・・・・・・・・・・・・・・・・・・・・・ 106

第1節　獣疫の重要性　106

第2節　豚ペスト問題　107

第3節　「共通獣疫体制」への編入問題　112

第4節　フランゲシュによる振興法案の策定　118

第5節　振興法案への対応　124

第6節　ボスニア農政と本国経済の事情　128

目　次　v

第6章　「ボスニア・ヘルツェゴヴィナ特権農業・商業銀行」の設立問題
……………………………………………………………………… 131

第1節　償却政策の転換　131

第2節　特権農業銀行の概要　134

第3節　オーストリア政府の対応　137

第4節　オーストリア下院議会の抵抗①　141

第5節　オーストリア下院議会の抵抗②　144

第6節　全会一致決議の意義　150

第7章　クメット問題解決の切り札 ……………………………… 153
　　　　―1911年「償却法」の制定

第1節　ボスニア議会における折衝　153

第2節　「償却法」の概要　157

第3節　「償却法」以後の進展　160

第4節　「償却法」の課題　164

第5節　「償却法」改正の試み―バルカン戦争とディモヴィチ法案　167

第6節　クメット問題の「解決」　172

第7節　小括　173

補論　ハプスブルクと「七月危機」……………………………… 175

第1節　「世界」大戦の発端―ハプスブルクとセルビアの対立　175

第2節　戦争への転換点　176

第3節　サライェヴォ事件とセルビア政府　179

第4節　世界大戦への拡大―おわりにかえて　182

結論　ボスニア統治にみるハプスブルク支配の特質 ……………… 185

地図・写真典拠一覧　242

参考文献　243

あとがき　279

事項／地名索引　285

人名索引　291

ハプスブルクの「植民地」統治

——ボスニア支配にみる王朝帝国の諸相——

凡例

① 史資料などからの引用における筆者の補足は、〔 〕で示した。

② 1867年から1918年までの「オーストリア・ハンガリー二重君主国（帝国）」については、原則として「ハプスブルク（帝国）」と表記した。

③ 「ボスニア・ヘルツェゴヴィナ」については、原則として「ボスニア」とした。

④ 二重体制期のオーストリアの正式名称は「帝国議会に代表を送る諸王国と諸領邦」であるが、本書では「オーストリア」に統一した。

⑤ オーストリア皇帝（＝ハンガリー国王）フランツ・ヨーゼフ1世についてはフランツ・ヨーゼフと記した。

⑥ 本文、脚注におけるハンガリー人の表記は、本書では表記上の都合からその他の欧米の研究者と同様に名・姓で統一した。

⑦ 3人以上の編著者、訳者がいる場合、原則として脚注では et al. や［他］と表記した。ただし、参考文献では一部を除き全員の名前を記した。

⑧ 脚注では、*op. cit.* は使用せず、連続する場合に *Ibid.* を用いた。

⑨ セルボ・クロアティア語、ボスニア語の文献については、巻末の参考文献一覧に英訳、もしくは独訳を付した。

⑩ 本文中の地図、写真の出典については巻末に掲載した。図表については、出典を略記したものがある。

⑪ 入門書、辞典類からの引用は脚注に明記したが、基本的には個々の項目は巻末の参考文献に記載していない。同一の書籍に所収されている論文については、まとめて記載した。

⑫ 頻出する史料、文献の注記は、下記の略号を用いた。

　・*Bericht*（年号）：*Bericht über die Verwaltung von Bosnien und der Hercegovina*, k. und k. Gemeinsamen Finanzministerium (hg.), Wien: Adolf Holzhausen.

　・*Habsburgermonarchie*（巻号、出版年）：Wandruszka, Adam et al. (hg.), *Die Habsburger-monarchie 1848-1918*, Wien: Verlag der Österreichischen Akademie der Wissenschaften.

　・*Sammlung*（年号）：*Sammlung der für Bosnien und die Hercegovina erlassenen Gesetze, Verordnungen und Normalweisungen*（*1878-1880*）, Landesregierung für Bosnien und die Hercegovina (hg.), Wien: k.k. Hof- u. Staatsdruckerei, 1880. ※1881年以降は、下記のものを指す。*Sammlung der Gesetze und Verordnungen für Bosnien und die Hercegovina*, Landesregierung für Bosnien und die Hercegovina (hg.), Sarajevo: Landesdruckerei, 1881-1914.

序論　サライェヴォ事件とハプスブルク帝国

第1節　サライェヴォ事件—世界史の転換点

　1914年6月28日、ハプスブルク帝国の皇位継承者フランツ・フェルディナント Franz Ferdinand 大公夫妻が、ボスニアの首都サライェヴォでセルビア人青年G・プリンツィプ Princip によって暗殺された。イギリスの研究者 J・ジョルが「記憶されている過去の暗殺事件のなかで、この大公暗殺ほど、重大な国際危機をひき起こした事件はかつてなかった」[1]と述べているとおり、このサライェヴォ事件が第一次世界大戦の直接的な契機となったことはすでに知られている。

　ところで、サライェヴォの犠牲者フランツ・フェルディナントは「歴史における無名の大物」[2]と評されるように、批判的な筆致で描かれることが多かったもののその実像はあまり知られていなかった。ようやく最近の研究により、大戦前の外交や軍事政策における彼の役割が詳しく知られるようになったのである。すなわち大公は、外交面では各国大使の任命に干渉するとともに、共通外務相 L・ベルヒトルト Berchtold とともにバルカン戦争への軍事介入に反対した。軍事面では、1913年8月には全軍監察長官に就任し、共通国防相や参謀総長のみならず、各軍団長の人事にも関与したのである。このように大公の権力基盤は強化されたものの、妻ゾフィー Sophie は公式行事への参加がままならない状況が続いた。なぜならこの結婚は、ハプスブルク家の家法（1839年）などに照らして「身分違いの結婚」に該当したため、ゾフィーは将来「皇后」の称号を得られないこと、夫妻の子どもは皇位継承権を与えられないことがあらかじめ誓約させられたからである。ゾフィー同伴での国内公式訪問は、15回目の結婚記念日にようやく実現した。目的地は、ハプスブルクがベルリン会議（1878年6-7月）において施政権を獲得し、その後併合した（1908年10月）ボスニアだった。

　ここで、ボスニア訪問における大公夫妻の行程を簡単にたどっておきたい。2人がボスニアに入ったのは6月25日のことである。大公は26、27日に演習を監察

地図1　ボスニアとその周辺

した一方、演習の合間にはサライェヴォ市内を夫妻で散策し、人々に歓迎されたと伝えられる。滞在最終日にあたる28日午前10時前、夫妻は近郊の保養地イリジャからサライェヴォへ到着した。6台の車で市庁舎に向かったが、その際に襲撃に遭遇する。午前10時15分ごろ、「青年ボスニア Mlada Bosna」[3]のN・チャブリノヴィチ Čabrinović が一行の車列に爆弾を投げつけ、随行員と見物人が負傷した。このため大公は市庁舎での歓迎式典後の予定を変更、負傷者が搬送された病院の訪問を希望した。午前10時45分ごろ、一行は市庁舎を後にしたが、運転手に行先の変更が伝わっておらず経路を誤ったため、車列はラテン橋付近で一旦停止した。その瞬間、群集のなかから「青年ボスニア」のプリンツィプが走り出て大公夫妻に発砲、両人ともまもなく絶命した[4]。以上が、サライェヴォ事件の顛末である。

この事件は、当時から今日までハプスブルク統治の結果としてとらえられることが多い。ハプスブルクの批判者として知られる同時代のイギリスの研究者R・W・シートン・ワトスンは、事件の主な原因をハプスブルク国内の南スラヴ地域における抑圧的政策やセルビアに対する好戦的政策とした。また大戦の起原に関する文脈では、ドイツの研究者I・ガイスが、国内の諸民族に自由や平等、社会正義への道を開かなかったハプスブルクの支配層に暗殺の責任を求めている[5]。

サライェヴォ事件（プリンツィプ逮捕の瞬間）

地図2　サライェヴォ事件関係図

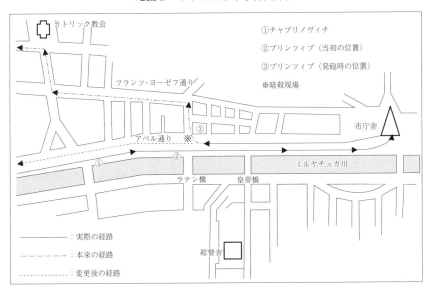

これに関する動向については、次の二つに言及しておきたい。

　一つ目は、ボスニア統治への批判が、ボスニアを「植民地」とみなす視座と表裏一体であることである。最近の例をあげると、セルビアの研究者Ｄ・Ｔ・バタコヴィチは、併合の違法性や政治的権利の剥奪、民族（＝宗派）に基づく差別的な政策を理由にハプスブルク支配を「植民地主義」的なものとみなし、サライェヴォ事件をその不可避の結果としてとらえる。南塚信吾は、1878年以降の官僚機構の整備や資本主義の浸透を「植民地主義の真髄」と断じたうえで、庇護と保護を装ったハプスブルクの帝国主義的支配を指弾する。またサライェヴォ事件については、ハプスブルク支配期の社会経済的な変化に起因する民族主義の広まりが背景にあると判断する(6)。確かにこれらの要因は否定できない。

　しかし、ボスニア支配が「植民地」支配の文脈で論じられることが少ないのは、何らかの特殊な要素が隠見されるからではないだろうか。Ｂ・アレクソフは、ボスニア統治を「ヨーロッパにおける植民地主義の短く、かつ独特の経験」と論じるが、どのような点が「独特」なのかについては詳らかではない。Ｋ・カーザーはこの問題に関して、ボスニアへの膨張が慎重な戦略的考慮に因ること、資源開発の目的が行政費用の捻出を目的としたこと、ドイツ語もハンガリー語も共通語 lingua fránca とはならなかったことに着目する(7)。ボスニアを「植民地」とする見方は、一考を要するのではないだろうか。

　二つ目は、統治政策に関しては地主＝小作問題（クメット問題）への取り組みが、再三にわたって失政との謗りを受け、暗殺と関連付けられてきたことである(8)。実際にセルビア人の分益小作農民（クメット Kmet）の息子であったプリンツィプは、サライェヴォ事件の裁判において「農民は貧窮し、完全に没落した。私は農民の息子であり、村の様子はよく知っている。それゆえ私は仇を取ろうとした。後悔していない」と弁じた。もっともプリンツィプの「〔大公が〕われわれについて明確な改革を行う将来の君主として、〔…〕われわれの統一にとって不都合なことは自明である」という供述からは、大公が抱いていたとされる「三重制」への危惧が動機のひとつであったこともわかる(9)。またプリンツィプのテロ活動（「暴君殺し」）への傾倒も指摘すべきである(10)。すなわちクメット問題を暗殺の動機と即断することにも、慎重になるべきではないだろうか(11)。

　ここまでの内容からは、ボスニア統治については考量すべき課題が積み残されていることが見てとれるだろう。はたして、ハプスブルク支配下のボスニアでは

いかなる統治体制が敷かれ、その特徴はどこにあったのであろうか。その際に、地域経済の基盤であった農業分野ではいかなる政策が実施され、それによる変容はどのように評価すべきだろうか。サライェヴォ事件は、ハプスブルク統治の当然の帰結だったのだろうか。第一次世界大戦の勃発からおよそ100年が経過した今日、ハプスブルク支配はこのような観点から再考されるべきではないだろうか。

　本書は、以上の問題意識をふまえ、世紀転換期ボスニアにおいて展開された農業政策を題材として、「王朝帝国」ハプスブルクによる支配を検討するものである。具体的には、以下の三つの課題を設定する。第1は、ハプスブルクの統治構造とそのなかでのボスニアの位置づけを明らかにすることである。第2は、統治政策の最重要問題であったクメット問題、ならびにこれと関わる農業生産におけるハプスブルクの取り組みを検証することである。第3は、ボスニア農政に表出した二重帝国体制のありようを糸口として、ボスニアと本国政体の相互的な影響を吟味することである。

第2節　ボスニア統治の前提条件

　ここで、ハプスブルク帝国によるボスニア統治を取りあげる意義を、帝国と帝国主義、ならびに宗教＝民族関係にわけて整理しておきたい。

1．帝国

　歴史上に登場した数多の帝国は多種多様であるが、その一般的な特徴は次の四点に整理できよう。①広大な支配領域、②複数の民族集団の存在、③征服による形成、④中心-周縁（支配-従属）関係の存在である[12]。第一次世界大戦前夜のハプスブルク帝国は、国土では現在のロシアとスイス、ポーランドとセルビアに接する、ヨーロッパで二番目の規模であった。人口ではロシアとドイツに次ぐ5,100万人余りであった。そのなかで「支配民族」であるドイツ人とマジャール人は、各半部において過半数を占めておらず、合算しても全体の半分には届かなかった。反面、チェコ人やポーランド人などの西スラヴ、クロアティア人、セルビア人、スロヴェニア人などの南スラヴ人が多数を占めていた（表序-1）。この多民族性のなかで、19世紀の「ナショナリズム」の時代に「国民（ネイション）

表序-1　ハプスブルク帝国における民族構成

民族名	概数	割合（%）	民族名	概数	割合（%）
ドイツ人	12,000,000	24	クロアティア人	2,625,000	5
マジャール人	10,000,000	20	スロヴァキア人	1,950,000	4
チェコ人	6,550,000	13	セルビア人	1,925,000	4
ポーランド人	5,000,000	10	スロヴェニア人	1,300,000	3
ルテニア人	4,000,000	8	イタリア人	1,000,000	2
ルーマニア人	3,200,000	6	ムスリム人※	650,000	1

出典：Robert A. Kann, *The Multinational Empire*, vol. 2, 1970, p. 305.
注：上記の「ムスリム人」は、ボスニアにおけるイスラム教徒を指す。

社会群」が王朝による統合理念と各々の民族意識の高まりの狭間に作り出された
ことは、小沢弘明によって論じられている[13]。

　三点目については、ハプスブルク家は婚姻関係や交換のみならず、武力も用い
て版図を拡大した（地図3）。ハプスブルクは、オスマン、ロシア、ムガール、
清と同様に隣接する諸地域を侵略し、それらを差別化しつつ既存の国制に編入し
ていった大陸型帝国といえるだろう[14]。しかし最後の点、中心–周縁関係の区
分は必ずしも明確とはいえない。わが国のハプスブルク研究の草分けといえる矢
田俊隆も、ハプスブルクの特徴のひとつに強力な中央集権機構の欠如をあげてい
る[15]。その背後には、どのような事情があったのだろうか。

　ハプスブルク家の領土は、歴史的な伝統を異にする諸地域の集合体であり、概
ね「世襲」領と「選挙」領から構成されていた。これをG・W・F・ヘーゲルは
「オーストリアは王国ではなく帝国である。すなわち多くの政治組織の集合体で
ある」[16]と評している。ハプスブルクは、第二次ウィーン包囲（1683年）を撃退
した17世紀末には列強としての地位を確立したものの、領域全体を束ねる統治機
関をもたなかったために一体性を欠いたままであった。カール6世（在位1711–
40年）は、「国事詔書 Pragmatische Sanktion」[17]（1713年）によって家領の不可
分と長子相続を定めたが、諸地域の特権は温存されたのである。これに関して
J・H・エリオットは、ハプスブルク家による男系の王位世襲を認めることと引
き換えに、宗教面での多様性と自治や国政への参画などをハンガリーに認めたサ
トマールの和議（1711年）を重視した。なぜならハンガリーは、1723年に前出の
「国事詔書」を承認したものの、諸領邦のなかで相対的に大きな独立性を保持し

地図3　ハプスブルク帝国領の変遷過程

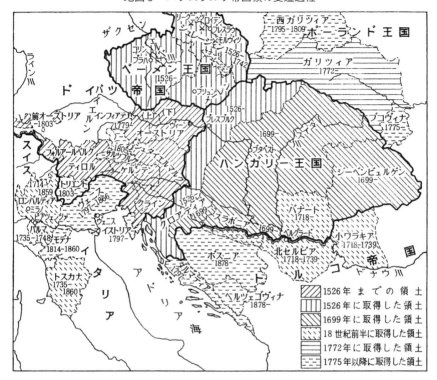

ていたからである(18)。1848年革命後の「新絶対主義」体制は、ハンガリー王国の議会や自治制度を廃止したが、イタリア独立戦争の敗北によって瓦解した。最終的には普墺戦争の敗北後、フランツ・ヨーゼフ Franz Joseph が「国事詔書」に依拠したハンガリーの伝統的権利を認め（アウスグライヒ Ausgleich）、二重帝国体制が成立したのである（1867年）。ここでは、「国事詔書」という家産国家的な原理が国制の根幹をなしていたことを確認しておく。

　国制については第1章で考察するため、以下の二点を記しておきたい。一つ目は、ハンガリーがアウスグライヒによって大きな自由裁量権を得たこと、そのため、ハプスブルク帝国の一体性が弱まったことである。同時代の日本人研究者である長瀬鳳輔の筆を借りると「此の二重君主国は〔…〕唯外部に対してこそ一国を形成するも、その実内部に於ては、殆んど互に風馬牛相関せざる別国の如き観

を呈して」[19]いた。二つ目は、ハンガリーが自らの特権的地位に固執し、それを失う可能性のある連邦化などの国制改革を峻拒したことで、とくにチェコ人や南スラヴ人の不満を引き起こしたことである。以上の二つは、ボスニア統治にも影を落とすことになる。

2．帝国主義

「帝国」と同様、「帝国主義」の定義も容易ではない。その理由の一半は、この用語が何らかの明確な特質をそなえる政策に対してではなく、「自分の気に入らない政策を非難する言葉」[20]として使われてきたことに求められる。「帝国主義」の意味をもっとも広くとれば、ある国家が手段や目的を問わずに他国を支配することを指し、支配側と従属側のすべての関係を含む用語と整理できるだろう[21]。木畑洋一は、より具体的に「19世紀後半からイギリス、フランス、ドイツなどのヨーロッパ列強や、アメリカ、日本が植民地や勢力圏の獲得競争を行い、世界を分割していった動き」[22]と述べている。さらにこの動きが、「国民帝国」——「主権国家体系の下で国民国家の形態を採る本国と異民族・遠隔支配地域から成る複数の政治空間を統合していく統治形態」[23]——という複数の中心によって同時に進められたとの指摘も見逃せない[24]。

対外膨張の一般的な目的は、経済的に必要とされた原料供給地や製品市場、投資先の確保のみならず、国内の社会的矛盾に因る不満の解消とされ、その方式を大別すると、武力を用いた領土膨張による「公式の帝国」と経済的な影響力の行使による「非公式の帝国」の形成に分類できる。列強諸国では概ね、「国民国家」——「一つの国家の領域内には一国民しかいないというイデオロギーに基づく国家」[25]——としての意識形成と帝国主義支配の拡張志向が歩調を合わせて進んだ。そのなかでハプスブルクは国民国家を支える「国民」を創出できず、国内の民族問題に忙殺され、帝国主義政策にもっとも消極的であったと捉えられている[26]。

ただし以上をもって、ハプスブルクが膨張傾向をもたなかったとはいえない。つまり海外植民地の獲得には失敗したものの、陸続きのバルカンでは「文明化の使命」を掲げ、通商、金融、交通などを通じた「非公式の」支配を図ったからである[27]。オーストリアの研究者E・コルムによれば、とくに世紀転換期頃からハプスブルクの工業界は植民地を希望し、それに必要な海軍の強化も求めたとい

う[28]。もっともコルムは、以下の理由からハプスブルクの帝国主義を「失敗」とみなす。①ロシア、イタリアのみならず、政治的にはもっとも緊密だったドイツとの競合を強いられたため、「平和的浸透」が妨げられたこと、②ハンガリーが自国農業への悪影響を恐れてバルカン諸国との関係強化に抵抗したことが、バルカン市場における優越的立場を喪失させたこと、③ハプスブルクでは金融資本の形成が遅れていただけではなく、銀行が工業化、鉄道、資源開発などの対外投資に総じて消極的だったこと、④オーストリアとハンガリーの利害が対立しただけではなく、帝国全体の利害が各半部の利害と矛盾することが少なくなかったことである。ハプスブルクの膨張は、列強諸国との相克、バルカン諸国の抵抗、経済発展の遅れ、国内の利害調整の困難によって阻害されたといえる[29]。

　なおハプスブルクのバルカン政策については、「東方問題」[30]——オスマンの退潮過程における列強諸国の角逐、ならびにバルカン諸民族の独立運動と膨張志向の交錯から生じた諸問題——に深く関わるロシアとの関係を抜きにして語れない。ハプスブルクが占領以来、ボスニアについてロシアとの合意に心を砕いていたことはこれを明証する。しかしハプスブルクによるボスニア併合（1908年10月）は、その手法の稚拙さも相まって、ハプスブルクとロシアの関係を決定的に悪化させた。両国の対立は、ロシアがセルビアの後ろ盾となっていただけに、ボスニア統治の背景として看過できない。

　以上に加えて、ハプスブルク国内の支配＝従属関係にも着眼する必要があるだろう。これについてオーストリアの経済史家 A・コムロシは、経済的な発展水準の大きく異なる地域間の分業体制が帝国全体の統合に役立ったこと、地域間の格差が拡大したこと、ボスニアをふくむ周辺が中心の発展に必要な海外植民地の代役を果たしたことを述べるが、その実態は論じ尽されていない[31]。C・ルートナーは、ハプスブルクの「植民地主義」を「異言語地域を自らの意のままにし、経済的に搾取するために帝国主義的に統治した『擬似植民地帝国』（内陸植民地主義）」と規定した。以上に加えて彼は、政治面や経済面のみならず文化面でもドイツ人とマジャール人が支配的な立場にあったこと、ハプスブルクのなかで狭義の植民地主義を適用できるのはボスニアのみであることも記している[32]。

　ボスニアをハプスブルクの「植民地」とする見方は同時代からみられるが、とくに研究文献では否定的な意味をこめて用いられたといえる。たとえば A・J・P・テイラーは、ヨーロッパ列強の植民地とボスニアの類似性を次のように述べ

る。「この二州〔ボスニア〕は、〔ハプスブルクが〕『白人の義務』を負った地域であった。他のヨーロッパ列強がその義務を果たすためにアフリカで植民地をもとめる間に、ハプスブルクはボスニア・ヘルツェゴヴィナに自身の余分な知的産物——つまり行政官、道路建設作業員、考古学者、民族誌学者、それに本国からの送金で暮らす人びとさえも送り込んだのである」[33]と。確かに植民地についてのJ・オスタハメルの定義[34]に準拠していえば、ボスニアが本国に対して政治的、経済的に従属関係にあったこと、現地の意思に関係なく軍事行動によって占領されたこと、現地経済が本国の利害に従属させられたことに一般的な「植民地」との共通点が認められる[35]。さらに「植民地国家がその支配領域を想像する」手段を提供した「人口調査、地図、博物館」（B・アンダーソン）が当該期のボスニアにも見られたこと、アメリカ大統領T・ローズヴェルト Roosevelt が、ハプスブルクの経験をフィリピンで活かそうとしたことも付け加えておきたい[36]。

しかしながら、いくつかの相違点も存在した。たとえば二重帝国体制に起因する「共通行政地域」としての立場や地理的な隣接関係、国際法上の不明確な立場などである。ハプスブルク史の専門家R・A・カンは、ハプスブルクに認められる「帝国主義的傾向」の非効率的で無計画的な性格、オーストリアとハンガリーの二つから構成される「本国」の特殊性、過酷な植民地的搾取の欠如をふまえ、ボスニアを「白人が有色人種を支配する」海外植民地とは異なると結論づけた[37]。前出のコルムも、ボスニアがイタリアにおける喪失の代償ではあったが、経済的には利益がなかったことに触れたうえで、ハプスブルクがボスニアに隣接していたため、その他の列強とは異なる問題に直面したことを論じている[38]。それは、具体的にどのような状況だったのだろうか。

3. 宗教＝民族関係

ハプスブルクがボスニアで直面した難事のひとつは、外交政策と国内政策の両方にかかわり、もっとも深刻な民族問題に数えられる南スラヴ問題である。これは、ハプスブルク支配に対する南スラヴ民族——セルビア人、クロアティア人、スロヴェニア人など——の抵抗から生じた諸問題であり、独立国家セルビアがこの抵抗を積極的に支援したために、統治体制に深甚な影響を及ぼしたものと要約できる[39]。セルビアは、内相I・ガラシャニン Garašanin による『ナチェルター

ニェ Načertanje（覚書）』（1844年）以降、「歴史的権利」を盾にステファン・ド
ゥシャン Stefan Dušan 期（在位1331-55年）の領土を中心とする版図拡大を目指
した[40]。この構想は、オスマンやハプスブルクの南スラヴ人居住地域の併合を
目指す「大セルビア主義」の基礎となったため、セルビアはハプスブルクのボス
ニア併合に強く反発した。当時のセルビアの地理学者 J・ツヴィイチ Cvijić が、
セルビア人にとってのボスニアを「フランス人にとってのアルザス・ロレーヌ、
イタリア人にとってのトレントとトリエステ」[41]に相当すると論じたことにボス
ニアへの執着がみてとれる。ドイツとフランスやイギリスとの対立と異なり、ハ
プスブルクとセルビアの緊張関係は海外に転移できなかったのである。

　いまひとつ注意すべきは、ボスニア特有の宗派＝民族状況である。オスマンは、
一般に支配下のキリスト教徒に改宗を強制せず、税負担や行動の制限と引き換え
に自治を認めた。そのため「不平等の下の共存」[42]のなかで多宗派性が維持され、
ボスニアにおいてもイスラム教徒、セルビア正教徒、ローマカトリック教徒が過
半数を占めない形で混住していた。表序-2からは、ハプスブルク期にイスラム
教徒の割合が減少した一方、カトリックが増加したことがわかる。ここでは、ハ
プスブルクが占領によってまとまった数のイスラム教徒を支配下に抱え、これが
ハプスブルクとオスマンの外交関係に影響したこと、ハプスブルクが建前であっ
たとしても各宗派の平等を基本方針としたことは、特権的な地位を享受してきた
イスラム教徒にとって懸念すべき事態であったことを記しておく。

表序-2　ボスニアにおける人口数／宗派別人口数と割合の変遷

(年)	イスラム教徒		セルビア正教徒		ローマカトリック教徒		ユダヤ教徒		その他		合計
	人口数	全体比	人口数	全体比	人口数	全体比	人口数	全体比	人口数	全体比	
1879	448,613	39	496,485	43	209,391	18	3,426	0	249	0	1,158,164
1885	492,710	37	571,250	43	265,788	20	5,805	0	538	0	1,336,091
1895	548,632	35	673,246	43	334,142	21	8,213	1	3,859	0	1,568,092
1910	612,137	32	825,418	43	434,061	23	11,868	1	14,560	1	1,898,044

出典：*Die Ergebnisse der Volkszählung in Bosnien und der Hercegovina von 10. Oktober 1910*, Landes-
　　regierung für Bosnien und die Hercegovina (hg.), Sarajevo: Landesdrukerei, 1912. S. XLI; R・ドー
　　ニャ／V・A・F・ファイン（佐原徹哉［他］訳）『ボスニア・ヘルツェゴヴィナ史』恒文社、
　　1995年、92頁。
　注：「ユダヤ教徒」、「その他（の宗派）」は、便宜上「0」と表記した箇所がある。

ボスニアにとってハプスブルク期は、「宗教」意識が「民族」意識に変化した点でも重要である。これについては、クロアティア人研究者 S・M・ジャヤが、チェコの歴史家 M・フロフの定義を援用しつつ解説を加えている。それによると、占領時点ではセルビア人（セルビア正教徒）とクロアティア人（ローマカトリック教徒）は、自らの集団の言語的・文化的・社会的・歴史的属性を学問的に研究し、それについての自覚を促す段階（A 段階）から、民族としての意識を「覚醒」するための宣伝活動を経て、多くの同胞を包摂する段階（B 段階）へと進みつつあった。さらに世紀転換期には、住民の大部分の動員に成功し、大衆運動を形成する段階（C 段階）に至った。イスラム教徒は、1878年以後に A 段階へ到達するとともに、セルビア人とクロアティア人双方からの働きかけに応えず、クロアティア人、セルビア人とは異なる歴史、政治、文化的アイデンティティーを獲得した[43]。最後の点については、セルビアやモンテネグロにおけるナショナリズムの高まりが、社会的な地位をまたいだイスラム教徒としての一体性の涵養に資したとも指摘される[44]。

以上の宗派＝民族関係は、当地における政治活動の下地となった。すなわち占領期には議会が存在しなかったため、「民族組織」が宗派ごとに――イスラム教徒では「イスラム民族組織」（1906年）、セルビア人では「セルビア民族組織」（1907年）、クロアティア人では「クロアティア民族協会」（1908年）が――創設された。これらの組織はボスニア議会（1910-14年）の各政党へと受けつがれ、基本的には今日まで継承されている[45]。宗派＝民族上の対立をこの地の紛争原因と速断することは慎むべきであるが、この分断がボスニア全体を包摂するアイデンティティーの形成を阻んでいることは間違いなかろう[46]。

以上を約言すると、ボスニアは二重帝国体制の原則にそぐわない存在であったこと、帝国主義時代の一般的な「海外植民地」とは異なる要素も含んでいたこと、ボスニアはハプスブルク本国の国制や民族関係、周辺諸国との関係に影響を及ぼすものであったことがわかる。仮にハプスブルク統治下のボスニアを、抽象的な「植民地」という用語に縮約した場合、その複層的な実相は尽くされないのではないだろうか。換言すれば、一般的な「植民地」との共通点とボスニア統治に固有の諸条件をふまえたうえで政策の分析をしなければ、ハプスブルク支配の本質を理解できないのではないだろうか。

第3節 研究史

両大戦間期、ハプスブルク帝国は時流にそぐわない王朝帝国、より批判的には「諸民族の牢獄 Völkerkerker」と総じて消極的にとらえられ、その崩壊は必然であったと説かれてきた[47]。その潮流に大きな変化がみられたのは、第二次世界大戦後のことである。すなわち、第一次世界大戦後に「民族自決」に依拠してつくられた「国民国家」が旧帝国の遺した問題を解決できず、再び争乱の舞台となったことをふまえ、ハプスブルク帝国の再評価が始まった。W・S・チャーチル Churchill は主著のひとつ『第二次世界大戦』において、ハプスブルクが通商と安全の利益を供与して人々に安定した生活を提供したと論じている[48]。継承諸国におけるハプスブルクの再評価は、N・S・フルシチョフ Khrushchyov によるスターリン批判（1956年）後、とくにハンガリーにおいて顕著にみられた。それと期を同じくしてオーストリアと近隣諸国との共同研究も進捗した。その趨勢は「プラハの春」の終焉により部分的に停滞したが、ハプスブルクを「諸民族の牢獄」ととらえる視座は減少したとされる[49]。P・ジャドソンは近著において、民族問題や東西二分法などの視角にとらわれず、ハプスブルクと西欧各国の近似性を指摘するとともに、ハプスブルク全体にまたがる「共通経験」の意義を強調する。彼の研究では帝国の諸制度や行政活動がどのように共有されたのか、あるいは文化計画が地域社会にいかなる影響を与えたのか、という点に重点が置かれているのである[50]。

ボスニア統治への評価も、時代と地域によって著しい懸隔が認められる。K・カーザーが的確に指摘したように、セルビア人・クロアティア人・スロヴェニア人王国は、自らの正当性をハプスブルクからの解放史によって強化しようと試み、ユーゴスラヴィア連邦人民共和国（以下、ユーゴスラヴィア）は、マルクス主義的な歴史観にそくしてボスニア支配を解釈したといえる。ユーゴスラヴィアにおける歴史学は、大戦間期からティトー期に至るまで論争が絶えなかったが、ハプスブルク支配は帝国主義的、植民地主義的なものとみなされ、以下に見るように、その治績はもっぱら否定的に評価されてきた[51]。旧ユーゴスラヴィアの研究を取りあげる時には、党と不可分の学術アカデミーの存在に見てとれる、政治と学術研究の密接な関係を念頭におくべきであろう[52]。

もっともボスニア内戦（1992-95年）後に生じた独立と分断——「ボスニア・

ヘルツェゴヴィナ連邦」と「スルプスカ共和国」——は、各民族にそくした歴史叙述の分化とともにハプスブルク支配の評価を大きく変化させた。このなかでセルビア人は、ハプスブルク統治を外国支配の延長と否定的にとらえたのに対し、ボシュニャク人（イスラム教徒）は民族形成の開始、クロアティア人はトルコの頸木からの解放と積極的に理解した[53]。さらにハプスブルク統治期における法と秩序の維持、工業化の進展や交通網の整備、宗教制度の確立、政党の結成や議会の開設などを評価する観点もある。これはナチスの侵略、ユーゴスラヴィア崩壊とそれにともなう内戦など、ハプスブルク滅亡後の出来事を加味したものと考えられるだろう[54]。以上をふまえたうえで、先行研究を政治、経済、農業政策の三つの領域にわけて整理したい。

1．政治

最初に、ボスニアが二重帝国体制において唯一の「共通行政地域」を形成したことに留意したい。このような立場については、さまざまな解釈がなされてきた。ドイツの国法学者G・イェリネクは、これを近代国家では類例の少ない「共同統治」に分類し、ボスニアが「国家」ではないにもかかわらず、1878年から1908年まではいずれの国家に併合されていない特殊な状況にあったと述べる[55]。ボスニアの法的立場に、ドイツ統治下アルザス・ロレーヌに使われた「帝国直轄領Reichsland」を当てはめるものもあるが、この用語が具体的な意味をもっていないこと、ドイツとハプスブルクの国制面での相違が看過されていることには留意する必要がある。同時代人のF・クラインヴェヒターは、この錯雑な性格を「オーストリア・ハンガリー帝国の法的構造が〔…〕その分類化を試みる国家学者のひどい頭痛の種であるならば、その痛みは新たに獲得したボスニアの編入によってますます悪化するだろう」[56]と巧みに言い当てている。なお、今日にいたるまで当該期ボスニアの法的地位は明確に定義されていない。

帝国国制におけるボスニアの政治的な立場については、前出のバタコヴィチに加え、M・イマモヴィチやD・ユズバシチなどの現地の研究者を中心に否定的な見方が一般的である。つまりボスニアは、独立した行政権や執行権を欠く二義的な立場におかれ、ボスニア議会も大勢を変えなかったと理解されている。とくに議会が帝国全体にかかわる軍事、外交などから排除されたこと、議会に提出され

る法案が君主と両半部政府の許可を得る必要があったこと、共通財務省に直属する地方行政府が議会に責任を負っていなかったこと、駐留軍の司令官（総督）の政治的権限が強化されたことなどがその理由としてあげられる[57]。

　ハプスブルク本国とボスニアが不平等な関係にあり、本国側が自らの意向に沿ってボスニア政策を展開したことは明らかである。しかし、現地の意向を完全に圧伏することは可能だったのであろうか。池田嘉郎が指摘した従属民族のナショナリズムの展開における「自治」の重要性を考慮すると、ボスニア議会の果たした役割にも注目すべきではないだろうか[58]。また、ボスニア占領が帝国の政体に与えた影響も掘り下げた検討がなされていない。ボスニアの獲得が二重帝国体制に「新たな共通案件と共通利害」をもたらしたという同時代研究者L・アイゼンマンの示唆をふまえるならば、この国制の特徴がボスニアに表出したとは考えられないだろうか[59]。換言すれば、オーストリアとハンガリーの力関係は、どのような形で新領土に敷衍されたのだろうか。「共通案件」たるボスニア統治における共通省庁、オーストリア、ハンガリー両政府の角逐という観点は、アウスグライヒ体制をこれまでとは異なる方向から照射できるのではなかろうか。

2. 経済

　ボスニアは、ハプスブルクにおいて面積ではおよそ7.5パーセント（約51,027平方キロメートル）[60]、人口ではおよそ3.7パーセント（1910年には約190万）を占めるにすぎない相対的に小さな地域であり、経済的にみてももっとも遅れた農業地域であった。かつてフランツ・ヨーゼフが喪失したロンバルディア、ヴェネティアとは人口面、経済面において比肩すべくもない領土だったといえる[61]。しかしこの地は、ハプスブルク期に鉄道や道路の建設、天然資源の開発、通商活動の活性化、都市住民の増加、貨幣経済の浸透、工業施設や公共建築物の設置などにより著しい変容を遂げることになる。

　新領土ボスニアがハプスブルク経済に接合された契機は、後述する共通関税領域への編入（1880年）であった。これ以後もっぱら本国とおこなわれた通商は、おもに農産物や原材料を輸出し、さまざまな工業製品を輸入したように一般的な植民地貿易に類似していた。ハンガリーの社会経済学者O・ヤーシは自治が与えられなかったこと、現地住民を無視した経済活動が行われたことなどを理由に、

ボスニアを「資本主義的な植民地」とみなしている(62)。ユズバシチをはじめとするユーゴスラヴィアの研究者たちは、ボスニアが原料供給地や工業製品と資本の輸出先として利用されたこと、それによって現地経済は大きな損害を受けたこと、あるいは共通関税領域への編入にともなう関税割当額が不当に削減されたこと、帝国側の利害にそくして鉄道敷設が行われたこと、警察や官僚機構などが支出の多くを占めていたことなどを異口同音に主張する(63)。

植民地経済との類比については、前出のコルムが興味深い視点を提供しているので紹介しておこう。コルムは、ボスニア経済における原料輸出の強制と加工産業建設の妨害という本国と植民地間の「慣行」を確認したうえで、一般的な植民地経済と比較した。その際に彼女は、18世紀以降の植民地帝国を分析したD・K・フィールドハウスの枠組みを援用しつつ、ボスニアにおける財産の略奪や税収の本国財政への編入、本国よりも高利率の投資はほとんどみられなかったと結論づけた。その一方、ボスニアの税収や生産物の借款返済、本国企業の収益、占領経費などへの転用や天然資源の搾取、本国製の工業製品を氾濫させた不利な通商条件の強制は認めている(64)。このようなコルムの視点は、当時のボスニア経済を包括的に整理した点で注目に値する。

以上からは、ボスニアの経済状況が一般的な植民地と共通点を有していたことがわかるが、基幹産業である農業の役割は不明瞭である。既存の研究においてボスニアは、製糖業やビール醸造業を発展させたボヘミア、傑出した穀物生産を誇るハンガリー、優良品種の家畜を供給したアルプスに比べて生産力が低く、ダルマティア、ガリツィア、ブコヴィナなどとともに社会的、経済的な危機に見舞われた農業地域と論じられるにすぎない(65)。しかしボスニア農業が、家畜などの農産物の輸入を余儀なくされていた本国経済において、何らの役割も演じなかったとは考えにくく、むしろ補完的な役割を担ったのではないだろうか。その際に、オーストリアとハンガリーという二つの「本国」の利害の疎隔はどのように作用したのだろうか(66)。

3. 農業政策

最後に農業政策にかかわる研究を見ておこう。西ヨーロッパに端を発した資本主義の萌芽は、18世紀以降、オスマン支配下のバルカン地域でも認められるよう

になった。都市化が徐々に進展するとともに、形骸化していた封建制が正式に廃止され、国家による土地所有の再建が図られたのである。もっともこの地域では総じて工業の開発が遅れていたため、農地所有問題が経済的に格別の重要性をもっていた[67]。住民のおよそ9割が農業に従事していたボスニアもその例にもれなかったものの、イスラム教徒に有利な社会構造——イスラム教徒が地主と自由農民、キリスト教徒が小作農民をそれぞれ構成する地主＝小作制度（クメット制度）——ゆえに、クメット問題は社会経済面と宗派面の対立が絡み合う難題と化したのである。

　これに関して先行研究は、ハプスブルクがムスリム地主の支持を確保するために地主＝小作制度を温存し、クメット問題を解決しなかったと批判してきた。同時に、この方針がボスニア農業の発展を阻害したとも力説される。バルカン史に関する浩瀚な概説をものしたL・S・スタヴリアーノスは「人口の大部分が従事していた農業部門において、封建的な農地所有制度の転換をためらったことが彼ら〔ハプスブルク〕の失敗である」と断じるとともに、ムスリム地主とキリスト教徒小作農民の宗教対立、ならびにハプスブルク当局と強大化する南スラヴの民族主義運動との衝突が第一次世界大戦前夜の不穏な情勢を生み出したと記す。佐藤勝則は、ハプスブルク政権がボスニア統治の「試金石」であったクメット問題において地主と結託したために、施策の効果は微々たるものでしかなかったと評している[68]。冒頭で述べたように、クメット問題の未解決にサライェヴォ事件の原因をもとめる見方も根強い。

　もっとも従前は、クメット制度の維持が強調されてきたため、ハプスブルク政権がこの仕組みをどのように把握し、いかなる施策を展開したのかについては正確に跡づけられていない。さらに当時のボスニア農業がクメット制度により停滞したとの把握は、統計による裏付けをともなっていない。つまり大半の研究は、クメット問題の放置がその多数を占めるセルビア正教徒の不満の温床となること、農業部門の振興が行政費用の確保に必要であったことを看過しているのである。クメット制度やそれと連動する農業生産について、何ら手が打たれなかったのだろうか。むしろ現地の情勢を安定させるとともに、生産の活性化を通じてボスニアから利益を得るための方策が講じられたのではないだろうか。

第4節　本書の構成と史料

　以上に基づき本書は、ハプスブルク帝国によるボスニア農政を、生産力向上を目的とする「周辺地域開発」と位置づけ、そのありようを明らかにする。とりわけ、これまで見逃されてきた要素、すなわちボスニアが「植民地」であると同時に、南スラヴ問題と不可分の「共通行政地域」であった点を考慮しつつ、この地の施策を切り口としてハプスブルク支配のあり方を検討する。以上を通じて、ボスニア統治から「王朝帝国」ハプスブルクの諸相をとらえ直してみたい。

　ここで、3部7章と補論から構成される本書の概要を紹介しておこう。第1部（「二重帝国体制とボスニア統治」）では、本書の前提となる二重帝国体制とそのもとで展開されたボスニア統治の枠組みや外交情勢を扱う。第1章（「ボスニア占領への道」）では、二重帝国体制の構造と特質を整理したうえで、ボスニア獲得までの経緯をたどる。第2章（「二重帝国体制への編入過程」）では、ボスニア統治を管轄した共通省庁の役割、法律面におけるボスニアの同化政策とともに、ボスニア併合の経過やボスニア憲法の分析から、その法的立場の輪郭を明確にする。

　第2部（「周辺地域開発の展開—クメット問題と農業振興」）では、ボスニア経済を活性化させるための周辺地域開発の事例としてクメット政策と農業振興策を検討する。第3章（「クメット問題への取り組み」）では、オスマン統治期の土地制度を通観したうえで、ハプスブルクによるクメット政策を取りあげる。ここでは、ほぼ等閑に付されてきた行政府や官僚による諸報告を用いて、クメット制度の「実態」を可能なかぎり浮き彫りにすることに努めたい。第4章（「農業振興策の展開」）では、「停滞」したとみなされてきたハプスブルク期ボスニアの農業生産を取りあげる。ここでも行政側の史料を中心に一連の振興策とそれによる変化を描き出す。それらをふまえたうえでハプスブルク経済におけるボスニアの役割についても論じる。

　第3部（「ボスニア農政と二重帝国体制」）では、第2部で取りあげた農業政策に二重帝国体制が与えた影響を、いくつかの事例から吟味する。第5章（「畜産問題にみるボスニアの従属性」）では、帝国規模での獣疫対策と家畜取引をめぐる問題と糸口として、ボスニアに現れた二重帝国体制の孕む欠陥に光をあてる。その考察をふまえたうえで、大戦前夜に現地の官僚によって立案された農業振興

計画の顛末を手がかりに、「共通案件」における法制化の過程やボスニアと本国経済との関係を明らかにしたい。第6章（「『ボスニア・ヘルツェゴヴィナ特権農業・商業銀行』の設立問題」）では、クメットの償却促進を名目としてハンガリー資本が設立した銀行に着目し、その仕組みとともに、設立をめぐるオーストリア政府と共通財務省の折衝、オーストリア下院議会における議論から、二重帝国体制の変容を展望する。第7章（「クメット問題解決の切り札—1911年「償却法」の制定」）では、大戦前夜に制定されたクメットに公的資金を貸与する法律に焦点を絞り、この法律の内容とそれにともなう変化を詳しく分析する。第3部の後には、第一次世界大戦直前の外交危機（「七月危機」）の経過をまとめた補論を用意する。

　最後に本書で用いる史料について説明しておく。検証に際しては、①ボスニア地方行政府、あるいは共通省庁によって作成された行政報告、法令集成、国勢調査をふくむ統計史料、②ハプスブルク側の官僚によって作成された個別報告を中心に用いる。しかし、これらの史料だけではとくに第5、6章で取りあげる共通財務省とオーストリア、ハンガリー両政府とのような帝国中枢における折衝を跡づけることは難しい。そのため、これらの課題については③ボスニア・ヘルツェゴヴィナ国立文書館 Arhiv Bosne i Hercegovine、オーストリア国立文書館 Österreichisches Archiv、オーストリア王室、宮廷及び国家文書館 Haus-, Hof- und Staatsarchiv の未公刊文書によって解決に努める。さらに統治者側の史料とは別に、④サライェヴォ駐在のイギリス領事による通商、ならびに農業やプラム取引などに関する諸報告も取り上げたい[69]。これらの史料はこれまでに精査されていないものばかりである。

　このように、本書の考察がハプスブルク側の史料に依拠するところが大きいことは、あらかじめ断っておかねばならない。そのため検証が統治者側に近い立場に偏るおそれがあり、本書で描き出す「実態」は、あくまで当局者の目を通したものとなる。ボスニア側の抵抗や協力など被統治者側の立場を含めたより多角的な分析は、機会を改めざるをえないだろう。しかしこれらの作業を通じて、統治者側の現状認識と政策とその帰結を明らかにすることは可能であり、史料の綿密な考証と政策の背景の分析に努めることで、ボスニア住民の動向もある程度は把握できるだろう。

第1部　二重帝国体制とボスニア統治

第 1 章　ボスニア占領への道

第 1 節　二重帝国体制の概要

　本節ではまず、ボスニア統治の前提となる二重帝国体制（アウスグライヒ体制）の骨子を整理しておきたい[1]。この国制は、君主フランツ・ヨーゼフがオーストリア皇帝とハンガリー国王を兼任し、外務と軍事、それに関わる財務を両半部の共通案件としたとまとめられる。共通案件費用の分担比率、対外通商政策、通貨政策、鉄道敷設などは、両半部の交渉によって10年ごとに取り決められ（「経済アウスグライヒ」）、それ以外についてはオーストリアとハンガリーで別々に処理された。二重帝国体制の基本原則であるオーストリアとハンガリーの「均衡」は、共通案件の負担調整とともに共通案件を扱う共通大臣の割り当てに看取できる。つまり、国防相が常にオーストリアに確保された一方、外務相と財務相がオーストリアとハンガリーに 1 名ずつ割り当てられた（表 1 - 1）。ここでは、初期の F・ボイスト Beust を除いて「帝国宰相 Reichskanzler」職が設けられなかったこと、共通省庁は各半部政府の管轄には干渉できなかったことを補っておく[2]。同時代のハンガリーの政治評論家 E・ライヒは、以上の枠組みを「アリストテレスの『政治学』においても、最近の国家学の教科書においても見出せない」[3]と評している。

　さらに二重帝国体制では、オーストリアとハンガリーが共同で対処する事案とそれを処理する機関が最小限におさえられた。たとえば両半部にまたがる「共通内閣」はおかれず、形式上の最高意思決定機関はフランツ・ヨーゼフか共通外務相が主宰する共通閣議であった。これはアウスグライヒ以前のオーストリア閣議の手順を踏襲していたが、出席者や権限は明確に定められていない[4]。この共通閣議について、いま少し詳しくみておこう。表 1 - 2 は、共通外務相ごとに共通閣議の出席者とその出席率をまとめたものである。

　この表からは、次の諸点が判明する。①共通閣議は、初期のボイスト期には年

表1-1　共通大臣一覧

共通外務相	共通国防相	共通財務相
ボイスト Beust（1867-71）	ヨーン John（1867-68）〔1867〕〔1870〕	ベッケ Becke（1867-1870）〔1867〕〔1870〕
	クーン Kuhn（1868-74）	ローニャイ Lónyay（1870-71）
大アンドラーシ Andrássy d. Ä.（1871-79）	コラー Koller（1874-76）〔1875〕	ホルツゲタン Holzgethan（1872-1876）〔1875〕
ハイメルレ Haymerle（1879-1881）〔1880〕	大ビラント・ライト Bylandt-Rheydt d.Ä.（1876-88）	ホフマン Hoffmann（1876-80）〔1880〕
		スラーヴィ Szlávy（1880-82）〔1885〕
カールノキ Kálnoky（1881-1895）	バウアー Bauer（1888-93）〔1890〕	カーライ Kállay（1882-1903）〔1890〕
	メルクル Merkl（1893）〔1895〕	
ゴウホフスキ Gołuchowski（1895-1906）	クリークハマー Krieghammer（1893-1902）〔1900〕	
	ピトライヒ Pitreich（1902-06）〔1905〕	ブリアーン Burián（1903-1912）〔1905〕
エーレンタール Aehrenthal（1906-1912）	シェーナイヒ Schönaich（1906-11）〔1910〕	
ベルヒトルト Berchtold（1912-1915）〔1914〕	アウフェンベルク Auffenberg（1912）	ビリンスキ Biliński（1912-15）
ブリアーン Burián（1915-16）	クロバティン Krobatin（1912-17）〔1914〕	ケルバー Koerber（1915-1916）

出典：Olechowski-Hrdlicka, *Die gemeinsamen Angelegenheiten der Österreichisch-Ungarischen Monarchie*, S. 476-477.

注：色の濃い人物は、ハンガリー側の人物。

26　第1部　二重帝国体制とボスニア統治

表1-2　共通閣議の開催頻度ならびに出席者一覧

年	1868-1871	1872-1877	1883-1895
開催数（共通外務相）	120回（ボイスト）	67回（アンドラーシ）	72回（カールノキ）
皇帝＝国王	50（41.8%）	38（56.7%）	24（33.3%）
共通外務相	119（99.2%）	67（100%）	72（100%）
共通国防相	113（94.2%）	54（80.5%）	66（91.6%）
共通財務相	110（91.7%）	56（83.5%）	63（87.5%）
両半部首相	70（58.3%）	40（59.8%）	69（95.8%）
首相	23（19.1%）	6（8.9%）	1（1.4%）
管轄大臣、共通省庁官僚など	40（33.3%）	44（65.6%）	62（86.1%）
年	1895-1906	1906-1912	1912-1914（5月まで）
開催数（共通外務相）	73回（ゴウホフスキ）	31回（エーレンタール）	21回（ベルヒトルト）
皇帝＝国王	21（28.7%）	0（0%）	0（0%）
共通外務相	72（98.6%）	31（100%）	21（100%）
共通国防相	54（74.0%）	21（67.7%）	20（95.2%）
共通財務相	62（84.9%）	23（74.2%）	20（95.2%）
両半部首相	68（93.1%）	29（93.5%）	17（81.0%）
首相	—	1（3.2%）	3（14.3%）
管轄大臣、共通省庁官僚など	66（90.4%）	27（87.1%）☆	17（81.0%）☆

出典：Somogyi, *Der gemeinsame Ministerrat der österreichisch-ungarischen Monarchie 1867-1906*, S. 112, 116; Anatol Schmied-Kowarzik（hg.）, *Die Protokolle des gemeinsamen Ministerrates der Österreichisch-Ungarischen Monarchie*, 1908-1914, S. 36-37. より筆者作成。
　注：☆は管轄大臣のみで、官僚は含んでいない。

平均30回開催されたのに対し、その後は減少傾向にあること。とくにJ・L・エーレンタール Aehrenthal 期には年平均4回程度まで減少していること、②フランツ＝ヨーゼフの主宰回数が少なくなるにつれ、共通外務相が司会を務めたこと[5]、③オーストリア、ハンガリー両首相がG・S・カールノキ Kálnoky 以降、ほぼ不可欠の構成員だったことである。続いて、共通閣議における議事内容を整理した2つの表を提示しておこう。ボイストからA・M・ゴウホフスキ Gołuchowski までを整理した表1-3をみると、時期が下るにつれて開催回数が漸減していること、議題については外交や軍事、代表議員会議は大きく減少した一方、対外通商は増加していることがわかる。ちなみにボスニアをめぐる問題は、占領初期を除くと1882、1896年に後述する蜂起の処理や併合問題などが話し合われたにすぎ

表1-3　共通閣議における協議内容（ボイスト―ゴウホフスキ）

共通外相／議題	外交政策	軍事	国家予算	代表議員会議	鉄道建設	憲法問題	経済アウスグライヒ	対外通商関係	その他	合計
ボイスト	12	39	78	26	18	29	―	―	10	212
アンドラーシ	4	8	61	13	3	7	7	8	3	114
カールノキ	3	17	48	2	3	2	2	8	1	86
ゴルコウスキ	1	7	37	2	12	10	2	16	―	87
合計	20	71	224	43	36	48	11	32	14	499
割合	4	14	45	9	7	10	2	6	3	100

出典：Somogyi, *Der gemeinsame Ministerrat*, S. 95. を一部改変して筆者作成。

ない。しかしエーレンタール、ベルヒトルト期に目を移すと（表1-4）、ボスニアをめぐる案件が顕著に増えている（全55回中19回）。帝国中枢においてボスニア問題の重要性がにわかに高まっていたことが推知できる。

　帝国全体にまたがるものとしては、両半部議会から60名ずつ派遣される「代表議員会議 Delegation」も存在したが、これはオーストリアとハンガリーの議員団が一堂に会して協議する「共通議会」ではなかった。各議員団は別々に協議し、互いの決議の翻訳を交換するにとどまり、全体会合は双方の主張に食い違いがある場合のみに行われた[6]。代表議員会議の権限は、共通予算の処理や借款の発行、共通案件に関する質問権などにすぎず、共通案件の立法権を欠いていた。『オーストリア国家辞典』は、これを「独立した、両半部臣民により直接選出された議会ではない。現行のアウスグライヒ法にもとづいて、共通案件における潜在的な権限を与えられている議会の代表団である。〔…〕これはまったく特殊な権利をもつ、両半部議会の委員会にすぎない」[7]と説明する。ボスニアを含めた二重帝国体制の統治機構のあらましは図1-1のとおりである。

　ここで二重帝国体制の要点を三つあげておきたい。一つ目は、帝国全体を束ねる紐帯としてのフランツ・ヨーゼフの重要性である。近年 A・コジュホフスキは、彼の存在意義を簡潔に説明する。①「近代的な」愛国観念を欠いていたハプスブルクでは、王朝、あるいは君主の人格が政治的イデオロギーの正当化にとって決定的な意味を持っていたこと、②フランツ・ヨーゼフは、統治期間が長期にわたっただけでなく、彼自身が人気や名声を得ることに注意したこと、③フランツ・ヨーゼフが独特の憲法上の立場に基づき、共通省庁や両半部政府への影響力を掌

表1-4 共通閣議における協議内容（エーレンタール—ベルヒトルト）

共通外相／主題	共通予算・代表議員会議	軍事（追加予算）	対外通商関係	憲法問題	ボスニア併合	ボスニア憲法
エーレンタール	12	0	6	3	2	4
ベルヒトルト	6	3	1	0	0	0
合計	18	3	7	3	2	4
割合	33	5	13	5	4	7

共通外相／主題	ボスニア鉄道	ボスニアその他	バルカン戦争	オリエント鉄道	合計
エーレンタール	2	2	0	0	31
ベルヒトルト	6	3	3	2	24
合計	8	5	3	2	55
割合	15	9	5	4	100

出典：Schmied-Kowarzik (hg.), *Die Protokolle*, S. 35-36. を一部改変して筆者作成。
注：ベルヒトルト期の共通閣議は21回だが、1日に2つの議題が協議された場合があるため、24回となっている。

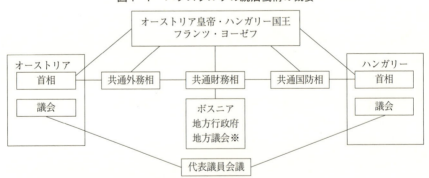

図1-1 ハプスブルクの統治機構の概要

出典：月村太郎『オーストリア＝ハンガリーと少数民族問題』66頁；大津留厚「ハプスブルク帝国」310頁を基に筆者作成。
注：地方（ボスニア）議会の設置は1910年。

握し続けたことである[8]。最後の点については、フランツ・ヨーゼフが、基本的には軍事と外交政策の決定権、ならびにこれを行う共通大臣の人事権を有していたことも補っておく[9]。

二つ目は、オーストリアとハンガリーの国家観の相違である。オーストリア側は、オーストリアとハンガリーにまたがる「上位国家 Oberstaat」を想定したのに対し、ハンガリー側は、対等なオーストリアとハンガリーの存在しか認めていなかったのである。それは、ハンガリー側が共通大臣に「ライヒ Reich」の称号を拒否した点、共通閣議を「オーストリア・ハンガリー官庁」とすることを認めなかった点、代表議員会議に立法権を拒否した点に現れている(10)。また「七月危機」で明らかになるように、共通外務相はハンガリー首相の意向を無視した外交政策も不可能であった。ハンガリー政府は議会に提出する法案について君主の事前裁可を得なければならなかったものの、広汎な自治権を得たのみならず、共通案件や内政において既得権を侵害する試みを拒否できた(11)。

三つ目は、ドイツ人とハンガリー人以外の諸民族がアウスグライヒ体制から排除されていたことである。すなわち、この体制はポーランド人とクロアティア人に限定的な自治を認めたにとどまり、ドイツ人とハンガリー人以外に対等な地位を認めなかった（図1-2）(12)。たとえば、チェコ人はアウスグライヒ直後よりハンガリーと同等の立場を求めたが、自らの特権的地位に固執するハンガリーに

図1-2　二重帝国体制期におけるおもな民族間関係

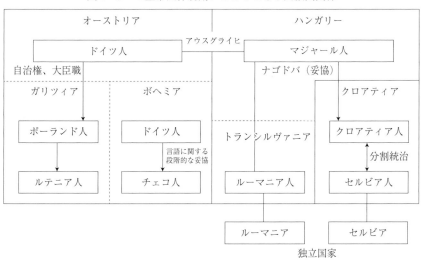

出典：柴宜弘、中井和夫、林忠行『連邦解体の比較研究』11頁を参考に筆者作成。なお上表はすべての民族を網羅していない。

30 第1部 二重帝国体制とボスニア統治

君主　フランツ・ヨーゼフ

共通財務相　B・カーライ

共通財務相　S・ブリアーン

共通財務相　L・ビリンスキ

よってその試みは挫折した。S・ワンクによれば、「アウスグライヒは50年間、帝国に見せかけの安定性を与えた。しかしそれはポーランド人を除く大半のスラヴ人の離反を代価とした」のである[13]。さらにいえば、帝国の国境外に「国民国家」をもっていたセルビア人、ルーマニア人、イタリア人が帝国内の遠心力となる危険も見逃すべきではない[14]。

　最後に、経済についても一瞥しておく。ハプスブルク経済は、峻険な山脈や石炭の不足などに代表される不利な条件を抱えていたものの、次第に統合力を高めるとともに地域毎の格差も縮小した[15]。その特質は、域内関税線の廃止（1850／51年）にともなう「共通関税領域」の形成、「繊維と小麦の結婚」になぞらえられるオーストリアの工業とハンガリーの農業による相互補完体制にもとめられる。もっともこの結婚は「大抵の結婚生活のように、しばしば激しい諍いに苦しんだ」[16]と評されるように、いくつかの難題を抱えていた。①「解約告知の帝国 Monarchie auf Kündigung」と揶揄されるように、両半部政府が「経済アウスグライヒ」の更新時にしばしば対立したこと、②オーストリアとハンガリーにまたがる共通経済政策が欠けていたこと。とくにハンガリーがおもに政治的動機に基づきオーストリアから独立した経済圏を作り出そうとしたこと、③産業部門別の利害とオーストリアとハンガリーの利害が交錯していた対外通商政策が軋轢を引き起こしたことをあげておきたい。とくに最後の点は、工業製品の低い競争力と保護関税により対外貿易の縮小を招くことになる[17]。

第2節　アウスグライヒ後の外交政策

　ここからは、ボスニア占領までの経緯を時の共通外務相J・アンドラーシ Andrássy を中心に見ていくことにしよう[18]。アンドラーシは、ベルリン会議でハプスブルク全権としてボスニア占領をとりまとめ、久々の外交的勝利をもたらした。R・F・シュミットは、この成果をドイツとロシアの間でハプスブルクの列強としての立場を確立するとともに、汎スラヴ主義の圧力を排して「植民地的な補充領域」ボスニアを確保したと述べている[19]。彼は、ハプスブルク外交のおもな舞台であるバルカンにおいてどのように行動したのだろうか。

　まずおさえておくべきは、アンドラーシ外交の基本理念が「ロシアの危険」だったことである[20]。若干補足すると、彼は前任のボイストとは異なり、親ドイツ、

反ロシア的な考えをもっていた。ハンガリー首相期のアンドラーシは、ロシアによる「黒海中立化条項」(21)破棄をめぐってイギリスとの連携を模索したが失敗におわったため、ドイツ、ハプスブルク、ロシアによる「三帝協約」を甘受せざるを得なかった(22)。これは紛争時における平和維持のための協力、第三国からの軍事攻撃に対する共同対処、必要に応じた軍事協定の締結などを約束したものである(23)。しかしながら、これはバルカンをめぐるハプスブルクとロシアの対立を解消できなかった。R・ジローはこの原因として、各国が「三帝協約」を自らの都合に合わせて利用することを望んでいたため「三締結国を一体化させる基本的なまとまりはなかった」ことを指摘する(24)。

　ハプスブルクはイタリアとドイツから排除された後、東方に目を転じざるをえなくなるが、その際に注目されたのが隣接するオスマン領ボスニアであった。1856年の段階で、J・J・ラデツキー Radetzky がダルマティアの後背地をなすボスニアの領有を必要ととらえていたように、その戦略的重要性は早くから認識されていた(25)。それではアンドラーシは、この地をどのように扱おうとしたのであろうか。南塚信吾によれば、アンドラーシは当初セルビアによるボスニアの併合を望んでおり、実際に一度はそれを目指したが、最終的にはハプスブルクによる占領・併合に転じたとされる(26)。この整理は要を得たものであるが、若干の補足を要する。つまりアンドラーシは、ハンガリー首相期に「共通案件」たる外交においてハンガリー独自の政策を追求し、そのなかでロシアとの分断を図るためにオスマンの下にあるボスニア行政をセルビアに委ねさせる「ボスニア・スキーム」を構想した(27)。もっともアンドラーシは、オスマンによる現状維持という選択肢も捨てていなかった。アンドラーシがボスニアに手を伸ばすまでの紆余曲折は、H・ハーゼルシュタイナーの仕事から知ることができる。

　彼は、1870年代のハプスブルク中枢における秘密会議を糸口に、ハプスブルクの東方問題への対応を分析し、以下の五点を明らかにした(28)。①アンドラーシはフランツ・ヨーゼフ是認のもと、平和政策を優先したこと、②アンドラーシはハンガリー首相から共通外務相に転じるにあたって、国家全体の観点とフランツ・ヨーゼフの意向に配慮したこと、③アンドラーシはハプスブルクの隣接地域における南スラヴ国家の建設に大きな懸念を抱いていたため、軍部と同様、バルカンへの拡大を原則的には受け入れていた。ただしそれに踏み切る時期、理由、規模について両者は必ずしも一致しておらず、アンドラーシはハプスブルクの単

独行動には消極的であったこと、④アンドラーシのオスマンに対する態度は、現状維持と膨張のあいだで揺れ動いていたこと。すなわちアンドラーシはオスマンが維持できなくなった場合には、ボスニアに進出すべきであると考えていたこと[29]、⑤ハプスブルク首脳における対ロシア観もまちまちであったこと。とくにアンドラーシは、ロシアに潜在的な不信感を抱き続けていたことである。ここでは、アンドラーシが南スラヴ国家の創出を危惧していたこと、アンドラーシのボスニア政策が国内（フランツ・ヨーゼフ、軍部、両半部政府）、国外（ロシア、オスマン）の影響を被っていたことを確認しておきたい[30]。

第3節　「東方危機」の勃発

1875年7月、ヘルツェゴヴィナのネヴェシニエでオスマン当局の重税や圧政、ならびにロシアによる汎スラヴ的な煽動を原因とするキリスト教徒商人や農民による蜂起が発生し、これは瞬く間にボスニアへも波及した[31]。ハプスブルク国内のヴォイヴォディナ、クロアティア、ダルマティアでは蜂起を支援する委員会が結成され、隣接するセルビア、モンテネグロも反乱側に肩入れし、義勇兵のみならず資金、武器などを提供した[32]。

このなかでアンドラーシはロシアやドイツと協調しつつ、「アンドラーシ覚書」（1875年12月）によって事態の鎮静化とロシアの介入阻止を図ったが失敗した。ロシアはバルカン半島での勢力拡大を図ったが、紛争の拡大は望まず「三帝協約」に依拠した解決を模索した。そのひとつが「ベルリン覚書」（1876年5月）であったが、イギリスの拒否とオスマン国内の政変により提出されずに終わった[33]。またロシアの望む紛争の局地化は、ブルガリアの反乱（1876年4月）とボスニアの獲得を狙うセルビアとモンテネグロのオスマンに対する宣戦（同年6月／7月）によってほぼ不可能になるとともに、ロシアが戦局に大きな影響を与えることになる[34]。さらに、ボスニア反徒の多くがセルビアとの合併に賛同、セルビア政府はボスニアとの正式な統合を宣言した（7月27日）[35]。

この事態に対応するため、ハプスブルクとロシアは「ライヒシュタット協定（1876年7月）」を結んだ。これは、オスマンがセルビアやモンテネグロに敗れた場合にロシアがベッサラビア、ハプスブルクがボスニア・ヘルツェゴヴィナをそれぞれ獲得することを取り決めたものである。しかし口頭での「約束」に基づい

34　第1部　二重帝国体制とボスニア統治

ていたため、双方の理解は一致していなかった。ハプスブルク側は、ボスニアにおけるセルビアとモンテネグロの取り分を国境調整のための一地域と理解していた。それに対してロシア側は、ヘルツェゴヴィナとアドリア海に面した海港がモンテネグロに、セルビアには旧セルビア地域とボスニアの一部を与え、オーストリアの取り分をボスニアの一部のみと理解していたのである[36]。このようにハプスブルクとロシアの間に見解の相違はあったものの、この時点では「三帝協約」に基づく妥結が図られたといえよう[37]。

　その後モンテネグロは局地的勝利をおさめたが、セルビアは劣勢を強いられ、オスマンに対するロシアの最後通牒（10月）による休戦で辛くも崩壊を逃れた。このような事態の推移は、いくつかの重大な影響を及ぼした。①ロシアがバルカンで影響力を行使する際の拠点をセルビアからブルガリアへ移したこと、②ロシアの動員がその軍事介入を近づけたこと[38]、③ロシア政府が国内の汎スラヴ感情の激化を無視できなかった反面、オスマンとの開戦時にハプスブルクとの衝突を懸念していたことである[39]。列強諸国は、コンスタンティノープル会議を開催し（1876年12月-）、オスマンへの干渉を試みたものの成果なく閉会した。次いで「ロンドン議定書」（1877年3月）がロンドン駐在の各国大使によって作成されたが、オスマンはまたしても拒否した（4月10日）。そのためにロシアは、オスマンへの宣戦布告に踏み切ったのである（4月24日・露土戦争）[40]。

　これに先立ってロシアは、ハプスブルクの中立を確保するための布石として「ブダペシュト協定」（1877年1月）を締結した。これによってハプスブルクは、ロシアとオスマンの戦争に好意的中立を守ることと引き換えに、ボスニア・ヘルツェゴヴィナ占領の権利を認められた[41]。さらに同協定の追加条項（同年3月）は、ハプスブルクによるボスニアの併合と引き換えにロシアはベッサラビアを回復すること、列強諸国が領土問題を協議する際に相互に支持することを約したのである[42]。この協定は、ボスニアにおける権利が明記された点でハプスブルクの得るところがより大きかったといえるだろう。ただしアンドラーシは、この協定の適用される事態、つまりオスマンの崩壊やそれにともなうボスニアの獲得を望んでいなかった[43]。

　しかし「ブダペシュト協定」も両国間の信頼関係を築けなかった。なぜなら勝利したロシアが、オスマンとの休戦協定（1878年1月31日）において、一方的に自らの取り分を増やそうとしたからである。アンドラーシはこの「抜け駆け」に

反発し、ヨーロッパ全体に関わる条約は一国のみによって処理されるべきではないため、これを協議する国際会議をウィーンかベルリンで開催することを求めた[44]。これと並行してアンドラーシは、イギリスと連携してロシアとの戦争を準備しはじめたのである。しかし彼は戦争に必要な財政支援をイギリスから得られず、軍部も対ロシア戦争に難色を示したため、1878年3月までにはこの計画を放棄した[45]。

その後、ロシアとオスマンとの間で締結された「サンステファノ条約」（1878年3月3日）は、エーゲ海からアルバニアにいたるブルガリア公国の建設（「大ブルガリア」）やオスマン統治下でのボスニアの自治化、小アジアにおける領土獲得、ボスニアについては、コンスタンティノープル会議で決定された自治制度の創出など、ロシアの要求を強く反映した内容であり、「19世紀におけるロシアの、そして汎スラヴのバルカン政策における最高点」と評される[46]。言うまでもなく、アンドラーシはこの内容を認めなかった。なぜなら同条約が事前の約束を「反故」にし、バルカン半島におけるハプスブルクの名声と影響力を失わせるだけでなく、国内における自らの信望を傷つけ、共通外務相の地位さえ危うくするものだったからである[47]。イギリスも「大ブルガリア」の建設と小アジアにおけるロシアの領土獲得に強く反発するとともに、アンドラーシが提案した国際会議については、「サンステファノ条約」全体の再検討を条件に賛成した[48]。これに対してロシアは、イギリスとハプスブルクの賛成を得られる程度まで譲歩せざるをえなかったのである[49]。この結果、ドイツ宰相O・ビスマルク Bismarck が仲介するかたちでベルリン会議が開催される運びとなった。

もっとも、おもな係争点は会議までに妥結に至っていた。一時は開戦寸前に陥ったイギリスとロシアは、ブルガリア領の削減とロシアによるカルス、バトゥーミ、南ベッサラビアの併合などを取り決めた（5月30日）[50]。またイギリスは、オスマンとキプロス協定を締結し（6月4日）、アジアのオスマン領をロシアから防衛するのと引き換えに、キプロスの占領・行政権を獲得した。一方、アンドラーシは英露の接近による孤立を避けるために妥結を急ぎ、6月6日にイギリスとの協定を結んだ。これによりハプスブルクは「大ブルガリア」を縮小するイギリスの試みを支持するのと引き換えに、イギリスはハプスブルクのボスニア占領への賛成を約束したのである[51]。

第4節　ベルリン会議におけるボスニア問題

　ビスマルクは、「ウィーン会議とヴェルサイユ会議とをつなぐために欠かすことのできない歴史上のかけ橋」[52]と評されるベルリン会議において「公平な仲買人」として各国間の利害を巧みに処理し、ヨーロッパ政界における彼の影響力が頂点に達したことはすでに指摘されている[53]。この会議には、ドイツ、イギリス、ロシア、ハプスブルク、フランス、イタリア、オスマンの宰相や外相が全権として参加した。以上に加えてギリシア、ルーマニア、ペルシアの代表も列席していたが、投票権をもたず、自国に関する案件についてのみ発言を許された。「東方危機」の発端となったボスニアの代表は完全に無視され、ブルガリアにいたっては派遣もされなかった[54]。ベルリン会議が、列強諸国の利害調整の場となったことは否めないだろう。この会議のバルカンに関する決定事項は、①オスマンの宗主権下にあるブルガリア公国の創設、②セルビア、モンテネグロ、ルーマニアの独立、③ハプスブルクによるボスニア占領の三点であり、東ルメリアを除くバルカン戦争（1912-13年）までの国境線を確定した、とまとめられる[55]。ここでは、本論にかかわるボスニアに絞ってみておきたい。

　アンドラーシは会議の席上（6月28日）、「東方危機」を招来したボスニア問題が隣接するハプスブルクはもとより、ヨーロッパ全体にとって非常に重要であると発言した。続いて彼は、オスマンがボスニアで頻発した騒乱の根源たる農地所有問題に取り組まなかったことを批判した。そのうえで、この問題は宗教的、社会的対立を引き起こす複雑な性格をもっており、「強力かつ公平な国家」によってのみ解決できると論じた。最後にアンドラーシは、ハプスブルクがヨーロッパの平和 à la Paix de l'Europe を守るため、ボスニア情勢の鎮静化を引き受けざるをえない旨を表明したのである。

　これに対してイギリス外相 R・ソールズベリ Salisbury は、その防衛に多額の費用を要するゆえに、ボスニアの領有が財政的にオスマンの利益にならないこと、万一セルビアとモンテネグロがボスニアを併合した場合、オスマンの独立が脅かされることを理由に、ハプスブルクによるボスニアの占領、行政を列国に提案した。ビスマルクに加えて、フランス、イタリア、ロシアの全権も彼の発議に賛意を示した。これに対しオスマンは、ボスニアの秩序回復に自信を見せたものの、その抵抗はビスマルクによって封じられたのである[56]。そのためオスマンの全

権団は、アンドラーシにハプスブルクによるボスニアの占領、行政についての会議の決定を厳粛に受け止め、ハプスブルクとの合意を望む旨を表明した（7月4日）[57]。そしてボスニアの処遇は、7月13日に調印された「ベルリン条約」（第25条）において、次のように規定されたのである。

　　「ボスニア・ヘルツェゴヴィナは、オーストリア・ハンガリーによって占領、統治される。オーストリア・ハンガリー政府は、ミトロヴィツァと反対の南東方向へ延びるセルビアとモンテネグロの間にあるノヴィバザル県〔サンジャク〕の行政を望んでいないため、オスマン政府が引き続きこの地の行政を行う。しかし、オーストリア・ハンガリーは、新たな政治状況の維持と交通の自由、安全を保障するために、旧ボスニア州を構成するノヴィバザル県において駐屯軍を維持する、そして軍事上、通商上の道路を整備する権利をもつ。このため、オーストリア・ハンガリーとオスマン両政府は、この詳細に関する合意を保留する。」[58]

　これは、占領期間や施政方法については何ら記していないが、ボスニアはあくまで「占領」にとどめられ、「併合」には至らなかった。かねてよりフランツ・ヨーゼフや軍部は「併合」を求めていたが、アンドラーシは併合後の国内での法的地位、ボスニアに関する債務の引き受け、オスマンの反発などを回避し、かつ「併合」への移行の安易さをふまえ、「占領」にとどめるべきと考えていた[59]。さらにオスマンが最後まで「占領」にさえ難色を示したため、アンドラーシは以下の秘密協定の締結を余儀なくされたのである[60]。

　　「オスマン政府の全権によって表明された希望に基づき、オーストリア・ハンガリー全権は、オーストリア皇帝＝ハンガリー国王の名において、以下のことを宣言する。それは、ボスニア・ヘルツェゴヴィナにおけるスルタンの主権が、当該地域に関する条項〔「ベルリン条約」第25条〕に基づく占領によって、一切変化しないことである。さらに、この占領が暫定的であること、占領に関する細目がベルリン条約締結後、速やかに両国間で取り決められることである。」[61]

　以上の経緯からは、アンドラーシがボスニアの自治や独立、セルビアを中心とする「大南スラヴ国家」の出現を阻止するために、その獲得に踏み切ったことがわかる。彼は可能な限り、ボスニアがオスマン領にとどまることを望んだが、軍部、ならびにフランツ・ヨーゼフの希望を無視できなかった。これについてアメリカの研究者S・R・ウィリアムソンは、「皇帝にとって、軍部の関心と自らの威信に関する懸念は調和していた。領土の獲得は〔フランツ・ヨーゼフにとって〕

明らかに魅力的だった」と述べたうえで、ハプスブルクはボスニアの獲得によって「植民地列強の仲間入りを果たした」(62)と整理する。

アンドラーシは、「サンステファノ条約」によってボスニアの占領へと傾き、結果としてはこの地の行政権獲得とロシアの南下阻止に成功した。セルビアはロシアに見捨てられたものの、ハプスブルクの支持により、「サンステファノ条約」よりも多くの領土を獲得、国際的に独立を認められた。しかしロシアと疎遠になったことにより、程なくハプスブルクの衛星国と化したのである(63)。アンドラーシは当面、ハプスブルクの脅威となる「大南スラヴ国家」の建国を妨げることにも成功した。P・ルドンヌが述べるように、「ベルリン条約」はハプスブルクの勝利とみて差し支えなかろう(64)。

ただし一連の経過は、ハプスブルクとロシアの利害の不一致が「三帝協約」によって解消できないことも明らかにした。ベルリン会議後のロシアは、ドイツ、とくにビスマルクに強い不満を抱き、その険悪化はクリミア戦争後のロシアとハプスブルクの関係に重ねうるほどであった(65)。この状況のもと、ビスマルクはハプスブルクがイギリスとの結合を強めて裁量権を拡大すること、ドイツの保護関税政策に不満を抱くロシアがハプスブルクに近づくことを防ぐため、第一次世界大戦までのヨーロッパ国際関係の基軸となる「独墺同盟」（1879年10月）を締結したのである(66)。もっともアレクサンドル Aleksandr 2世の暗殺後（1881年3月）に即位したロシア皇帝アレクサンドル Aleksandr 3世は、ドイツ、ハプスブルクと再び「三帝協約」を締結した（1881年6月）。ハプスブルクはこれによってバルカンの西半部を確保するとともに、同協約の付帯条項においてボスニアを任意に併合する内諾を得たのである(67)。

いまひとつ付け加えるならば、アンドラーシがフランツ・ヨーゼフや軍部の要求とオスマンの頑強な抵抗、オーストリア、ハンガリー両議会の反対の板ばさみのなかで、「占領」状態に落ち着かざるを得なかったことも見逃せない(68)。このような中途半端な解決は、およそ30年後に第一次世界大戦の導火線となるボスニア併合問題の遠因となるだろう。それでは、この地はどのような形で国制に組み込まれていったのであろうか。次章では、ボスニア統治の枠組みが具備される過程をたどることにしよう。

第2章　二重帝国体制への編入過程

第1節　ボスニア統治体制の基盤

1．コンスタンティノープル協定（4月協定）

　ハプスブルクはベルリン会議後、72,000人の兵力でボスニア占領に着手した（7月29日）。アンドラーシは「軍楽隊」で事足りると楽観視していたが、予想に反して現地駐留のオスマン軍、ならびにムスリム、セルビア正教徒などの義勇兵による激しい抵抗を受けた[1]。結局ハプスブルクは、おもな抵抗勢力を鎮圧した同年10月までに26万8,000人の動員を余儀なくされ、死者約1,000人、負傷者約4,000人、行方不明約3,300人の損害を受けるとともに、1億フローリンを超える費用を要した[2]。

　時のスルタンであったアブドゥルハミト Abdülhamids 2世は、ハプスブルクに強い不信感を抱いていたことで知られる。彼は占領軍の残虐行為を列国に訴え、ハプスブルクとの交渉を10月に中断、ロシアとの条約締結後に折衝を再開する。その際にオスマン側は、占領があくまで一時的なものにとどめられ、ボスニアに関するスルタンの宗主権を侵さないこと、オスマンに滞在するボスニア住民にオスマン法を適用すること、ノヴィバザル（サンジャク）の駐屯軍をできるだけ少なくすることを要求した。アブドゥルハミト2世は、再三にわたり交渉の引き延ばしを図ったものの、1879年4月21日に取り決めが成立した（以下、「コンスタンティノープル協定」）。W・M・メドリコットは、この締結を「オーストリアとトルコとの間に存在した諸問題の正式な解決と思われた」と評している[3]。

　次に「コンスタンティノープル協定」の内容をみておこう。オスマン政府の固執した「スルタンのもつボスニアの領土主権を侵害しない」ことが序文におかれたうえで、大略以下の内容が書かれている。

40 第1部 二重帝国体制とボスニア統治

第1条 ふさわしい能力をもつ場合には、ボスニア住民を官吏として継続雇用する。

第2条 とくにイスラム教徒に対して信教の自由が保障される。

第3条 ボスニアの収入は、当該地域の行政や必要経費などにのみに使用される。

第4条 オスマン通貨は、ボスニアにおいて引き続き有効とされる。

第5条 オスマンはボスニアに残された武器、軍事用資材を自由に処分できる。

第6条 地域外に滞在、旅行するボスニア住民の法的身分に関しては、特別法が後に定められる[4]。

第7条 「ベルリン条約」第25条にそくして、ハプスブルクが軍隊をノヴィバザルへ送るときには、オスマン政府に事前に通告する。

第8条 ハプスブルクがノヴィバザルに軍を送る際、オスマンの行政を妨害しないことに留意する。

第9条 オスマンは、規律ある正規軍をノヴィバザルに派遣できる。

第10条 ハプスブルクも必要に応じ、ノヴィバザルに十分な数の兵力を配備できる[5]。

この協定は、ボスニア行政の基本的原則とその制約を定めたものであるが、オスマンが統治政策に干渉する手段を明記していないため、その影響はかぎられたものだったといえる。実際には、この協定に反する措置——ハプスブルク側の官僚の重点的な採用やトルコ通貨の流通制限など——が行われ、ボスニアとオスマンとの結びつきが脆弱化したことは間違いない。

2. 関税・行政制度

次にハプスブルクが取り組まねばならなかったのは、ボスニア行政の担当をめぐる問題である。これについては、「ボスニア委員会」（1878年9月）が共通3省庁（外務、国防、財務）を中心に組織され、その後共通財務省が共通省庁を代表するかたちでボスニア行政を運営すると決められた。それに基づき、同省にすべての行政部門を司るボスニア局が設けられたのである（1879年3月）。アウスグライヒによって新設された共通財務省は、ボスニア局の立ち上げにより従来の

「会計検査院」[6]から大きく拡充され、一般的な財務省を大きくしのぐ内実を備えた[7]。

初期の施策でまずあげるべきは、ハプスブルクの共通関税領域への編入である。この案件に関する覚書を作成した共通外務省のJ・シュヴェーゲルSchwegelは、ボスニアの共通関税領域への編入が、帝国本国の政治、経済構造を変化させるという憂慮は正当化しえないことを述べたうえで、以下の利点を列挙した。①ボスニアの経済力は相対的に低いが、豊富な天然資源が存在しているだけでなく、ボスニアの包含によって、セルビアのより広い部分を帝国の共通関税領域で囲むことができること、②ボスニアの編入によって関税線が大幅に短縮され、現在よりも関税線の監視が非常に容易かつ少ない経費で行えるようになること、③ボスニアへの関税割当額は暫定的に決めるべきこと、④本国における専売制度を、ボスニアにも導入する必要があること、⑤ボスニアの共通関税領域への編入がすでに予定されていたダルマティアと帝国本国との間の関税線を廃止することである[8]。この措置が、ボスニアのみならず、ダルマティアやセルビアなどとの関係とも連動していたことがわかる。

以上をふまえ、「ボスニア・ヘルツェゴヴィナとの共通関税領域形成に関する法律」（1879年12月20日）が施行された[9]。これによってボスニアは、現行の関税・通商同盟（1878年6月28日）に基づくハプスブルクの共通関税領域に包含され（第1条）、専売制度や通貨、商標権についても本国と同一化された（第5、6、9、10条）。また、ボスニアへの共通関税収入の割り当て額は年間60万グルデンに定められた（第13条）。この際にボスニアとともにダルマティアも共通関税領域に編入されたことにより、帝国全域にまたがる広域市場が完成したといえる[10]。これ以後、ボスニアの通商は一部を除いて帝国両半部と行われた一方、オスマンは「関税上の外国」となった。この措置はイスタンブール政府の同意を得ていなかったため、その主権を侵害したものとみなせるだろう[11]。

ボスニア行政の枠組みは、両半部議会によって可決された「ボスニア行政法」（1880年2月22日）により整えられた。同法の第1条は、「オーストリアとハンガリー政府の全省庁は、現行の共通業務に関する法律の精神に従い、共通省庁が行うボスニア・ヘルツェゴヴィナの暫定行政に、憲法にそくして影響力を行使する権利をもつ」と行政の基本的性格を定める。そのうえで「ボスニア暫定行政の基本方針の決定、とくに鉄道の敷設については、オーストリア、ハンガリー両政府

42 第1部 二重帝国体制とボスニア統治

との合意に基づいて行う」とされたように（第2条）、共通省庁とならんで両半部政府に大きな権限が認められた。関税、間接税、貨幣制度については、帝国両半部の担当省庁（商務省）と協議せねばならなかった（第4条）。さらにボスニア財政は本国から分離され、通常の行政費用はボスニア内での自弁が原則とされた（第3条）[12]。帝国本国とボスニアの法的関係の変更については、両半部議会の承認が必要とされたのである（第5条）。以上からはボスニア行政が二重帝国体制の「共通案件」となったこと、この法律が暫定的な性格を帯びていたこと、ボスニアの自治が想定されていなかったことがわかる[13]。最後の点についていえば、行政府に強い不満を抱いていたセルビア人は、1896年以後、教育や教会に関する自治運動を展開したが、共通財務相B・カーライ Kállay（在職1882-1903年）によって封殺された。T・クリャリャチチによれば、セルビア人はこの闘争のなかで、行政府に対する反抗精神と集団的抵抗を強めたとという[14]。一定の自治が認められたイスラム教徒とは対照的といえるだろう[15]。

　次に、ボスニア統治と帝国内の各機関との関係をみておこう。上述のようにボスニア行政の権限は共通省庁、両半部政府などに分散していたが、その影響力は大きく異なっていた。オーストリア、ハンガリー両議会はボスニア行政の策定や行政の予算案の作成に関与できなかったため、政策への影響力は限局された[16]。元々共通案件に関わっていた代表議員会議も、共通軍の費用に含まれるボスニア関連の軍事費の承認、ボスニア行政の予算案を受け取る以外には、共通財務相に対するボスニア行政への所見表明や説明要求しかできなかった。代表議員会議も間接的な介入権をもつにすぎず、統治政策や共通財務相の任免に直接的な圧力をかけることは難しかったと考えられる[17]。

　それに引き換え両半部政府は、行政予算の承認など強い影響力をもっており、形のうえでは鉄道敷設を中心にすべての行政案件に関与することができた。政府の意向に反する統治政策は困難であったと考えられる一方、その「基本方針」の範囲は明確に定められていなかったため、政府による干渉範囲は解釈の幅を許すものであった。最後に共通省庁をみておくと、ボスニア行政は共通案件を扱う3省庁が共同で行うとされたが、各々の権限は画然と区切られていなかった。共通国防省は徴兵制度や軍事施設の設置、郵便や電信、地方警察、軍用鉄道などを所管したが、その他の案件については指定されていない[18]。さらに共通外務省の管轄は定められていなかったのである。それに対し、共通財務相（省）はボスニ

第 2 章　二重帝国体制への編入過程　43

図 2-1　併合までのボスニアの立法体制

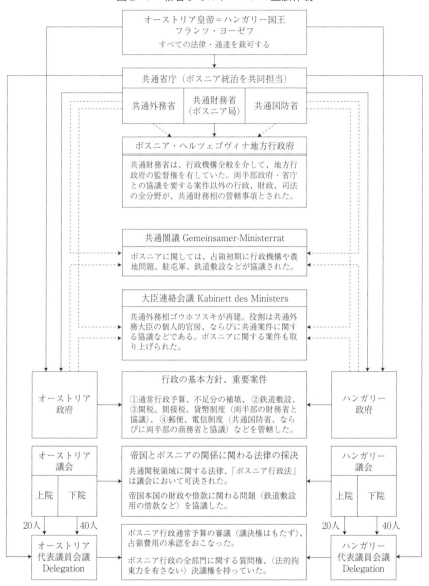

出典：Čupić, Opposition, S. 46 に加筆して筆者作成。

44 第1部 二重帝国体制とボスニア統治

ア行政の監督に加えて、皇帝の裁可が必要な案件の上奏、ボスニアの案件を協議する代表議員会議への代表者の派遣、帝国両半部政府や他省庁との折衝などをおこなった[19]。共通財務相は、ボスニア行政において大きな裁量権を有していたとみて大過なかろう。併合までのボスニアの立法制度については図2-1に整理したとおりである。

　これに関連していえば、共通財務相が「ハンガリーの縄張り」[20]と化していたことは重要と思われる。前述のとおり3人の共通大臣のなかで、国防相がもっぱらオーストリア側に確保されたのに対し、外務相と財務相はオーストリアとハンガリーに1つずつ割り当てられた。そのなかで、共通財務相が30年にわたりハンガリーに独占されていたため、ボスニアがオーストリアよりもハンガリーと強く結びつけられたと推測できる。これに関してF・ハウプトマンは、ハンガリー側による共通財務相の「独占」を両半部の「対等」への配慮、あるいはハンガリーの分離主義的傾向の緩和とする私見を述べている[21]。とくにカーライは、代表議員会議によるボスニア行政の最終決算書の提出要求を拒否したように、外部からの干渉を許さなかった。彼の統治期には、帝国中枢の共通閣議や大臣連絡会議などでボスニアに関わる案件はほとんど協議されなかったのである[22]。

第2節　地方行政の構築と法制面での同化政策

　次にボスニアの地方行政の概要をみておきたい[23]。現地の最高機関は、ボスニア地方行政府であった。この頂点には、同地に駐屯する第15軍団司令官を兼ねる総督がおかれていたが、民政は共通財務省直属の文民補佐官 Ziviladlatus によりおこなわれた（1912年まで）[24]。地方行政府は当初、政治・行政部、財務部、司法部、建設部から構成された。この4つの部局長と文民補佐官が政府会議を構成し、複数の部局に関わる案件、官僚人事、懲戒などについて決定を下した。文民補佐官はこの会議の決定に拘束されることなく、協議内容を定期的に共通財務省に報告した。1883年には統計部が新設されたが、これは文民補佐官の直轄下におかれた。

　官僚層については、当初その大半はハプスブルク本国の出身者によって占められていた。その後学校教育の改善とより高水準の教育機関への通学によって、官僚に占めるボスニア住民の割合が増加した。具体的な数字をあげれば、1906年に

第2章　二重帝国体制への編入過程　45

ボスニア地方行政府庁舎（サライェヴォ）

サライェヴォ市庁舎

は27.7パーセントであったが、1910年には38.6パーセントまで上昇したのである。官僚の民族別割合をみると、ドイツ人（11.2パーセント）、ハンガリー人（3.1パーセント）に比べて、スラヴ系は大きな割合を占めていた（81.1パーセント）（1910年）。もっともF・シュミット Schmid が示唆したように、ボスニア出身者を含むスラヴ系官僚は増加した反面、高級官僚はドイツ人に占められていたこと、それが大戦前夜、外部出身の官僚の排除や「民族主義的な」試みにつながったことを見逃してはならないだろう[25]。

　行政区画についてはオスマン統治期の枠組みが採用されたが、郡は4つ増やされ、大規模な郡ではその下部組織である郡支庁区が併置された（1906年までに24区）。サライェヴォは地方行政府直轄とされ、バニャ・ルーカ、モスタル、ドニャ・トゥズラには都市直轄官庁が設置された（地図4）。行政における最下級官庁は、行政、裁判所（第1審）、税務署、営林署の機能をあわせもつ郡庁であった[26]。各郡には行政的案件における助言的な決議を行う郡諮問委員会が設置された。これはオスマン統治期に由来する制度であり、その構成員は全宗派から選出された。協議の開催は定期的ではなく、協議会全員、もしくは一部の構成員が必要に応じて官庁に招かれたにすぎなかった。郡庁と地方行政府の間には、郡庁の活動を監督、指導する県庁があった。これは刑事案件の第2審、森林、風紀警察に関わる公安警察の案件、森林法関連の処罰の抗告を処理し、さらにすべての水利権の問題と土木監督局の案件については第一審として機能したのである。その一方、後述する農事訴訟については権限をもたず、郡庁から直接地方行政府へと伝えられた。森林や獣医業務に関しては、専属の担当官が配置された。

　次に、法制面での編入過程をたどってみよう。その重要なもののひとつとして「ボスニア・ヘルツェゴヴィナ暫定国防法（1881年10月24日）」があげられる。同法によって、共通軍とは分離したかたちでボスニア住民から徴募された部隊が編成され、これにまつわる費用をボスニアの地方予算から賄うこととした。もっともこれは、ボスニア住民のオスマン軍への徴兵を妨げるものであったためオスマンはイギリスの後ろ盾を得て異議を唱えた。その際には、ボスニア住民からの徴兵は少数に留め、その部隊をボスニア外に転用しないこと、ムスリムの習慣に配慮すること、フェズ帽を着用し、宣誓を省略することなどが要求されたという[27]。また徴兵制の導入は農地所有問題の不満と重なって現地住民の強い反発を惹起し、ハプスブルク期唯一の大規模な住民蜂起（1881-82年）を招くことになる。この

第2章 二重帝国体制への編入過程 47

地図4 ボスニア・ヘルツェゴヴィナ行政区画図

注：アルファベットは県（太線）、
　　数字は郡（細線）を示す。

Ⓐ　ビハチ
　1　ツァツィン
　2　クルパ
　3　ビハチ
　4　サンスキ・モスト
　5　ボサンスキ・ペトロヴァツ
　6　クリュチュ
Ⓑ　バニャ・ルーカ
　7　ボサンスキ・ノヴィ
　8　ボサンスキ・ドゥビカ
　9　ボサンスキ・グラディシュカ
　10　プルニャヴォール
　11　デルヴェンタ
　12　プリイェドル
　13　バニャ・ルーカ
　14　テシャニィ
　15　コタル・ヴァロシュ

Ⓒ　ドニャ・トゥズラ
　16　グラダチャツ
　17　ブルチュコ
　18　ビエリナ
　19　グラチャニツァ
　20　ドニャ・トゥズラ
　21　ズヴォルニク
　22　マグライ
　23　クラダニィ
　24　ヴラセニツァ
　25　スレブレニツァ
Ⓓ　トラヴニク
　26　ヴァルツァル・ヴァクフ
　27　ヤイツェ
　28　トラヴニク
　29　ゼニツァ
　30　ジェプチェ
　31　リヴノ
　32　グラモチュ
　33　ブゴイノ
　34　ジュパニャツ
　35　プロゾル

Ⓔ　サライェヴォ
　36　ヴィソコ
　37　フォイニツァ
　38　サライェヴォ
　39　ロガティツァ
　40　フォチャ
　41　チャイニチェ
　42　ヴィシェグラード
Ⓕ　モスタル（ヘルツェ
　　ゴヴィナ）
　43　コニツァ
　44　モスタル
　45　リュブシュキ
　46　ネヴェシニェ
　47　ガツコ
　48　ストラツ
　49　リュビニェ
　50　ビレク
　51　トレビニェ

48　第1部　二重帝国体制とボスニア統治

反乱は、ロシアの汎スラヴ系新聞において反ハプスブルク的な報道として伝えられた。ビスマルクは、ロシアの動向に不安を抱くとともに、ドイツがハプスブルクの「拙い」政策に巻き込まれることを恐れたとされる[28]。

　領事裁判権に関しては、イギリスやドイツ、フランス、ロシア、イタリア各領事の権限が1881年から82年にかけて廃止された[29]。その他の分野については、民法と土地所有関係はオスマンの法律を基盤とし、実体法や刑法に関してはハプスブルクの法律を基盤とした特別法が定められた。従来、ボスニアで十分に周知されていなかったタンズィマート改革期のオスマン法も継承された[30]。商事案件の法律は、ボスニアの通商政策上の立場と地理的条件を顧慮しつつ、可能な限り帝国両半部の当該法に依拠して作成された。一例をあげると、刑法（1879年）や刑事訴訟法（1880年）、手形法（1883年）はオーストリア、商法（1883年）はハンガリー、鉱業法（1881年）、破産法（1883年）は両半部の当該法をそれぞれ基盤としつつ、ボスニアの現況も考慮したものだった[31]。度量衡制度のように、慣習への配慮からオスマンの制度が採用される場合も見受けられる[32]。

　以上からは、ハプスブルク当局による法体系の転換が、占領時のボスニア住民に対するフランツ・ヨーゼフの布告文に書かれていたように、現地の事情にそくした慎重かつ漸進的なものであったと理解できる[33]。統治者側は一連の法整備を通じてボスニアの「無秩序な」状況を規制した一方、同化を推し進めたのである。それではこれらの政策は、ボスニアの国際法上の立場にどのような影響を与えたのであろうか。B・E・シュミットは、一連の政策によりボスニアはハプスブルクと不可分の関係となり、占領の暫定的性格は幻想と化したととらえている[34]。一方L・クラッセンは、シュミットと立場を異にする。彼は「関税、領事裁判権、徴兵に関するオーストリア・ハンガリーの措置は、帝国のボスニア・ヘルツェゴヴィナ併合への意図を、外国にも明確にわかる形で示した」と述べる一方で、先に述べたようにオスマンのボスニアに関する領土主権が変化していないことも指摘した[35]。このようにみると、法制面での同化が進捗したとはいえ、「ベルリン条約」が失効しないかぎり、国際法の上ではボスニアはオスマンの一部であったといえるだろう。

第3節　南スラヴ問題とボスニア併合

1．帝国内外の動揺

　ボスニア占領以後、ハプスブルクは国内外ともに相対的に平穏な状況だったが、世紀転換期頃を境に一変する。オーストリアでは、E・F・J・ターフェ Taaffe の長期政権（1879-93年）が倒れた後、統治機能は「バデーニ言語令」[36]（1897年）に端を発する議会の紛糾により麻痺した。それにともない、更新されるべき「経済アウスグライヒ」が失効する事態に陥ったのである[37]。一方のハンガリーでも、K・ティサ Tisza（1875-90年）政権の崩壊後、政治情勢は安定性を失う。つまり、アウスグライヒ体制の解体を求めるハンガリー独立党が共通軍の指揮語にマジャール語の導入を要求したことで、一連の政治危機が生じた。ハンガリーの政局は、独立党を中心とする野党連合が選挙において大勝した（1905年）にも拘らず、フランツ・ヨーゼフが議会に支持勢力を持たない G・フェイェルヴァーリ Fejérváry を首相に任命したことで混迷の度を深めた。彼らは、フランツ・ヨーゼフによる男子普通選挙権導入の脅しにより軍隊問題では妥協したものの、強引なマジャール化政策を進め非ハンガリー民族の不満を引き起こした[38]。二重帝国体制は、随所で綻び始めていたといえるだろう。

　以上の背景のもとで、南スラヴ人の政治活動が新たな展開をみせた。この発端となったのは、1890年代より経済危機に見舞われていたダルマティアであった。クロアティア人、セルビア人、イタリア人の政治勢力が、この地における中央集権化、ドイツ化政策への反発によって結集したのである（「新路線」）。これが、ハンガリーの民族政策に不満を抱くクロアティアのクロアティア人、ならびに K・クエン＝ヘーデルヴァーリ Khuen-Héderváry による「分割統治」のもとで一定の優遇を受けていたセルビア人へと波及した。1905年10月3日にはクロアティア、ダルマティアのクロアティア人勢力が「新路線」を支持する「リイェーカ決議」を宣言し、両地域のセルビア人も「リイェーカ決議」を承認し、「ザダル決議」を発表するに至った（1905年10月17日）。これは最終的に「クロアティア人＝セルビア人連合」（1905年11月14日）の成立に結実する。彼らは、ハンガリーの野党連合を支持するとともに、クロアティア＝スラヴォニアとダルマティアの結合（「三位一体王国」）を求めたのである[39]。野党連合との協力は間もなく解

消されたが、「クロアティア人＝セルビア人連合」は南スラヴ人地域で無視できない勢力へと拡大した[40]。

　ボスニアではカーライの死後（1903年）、その後継者にアテネ公使から転じたS・ブリアーン Burián が任命された。ブリアーンは、住民の自治や出版、結社の自由を厳しく制限し、ムスリムを重視したカーライとは異なり、自治体制度の改革や出版の認可制度の廃止、諜報活動の縮小、行政報告の刊行、主要3宗派の「民族団体」の承認などによって、政治活動、社会・文化活動を活性化する自由主義的な政策を展開した。また彼は、セルビア正教徒（＝セルビア人）を重視し、他の宗派に先駆けて「セルビア正教徒の教会・教育の自治に関する規約」（1905年8月13日[41]）を承認した。これは、教区や校区における広範な自治、教会組織や教会学校の整備を保証したものである。しかしセルビア人の要求はブリアーンの思惑を超え、それは「サライェヴォ決議（1907年11月）」[42]で噴出した。

　対外情勢も悪化の一途をたどった。ハプスブルクの衛星国と化していたセルビアでは、軍のクーデターによって国王アレクサンダル・オブレノヴィチ Aleksandar Obrenović 夫妻が暗殺され、王朝が交代した（1903年6月）。これを転換点としてセルビアはN・パシチ Pašić 率いる急進党を中心に、反ハプスブルク的な針路を鮮明にした。セルビアは経済面でもハプスブルク依存からの脱却を試み、その過程で生じた関税戦争（「豚戦争」）は関係悪化に拍車をかけた。もっとも、これによってハプスブルクは伝統的な市場を失った反面、これに勝利したセルビアの名声は議会制民主主義、教育・文化面での発展も相まってつとに高まった[43]。

　時を同じくして、ベルリン会議以降、オスマンとバルカン諸国の争点となったマケドニアでも混乱が生じた。列強諸国とオスマンとの改革をめぐる軋轢、ならびに現地におけるキリスト教徒とイスラム教徒の対立が情勢を悪化させたのである。1903年8月に起こったイリンデン蜂起を契機として、ハプスブルクとロシアはさらなる改革を試み、両国協調の頂点とされるミュルツシュテーク改革案（1903年10月2日）が作成された[44]。さらにハプスブルクとロシアは、1904年10月にも中立協定を結んだが、日露戦争の敗北後にロシア外務相A・P・イズヴォルスキ Izvolsky が外交の重点をバルカンに戻したため、両国の対立が顕在化しはじめた。両国関係を冷却化させるひとつが、共通外務相エーレンタールのサンジャク鉄道計画（1908年1月）であり、これによりマケドニア改革案も水泡に帰した[45]。

2．ボスニア・ヘルツェゴヴィナ併合

　これに追い打ちをかける形で起こったのが青年トルコ革命（1908年7月）である。これにともなって、憲法が復活、議会の召集が予定されたが、一連の事態はハプスブルクにとって大きな危険を意味した。なぜならボスニアから議員が招集されれば、この地をオスマンに返還しなければならない恐れがあったからである。エーレンタールは、この機に乗じて併合を断行することで、セルビアに「一撃」を与えて南方国境を安定させるとともに、ハプスブルク外交の独立性を明らかにしようと試みたといえよう[46]。エーレンタールは、かねてより併合を提言していた共通財務相ブリアーンと協力しつつ、8月19日と9月10日の共通閣議において帝国首脳から併合への承諾を取りつけた[47]。エーレンタールはこれと並行してロシアとの妥結を図るため、イズヴォルスキと極秘に会談した（ブフラウ会談・9月15-16日）。ここでイズヴォルスキは、ロシア軍艦のボスポラス・ダーダネルス海峡の自由通航への支持と引き換えに併合を承認しようとしたとされる。しかし、両者の意思疎通が十分になされていなかったうえ、ロシアがイギリスやフランスと交渉する前になされたハプスブルクの併合宣言（1908年10月6日）は、両者の関係を大きく損なわせた[48]。

　併合問題については、以下の2点を示すにとどめておく。1点目は、併合が列強の国際関係に重大な影響を与えたことである。すなわちハプスブルクとセルビア、ロシアとの関係のみならず、独露関係もドイツがロシアに併合承認を強要したことで悪化した。D・C・B・リーヴェンが、前出のブフラウ会談をサライェヴォ事件以前における第一次世界大戦への最大の画期と位置づけたことは決して誇張とはいえまい[49]。さらにイタリアは、バルカンに関与する列強として自国の権利をハプスブルクとロシアに認めさせたことで「漁夫の利」を得たといえる[50]。「ベルリン条約」調印国の同意を得ていない併合の「既成事実」化が、併合に不満を抱くイタリアやバルカン諸国によるオスマン侵略の一因と考えうることも補っておこう[51]。併合は、南東欧におけるベルリン体制解体の契機となり、第一次世界大戦への道筋をつけたといえる。

　2点目は、併合へのボスニア住民の反応である。各宗派の動向についてジャヤは、「セルビア人の憤慨、ムスリムの落胆、クロアティア人の（クロアティアとの合併への）希望」と要約する[52]。ここでは、隣接するクロアティアやダルマ

52 第1部 二重帝国体制とボスニア統治

ティアで協力関係にあったセルビア人とクロアティア人の連携はみられず、セルビア人はむしろムスリムとの協調に関心を抱き、クロアティア人は、ボスニアとクロアティア、ダルマティアとの合同を望んでいたのである(53)。ムスリムは、オスマンへの大量移住やイスタンブールへの代表団の派遣、セルビア人との共同でなされたおよそ15万に及ぶ反対署名の収集などの組織的な抵抗運動を繰り広げた。もっともイスラム教徒とセルビア人との共闘はほどなく瓦解し、イスラム教徒はクロアティア人に接近、ボスニア議会における協力関係を作りあげていく。A・イヴァニシェヴィチは、この変化を「ムスリムの（正教徒）セルビア人からの離反と（カトリック）クロアティア人への接近は、オーストリア政府への誓約とみなされた」と記している(54)。「イスラム民族組織」は、オスマン政府の併合の許諾、宗教自治の認可にみられるハプスブルク行政府の妥協にも拘らず併合を拒否し続けていたが、憲法施行の直前に認めた（1910年2月）(55)。

第4節 ボスニア憲法

フランツ・ヨーゼフの併合布告(56)において約束された憲法は、およそ一年半にわたる帝国中枢の議論をふまえて、1910年2月17日に施行された。ボスニア憲法は、地方基本法 Landesstatut（以下、一部を除き基本法）、議会の選挙規則と議院規則、結社・集会法、郡評議会法から構成された。ここでは、地方基本法と議会を中心に見ていくことにしよう(57)。

1. 地方基本法

最初に地方基本法の基本事項が、1867年12月のオーストリア憲法にはっきりと依拠していたことを確認しておこう(58)。個々の内容についてみると、第1条はボスニアの基本的な立場、第2-20条は公民権全般、第21-40条はボスニア議会の組織、第41-49条は議会の権限をそれぞれ規定している。まず行政組織の最高原則を提示した第1条のあらましを示しておく。

・ボスニアは、1880年2月22日法〔「ボスニア行政法」〕に従って、単一的な特別行政地域をなし、共通省庁の責任ある実行と監督下にある。

第2章　二重帝国体制への編入過程　53

・ボスニアの行政、法律の実施と運用は、ボスニア地方行政府の責任である。
地方行政府は、ボスニア行政を委託した共通省庁の下におかれ、その職務の執
行に責任を負う。
・ボスニアに存在する司法・行政機関は従来の組織と有効性を維持する。この
変更は「ボスニア行政法」第2条に即してのみ許される。
・地方当局の代表者は、ボスニアにおけるすべての案件において、帝国両半部
の利益を侵害しないように注意しなければならない。
・ボスニアで徴募された軍隊とその他のボスニアの軍事組織は、共通軍の一角
を担う。

　以上からは、地方行政府が憲法施行後も共通財務省の下部機関であり続けたこ
と、議会が基本的な統治方針の決定や帝国全体に関わる案件から排除されたこと
がわかる。ボスニア憲法を分析したG・シュタインバハは以下のように説明する。
「共通省庁は、ボスニア・ヘルツェゴヴィナに関して実行されるすべての行為に
ついて、「ボスニア行政法」第1条に基づき、代表議員会議に責任を有するが、
サライェヴォの地方行政府は行政面で従属する共通省庁にのみ責任を有する。ボ
スニア議会に対するボスニア地方行政府の責任は、ボスニア基本法で定められな
かった」[59]と。次に、公民権の条項を列挙しておこう。

第2条	法の下での平等
第3、4条	ボスニア籍に関する規定
第5条	移動・職業の自由
第6条	法の保護下における個人の自由
第7条	裁判を受ける権利と裁判官の独立
第8条	信仰と良心の自由の保証、市民・政治的権利と宗派の無関係
第9条	家庭内での礼拝の自由
第10条	イスラム教徒の家族、婚姻、ミュルク[60]相続権におけるシャリーア法の適用
第11条	全住民に、民族的な特性と言語の維持が保証される
第12条	出版の自由
第13条	学問の自由

第14条	住居の不可侵
第15条	通信の秘密
第16条	財産の不可侵
第17条	請願権の承認
第18条	集会の権利
第19条	結社の創設
第20条	上記の諸権利が制約される事例[61]

ここで一点補足すべきは、第3、4条の「国籍」に関わる問題である。ハプスブルクにはオーストリアとハンガリーに共通する国籍が存在しなかったため、ボスニア住民については国制における特殊な立場に鑑みつつ、オーストリア国籍とハンガリー国籍とは別にボスニア籍（州籍 Landesangehörigkeit）が法制化されることなく通用していた。憲法制定に際して、この法的地位は既存の政策を踏襲する形で正式に採用されたのである[62]。ボスニア籍を持つ人は、帝国両半部で対等な権利を持たなかったが、帝国両半部の国籍を持つ人は、ボスニアで現地住民と同等の権利を有していた。ボスニアの人々はオーストリア、ハンガリー国籍を持つ人々よりも低い立場にとどめられたといえる[63]。

2．ボスニア議会

併合前から帝国首脳のなかで浮上していた議会は、現地住民の不満を軽減するために必要であると認められていた[64]。青年トルコ革命以降、ボスニアが形のうえではヨーロッパで唯一議員を選出していない地域であったことも考慮に入れるべきだろう。ボスニア史上初めての議会選挙は1910年5月18-28日に実施され、同年6月15日に招集された。同時代の法学者K・ランプは、ボスニア議会を「唐突かつ歴史的な脈絡をもたない、現地ではなじみのない西洋文化の機関」[65]と位置づけるが、実際にはどのような形で現地の事情に適合させられたのであろうか。

ボスニア議会の議員は、社会、宗派、クーリエ制度を組み合わせた複雑な仕組みを通じて選出された[66]。議員は、各宗派（イスラム教、セルビア正教、ローマカトリック教、ユダヤ教）の代表や上級裁判所長官、サライェヴォ市長、商工会議所会頭などの勅選議員20名（セルビア正教徒5人、イスラム教徒6人、ロー

ボスニア議会の開会式

表2-1　勅選議員の構成（基本法第22条）

		構　成	合計
宗派	セルビア正教	大司教4名、セルビア正教会行政・教育評議会長1名	5
	イスラム教	レイス・ウル・ウレマー、ワクフ監督官、ムフティス（イスラム法典の公認解説者）3名、	5
	ローマカトリック教	大司教1名、司教区司教2名、フランシスコ修道会管区長2名	5
	ユダヤ教	ラビの長1名	1
その他		上級裁判所長官、サライェヴォ弁護士協会の会長、サライェヴォ市長、サライェヴォ商工会議所の会頭	4

マカトリック教徒8人、ユダヤ教徒1人）と公選議員72名の合計92名から構成された（表2-1、表2-2）。各宗派の議員数は、ボスニア住民における宗派＝宗教別の比率をある程度反映していたため、過半数を確保しにくい構成だった。これについては、セルビア正教徒議員とローマカトリック教徒議員の住民数との不均衡ならびにクーリエごとの顕著な格差にも注意すべきだろう。第1クーリエでは議員一人当たりの有権者数は91人（第1）、318人（第2）であったのに対し、

56　第1部　二重帝国体制とボスニア統治

表2-2　ボスニア議会のクーリエ別、宗派別構成（選挙規程第5-8条）

	第1クーリエ		第2クーリエ	第3クーリエ	合計	割合
	第1	第2				
セルビア正教	―	8	5	18	31	43
イスラム教	5	1	9	9	24	34
ローマカトリック教	―	4	5	7	16	22
ユダヤ教	―	―	1	―	1	1
合計	5	13	20	34	72	100

注：第1クーリエ：第1部門：140クローネ以上の土地税を納めている全てのイスラム教徒
　　の地主。その他の宗派の地主は、第1部門と第2部門を選択可能。第2部門：小売税
　　を除く直接税を500クローネ以上納める人物。帝国内の（単科）大学修了者、地方基本
　　法で認められた宗派の全聖職者、ボスニア内の文民行政官全員、年金受給資格をもつ
　　（鉄道、軍事を含む）官吏、教員。
　　：第2クーリエ：第1クーリエに属さない（都市定款をもつ）都市住民
　　：第3クーリエ：第1クーリエに属さない全農村住民

第2クーリエでは13,254人、第3クーリエでは44,817人に及んでいたのである[67]。最後に、一部を除くと少数宗派が排除されたことも付記しておく。

　選挙権はボスニア籍を持つ25歳以上の男子全員（選挙規程第1条）に、被選挙権は同30歳以上の男子全員（選挙規程第4条）にそれぞれ与えられた。議員の任期は5年（基本法第24条）であり、議長団は1人の議長と2人の副議長から構成され、毎年会期の開始時に皇帝から任命された。議長職についてはムスリム、セルビア正教徒、ローマカトリック教徒の輪番制が採用された（基本法第23条）。ここでは議長は、議事日程の調整や議会内秩序の維持において大きな権限を有していたことを指摘しておきたい[68]。

　次に議会に関する条項をみると、議会は君主の命令により毎年1回首都サライェヴォに召集され（基本法第26条）、各会期の冒頭に君主への忠誠と服従と法律の遵守を誓約せねばならなかった。これを守らない場合には議席を失うこと（基本法第27条）、議員は投票や演説に関して責任を問われず、会期中には不可侵特権をもつこと（基本法第34条）とともに、以下の規定が設けられた。これらの項目からは、議会が執行権（地方行政府）に干渉できなかったこと、宗教案件の法律改正がほぼ全宗派の賛同を要するものであったこと、限られたものであっても両半部政府との折衝の場が設けられていたことがわかる。

第29条	総督、文民補佐官、部局長 Sektionchef、これに関して委任されたボスニア当局の幹部は、議会のすべての審議に参加できる。
第31条	議会そのものにも各議員にも、執行権への干渉権はない。
第33条	議員は、議員規則にそくして地方行政府に質問できる。
第36条	議会の決議が法的効力を持つためには、全議員の半数の出席と出席者の過半数の賛成が必要である。宗教案件における（第42条）立法に関する決定には、全議員の5分の4の出席、かつ出席者の3分の2以上の賛成が必要である。
第39条	議員9名からなる地方評議会 Landesrat が設置される。これは地方行政府の求めに応じて、ボスニアの公的な案件に対する意見の表明、共通省庁を介した両半部政府との相互の諮問、意見交換をおこなう。評議長は議長が兼任し、9名の内訳は宗派数に応じて割り当てられる。
第40条	議会の閉会は、皇帝陛下の指示に基づいて議長により行われる。地方議会は、皇帝陛下の命令によっていつでも休会、解散される。

　それでは、ボスニア議会はどのような権限を有していたのであろうか。まず指摘すべきは、ハプスブルク本国の政体に関する事案（アウスグライヒ法〔1867年12月21日〕に基づく法律／軍事案件、経済アウスグライヒ法〔1907年〕）、ボスニアと本国との関係の案件（共通関税領域法、ボスニア行政法）（基本法第41条）、共通軍に関わる予算（基本法第45条）が議会の管轄には含まれていなかったことである。ボスニア議会の本国への影響力は、最小限にとどめられた。

　議会が処理すべきおもな案件は、予算であった（基本法第44条）。さらに借款、民法、商法・手形法、山林・鉱業法、出版と著作権保護、林業・農業、土地所有関係、文化・教育制度、衛生制度（獣医含む）、刑務所の設置、政府側から提出された鉄道敷設、自治体組織、地方行政府に属している財産の処理などに関しては立法権を保持していた（基本法第42条）。もっともこれらの案件についても、法案提出に先立ち両半部政府の許可を得る必要があり（基本法第37条）、地方行政府より提出される法案は、議員立法や請願に優先して審議された（議院規程第15条）。議会は本国に関する事案には関与できず、そのイニシアティヴも制限さ

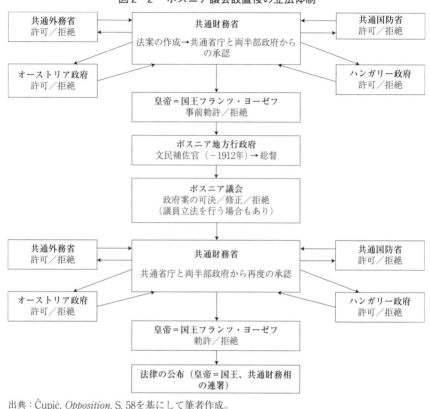

図2-2 ボスニア議会設置後の立法体制

出典：Čupić, *Opposition*, S. 58を基にして筆者作成。

れたが、帝国側（共通財務省）は、議会設置後の立法過程（図2-2）にみてとれるように、ボスニアに関する事案では議会の頭越しに決定を下せなかったのである。

以上本章では、ボスニアのハプスブルク政体への統合をたどってきた。ここで確認しておくべきは、次の諸点である。①ボスニア統治が二重帝国体制の「共通案件」とされ、帝国諸機関の利害が集約されたこと、②併合までに行われたハプスブルクへの同化政策が、オスマンの主権を消滅させなかったこと、③ボスニアは併合まで議会を与えられず、ボスニア議会も帝国全体に関わる案件への決定からは排除され、代表議員会議にも関与できなかったことである。同時代人のN・ヴルムブラントは、ボスニアを本国とは異なる制度下にあり、憲法に基づいて本

国の政治活動に関与することができない、また支配国家地域の不可欠な一部をなさず、その構成員が本国住民と同等の国籍を持たない「特別行政区域 territorium separatum/corpus separatum」[69]と指摘する。ただし、④共通財務省が、局地的な案件ではボスニア議会の意向を無視できなかったことも看過してはならないだろう。

第5節　小括

　ボスニア占領は、武力による領土獲得という帝国主義的な膨張だった点で「植民地」の獲得といえたが、その動機は一般的な「植民地」とは幾分異なるものであった。前述のとおりアンドラーシは、占領に賛成するフランツ・ヨーゼフや軍部と占領に反対する両半部議会の板挟みのなか、ボスニアとセルビアの合併、ボスニアの独立を阻止するために「より小さな悪」[70]である占領を選択したからである。ボスニアの獲得が、ハプスブルクの内政、外交に深く関わっていた南スラヴ問題と結びついていたことに改めて留意しておきたい。

　また、帝国国制へのボスニアの編入は困難な課題であった。なぜなら「第3の単位」ボスニアは政体の基本原則にそぐわない存在であり、この構造を根底から揺るがすものだったからである。結局ボスニアは、オーストリアにもハンガリーにも含まれない一方、ハプスブルクの内側におかれることになった。共通財務省が、ボスニア統治の専掌によって大幅に拡充されたことも共通案件の強化という点で重要である。共通財務相の職責範囲には、「ボスニア行政法」の条文で規定されていない空白も存在し、一定の自由裁量権を保持していた。これは共通案件の実態を垣間見させるものといえよう。

　ここまでの内容に見えるように、ボスニアが政治、経済面でハプスブルク本国の利害に従属させられたことは紛れもない事実である。とくにカーライ期の自治は、1850年代のオーストリアにおける「新絶対主義」になぞらえられるほど限局されていた[71]。併合後に議会が開設されても、帝国全体に関わる政策からボスニアは排除された。しかしボスニア議会は、局地的な政策の決定過程には参与していたため、間接的には共通案件に影響力を有していたのである。

　さてハプスブルクは、以上の枠組みのなかで、長年にわたるボスニア社会の不安定化を招き、その解決をベルリン会議で公約したクメット問題に取り組まねば

ならなかった。この重要性の大きさについて、ボスニア地方行政府の初代統計部長シュミットは次のように語っている。「ボスニア・ヘルツェゴヴィナにおける政治的諸問題と農地所有問題の密接な関連性を考慮すれば、非常に広汎にわたるボスニアの経済、政治的運命が、クメット問題の適切な解決に依存していることはまったくもって明らかである」[72]と。ハプスブルクはこの難題をどのように把握し、いかにして解決しようとしたのであろうか。さらにこれと並行して、いかにして農業生産力を高めようとしたのであろうか。これについては、章を改めて検討することにしよう。

第２部　周辺地域開発の展開─クメット問題と農業振興

第3章 クメット問題への取り組み

第1節 クメット政策への非難

19世紀のバルカン地域において、国家創設とほぼ並行して実施された農地改革は、オスマン支配からの民族的解放を意味した。その先駆けといえるセルビアでは第一次蜂起（1804-17年）からオスマンの憲法制定にいたるなかで既存の農地制度が解体され、ブルガリアでは「東方危機」後に農民による土地所有が進んだ[1]。本稿の問題関心にそくしていえば、セルビアにおいて形成された自由小農の社会が、とくにボスニアにおいてその模範となったことに注意したい[2]。またハプスブルク内外に居住していた南スラヴ人地域においても、農地所有状況には大きな懸隔があった。すなわち、旧オスマン領におけるイスラム教に根ざした制度とハプスブルク領——ハンガリー南部やクロアティア、スロヴェニアなど——における中央ヨーロッパ的な制度の存在である[3]。

すでに述べたように、ボスニアにおける地主＝小作（クメット）問題はこの地における騒擾の原因であった。ハプスブルクは統治に際して、ベルリン会議で各国に約束した地域秩序の再建のためこの問題への対処を強いられたが、その際には宗派＝民族関係も考慮しなければならなかった。占領直後に作成されたハプスブルク側の内部文書は、次のように伝えている。「ボスニアにおけるあらゆる死活的な問題のなかで、さまざまな危機の根源であり続ける農地所有問題ほど政治的配慮を要するものはない。ボスニアは農耕に頼らざるを得ないため、この問題の段階的解決が農業発展の画期となることはきわめて明白である。しかしあらゆる性急な、脈略のない行為が災いに満ちた結果を引き起こす可能性も見逃せない」[4]。ここからは、帝国側がクメット問題に注意を向けていたこと、宗派＝民族関係と社会経済的対立との結びつきを認識していたことを読み取れるだろう。

序章で触れたように、ハプスブルクのクメット政策に関する研究は、批判的論調でほぼ軌を一にしている。ユーゴスラヴィアの農業史を著したJ・トマセヴィ

チは、ハプスブルク政権が「キリスト教徒農奴 serfs を犠牲にして、ムスリム地主に好都合な政策」を展開したとみなし、統治期を通じてクメット問題の解決はほとんど進まなかったと述べている(5)。その後もユーゴスラヴィアの研究者を中心にトマセヴィチの見方が踏襲され、クメット制度の残存やそれにともなうセルビア人の不満の増幅、農業生産の沈滞などの悪影響が強調された。その際には、とくに共通財務相カーライの政策が批判されている(6)。レーニンの「2つの道」論を援用しつつハプスブルク農業を論じたL・カトゥシュは、ハプスブルクが大土地所有者の利益を支持する「プロイセン型の道」を選択したことで、クメット問題の解決を放棄したと論じた(7)。

このような諸研究のなかでいささか例外的なハウプトマンは、ハプスブルクのボスニア統治を包括的に分析するなかで、紙幅の多くをクメット問題に割いた。そのなかで彼は、帝国側がもっぱら地主側の利益を擁護したとする見方に修正を迫るとともに、地主や自由農民の状況、あるいは行政府によるクメットの保護政策にも目を向けている。もっとも、統治者側の現状認識やそれに対応した政策の体系的な分析はなされておらず、とくにクメット制度の解体(償却)に関する施策の検討は不十分である(8)。

以上の内容から、ハプスブルクのクメット政策に対する批判的傾向がわかるが、いくつかの疑問点も浮かび上がる。第1は、概略的な枠組みはすでに説明されているものの、クメット制度の実態は詳細に検討されていないことである。はたして、地主とクメットの関係はどのような「実態」をともなっていたのであろうか(9)。第2は、クメット制度の維持にのみ注意が向けられたために、ハプスブルク政権の施策がほとんど説明されていないことである。ハプスブルク期にはクメット関係についていかなる政策が行われ、それに当事者双方はいかに反応し、どのような影響を受けたのであろうか。先行研究は以上の問いかけに十分な解答を与えていないが、ボスニア社会における地主=小作問題の重要性に鑑みると、これらの諸課題の検討は不可欠と考える。

従って本章では、まずオスマン統治時代のクメット制度の概況を整理する。そのうえで、ハプスブルク側の官僚によって作成された報告書を題材として占領初期のクメット制度のありようを検討する。それをふまえ、当局による改革、ならびにクメット制度を解体するための政策を分析する。以上に加えて本章では統治者側の史料を相対化するため、ムスリム地主層が行政府に提出した請願書の吟味

を通じて、当時のクメット制度の「実態」を多角的に検証したい。

第2節　クメット制度の形成

ハプスブルクがボスニアで直面したクメット制度は、中世ボスニア王国時代からオスマン時代にわたる数百年の間に形成された[10]。最初に、オスマン統治期の土地所有制度について概観しておくことにしたい。オスマンにおける土地所有は、本来いわゆる「国家的土地所有原則」に立脚しており、すべての土地を国有地（ミーリー）、私有地（ミュルク）、公共・宗教目的のための寄進地（ワクフ）の3つに分類した[11]。

しかし「国家的土地所有原則」は、17世紀後半以降のオスマンの斜陽化とともに、各地の有力者（アーヤーン）が地主として土地を非合法的に私有化しはじめた。この過程で生まれた地所が、グーツヘルシャフト的な「チフトリキ čiftlik」である[12]。もっともボスニアは長きにわたりオスマンとハプスブルクの境界地域となったため、オーストリア側の軍政国境地帯に類似する「カペタン制度」と呼ばれる特殊な組織が形成された[13]。これは、兵力の調達、越境旅行者の管理、山賊の取締り、行政・警察業務の執行を役割としており、18世紀末には39のカペタンが設けられていた。ここでは、オスマンがその弱体化にともないカペタンたちを統制できなくなったこと、カペタンが合法的、非合法的な手段によって勢力を拡大したこと[14]、彼らの「私有地」を耕作するキリスト教徒小作人の待遇が悪化し、ダルマティアやセルビアへの逃亡が頻発したことをあげたい[15]。

その後マフムート Mahmud 2世が、中央集権体制の再建と西欧式軍隊の整備を目指す改革のなかでイェニチェリ軍団（1826年）とティマール制度（1831年）、カペタン制度をそれぞれ廃止した（1835年）。これらに続くギュルハネ勅令（1839年）に始まる「タンズィマート」[16]改革は、ボスニアの有力者層を動揺させていたが、さらにチフトリキにおける地主＝小作関係を規制する試み──無償労働の廃止と貢納の3分の1への固定化──が中央政府に対する反乱を引き起こした（1849／50年）。これは中央政府によって鎮圧されたが、これを機にボスニアの地主層の勢力は低下し、それに代わって現地の農民層とイスタンブールの対立へとその構図は変化することになる。

ここで注目すべきは「国家的土地所有原則」を再確認した「土地法」（1858年）

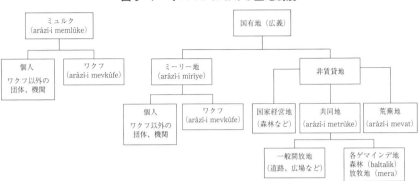

図3-1　オスマンにおける土地制度

出典：*Die Landwirtschaft in Bosnien und der Hercegovina*, Landesregierung für Bosnien und die Hercegovina (hg.), Sarajevo: Landesdruckerei, 1899, S. 42. を基に筆者作成。

の翌年に布告された、ボスニアのチフトリキに関する法令（「サフェル法」）である[17]。この「サフェル法」は、長年の地主＝小作人間の係争を解決するため、当事者の義務を規定したボスニア限定の法律であった。江川ひかりが指摘したように、同法の意義は無償労働の廃止、小作料の固定化、徴税請負の禁止、紛争防止を目的とする小作契約の文書化に求めることができる[18]。とくにこの法律が、地主による小作人の恣意的な追放や小作人に対する不当な要求を禁止したこと、法の実施に際しての官吏の怠慢を禁じたことには注目すべきだろう。「サフェル法」が地主と小作人、つまりムスリムとキリスト教徒双方の意見を斟酌して定められたこと、当事者同士の紛争回避を図ったことも評価されるべき点である。一方、ボスニアにおいて広くおこなわれていた畜産、地主の直営地経営についての記載を欠いていること、この法律が十分に周知されなかったことなどの問題は指摘されねばならない[19]。

以上みてきたように、「サフェル法」はオスマンなりの地主＝小作問題への対処であった。「東方危機」時の難民救済や女子教育に従事したイギリス人女性P・アービー Irby は、「サフェル法」をクメットにとっての「マグナカルタ Magna Charta」と評した一方、この法律が地主の怒りを招いたと述べている[20]。すなわち地主とクメットの関係は悪化の一途をたどるとともに、それがタンズィマート改革期の増税や周辺からの工作活動と相まって前章に記した「東方危機」へとつながる蜂起を引き起こした。クメット問題の解決は、ハプスブルクに持ち越されたのである。

66 第2部 周辺地域開発の展開—クメット問題と農業振興

第3節 統治者側の現状認識

ハプスブルクの施策をみる前に、占領時点でのボスニア農村の状況を確認して
おこう。1878年当時の農業人口構成からは、400年以上に及ぶオスマン支配がム
スリムに有利な社会構造を形成したことがうかがえる。すなわち、地主と自由農
民はほぼムスリムが占め、クメットの大半をキリスト教徒が占めていた[21]。そ
れでは、クメットはどのように定義できるのであろうか。『オーストリア国家辞
典』は、「他人の土地の世襲的な利用と引き換えに、その土地の所有者に小作料
として現金ではなく収穫物の一部——例外的に貢納量は固定される——を納め
る」農民であり、用益権を行使できる土地におけるクメットの権利を「クメット
権」と規定する[22]。これに関連して、バルカン経済史家 M・パレレは1879年に
は地主層（6,000-7,000世帯）が85,000世帯のクメットを支配下に置いており、
1 世帯あたりではおよそ15から20のクメット世帯を抱えていたと記している[23]。
ここではクメット世帯は、「ザドルガ Zadruga」と呼ばれる複数の世帯から構成
される家族共同体の形で居住しており、その家長がクメットと呼ばれていたこと、
個人ではなく世帯全体で耕作を実施していたことを補っておきたい[24]。

占領当初、ハプスブルク政権は「東方危機」の間にハプスブルク領内に流入し
ていたボスニア住民の帰還事業を行うとともに[25]、クメット関係については現
状維持を命じた。たとえばフランツ・ヨーゼフの軍官房は占領軍に対し、ボスニ
アに帰還した避難民の地主との関係については、前述の「サフェル法」にそくし
た書面契約を取り交わさせるよう命じている（1878年10月12日）[26]。同年11月30
日にも同様の内容が布告されるとともに、当局の課題として小作人が地主の恣意
的行動による追放や抑圧、土地保有者 Grundholden が占領によって土地所有者
となる希望を抱くことの抑止をあげている[27]。これらの指示は、小作人たちが
占領を機に土地所有者になれると考えていたことを推測させる。1879年秋にはサ
ライェヴォにおいて農業状況の聞き取り調査が実施されたが、クメット関係の本
質などをめぐる根本的な点をめぐって一致がみられなかったという[28]。

ここで、その調査のために作成された官僚 M・ククリェヴィチ Kukuljević の
史料を紹介しておこう。彼の報告は、次の三点にまとめられる。第1は、上述の
「サフェル法」がほとんど実施されていないだけでなく、法律自体が地主とクメ
ットの実際の関係を反映していないことである[29]。これに関してとくに注目し

たいのは、①前述の1858年「土地法」に、土地保有者や「クメット Kmeti」の表現は見出せないこと、②「サフェル法」に書かれている「チフチエ Čiftčijè」には、自ら家畜や種子を調達する者と、それらをすべて地主から提供される者がいたこと、③チフチエのなかには、昔からボスニアに定住している者、近年ダルマティアなどの周辺地域から移住してきた者がいることである。

　第2は、クメット関係が多くの休耕地を生じさせている事態は国家と地主双方にとって損害となるため、何らかの形で改めねばならないことである[30]。彼は、オスマン統治期に中央政府の統制が次第に弱まるのに対応して、地主（封土所有者）の権限が強化されたために農民の状況が悪化したととらえた。「農民は地主の土地を耕作せざるをえないと感じるようになった。なぜなら、耕作しなければその土地からすぐに追い出されたからである。農民たちは、地主の要求する貢納物を納めざるをえないと感じた。こうして、彼らは厳密な意味における土地保有者〔クメット〕となったのである」[31]。第3は、改革を行うための情報が揃っていないことである。具体的にはボスニアにおける土地所有状況、チフトリキの規模やクメットの人数、放牧に関する貢納など地域毎に存在する特別な慣習についての調査が必要であると主張した[32]。彼の報告からは、ボスニア農村の多様性、あるいは流動性を垣間見ることができるのではなかろうか[33]。

　これに関してより具体的な状況に示してくれるのは、ヘルツェゴヴィナで県長を務めていたA・フォルカー Volker の報告である。彼はまず「"トレティナ Tretina" という決まり文句、つまりアガに収穫物の3分の1を引渡すことが農業問題のすべてである」との把握はまったくの誤りであると批判したうえで、クメット関係について説明した。内容が多岐にわたるため、これについてもその梗概を記しておこう。

　第1は、固定量の貢納、耕地に囲まれた放牧地の利用に対して家畜や多額の現金などの支払い、クメットの負担で開墾された土地からの貢納という地主の要求が、地主とクメットの紛争を引き起こしたことである。第2は、地主への貢納が郡や村によって異なっていたこと、第3は、「サフェル法」で廃止されたはずの地主への労役は貢納物の輸送や地主の住居や倉庫の警備、家畜番などの形で残存しており、その内容は穀物の貢納量と反比例していることである。以上の内容は、「サフェル法」に反映されていないボスニア農村の「実態」の一端を示すものといえる。なおフォルカーは、報告を締めくくるにあたって以下のように結論した。

「このような複雑な状況にある土地所有の確定は容易ではないだろう。抜本的な解決などは近い将来に望むべくもない。せいぜいのところ、アガのいくつかの過大な要求の制限と貢納運搬の規制が関の山である」[34]。さらに彼もククリェヴィチと同様、土地所有状況の確認とクメット関係の実態調査が不可欠とみていた[35]。

　以上の分析からは、帝国側が地主とクメットとの関係がさまざまな問題を孕んでいるが、現状では何らかの抜本的施策を行えないと認識していたことをうかがえる。占領直後に共通財務相を務めたJ・スラーヴィ Szlávy も、クメット問題を解決する条件として十分な資金とともに、農場の規模、小作契約、貢納の実態の把握をあげているように[36]、クメット関係は即座に廃止されなかったのである。

第4節　ハプスブルクの施策と「現実」

　クメット関係の抜本的改革の先送りは、クメットの中心をなすキリスト教徒の失望を招き、前章で論及した住民蜂起（1881-82年）の一因となった[37]。しかし大半の先行研究は見逃しているものの、ハプスブルクが改善策を講じなかった訳ではない。これに関するハプスブルクの政策は、以下の四点にまとめることができる。

　第1は、オスマン時代に由来する農産物に課される十分の一税が現物納から現金納に転換されたこと、それが地主への納付の基準とされたことである（1879年8月）[38]。十分の一税が物納量の基準として採用された理由は、オスマン時代における貢納をめぐる衝突の頻発に求められている。もっとも当局が、現金収入の確保を図ったと考えられること、十分の一税の引き上げが物納の増加を招く可能性があったことは見逃せない[39]。さらに、物納は収穫年の12月31日までに納めるべきこと、地主は翌年の収穫までにクメットに不履行の訴えをしない場合、それに関する訴訟の権利を失うことも決められた[40]。

　第2は、クメットの立ち退きへの行政介入である。「サフェル法」第8条では、地主が受け取るべき貢納を行わない、農場の経営を放棄する、農場の土地や家屋に損害を与えることなどが放逐の理由とされている。その執行は官庁の決定に基づき、地主が経営怠慢の証拠を提示した場合でも即座には実施されなかった。そ

の翌年も同様の状況が続いても官庁から立ち退きの警告がなされるにとどまり、最終的な強制退去の執行は、警告の次の年に行われた[41]。地主にとってみればクメットの経営が「怠慢」であったとしても、数年間にわたりその状況を甘受しなければならなかったといえる。

第3は、土地所有制度の確立である。すでに述べたようにハプスブルク当局は、土地所有状況を把握する必要を初期段階で認識しており、そのための測量作業を1880年7月に開始した。4年半にわたる作業を通じて、すべての土地が耕地、園芸地、牧草地、葡萄園、放牧地（原野）、森林、非生産地に分類され、この結果をふまえて土地台帳を作成するための法律が制定された（1884年）[42]。この法律についてI・ピラル Pilar は、以下のように指摘する。「ボスニア土地台帳法の導入部分は、われわれにとって大変興味深い。なぜなら同法は、ボスニアの立法において初めてオーストリア民法典を法的な基盤であると明記したからである。またこの法律は、法技術的にも興味深い。なぜなら、オスマンの法律にオーストリアの法律を組み込むという不一致のなかでの調和を試みたものだからである」[43]と。具体的にいえば、同法第1条は、土地の法的性格の分類をオスマンの「土地法」に基づくと明記した一方、第11条は、地所に関する物権の獲得、委譲、制限、破棄に関しては、原則としてオーストリア民法典に基づく旨を記しているのである[44]。ピラルは、オスマンの「土地法」の継受が、ハプスブルクにとって以下の利点があることも述べている。①土地証書 Tapien を備えていない土地をすべて国有地とできる、②所有権の移転には、国による許可が必要となるうえ、その際には一定額が国に納められる、③相続権をもつ血縁者がいなくなった場合にも、当該地が国有地とされることである[45]。

クメットに関わる「ボスニア土地台帳法」の項目については、当該地の国有地（ミーリー）と私有地（ミュルク）の区別、ならびにクメットの名前の登記が重要である[46]。さらに、「クメット定住地」が土地台帳上の単位とされること（第18条）、クメット関係にある「クメット定住地」の場合には、地主ではなくクメット世帯の名前が台帳に明記されること（第50条）も見逃せない。この措置からは、ボスニアにおけるクメット定住地が相対的に多かったこと、オスマン期には十分に保護されていなかったクメットの権利が明確化されたことを見て取ることができるだろう[47]。

第4は、農事訴訟制度の整備である。ハプスブルク行政府は、オスマン統治期

における農民に関わる訴訟制度が概して機能していなかったと理解していた。そのうえ行政府は、占領直後から物納をめぐる地主とクメットの係争に苦慮していたため、それを処理する行政官庁所管の農事訴訟制度を創設した（1895年12月）[48]。この審理は口頭・公開で行われ、さらに公正を期すべく地主とクメットから少なくとも1名ずつの陪席判事が選出された[49]。また審理の円滑化のため、係争対象の明確化、立証すべき事案や証拠内容などを協議する予備折衝が設けられた。クメット関係に関わるものでいえば、当事者双方が和解した際、クメットが受諾した和解条件が「サフェル法」の上限を超えていないかに注意を払うべきこと（第36条）[50]、クメットに関わる地主（アガ）による債権の差し押さえは、直近の物納の仮差し押さえというかたちで認められた（第52条）。史料上の制約から訴訟の詳細については不明な部分が多いため、ここでは、貢納をめぐる問題が訴訟の件数のなかでもっとも多かったことのみを記すにとどめる[51]。

　以上、ハプスブルクの政策に光をあてたが、その基調はオスマン期の仕組みを引き継ぎつつ、部分的な改革を進める点にあった。それでは、クメット制度はどのような「実態」をそなえていったのであろうか。これについても史料面での制約から統治者側から見ていかざるをえないことを断ったうえで、ボスニアで農事担当官を務めたA・カルシュニェヴィチ Karszniewicz の報告を取りあげたい。これは官僚の手によって書かれたものであるが、これまで知られていない「実態」を教えてくれるものである[52]。彼の報告書は、第1部：導入（1-3項）、第2部：クメット権（4-39項）、第3部：局地的にみられる小作契約（40-56項）、第4部：地主への貢納と慣習的な貢納量（57-80項）から構成される。同報告を網羅的に分析する余裕はないので、いくつかの重要な点に絞って述べておく。

　クメット関係とは、分益小作農民の世帯全体が一定量の貢納と引き換えに、地主の土地を耕作する義務を負う長期小作関係のことであることはすでにみたとおりである。しかし、当時のボスニアにはそれとは別の法的立場におかれた農民も存在した。たとえば、クメットとは呼ばれない「プリドゥルジュニク Pridržnik（小作人）」、有期のクメット関係、放棄されている土地を無許可で耕作する人、牧草地賃借人や肥育用のドングリを得る権利をもつ人などであるが、当局はこれらの関係を完全には掌握できていなかった[53]。クメット関係とは異なり、あらかじめ決められた一定量の現金や現物を納める、チェシムと呼ばれる契約の存在も指摘されている[54]。

カルシュニェヴィチの注目は、クメットによる物納の問題にも向けられた。彼はこの点を次のように記している。「しばしば、まさに地主への物納を算出する折にあらゆる激情、そして政治的、社会的、宗教的対立によって膨らまされ、法的関係を悪化させる貪欲、策謀、好戦的態度が見られる。これらを取り除くことは、地方当局と立法の義務である」[55]。当局が貢納の基準に十分の一税を援用した背景が、当事者間の緊張を取り除く点にあったことを再確認できる。加えて「クメットによって納められる地主への貢納量は、法律によって制限される。〔その一方で〕地域で習慣の賃借料は法律によって規制されない」という内容は、行政府がクメット関係以外は規制する意図をもたなかったことを予測させる[56]。もう一つの点は、彼が物納の受け取りを恣意的に拒否し、それに代わる現金による納入強制を禁じていることである。地主とクメットの間では物納の量だけでなく、その内容をめぐっても諍いが生じていたことをうかがえる[57]。

次に指摘したいのは、クメットの耕作放棄を禁止する旨を定めていた「サフェル法」第8条をめぐる問題である。休耕地の多さについてはすでに指摘したが、カルシュニェヴィチはこれに関連するクメットによる損壊行為の実例をあげている。①耕地の牧草地への転換、②クメット地で生産した肥料のクメット地に属していない土地への使用とその結果としてのクメット地への不十分な施肥、③豚の放牧による牧草地の掘り返し、④クメットにより栽培された果樹の伐採、⑤クメットの不注意によるクメットの家屋もしくは森林の焼失である[58]。もっとも、彼が「クメットが、肥沃な自由所有地を集約的に耕作する一方、クメット農場に最低限の十分の一税と物納しか課されないように、牧草地や放牧地としてこれを利用し、その一部あるいはすべてを放置することは稀なことではない」と書きとめていることは、原則としては禁止されている耕地の放棄が広く見られたことを想起させる[59]。

これに関連するのは、不法開墾の問題である。当時、クメットによる森林の開墾は広く行われていたとされる[60]。これについてカルシュニェヴィチは、クメットが官庁の許可なく、国有林や不毛地を切り開いて新たな耕地を作り出すこと、それを自らの土地と宣言することが少ないことにふれたうえで次のように記す。「ボスニアの耕地の大部分は、違法な開墾によって生まれたものである。それは、頻繁に後から追加された疑わしいトルコの所有証明、あるいは町村の代表者の単純確認によって形式的に確認され、古くからの所有と混同された」[61]と。ハプ

スブルク政権は、住民の恣意的な開墾や国有林の濫用の規制も図ったが、それらの動きを効果的に抑止できなかった。

もっとも、このようなクメットの振る舞いに対し、地主が干渉できる余地は少なかった。クメットによる農場経営については、クメット地のなかにある森林についてはクメットに優先権があること、クメット権にそくした「農業的な利用」には火酒生産を除く、鉱業、営業活動、工場施設としての利用は含まれていないことが書かれるにとどまっている[62]。「地主は、クメットが地主の土地以外の経営のために使用する、あるいはクメットが養殖者として取引のために大量に飼育する家畜のための家畜小屋を建設する義務はない」[63]との記述は、逆にこのような問題が起きていたことを示すものといえるだろう。

以上、カルシュニェヴィチ報告に描き込まれた内容は、官僚の目に映ったクメット制度の「実態」であり、ボスニア全域への安易な一般化は慎まねばならない。けれども、これらの記述が「現実」の一端を映し出していることも否定できないだろう。ハプスブルク期のクメットは必ずしも地主に従属しておらず、一定の範囲では農場の自由な経営が許されていたといえるのではないだろうか。少なくともハプスブルク政権は、地主による「耕作強制」を容認しなかった。逆に、本来であれば農地として用いられるべき土地がクメットにより粗放的な放牧地として用いられることにも積極的に干渉しなかった。これらの事象は地主への貢納の減少を意味するものであり、彼らの側では不満を抱いていたことが推定される。次にその地主層に目を向けることにしよう。

第5節　ムスリム地主層とハプスブルク政権

当該期ボスニアの地主について留意しておきたいのは、地主層の多様性である。すなわちクメット地しかもたない地主もいれば、小規模の耕地や放牧地、邸宅や穀物倉庫などから構成されるベグ地 Begluk と呼ばれる直営地を豊富にもつ地主もいた。さらに、少数のクメット地しかもたないものもいれば、400から600のクメット農場を持つ場合もあった[64]。ベグと呼ばれる大地主は、ボスニアの北東部（ポサヴィナ）にもっとも多く、第一次世界大戦の終結時点で100以上のクメット地をもつ21のベグ家系があったと伝えられている[65]。

すでに述べたとおり、先行研究は総じてハプスブルク政権が親ムスリム政策を

採ってきたと説明してきた。確かに、その見方はクメット制度の維持をムスリムへの妥協とみるならば一定の妥当性を有している。しかし、これのみをもって地主寄りの姿勢を採ったと判断しうるのであろうか。すでにA・バブーナと丹羽祥一がその一端を明らかにしたように、ムスリム地主層は政策に苦情を唱え、その是正を要求した[66]。当初は、これまで「所有」してきた森林に関する所有権をハプスブルク行政府によって否認されたこと、あるいは所有証明の不十分さによって私有地が国有地に転換されたことなどがおもな争点であったが、次第に農事訴訟制度や十分の一税の算出方法の変更（パウシャル式の導入）などにも批判の矛先が向けられたのである。これと並行して、クメット関係を法律によって規制されない地主＝小作関係へ転換する試みもみられた[67]。これに関しては、──時期が少々ずれていることを断ったうえで──地主たちの要求を具体的に示す史料をいくつか提示し、若干の検討を加えてみたい。

　たとえばハンガリー代表議員会議への請願書（1907年）には、彼らの抱く不満がありありと浮びあがる。ここでは土地台帳の導入によるムスリム地主の所有権侵害、農事訴訟の長期化に加え、パウシャル式の徴収が、クメットが「クメット地を自らの所有物」とみなす契機になったと記されている[68]。現状に不満を抱くイスラム民族組織の執行委員会は、ボスニア地方行政府と共通財務省に土地所有関係に関する提言を行なった（1908年）[69]。表向きは「サフェル法」の厳格な運用による地主の権限強化を目的としていたが、実際にはそれを逸脱する要求も認められる。

　その第1条は「サフェル法と旧来からの慣習が、地主とクメット間の関係規制の基盤であり、部分的に補足される」とされ、地主とクメットの関係が「サフェル法」に依拠すべきことを示している。クメットの追放については、①クメット、あるいはクメット世帯の構成員が、地主かその代理人に怪我をさせた場合、②貢納を拒否した場合、地主（代理人含む）のクメット農場への立ち入りを妨害した場合があげられている。脅迫、冒瀆、侮辱、それらに類する行為がなされた場合、犯人は刑法に則して罰せられ、その旨が記録されるべきとされた（第6条）。クメットは自らの農場に居住せねばならず、移転した場合にはクメットとしての権利を失うこと（第7条）、クメットの構成員が自発的に農場を去ってから3年が経過すると、農場の耕作に関わる権利を失うこと（第8条）も掲げられた。

　以上に加えて、クメット農場を地主の許可なく改造してはならないこと（第9

条)、クメットは遅くとも3日前に地主に収穫の実施を通知し、地主の許可なく収穫物を分割してはならないこと（第12条）、クメットが農場付近で開墾した土地の所有権を主張する場合、原則としてクメット農場が世帯を扶養するのに十分ではない、あるいは地主が土地を提供できない場合にのみ認められること（第16条）、クメットは地主に対して農場経営の義務を負うこと（第17条）、専売制度が敷かれていた煙草について、地主も償還額に応じて正当な額を受け取るべきこと（第22条）などもあわせて求められた。断定できる材料は持ち合わせていないが、地主たちがこのような要求をせざるをえない不都合に直面していたことがうかがえる。

　合計28項目から構成されるイスラム民族組織の要求は、総じていえば地主の権利の拡大を企図したものである。とくに注目すべきは、①クメットを追放する口実として農場における居住を義務付けようとしたこと（第7条）、②クメットの相続権の制限を図ったこと（第8条）、③地目変更を地主の権限のもとにおこうとしたこと（第9条）、④クメットに地主の土地の耕作を強く義務づけようとしたこと（第17条）、⑤地主がクメット農場における煙草栽培の利益をより多く得ようとしたこと（第22条）、⑥地主への貢納に関する抗告時効を引き延ばそうとしたこと（第25条）である。クメット世帯の家長が死亡した際には、改めて契約の更新を求めていること、地主の許可なく耕地を放牧地に転換するなどの地目の変更の禁止が要求されたことは、地主がクメットとの契約破棄を望んでいること、あるいは地主の許可を得ていない土地の使用方法の変更が多かったことを類推させる。もちろん以上の要求は、地主層によって誇張された、もしくは地域全域では生じていない事例である可能性を排除できない。しかし少なからぬ地主が現行のクメット制度に不満を抱いていたこと、地主たちの要求が現実に起こっていた事態を部分的に反映していたとはいえるだろう。

　もっとも、共通財務省は以上の大部分を認めなかった（1908年7月15日）。ここでの共通財務省の原則は、①クメットを犠牲にして、自らの権利を拡大しようとする地主の努力に屈してはならないこと、②地主とクメットを結びつけている、農地所有に関わる法的結合の安定性を揺るがせてはならないこと、③クメット関係の新たな創出は可能なかぎり防ぎ、場合によっては禁止すべきことの三点であった。共通財務省は以上の諸要求について所見を付しているが、28項目のなかで承認されたのは、クメットが自ら経営を行うこと、地主は品質に問題がなければ

貢納を受け取らねばならず、それは地方の慣習にそくして行うこと、農事訴訟における代理人の選出と訴訟における偽証を厳罰化することなどの8項目にとどまった。すなわち、残りについては何らかの修正が指示されたのである。

　その後、イスラム民族組織の要求はボスニア議会に持ち込まれたものの、法制化されることはなかった。イスラム民族組織と共通財務省・ボスニア地方行政府間の折衝はさらなる考証を要するため、ここでは、ムスリムの政治闘争と農地問題は不可分であること、その中で彼らはクメット関係を「私法的性格」にとどめようとしていたこと、地主たちの不満がハプスブルク行政府の政策によって高まっていたこと、行政側はそれに対する抵抗を認めず、あくまで彼らの権利を「サフェル法」の枠内に制限したことを確認しておきたい[70]。さらに最後の点について補うならば、当該問題に詳しい行政府官僚V・A・シェク Shek による「農事訴訟と反抗的なクメットに対する決定力のある追放判決の実施は、地主にとってまさに苦難の道であった」[71]との指摘をふまえると、地主はクメットの「違反行為」に際して当局の支援を十分に得られず、その処理に手を焼いていたのではないだろうか。

第6節　クメット償却の展開

　クメット制度は、世帯の永続的な住居を保証し、土地なし労働者の発生を抑止する機能を持っていたため、経済環境の激変からクメットを保護する機能を有していたともいえる。その反面、物納を課せられない粗放的な畜産を蔓延させ、多くの休耕地を生み出すことによって、農業発展を阻害したこともやはり否定できない。当時のオーストリア政界屈指のボスニア通といわれたJ・M・ベルンライター Baernreither は、ボスニア訪問記のなかで「現物による貢納が占領地域〔ボスニア〕の農業と生産活動の大きな障害であることを理解するためには、社会情勢を一瞥するだけで十分であった」[72]と述べている。

　それでは、当時のボスニアの農地所有はどのようなものだったのであろうか。それを整理した表3-1をみると、自由農民の世帯数がクメットのおよそ2倍であったこと、自由農民の半数が2ヘクタール以下の耕地しか持っていないこと[73]、相対的に見てクメット農場の方が自由農民のそれよりも規模が大きかったことを示している。農業生産の抜本的改善の鍵は、より大きな土地基盤を持つクメット

76　第2部　周辺地域開発の展開―クメット問題と農業振興

表3-1　ボスニアにおける土地所有状況（1906年）[74]

種別／（ヘクタール）		-2	2-5	5-10	10-	合計
自由農民 （半自由農民含）	世帯数	96,936	48,138	26,019	17,790	188,883
	割　合	51	26	14	9	100
クメット	世帯数	19,281	27,175	27,430	22,723	96,609
	割　合	20	28	28	24	100

出典：Frangeš, *Die sozialökonomische Struktur*, S. 149.

層だったといえるだろう。クメット農場の規模の変更は、クメットか官庁の許可
なく実施できないと定められていたため（「ボスニア土地台帳法」第67条）、一定
程度は抑止されていたと考えられる[75]。史料上の制約から詳細は不明だが、表
3-1の自由農民には、クメットが何らかの手段で土地を獲得したものも含まれ
ている。ただし、ハプスブルク行政府の報告は自由農民に関しては総じて沈黙し
ているため、統治期を通じてその実態はほとんどわからない。

　それでは、クメット制度はどのような形で解体されたのであろうか。ハプスブ
ルク当局は当初、クメットの償却に関してもオスマンの制度を継承した。地方行
政府は、クメットに農場の先買い権を認めたイスラム暦1293年（1876年）ムハッ
ラム月7日法（以下、1876年「償却法」）を有効とし、当事者間の自由意思に基
づく合意による解体を目論んだ。政権は、クメット制度の即時解体という急進的
な手法ではなく、従来の方式を踏襲したのである[76]。しかしクメットは1876年
「償却法」では補償額のすべてを調達する必要があったため、償却は貢納の負担
を考慮するとほぼ不可能であったといえる。そのため行政府は、クメットへの資
金提供をおこなった。共通財務相カーライのもとでは、最終的にサライェヴォに
開設された特権地方抵当銀行（以下、特権地方銀行）がこの業務を担当した（1895
年）[77]。もっとも、この融資は償却額の半分に制限された。クメットは、残額を
調達するために家畜の売却や高利貸しからの借り入れを強いられ、しばしば経済
力を低下させたのである。

　カーライの統治期に築かれた以上の償却制度は、全体として消極的なものであ
ったといわざるをえない。この理由として、占領という国際法上の不安定な立場
に起因する強制償却に必要な財源調達の困難、オスマンと結ばれた「コンスタン
ティノープル協定」（第2章第1節参照）におけるムスリムの所有権の尊重が想

起されるが、カーライ自身
の考えも大きく影響してい
た。彼はクメット関係を解
体する必要性は認識してい
たが、その拙速な進展は地
主とクメット双方にとって
有害とみていたのである。
とくにカーライは、償却後
にムスリム地主がプロレタ
リアート化することへの懸
念を表明していたが、ムス
リムをハプスブルク政権の
支持基盤とする企図は否め
ない[78]。

　最後に、クメット償却の
進捗を統計に依拠して跡づ
けておこう。カーライが死
去する1903年までの過程は、

表3-2　クメット償却の経過（1879-1903年）

年	世帯数	償却金 （クローネ）	年	世帯数	償却金 （クローネ）
1879	117	92,526	1892	680	387,592
1880	302	168,378	1893	939	834,048
1881	385	270,268	1894	703	516,568
1882	967	476,498	1895	613	565,566
1883	1,072	582,930	1896	546	419,388
1884	1,409	799,404	1897	553	392,236
1885	1,289	731,726	1898	870	560,850
1886	889	470,914	1899	756	561,676
1887	1,158	557,050	1900	816	556,675
1888	724	401,062	1901	750	548,546
1889	805	429,860	1902	603	408,781
1890	836	495,080	1903	594	411,108
1891	852	521,134	合計	19,228	12,159,864

出典：*Bericht* 1906, S. 57.

表3-2のように整理できる。この表からは、総じ
て償却が停滞していたことがわかる。1882-85年の相対的な多さの理由として、
一部の地主が徴兵制導入への抗議としてオスマンに移住したことが考えられる。
1898年から1903年をみるとクメット地を部分的に買い取ったクメットが存在する
こと、償却金の調達に際して何らかの形で自弁した額がもっとも大きな割合を占
めていることがわかる（表3-3）。言い換えると、公的な財政支援が償却の促進
に必要だったといえるが、カーライ政権はそのための施策を十分に講じなかった
のである。

　ここで本章の内容を簡単にまとめておきたい。ハプスブルク行政府は、1878年
以後もオスマン期の枠組みを大きくは崩さずにクメット制度を維持した一方、そ
の「実態」調査を進めた。それとともに、オスマン統治期の法律に依拠しながら
両者の関係改善を模索した。次第に状況を把握するにつれ、行政府は慣習にそく
した多様な関係への深入りを回避し、あくまでオスマン期の「サフェル法」の範
囲にとどめたといえる。もっとも一連の施策は、地主の既得権益を制約し、クメ

78　第2部　周辺地域開発の展開—クメット問題と農業振興

表3-3　クメット償却の経過（1898-1903年）

年	償却数		計	償却面積	償却金			
	全体	部分			自弁	特権地方銀行	その他	合計
	（世帯数）			（ヘクタール）	（クローネ）			
1898	634	236	870	5,927	350,134	163,074	47,642	560,850
1899	592	164	756	5,870	379,540	142,716	39,420	561,676
1900	661	155	816	5,667	385,167	120,472	51,036	556,675
1901	557	193	750	6,233	369,267	110,163	69,116	548,546
1902	440	163	603	4,116	286,662	71,708	50,411	408,781
1903	414	189	594	4,106	280,439	44,560	73,339	398,338
合計	3,298	1,100	4,389	31,919	2,051,209	652,693	330,964	3,034,866

出典：*Bericht* 1906, S. 58.

ットの権利を保障した。これによって生じたクメットの「自由」は、地主の目に
は権利の「侵害」と映り、彼らは反抗した。さらにクメット関係の清算がようや
く開始され、それを促進するための融資制度も創設されたことにより、相対的に
みて少数であったとしてもキリスト教徒の自由農民層が生じたのである。

　俗論によれば、クメット制度は経営の集約化を阻害し、物納義務のない粗放的
な畜産を助長することで、ボスニア農業を停滞させたとされてきた。確かにその
ような一面は否めないが、他方で農業生産には何らの変化が認められなかったの
であろうか。これについては実際の施策を例に以下、検証してみよう。

第4章　農業振興策の展開

第1節　ボスニア農業の「停滞」？

　本章では、ハプスブルク期ボスニアにおける農業振興策をたどる。ここで今一度、ボスニアにおける農業生産の重要性を確認しておこう。当地の農業は、住民のおよそ9割が従事した基幹産業であり、地域経済の浮沈を大きく左右するものだった。さらに農業は、本国の財政から分離されたボスニア行政にとって不可欠な歳入源でもあるとともに、クメットを含む農民層の経済的な安定にも深く関わっていた。しかしながら、占領時の各地の農村は戦災と難民流出などにより、総じて荒廃状況にあったことはすでに述べたとおりである。ハプスブルクは地域の秩序を安定させるため、さらに担税力を高めるために農業生産力を上昇させる必要があった。

　もっとも既存の多くの研究は、ハプスブルクがクメット制度を廃止しなかったために、農業の発展が阻害されたという論調で占められている。前出のトマセヴィチは、ハプスブルクの政策がクメットから土地改良や生産増加などの勤労意欲を奪ったため農業発展の障壁となったと論じている[1]。バルカン経済史家のJ・R・ランピとM・R・ジャクソンは、「駐屯軍の経費を賄うために、最大限の税収を確保することは〔…〕常にハプスブルク帝国の関心事でありつづけた」と論じているにもかかわらず、それに必要であった農業振興策はおこなわれなかったと主張するにとどまる[2]。当該期のボスニア経済を整理したヴェセリーは、当局の施策を部分的に紹介したものの、クメット制度の維持を理由にその成果を否定する[3]。P・T・ゴンサルヴェスは、本書の冒頭に示したプリンツィプによるハプスブルク批判を裏づけるべく、当該期のボスニア北部における農業状態を否定的に論じた。彼女によれば種々の改革は総じて効果がなく、生産の効率は低下し、クメットの待遇も改善されなかったという。けれども、前出の諸研究が農業生産や税収などを詳細に検証していないことに注意したい[4]。

80 第2部 周辺地域開発の展開―クメット問題と農業振興

その点で興味深いのは、より実態に即した検討を試みた N・ヤラクやハウプト
マンの研究である。おもに農業協同組合を取り上げるヤラクは、農業生産量の増
加などの一定の成果を指摘しつつも、ハプスブルク農政については農民の経済状
態を健全化できなかったことを理由に否定的に評価し、その原因をクメット問題
の未解決に求めた。さらに国家主導の農業協同組合についても、民意を反映した
ものではなかったとして批判的に捉えている(5)。ハウプトマンも農業政策の一
端や農業生産量の増加などハプスブルク農政の成果に言及したが、先に指摘した
ボスニア財政が本国財政からの分離されたことによる財政難ゆえに「最大の懸案
であり、課題であった」クメット制度を廃止できなかった点に、農業発展の限界
を指摘する。しかし、農業振興策はほとんど検証されていない(6)。

以上の整理からは、クメット制度の維持にボスニア農業の停滞面を重ねる通説
が一般的であり、そのためにハプスブルク農政は子細に検討されていないことが
わかる。しかしながら、このような理解は農業振興の重要性を軽視していないだ
ろうか。つまり統治者側は、基幹産業である農業を発展させることによって税収
を増加させるとともに、農民層に何らかの収入の道を開かねばならなかったので
はないだろうか。以上をふまえて本章では、まず占領当時のボスニア農業に対す
るハプスブルク帝国側の認識を把握したうえで、農業振興のためにおこなわれた
具体的な施策を帝国側の史料、ならびに統治にさまざまな形で関わった人物によ
る著作などを用いて検証する。最後には、帝国におけるボスニアの経済的立場を
統計資料の吟味を通じて解明したい。

第2節 ボスニア農業の生産実態

ハプスブルクは、ボスニアの農業生産構造をどのように認識していたのだろう
か。ボスニア地方行政府が作成した『ボスニア・ヘルツェゴヴィナの農業』は、
占領時の状態を以下のように伝えている。「人びとのその他の経済活動と同様、
あらゆる農業経営は、約400年間にわたる不利な諸条件によって沈滞を強いられた。
それにより、ボスニア・ヘルツェゴヴィナにおける経営の原始的、かつ非常に問
題のある方法もすべての住民に浸透し、人びとの信念に深く根を下ろした。これ
はヨーロッパ大陸の他の国々では、ほとんど見られないことである」(7)。統治者
側が、オスマン期の状況を概して否定的に捉え、ボスニア農業を停滞状況にある

ボスニア犂を用いた農作業

と認識していたことがわかる。

　また当該期のボスニア農民層が家畜によって「近代的な貨幣経済における需要を満たした」[8]と言われているように、畜産は農民家計の大黒柱をなしていたと思われる。もっともボスニア地方行政府による『ボスニア・ヘルツェゴヴィナの経済状況』は、これについても不都合な様相を描いていた。「ボスニアに農耕に次いで豊かさをもたらすはずの有角家畜の飼育は、残念ながら惨めな状況にある。家畜の伝染病がこの地で猛威をふるった。というのは、疫病の急速な蔓延を防止するための措置が、オスマン統治期にはごくわずか、あるいはまったく行われなかったからである。そのため一部の例外をのぞいて牛が少ないこと、大抵は土地耕作のために必要なだけの数しか揃っていないとしても不思議ではない。農民は牛を冬に放牧し、このような不都合な時期にも畜舎内飼育に配慮しない。そのため、牛の品種は多くの地域において退化した。牛は非常に広大、かつ良質な牧草地にも関らず、小型で貧相である」[9]。行政府が、とりわけ現地における獣疫の影響と不十分な飼育状況を問題視していたことがわかる。

　共通財務相スラーヴィは、家畜伝染病の危険性について以下のように記している。「牛疫 Rinderpest は現時点で撲滅されておらず、ボスニア各地で見受けられる。この根絶は地域経済のためだけではなく、この地の占領以後本国に伝播す

危険が高まっているゆえに、政府にとって最大限の配慮を要する問題である」⁽¹⁰⁾と。このスラーヴィの注意は、1870年代以後、ハプスブルクの家畜輸出先であるフランスやドイツなどがハンガリーを牛疫発生地域とみなして家畜輸入を禁止してことを念頭においたものと考えられる⁽¹¹⁾。ハンガリーに隣接するボスニアの牛疫は、西欧への家畜輸出に悪影響を及ぼす危険性を孕んでいたからである。

　ここまでの内容からは、ハプスブルク政権が占領初期のボスニア農業を総じて不都合な状況にあると判断していたことを見てとれる。それではボスニアの「低い」農業生産力は、ハプスブルク統治期を通じて変化しなかったのだろうか。この点について既存の研究はクメット問題のみに目線を向ける傾向があり、そのためボスニア農業の「停滞」が前提とされている。しかし結論を先取りすれば、そのような見方は農業生産の実態と大きく矛盾するのである。これに関しては、ボスニア地方行政府が発行した各種統計を中心に用いて推計していきたい。まず表4-1は、ハプスブルク統治下ボスニアにおける農業生産量の状況を、年代を追って、作物ごとに示したものである。

　オスマン統治期の数値はあくまで参考にとどめるべきであるが、全体としてみれば農業生産はハプスブルク期を通じて着実な増加傾向を示していると考えてよいだろう。各々の作物についてみると、まず大麦、ライ麦、キビ類、豆類は、相対的に大幅な増加傾向はみられない。ただし、絶対生産量が1番多いトウモロコシは1882年から1913年までに約1.7倍に、小麦は約2.5倍に、カラス麦は約3.6倍に増えている。ジャガイモもまた大幅に増加している。この表からは、飼料用甜菜やクローバーといった飼料作物の生産も確認でき、畜産経営における変革のさまが想起される。この表からは生産量の増加とともに、それがきわめて不安定に推移したこともわかる。果物生産の中核であったプラムに加え、ヘルツェゴヴィナ地方で栽培された葡萄についても一定の伸びをみてとれる。

　次に、農業関連の直接税の中核をなしていた十分の一税の推移をみておきたい。表4-2⁽¹²⁾からは、世紀転換期までの順調な伸びとは逆に、それ以後は停滞していることがうかがわれる。これについてハウプトマンは、ボスニア農業の生産力の限界をみてとり、農業人口の増加と1人あたりの税負担額が比例していない事実が「農業人口構成に関するあらゆる数字のなかでもっとも明確にオーストリア・ハンガリー期の農業政策の失敗を示している」と結論づけている⁽¹³⁾。この停滞は生産量の増加が鈍化していることを予想させるが、後述する1905年以後の

第4章　農業振興策の展開　83

表4-1　ボスニアの農業生産量の変遷

作物／年	1874	1882-1891	1892-1901	1902-1911	1912	1913
小麦	34,421	52,952	68,638	76,040	92,942	134,985
大麦	31,014	63,493	76,761	68,380	68,440	102,643
ライ麦	7,781	9,016	10,472	8,738	11,858	18,320
カラス麦	19,981	33,049	45,480	58,552	89,884	119,999
ジャガイモ	3,129	26,686	58,829	78,867	82,259	135,051
キビ類	9,526	10,535	14,670	8,202	5,616	10,239
豆類	2,163	8,382	13,581	9,396	5,414	8,190
トウモロコシ	82,209	155,201	247,428	205,869	250,301	270,233
飼料用甜菜	—	380	456	1,219	2,651	12,207
クローバー	—	207	2,043	4,647	13,987	196
プラム	6,046	79,522	111,562	82,976	16,832	113,363
葡萄	—	4,574	5,201	6,667	6,780	4,748

出典：*Parliamentary Paper*, Commons, 1875, vol. LXXV［C. 1167.］, Reports from Her Majesty's Consuls in the Manufactures, & c., of their Consular Districts, p. 391、*Bericht* 1906, S. 240-243. /*Bericht* 1907, S. 70. /*Bericht* 1908, S. 77. /*Bericht* 1909, S. 86. /*Bericht* 1910, S. 74. /*Bericht* 1911, S. 78. /*Bericht* 1913, S. 116-117. /*Bericht* 1914-16, S. 267. より筆者作成。

注：① "1882-1891" は、当該10年間の平均生産量を表す。
　　②単位は1,000キロ単位に換算。
　　③飼料用甜菜の数値は、1882-1886年と1897-1904年の数値を含んでいない。

「パウシャル方式」の導入も考慮しなければならない。

　最後に家畜数の変遷をみておこう。1879年から1910年における家畜数の変遷を示した表4-3からは、オスマン統治末期から占領に至るまでの時期に大きく減少したものの、1895年には大きく増加し、1910年には減少に転じていることが判明する。ここではその原因として、1910年における調査時期の春から秋への変更、ならびに飼料の不作、森林保護のための放牧規制、ボスニアにおける食肉消費量の増加、交通網の整備による馬の需要減少と軍当局への売却などをあげておきたい[14]。

　以上のさまざまな指標と当該期に大規模な農地拡大がなかったことをふまえると、経営方法に何らかの変化が生じたことを予測させる[15]。すなわちクメット問題の存続がボスニア農業の発展を阻害したという従来の見方は単純であり、さ

表4-2 十分の一税の歳入額の推移

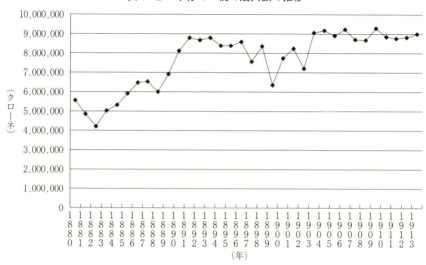

表4-3 ボスニアにおける家畜数の変遷

種別／年	1874	1879	1895	1910
牛①	454,176	762,077	1,417,341	1,309,922
馬②	115,309	161,168	237,453	228,831
羊	1,081,100	839,988	3,230,720	2,499,422
豚	196,600	430,354	662,242	527,271
山羊	490,600	522,123	1,447,049	1,393,068

出典: *Veterinärwesen*, S. 9; *Viehzählung* 1895, S. XIV; *Viehzählung* 1910, S. VII. 1874年の情報は、イギリス領事報告から引用した (*PP, Commons, 1875, vol. LXXV* [C. 1167.] Reports from Her Majesty's Consuls in the Manufactures, & c., of their Consular Districts. Part II., p. 392.) が、ハプスブルク統治期にはボスニアから分離されたノヴィ・パザル（サンジャク）県の数値を差し引いている。

注: ①水牛を含む
　　②驢馬と騾馬を含む

しあたってクメット問題とは関わりなく、農業生産のなかで大きな変化があったとみなくてはならないだろう。このような変化は、何によってもたらされたのであろうか。

第3節　全般的措置

ハプスブルク当局は「占領」以後の5年間、行政の組織編成、平穏と平和の樹立、交通機関の設置、測量の実施に専念するにとどまっていた。農耕と畜産を促進する政府の活動が本格的に始まったのはようやく1882年から83年にかけてのことである。その際、共通財務省の指示によって、農耕、畜産、果樹・葡萄栽培に関する調査のために帝国の

卓越した専門家がボスニア・ヘルツェゴヴィナ両地域に派遣され、現存する欠陥を取り除くための作業計画が構想されたという(16)。本節では当局の史料の分類にそって、新たに構想された農業政策のなかで「全般的措置」に関するものに光をあてていく。

1．交通網の整備

　オスマン時代には鉄道、道路をはじめとする交通網は十分に整備されていない状態にあり、ハプスブルク軍はボスニア占領時に難渋を強いられた。行政側は道路網の未整備が農産物の販売機会を減らすとともに、運搬車両が使えないことによる役畜の過剰という2つの悪影響を認めていた。つまり、道路の敷設により運搬用車両が使用できるようになれば、農民の経営に大きな利益をもたらす羊や牛を飼うことができると判断していたのである(17)。ハプスブルク行政府は、道路の敷設を進めるためにオスマン統治期（1869年）に始まった無償賦役を1892年まで継続した(18)。占領時点のボスニアにはおよそ900キロの道路とおよそ100キロの鉄道路線しかなかったが、1889年末までに約2,000キロの幹線道路を筆頭に合計約6,200キロの道路網、標準軌109キロ、狭軌路線668キロの鉄道路線が整備された(19)。その経済的な効果を具体的に裏付ける史料は見当たらないが、農産物輸送の円滑化とそれに伴う販売機会の増加を推測できるだろう。

2．森林所有の規制

　ボスニアにおける森林は、農村住民の木材供給地、開墾地、放牧地としての枢要な位置を占めていた。もっともハプスブルクの目には、オスマンによるボスニア森林の管理はきわめて不十分であると映ったようである。オスマンは森林法（1869年）を制定し、森林を国有林、ワクフ林、共用林、私有林の4つに分類し、無主地の森林を国有林に編入すること、住民による用益権を規制することを試みた(20)。しかしこの法律を効果的に運用する施策はおこなわれず、占領初期に共通省庁により作成された報告書によれば、オスマン当局の森林監視人は自らの管轄地域さえ把握していなかったという(21)。森林所有についても1870年に布告された森林所有調査が実施されておらず、不明瞭な状況であった。

以上の状況をふまえ、ハプスブルク当局はまず森林の所有権を確認する作業（1884-1901年）、ならびに国有林の境界設定事業（1886-1907年）をおこなった。それと並行して、オスマン統治期には未整備であった森林管理機構についても行政組織に対応するかたちで構築を進めた[22]。オーストリア森林行政の重鎮 L・ディミツ Dimitz は、以下の調子でボスニアの森林行政を高く評価した。「ボスニア・ヘルツェゴヴィナの森林業務の執行とその実績は、初期における諸々の困難、抵抗勢力との絶えざる戦いにおける秩序の開拓を正当に評価する専門家を満足させる。前述の簡素かつ公正な営林機関によって、オーストリア・ハンガリー当局が達成した諸々の成果は、指導部が常に大局と重要な事柄に視線を向けて、了見の狭さに陥らなかったこと、官吏集団が自らの課題に完全な自己犠牲と並々ならぬ粘り強さをもって没頭したことによってのみ達成しえた」[23]と。

ハプスブルク政権は、住民の用益権についてもオスマンの森林法を一旦継承したが、罰金額を軽減した[24]。1901年に出された通達では、用益権をもたない人物が樹木を伐採、加工した場合や放牧させた場合、森林に重い被害を与える山羊を放牧した場合、森林火災を起こした場合などの罰則が規定された[25]。損害賠償については、「占領地域に特徴的な損害賠償の形式」[26]である森林賦役に関する規定（第20条）をあげておきたい。これについては「森林侵犯者が、課された損害賠償を支払えない場合、その人物は労働の形で返済しなければならない。しかし侵犯者はこの場合、森林労働〔——苗園の設置と維持、保護林の囲いの設置、山道の設置——〕にのみ動員される。この労働は、当該地の日給に応じて換算される」と定められた。もっとも、このような用益権の規制は期待通りの結果をうまなかった。行政府報告が「森林侵犯の激増と文字通りの樹木の乱伐さえ伴う森林破壊は、困難ではあるが撲滅するべき障害である」[27]と伝えるように、広範に及ぶ住民の抵抗を引き起こしたからである。行政府は、統治期を通じてこの問題に頭を悩ませることになるだろう。

3．入植制度

ハプスブルク期には、現地の農民層への有益な模範の提示と人口密度の低い耕作可能地の開発をおもな目的とする入植も行われた[28]。外部の農民による外来入植については、時期による相違が認められる。初期には、個人による土地の買

い取りによる入植が進められた。トラピスト修道会のF・プファナー Pfanner[29] によって誘致されたドイツ出身の入植民が、ヴィントホルスト Windhorst（1879年）とルドルフスタール Rudolfstal（1880年）を、ハンガリー南部のバナート出身のドイツ人がフランツヨーゼフスフェルト Franzjosefsfeld（1886年）をそれぞれ設立したのである。上述の3入植地は合計4,060ヘクタールの土地を持っており、520世帯2,800人が居住していた[30]。

　その後、1891年から1905年までは行政府が入植者を募集し、国有地へ入植される方法がとられた。入植者の条件は品行方正かつ農業に精通していること、1,200クローネの現金を所持することとされ、1世帯あたり10.5から12ヘクタールの土地が与えられた。最初の3年間は賃借料が免除され、それ以後は1ヘクタール当たり1クローネを支払った。入植者は10年間規則正しく農場経営を行い、態度良好の場合にはその土地の所有権が与えられた。この措置にはおよそ21,900ヘクタールが用いられ、ガリツィアやブコヴィナ、ハンガリー、ロシアなどからの1,817世帯（9,660人）によって54の入植地がつくられた[31]。当該の入植地から徴収される十分の一税が、17,700クローネ（1900年）から63,216クローネ（1905年）へ増加したことは一定の成果といえるが、入植地の経済状況は思わしくなかったと伝えられる[32]。さらに当局側は「より進んだ農法を入植地域周辺に広める」外来入植の効果を肯定的に理解しているが[33]、入植地の境界や放牧地・木材採取地、外来入植への優遇策をめぐる現地農民との衝突も頻発したとされる。外来入植は1905年、国有地の不足を理由として中止されたが、実際のところは現地農民の反発に起因すると考えるべきだろう[34]。

　現地の農民層による内地入植については、土地を必要とする現地住民に居住地の近くにある国有地を分与することで経営基盤の強化が図られた。当該世帯からは最初の3年間は小作料が徴収されず、4年目から10年目までは1ヘクタールあたり1クローネの納入が義務付けられ、10年目以後も耕作されてはじめて自由所有地となったのである。以上の方法により1905年までにおよそ7,000ヘクタールの土地が2,730世帯に与えられたが、この措置の成果は概して少なかったととらえられている[35]。

4．郡扶助基金制度

　当該期の南東欧の農民層が直面した全般的な課題のひとつとして、信用の確保をあげることができるだろう。とくにハプスブルク期のボスニアでは十分の一税の金納化のように現金経済が浸透したため、喫緊の課題であったといえる。すでにオスマン当局はこの問題に「町村救済基金 Menafi-Sanduk」制度（1866年）で対応していた。H・クレシェヴリャコヴィチの研究は、以下の点を明らかにしている。①「町村救済基金」は、農民が高利貸しからの借金に陥らないための資本供与を目的としていたこと、②この資本は自発的に穀物を売却する農民から穀物を買い取り[36]、より高値の時に売却する形で蓄積されたこと、③貸付対象は農民に限定され、商人や手工業者は除かれたこと、④占領直前には、ボスニア（ノヴィバザル県を除く）の全46郡の内、38郡に設置され、265万8,000グロッシェンを有していたこと、⑤この制度が、ドナウ州（ブルガリア北部）などでも見られたこと、⑥一部の郡を除き、各郡の資本額は増加傾向にあったこと。1870年にはズヴォルニク、ビエリナ、グラダチャッツなどの8郡で約242トンの玉蜀黍が集積され、その後も活動が継続されたことである[37]。

　後にハプスブルク官吏E・ホロヴィツは、この「町村救済基金」を「トルコ当局の称賛すべき努力の成果」[38]と評価しているが、どのような形でハプスブルク行政に継受されたのであろうか。その起点となったのは、1880年代半ばに再三にわたり天災に見舞われたガツコ郡であった。同郡における基金は、まず地方行政府が1886年に1万クローネを、その後5年間にわたって毎年2,000クローネを地方行政府と郡が拠出するという過程で進められ、これが「郡扶助基金 Bezirks-unterstützungsfond」として再構成されたのである。この内訳は、地方行政府の補助金と郡住民と行政府の分担金、「町村農業基金」の残額、基金の利子、個人の寄付などであった[39]。加えて、基金の利子の一部を用いて不作、獣疫、氾濫などの非常事態が生じたときの貸付金となる予備基金が創設された[40]。貸付には、生計の維持や高利貸しへの返済などを用途とするA種と農場の経営改善のための農具や役畜の購入、土地の開墾、建造物の改良などを用途とするB種があり、基金の資本が定款において定められた額に達していない場合にはA種が優先された[41]。

　同時に種子や食糧などの現物の貸し付けも行われたが、資金不足のために貸付

金が希望者全員には行き渡ってはおらず、高利貸しの排除は不十分であった。そのために地方行政府は、凶作となった1902-03年に基金の拡充を決断し、共通財務省が許可した場合には特権地方銀行からの融資額を基金の5倍まで可能とし、ジェプチェ郡に試験的に導入した（1905年）[42]。その後郡扶助基金制度には、本来の小口融資機関のみならず、郡穀物倉庫の設置や郡農業協同組合の設立などの新たな役割も与えられた。この点については、後でみることにしよう。

5．獣疫対策[43]

　すでに言及したように、占領当時のボスニアでは獣疫が蔓延しており、なかでも深刻だったのは牛疫であった。これは35郡420ヶ所で確認され、1879年5月以降の半年間に約14,000頭を失わせただけに、牛疫への対処は焦眉の課題であったといえる[44]。占領初期に現地で活動したA・バランスキ Baranski は根絶に成功しない原因として、獣医や家畜番が足りないこと、牛疫の伝染範囲が不明であること、牛が山岳や森林に散在していることをあげた。そのうえで、「怠惰かつ宿命論にとらわれた住民が、病気の発生をことごとく隠匿した」ことも付け足している。彼は「速やかな牛疫撲滅にとって最大の障害は、当局からの諸指示に理解を示さない住民の無関心にある」とも述べ、住民が牛疫を「神のおぼしめし」として、治療に取り組まない姿勢を批判した。さらにバランスキによれば、薬剤による消毒作業は行なわれず、焼却や埋却、伝染病原体の希薄化に限られていた[45]。以上の彼の報告は、政策の正当化を試みる支配者側の認識と政策に従わない住民への不満にみちているといえる。

　共通省庁は状況の改善をはかるべく、各県に1名ずつ文民獣医を配置するとともに[46]、ボスニア地方行政府に「オーストリア牛疫法」に基づく対策を命じた[47]。それに基づき「ボスニア・ヘルツェゴヴィナにおける牛疫の予防ならびに撲滅に関する法律」[48]（1880年1月9日・以下、「ボスニア牛疫法」）が、両半部政府と共通国防省の承認を経て制定された[49]。同法は、牛疫侵入に対する措置、牛疫発生時の措置、特別規定の3部34条から構成されており、その内容は「オーストリア牛疫法」に準じている。その要点を列挙しておくと、牛疫発生時の境界封鎖（第3条）、家畜旅券の携行（第12条）、発症の届け出義務（第15条）とその場合の獣疫調査委員会の設置（第17条）、必要に応じた撲滅作業への軍隊の動員（第

28条)、違反に対する処罰（第31条）などである。牛疫発生時の措置については、罹病家畜の処分と死骸の埋却、農場の封鎖などがあげられている（第19条）。処分された家畜の補償については、罹病時には半額、罹病していなければ全額補償とされた（第29条）。

　それでは、以上のような内容をもつ「ボスニア牛疫法」にボスニアの住民はどのような反応を示したのであろうか。これに関するバランスキの報告は悲観的な筆致で、次の点を指摘している。①ボスニア住民は獣疫発症の事実を隠すため、獣疫調査委員会が徹底的に調査せねばならないこと、②住民が隠蔽するため、度々軍隊が動員されていること[50]、③住民が獣疫の症状を断固として認めないため、官庁による発症の把握がしばしば遅れること、④処分される家畜の査定人を引き受ける人が少ないことである。彼はまた、家畜の銃殺は住民が殺処分を拒んだ場合や住民が逃亡により委員会の作業を妨害した場合にかぎるべきことも提言した[51]。バランスキ報告は、彼自身の住民に対する苛立ちや偏見だけでなく、住民の消極的な抵抗や非協力的な態度、行政と住民のあいだに存在した価値観の隔たりも察知させる。行政側が牛疫撲滅の「意義」を説き、そのための措置を講じても、住民にとって家畜の没収や処分は「不条理な苦しみ」[52]にほかならないため、隠蔽により抵抗したと統治者側はみなしたのである。住民たちの反発を招いた要因は、オーストリアでは罹病如何にかかわらず全額補償が原則とされたが、ボスニアでは罹病時には半額補償とされたこと[53]、放牧・移動・取引が制限されたこと、消毒費用を負担しなければならなかったことなどと考えられる。

　もっとも、牛疫はその撲滅宣言（1883年5月15日）後に再発しなかったため、一連の対策は「成功」したといえる。対策が効を奏した理由としては、状況に応じて軍隊も用いた措置の徹底、対策費用の集中的な投入があげられる[54]。ボスニア地方行政府編纂の『ボスニア・ヘルツェゴヴィナにおける獣医制度』（以下、『獣医制度』）は、1879-83年間に推定4万頭が罹病し、33,000頭が病死もしくは処分されたと報じた[55]。なおこの損害は、後述する豚ペストに匹敵する甚大なものだった。

　牛疫撲滅による最大の変化は、オーストリアへの家畜輸出規制の撤廃であった[56]。すなわち牛疫の撲滅は、ウィーン中央家畜市場（ザンクト・マルクス）への出荷開始のように、ボスニアの家畜輸出にとって重要な画期をなしたといえる[57]。しかしハンガリー政府は、オーストリア政府とは異なり、乾燥された獣

皮や獣骨、角、蹄、卸売用に塩漬けにされた獣皮、未洗浄の獣毛の輸入しか認め
なかっただけでなく、通過地点を限定し、生産地の周辺20キロメートル以内と輸
送経路で獣疫が発生していないことを記した原産地証明を義務付けたのである[58]。
そのほかボスニアへの牛疫侵入を防ぐため、オスマンとモンテネグロとの国境が
封鎖され、セルビアとの国境は検疫と獣医の検査を条件として通過が許可された
ことを補足しておきたい。『獣医制度』は、その目的がボスニアの家畜を健康に
保つことにあり、同時に「オーストリア・ハンガリー帝国とボスニアの家畜取引
解禁の基本的条件」とも記している[59]。この文言からは、帝国両半部政府がボ
スニアからの獣疫伝播を危惧していたこと、東方からの牛疫侵入に神経をとがら
せていたことがわかる。

　続いて、牛疫撲滅後におこなわれた獣疫対策の概略を整理しておこう。オース
トリア政府は、「オーストリア牛疫法」の改正法を施行する際、その病状や伝染性、
斃死率の違いなどをふまえ「感染の危険がある獣疫の予防とその撲滅に関する法
律（1880年2月29日）」を別途策定した（以下、「オーストリア家畜伝染病予防
法」)[60]。ボスニアで発生した病気のうち、口蹄疫、炭疽、羊の水痘などについ
ては同法を援用した撲滅条例が、豚丹毒についてはオーストリア内務・司法・農
務省省令（1885年4月10日）が用いられた[61]。牛の肺病についてはドイツとの
通商条約により必要とされたため、帝国両半部の当該法を模した条例が両半部政
府の承認を得たうえで制定された（1893年4月5日）[62]。以上に加えて、オー
ストリアで行われた炭疽のパストゥール式の予防注射[63]、羊の水痘に対する緊急
ワクチン接種も実施された[64]。このように牛疫撲滅後の家畜衛生体制は、おも
にオーストリアの法規に依拠して進められたのである。

第4節　分野別措置

　農業政策の「分野別措置」については、三つの範疇に大別することができる。
第1は農耕に関するもの、第2は畜産に関するもの、第3は農耕と畜産にまたが
る領域の措置である。

1．農耕

　ボスニアでは農業協同組合の創設が遅れたため、農業局 landwirtschaftliche Station や果樹栽培局 Obst- und Weinbaustation が各種技術を農民に伝える媒体の一翼を担った。農業局は1886年以後 4 ヶ所設けられ、設置場所の状況に応じて運営された。その役割は「一方では農耕と畜産の模範施設と実演場所となり、他方では見習いのための農業教育と周辺地域における農事の相談相手」[65]とされ、具体的には人工飼料栽培の導入、さまざまな有用植物の栽培実験、土着の品種の改良のために使われる有用動物の導入と同化を大局的な活動方針とした[66]。1905年以後農業局の教育部門が拡充され、実地研修と並行して農業に関する講義も行われた。農耕に関しては、土壌学や肥料の取り扱い、農具の制作や使用、保全方法など、畜産に関しては、用畜の飼育全般、飼料の準備や畜舎の設置、動物性生産物の利用方法、家畜が罹病した場合の応急措置、獣疫発生時の届け出義務と獣医警察上の措置などが取り上げられた[67]。

　ボスニアでは果樹栽培が盛んに行われていたことをふまえ、農業局を模範とする果樹栽培局も 3 ヶ所設置された。E・シュテーガー Stöger はこの任務を「果樹栽培に関する教育、模範、実験農場の役割を持ち、さらに果樹、挿し枝、葡萄の原料などの栽培材料を育て、人々に提供する」[68]ことと説明する。また彼はこの機関の利点として、「雇用された現地の人々は、無料で必要な知識を身に付けられるだけでなく、ボスニアの水準からみれば高額の給料をも得ることができる」こともあげている[69]。果樹栽培局の設置と並行して、果樹の苗木栽培所が 4 つの栽培帯——李果帯、核果帯、葡萄・早生果物帯、混合帯——に応じて設けられた。局の官吏が巡回教師として各種講習会を開催した専門課程、害虫の卵や巣の採集者への報奨金支払いといった害虫撲滅策も行なわれた[70]。

　とりわけ果樹のなかで重要だったのはプラムである。それは、後述する通商に占める割合の大きさに加え、園芸地の約 8 割において栽培されていたことからもうかがえる[71]。しかし生産量の不安定さという問題をかかえており、行政側はその原因を時代遅れの栽培方法、特に施肥の不十分さに起因すると把握していた[72]。そこで地方行政府は、その状況を改善するために専門の講習会を実施した。これは効率的な栽培とプラムの乾燥方法の改善、ならびに収穫と乾燥の効率的な模範の教示の 2 部から構成され、1905年にはブルチュコ、デルヴェンタ、ビエリ

ナなどの12郡で開講されている(73)。

　新作物の導入については、ジャガイモと甜菜があげられる。ジャガイモは在来種に問題があると判断されたため(74)、良種の種いもがハプスブルク本国からもたらされ、農民層に同量の返済と引き換えに配布された。その結果、ジャガイモの生産量は世紀転換期までおよそ9倍増加し、あらゆる農作物においてもっとも高い増加率をしめしたのである。甜菜は新たに導入された作物であるが、その目的は農民への収入源の提供とともに、輪作、施肥、畜産の改善などの集約性の促進であった(75)。栽培面積と生産量は、1888年の試験栽培の開始とともに増加、1892年には製糖工場が建設された。当局側は道具の提供、農民の実地教育などを通じて普及を支援したが、製糖工場の経営は決して満足できるものではなく、甜菜の生産も1903年以降停滞した。栽培面積と生産量は、十分の一税の免税が廃止された後（1906年）に減少に転じたのである。甜菜栽培の普及には免税措置と「穏やかな強制力」を要したといえるだろう(76)。

　当局は構造上の問題をかかえる農具についても改善すべく、購入費用を無利子で立て替える方法で新式農具の調達に腐心した。その際にはとくに犂の導入が重視され、1907年末までに犂7,200台が調達された。また、郡庁に見本の犂を配布し「農民に自ら体験することで、犂の長所を納得させ、そして犂の取り扱いに習熟するための機会を提供」するための実演耕作も実施されたのである。以上に加えて、ブドウ害虫であるツユカビ属用の注射器、穀粒選別機、干し草掛け、飼料裁断機なども導入された(77)。

製糖工場（ウソラ）

94 第2部 周辺地域開発の展開―クメット問題と農業振興

　最後に、煙草栽培について触れておきたい。煙草については共通関税領域への編入にともない専売制度が導入されたため、地方財政にとって非常に重要なものであった。この際に、煙草専売に関する命令が出され（1880年）、①煙草の処分権は当局側に属し、すべての生産物を専売当局に引き渡すべきこと、②栽培許可は1年間のみ有効であること、③煙草収穫量は特別の委員会により記録されることなどが定められている[78]。行政側は栽培奨励のため、官吏による栽培方法の教示、栽培教本の無料配布、模範煙草栽培農場の設置などをおこなった[79]。

2．畜産

　畜産に関しては上記の獣疫対策とならんで、家畜種の全般的な改良がはかられた。その概要は、外部の良種と現地種との交配、飼料作物の栽培などにまとめられる。

　牛に関しては、頭数は多いものの品質に問題があると捉えられてきた。同時代研究者L・アダメツは、ボスニア牛の体重はオーストリアのほぼ半分であること、ボスニア牛1頭あたりの平均価格はオーストリアの3分の1から4分の1であることを指摘したうえで、「牛の頭数及び品質の両面で、ボスニアの牛が改善を要しているのは明らかである」と論じている[80]。行政府は以上の課題を解決するため、品種改良に用いられる種畜の輸入を円滑におこなうため地域を3分割し、各々の環境に適した種を割り当てた[81]。しかしその高い費用のために調達が追いつかなかったため、それを解消すべく「種畜調達基金 Stieranschaffungsfond」がブゴイノ郡に設けられた（1902年）。これは当該郡住民の自由意思に基づき、国家に納める十分の一税に2-3パーセントを上積みし、それを用いて種畜を調達することを目的としたものである。基金用の増税期間は3年とされ、郡扶助基金からの無利子の貸付などの支援策も同時に講じられた。この基金を通じて調達された家畜は、個人に3年間貸与された後、その所有物となったのである。ブゴイノ郡には多数の純血種の種畜が輸入され、その中心となっていたクプレス支庁区では、1905年時点で土着の牛がほぼ消滅したと伝えられる[82]。

　馬に関しては、帝国本国の制度に模した繁殖制度が導入された。1884年春にフランツ・ヨーゼフから贈られた5頭の種馬を用いて、繁殖所が設置された[83]。これに基づく繁殖の結果、1904年には雌馬4,554頭から子馬6,442頭、1905年には

同じく4,480頭から6,349頭が生まれた[84]。上述のクプレスでは、郡扶助基金の融資を利用するかたちで希望者が繁殖のある種馬を購入する方式が採用された。この際には5年間の利子免除、年間カラスムギ600キロの現物支給、種馬の所有者が種付けを行うごとに農業協同組合から1クローネを受け取るなどの措置が行われたのである[85]。1907年からは馬飼育・畜産委員会の設置が始まり、後述する郡農業協同組合との連携がみられるようになった。

　豚は、ムスリムにとって「不浄な動物」であったため、もっぱらキリスト教徒によって飼育され、その多くが輸出された。行政府は土着の豚の生育の遅さや不格好な体型を食肉と脂肪の生産に不都合であるととらえ、その改良のためにバークシャー豚を輸入して交配を進めた。1903年からは農業局が希望する農民に対して安価で豚を提供し、その費用は郡扶助基金から貸与された。この仕組みのもとで、1906年までに2,214頭のバークシャー豚が住民に与えられている[86]。

　占領前にはほとんど注意を払われていなかった家禽飼育は、1878年以後、通商活動の活発化と需要増加により拡大した[87]。行政府はこの分野においても改善を図るため、家禽飼育所をプリイェドルに設置した（1891年）。ここで生産された卵や繁殖用の家禽は、行政機関を通じて住民に無償で給付された。その数は、1年あたり卵はおよそ2万個、繁殖用家禽は2,000羽に達した。給付に際しては散逸防止のために対象地域が限定され、その地域で定着した後に次の郡へと移行する方式がとられた[88]。

　行政府は、養蜂についても巣箱の構造や蜂蜜採取時の非効率性を問題視し、新式の可動式巣箱への税の免除や巣箱購入の際の支払い軽減措置とともに、可動式巣箱に対する十分の一税の免除などの措置をおこなった[89]。さらに、養蜂中央協会が行政の介入のもとで設立された。同機関は、300人の構成員とボスニア全域を覆う27の支部を備え、当局から毎年4,000クローネの補助金を受け取った。この役割は、優良種の飼育と展示、報奨金の授与、巡回講演、養蜂講座の実施、実演会の開催、養蜂新聞の発行などであった[90]。最後に養蚕についてみておくと、これは宗教上の理由から戸外労働が禁じられたイスラム教徒の女性に収入源を提供したものである。もっともこれは占領時には衰微していたため、行政府は桑の木の供給によってその再興を図った[91]。

　最後に飼料作物についても補っておこう。上で見たように、オスマン期には知られていなかったクローバーの生産量は大幅に増加した。クローバーの種子は官

庁によって配布されるだけでなく、栽培者により直接買い付けられることもあったとされる。またクローバーの栽培が難しいボスニア西部やヘルツェゴヴィナでは、代用品としてイガマメの導入が図られた（1907年）ほか、ムラサキツメクサ、ムラサキウマゴヤシ、ソバや蕪の栽培も宣伝、実施された[92]。

3. 農耕と畜産にまたがる措置

まず農業知識の普及からみておこう。これについては、初等学校における体系的、基礎的な農業教育の導入があげられる[93]。農業科は、第3・4学年の冬季に週2時間、夏季に週5時間が行われた。おもな教育項目は、土地耕作、土地改良、肥料の使用、輪作、収穫作業・脱穀作業、野菜栽培、飼料栽培、家畜の手入れや病気、牛乳の取り扱いと利用など多岐に及び、内容は実践的なものであったとされる。農業科を導入した学校では、日曜や祝日の礼拝後に農業日曜講座や自由形式の討論会も実施された。これは、1898年から1908年の間に総計15,763回行われ、延べ40万人余りが参加したと伝えられる[94]。

ここで、郡農業協同組合 Landwirtschaftliche Bezirksgenossenschaft についても素描しておく。これに関する法規は、オーストリアにおける協同組合に関する法律（1902年4月27日）に基づいてつくられ、ボスニアでは現存の郡扶助基金制度を足がかりとして開始された。最初に設けられたブゴイノ郡の組合をみておくと、そのおもな目的は公共心の育成、相互の啓蒙・援助、階級意識の維持と促進、さらに組合員の職能身分的な利害の代表とその経済的利害の促進による農民の道徳的・物質的状況の改善におかれた。より具体的に述べると、①官庁による土地改良案件についての判断や提案を行う、②土地改良の促進、特に耕作、果樹・葡萄栽培、ならびに馬と牛の飼育について地方当局を支援する、③模範農場における畜舎と肥料置き場の建設に協力する、④新型の農具や飼料作物を含む種子、果樹の接ぎ木などを提供する、⑤書籍の提供や一般向けの講演、実践的な実物教示、巡回会合などを通じて農業知識を広めるなどである。ここでは、当局が組合の運営に強力な監督権を有していたこと、すべての土地所有者、クメット、自由農民が構成員となったこと、郡全体から評議会が選出されたが組合側の自主的な活動は制約されたと考えられることも補っておきたい[95]。郡農業協同組合は、1910年末までには22の郡で設立され、構成員は約12万人に達した[96]。

郡農業協同組合との関連で重要な施策は、郡穀物貯蔵庫の設置である。これは、農民が総じて価格の安い秋季に穀物の売却を余儀なくされた一方、価格の上昇する春季に食用と播種用に購入を強いられていた状況の是正を目的としていた。生産者は、郡穀物貯蔵庫の創設によって、供託と引き換えに市場価格の80パーセントまでの前払いを受け取ることができるようになった。これは、農民層の貨幣経済への順応を助けるとともに、経済状況の改善に与ったといえるだろう[(97)]。

最後に土地改良事業についても記しておきたい。当時ボスニア地方行政府でこれに従事していたE・ジックス Stix は、これについて「水利状況の規制は、氾濫に見舞われる諸地域にはヘルツェゴヴィナの諸郡でもっとも肥沃な地域、つまり耕作によって集約的な利用を可能にする土地の多くが含まれるだけにより重要な課題である」[(98)]と書いている。おもな措置としては、サヴァ川沿いの低地における氾濫と沼沢化に対する堤防の建設やカルスト地域における下水溝、灌漑施設ならびに給水施設の設置などをあげることができる[(99)]。

たとえば、リヴァニィエのポリエ（石灰岩地域にみられる細長い陥没地）での措置は、春季と秋季に著しく増加する水量を処理するための工事であった。その結果、十分の一税の税収が約34,000フローリン（1883年）から約52,000フローリンへと増加したため、統治者側からみれば一定の成果をおさめたといえる[(100)]。モンテネグロと境界を接するビレク郡やボスニア各地を中心に実施された高山放牧地における貯水槽についていえば、天水桶、水飲み場の年間供給量（2,037万8,000リットル）は、2ヶ月の乾季に牛1万頭、羊と山羊9万頭の消費量に相当した[(101)]。治水工事に関する報告書は「"カルスト"という言葉は荒蕪地と不毛という概念と結びついている。オーストリア・ハンガリー帝国内のカルスト地域は、しばしば"石におおわれている、オーストリアのアラビア地方"と言われてきた。しかし本報告書から読者は、ボスニア・ヘルツェゴヴィナが問題となるかぎりでその表現は正しくないという見解を得ただろう」[(102)]とその成果を記す。

以上、各分野における改善策をみてきたが、その特徴を三点に整理しておきたい。第1は、政策の基盤となる枠組みを整えつつ、生産技術の改善を図ったことである。信用不足に対応するために郡扶助基金制度を創設するとともに、それを通して農業機械や良好な種子の普及が図られた。第2は、ボスニア特有の条件への配慮がなされたことである。確かに獣疫対策にみてとれるように、官僚と現地住民の価値観の相違、統治者側の現地社会への蔑視は存在した。その一方、プラ

ムをはじめとする果樹栽培の振興、ジャガイモの改良品種の導入、イスラム教徒の女性を念頭においた養蚕振興策などが行われた。第3は、獣疫制度や農業協同組合にみられるように、本国の制度を積極的に援用したことである。前者についていえば、初期の「ボスニア牛疫法」から施行には至らなかった「ボスニア家畜伝染病予防法」まで認められるものである[103]。統治者側からみれば、獣疫対策は一定の成果をあげたが、もっぱら「上から」進められた政策に住民が抵抗したこと、行政府の官僚と現地住民の価値観に懸隔が存在したことはすでに見たとおりである。

第5節　ボスニア通商と農業

　以上、ハプスブルク期ボスニアにおける農業政策を分析してきた。総じて言えば、ハプスブルク行政府がボスニアの状況を考慮しつつ、畜産の改善——牛疫の撲滅や飼育方法の改善、品種改良、飼料作物の導入——を基軸として、農業生産の基盤を整えるとともに個々の生産技術の改善に取り組んだことがわかる。生産力の上昇をみると、先行研究が主張してきたボスニア農業の沈滞は必ずしも当てはまらないといえる。

　ボスニア農業は、この地の通商活動においても重要な意義を有していた。当地駐在のイギリス領事E・B・フリーマン Freeman はこの点について、「ボスニア・ヘルツェゴヴィナは文字通りの農業地域であり、この地の貿易と商業は、農業生産量と家畜の衛生状態に完全に依存する」[104]と報じている。より具体的な状況の一端は、以下のように伝えられている。「ボスニアは占領にともなって、オーストリア・ハンガリー帝国の関税領域に包含された。〔…〕最大の輸出商品、つまり角を持つ家畜と豚は以前、獣医学的な懸念のため国境を通過できなかったが、今日ボスニアはこれらの輸出商品により、莫大な現金を得た。〔…〕プラムと火酒の輸出は何倍にも増えた。ヘルツェゴヴィナでは、以前よりも多くの煙草と葡萄が収穫されている。これら全ての生産物の生産者と供給者である農民が、多くの買い手を持ち、今や現金を手に入れる」[105]。この記述からは、占領以後ボスニアと帝国両半部との通商が活性化していたこと、ボスニアからの輸出では家畜が重要な位置を占めていたこと、輸出物を生産する農民層の現金収入が増加傾向にあったことを読み取れる。以下では、いくつかの統計資料を用いてボスニア通商

第4章　農業振興策の展開　99

の実態を具体的に跡づけてみたい。

　ボスニア通商の概要を整理した次頁の表4-4は、輸出と輸入が全般的に上昇傾向にあること、ボスニアがハンガリーよりもオーストリアとより多く取引をしていたことを示している。これは、オーストリア側の方が相対的にみて工業がより発展していたこと、すなわちオーストリアとハンガリーの分業体制と関連しているといえるだろう。さらに1907年以降、ボスニアの通商収支が赤字に陥っていることにも注意したい。

　農産物については、プラムをみてみよう。前出のフリーマンが「ボスニアにおける農業関係者の安寧は、何よりもまずプラムに依存していた」[106]と報じるほど、その重要性は際立っていた。そのため行政府は取引の統制と促進、品質保持のための取引定款の作成や運用、係争の調停、抜き取り調査などをおこなうプラム取引委員会を設けた[107]。その輸出の経過は、以下にみてとれるように生産量の変動に応じた揺らぎがあるものの、輸出において少なからぬ割合を占めていたことがわかる。ここでは、行政府が「プラム取引の前述した機構と監督の結果は、期待に十分こたえるものだった。ボスニア産乾燥プラムの品質に関する信用は、帝国内のみならず、おもにドイツ、イギリス、スイス、ノルウェー、スウェーデン、さらにイタリア、ロシアをも含む、より遠隔の販売地域においても確立された」と自賛していることを付言しておこう[108]。

　最後に家畜輸出の動向を分析する。前述のように、ボスニアからオーストリアへの輸出は1883年に解禁されたが、ハンガリーへの輸出規制は1888年5月に撤廃された[109]。その後、豚と馬の輸出条件が家畜旅券のみに緩和されたこと（1889年8月）、クロアティア・スラヴォニア国境に設置された家畜通過駅が倍増したことは、取引の活性化に貢献したであろう[110]。以上のことから、家畜旅券の携行や国境での検査などの条件を満たすかぎりで、オーストリア、ハンガリー両政府はボスニアの家畜輸出を促進したといえる。家畜輸出時の鉄道輸送における家畜の過重積載の防止や消毒方法に関しても、基本的には帝国両半部の当該法が用いられた[111]。

　その家畜取引の実態については、輸出数は1890年以降、輸出額は1903年以降の公式統計しか残っていない。1890-99年間の輸出に関しては、表4-6を得ることができる。『獣医制度』を手がかりにすると、1892-93年、96年の牛、1892年、96年の羊の輸出減少の原因は口蹄疫と推察できるが、これらの病気が取引に与えた

100　第2部　周辺地域開発の展開─クメット問題と農業振興

表4-4　ボスニアと帝国両半部間の取引量・取引額一覧 (1904-11年)

年	輸入				輸出				取引額収支
	取引量		取引金額		取引量		取引金額		
	ハンガリー	オーストリア	ハンガリー	オーストリア	ハンガリー	オーストリア	ハンガリー	オーストリア	
1904	1,070	1,406	31,474	60,348	2,242	6,759	20,400	73,094	1,672
1905	1,098	1,707	31,763	61,224	2,657	6,523	20,926	75,761	3,700
1906	1,312	1,543	34,962	74,223	3,198	7,317	26,252	91,462	8,529
1907	1,326	1,556	37,351	77,141	2,809	6,911	24,296	87,805	-2,391
1908	1,604	1,725	42,013	79,673	3,036	7,527	22,356	86,592	-12,738
1909	1,394	1,779	42,202	97,337	3,340	7,346	27,637	93,229	-18,673
1910	1,251	1,851	41,200	103,339	3,043	7,980	25,189	107,686	-11,664
1911	1,637	1,993	48,564	105,538	3,240	7,552	25,912	95,854	-32,336

出典：Ignaz Tänzer, "Der auswärtige Warenverkehr Bosniens und der Herzegowina im Dezennium 1904-1913", *Statistische Monatschrift N. F.*, Bd. 21, 1916, S. 327. に一部補足を加えて、筆者作成。

注：取引量は100トン、取引金額は1,000クローネ単位で表示。「オーストリア」の分類は、正確にはハンガリー以外の部分との取引量・取引額を示している。

第4章 農業振興策の展開 101

表4-5 干しプラムとプラムジャムの輸出 (1899-1911)

年	干しプラム	プラムジャム	合計	干しプラム	プラムジャム	合計
	(Meterzentner: 100kg)			(クローネ)		
1899	236,809	843	237,652	—	—	—
1900	169,102	6,609	175,711	—	—	—
1901	154,602	3,500	158,102	—	—	—
1902	—	—	299,925	—	—	—
1903	—	—	161,546	—	—	6,219,547
1904	374,126	104,136	478,262	7,482,528	2,473,236	9,955,764
1905	174,358	12,495	186,853	3,769,872	303,630	4,073,502
1906	258,367	45,108	303,475	6,975,901	1,353,244	8,329,145
1907	124,326	4,830	129,156	4,973,031	236,681	5,209,712
1908	318,931	46,049	364,980	6,059,681	1,197,269	7,256,950
1909	172,719	26,540	199,259	4,499,693	902,351	5,402,044
1910	83,806	35,239	119,045	4,190,280	1,444,803	5,635,083
1911	109,869	14,807	124,676	6,702,025	858,826	7,560,851

出典：*Hauptergebnisse des Auswärtigen Warenverkehres Bosniens und der Hercegovina im Jahre 1899-1910*, Landesregierung für Bosnien und die Hercegovina (hg.), Sarajevo: Landesdruckerei, 1900-1911. より作成。

影響は相対的にみて小さかった。むしろ、ボスニア地方行政府編纂の家畜数調査報告 (1895年) が、「畜産生産物にとっての新たな外部市場の創出は、価格の著しい上昇をもたらし、それにより、畜産経営を取り巻く環境がますます好都合なものとなった」[112]と記している通り、動物によって相違はあるが、家畜輸出は概して好調であったことがわかる。とくに、占領以前に禁じられていた牛の輸出再開は強調してよいだろう。それと同時に豚輸出の伸びも顕著であり、1890年には約21万頭、1894年には約37万頭に達した。この数は、大戦前夜の5年間 (1909-13年) のハンガリーからオーストリアへの豚輸出数 (年平均約44万頭) と比べても遜色がない[113]。もっとも豚輸出についていえば、豚ペストの発生した1895年を境に急速に減退したことに注意しておく必要がある。

表4-6　ボスニアの家畜輸出数（1890-1900年）

年	頭　数									
	馬	雄牛	去勢雄牛	雌牛	子牛	羊	山羊	豚	その他①	合計
1890	5,678	2,982	41,458	24,054	4,562	62,541	26,021	213,788	173	381,257
1891	3,395	1,204	32,875	17,157	3,408	76,049	33,686	218,270	153	386,197
1892	2,872	582	30,619	15,907	1,862	50,579	37,743	217,251	120	357,535
1893	2,272	360	23,949	13,341	3,211	65,240	59,095	340,568	181	508,217
1894	3,733	221	32,827	11,862	2,074	82,397	65,997	369,123	175	568,409
1895	5,886	579	42,517	21,808	4,979	103,593	72,971	106,608	200	359,141
1896	7,995	338	33,082	15,602	3,799	71,871	47,032	67,359	172	247,250
1897	14,777	1,550	44,404	25,668	7,121	131,171	64,652	33,816	522	323,681
1898	9,784	1,608	51,987	29,716	12,093	125,709	70,429	22,873	258	324,457
1899	12,937	1,441	44,587	17,623	5,346	83,246	57,843	20,491	321	243,835
1900	16,585	3,357	51,330	24,226	8,449	98,642	54,650	23,106	569	280,914

出典：*Veterinärwesen*, S. 210-211；*Hauptergebnisse des Auswärtigen Warenverkehres Bosniens und der Hercegovina im Jahre 1900*, Landesregierung für Bosnien und die Hercegovina（hg.）, Sarajevo: Landesdruckerei, 1901, S. 17 より作成。輸出額については情報なし。
　注：その他には、驢馬と騾馬、水牛が含まれる。以下の表5-1についても同じ。

第6節　小括

　第2部では、ハプスブルク行政府が統治において取り組まねばならなかったクメット制度と農業生産に関する政策を論じた。この時点では議会や自治制度が整備されていなかったため、一連の政策が住民の意思を十分に反映しておらず、「上意下達」的に実施されたこと、クメット制度の急進的な廃止を回避したことに認められるように、統治者側の利害を反映していたことを確認しておきたい。しかし、他方でクメット制度における地主とクメットの緊張緩和につとめ、たとえ統治者側の認識に基づいて整備されたものであったにせよ、一連の法律が社会情勢の鎮静化に資したことは否定しえない。農業生産の変容の詳細については確言できないが、必ずしもモノカルチャー化が進められたわけではなく、全般的な生産の活性化が進められたこと、生産量の増加とそれに伴う十分の一税の増収につながったことは明らかであろう。ハプスブルク行政府による「周辺地域開発」は支配者側から見るかぎり、一定の成果をあげたとみて大過ないと思われる。もっともボスニアからの輸出額の増加が、ハプスブルク経済におけるボスニアの従属化

と表裏一体であった点にも留意しなければならない。

　最後の点についていえば、ボスニアがオーストリアとハンガリーの狭間におかれていたこととも関連している。たとえば、『獣医制度』は家畜輸出に与えた影響について次のように記している。「4年来蔓延している豚ペストは、〔…〕とくに1895年から1897年に、キリスト教徒農民に壊滅的な経済的損害を与えた。より正確にいえば、病気自体がひき起こしたというよりも、豚輸出がかつて有していた重要性をほぼ失わせるほどの困難な条件に置かれたことに原因がある。これにより、キリスト教徒住民のもっとも重要な収入源が失われた」[114]。この記述は、養豚業に従事していたキリスト教徒農民が豚ペストによって大きな被害を受けただけでなく、それに伴う輸出規制が状況を一段と悪化させ、それが彼らの不満を一層増幅させたことをうかがわせる。『獣疫制度』に記された豚輸出をめぐる「困難な条件」とは、いったいどのようなものだったのだろうか。その際に二重帝国体制におけるボスニアの立場は、いかなる形で作用していたのだろうか。そこで第3部では、いくつかの事例を糸口として、より掘り下げた分析をおこなってみよう。

第３部　ボスニア農政と二重帝国体制

第5章　畜産問題にみるボスニアの従属性

第1節　獣疫の重要性

　19世紀後半以降、ヨーロッパ諸国は鉄道や汽船などの交通機関、冷蔵や冷凍技術により遠隔地から家畜や食肉を輸入できるようになった。もっとも移動距離の長大化は、牛疫のように獣疫の被害範囲を劇的に広げることになる。ハンブルクで開催された国際会議（1863年）は、感染地域の広域化に対する国際的な取り組みの嚆矢といえるだろう(1)。また輸入の多角化により、ヨーロッパ諸国の食糧消費における動物性食品の割合が全般的に増加するとともに、食肉衛生の問題も注目されるようになった。J・スウェイブは、動物性食品の摂取による病気や死亡が19世紀半ばのヨーロッパ各国の都市住民にとって非常に深刻な問題であったこと、不法な食肉取引が公衆衛生にとって大きな危険であり、国家による食肉の品質管理が求められたことを指摘する(2)。

　上述の獣疫や食肉衛生をめぐる問題は、1870年代末以降の「農業危機」において酪農や畜殺用家畜の飼育の比重が増加するとともに、都市への人口集中が進んだハプスブルクでも看過できない問題であった(3)。当時の首都ウィーンの状況は、当時の市参事官B・シュペルクの報告から垣間見ることができる。彼は、低所得者層から食肉の品質と価格への苦情が間断なく寄せられたことを伝えたうえで、「何らかの病気に罹った家畜が食用として流通する事態は、絶対に防がねばならない」と警鐘を鳴らした(4)。ハプスブルクは、一方では外国からの獣疫の伝播を防ぎ、他方では家畜の国際取引の円滑化のために「獣疫予防協定 Veterinärkonvention」を各国と締結した。しかし、これは「獣疫侵入の防止という目的を逸脱し、少なくとも不愉快な競争相手を一時的に妨害、あるいは弱体化するためにしばしば悪用され」たため、他国との摩擦を頻繁に引き起こした(5)。一連の関税戦争のなかで経済的、政治的にもっとも深い傷跡を残したのが、セルビアとの「豚戦争」だったのである(6)。

第5章　畜産問題にみるボスニアの従属性　107

　ところで「豚戦争」の折に禁輸の名目とされた豚ペストは、オーストリア（1880年）、ハンガリー（1888年）[7]の家畜伝染病に関する法律で言及されていないものであり、ボスニアからの豚輸出を急減させた原因でもあった。その後、1907年にオーストリアとハンガリーの間で家畜取引規制がつくられたが、ボスニアはその枠組みのなかでどのように扱われたのだろうか。前出のハウプトマンは、ハンガリーが獣疫対策によりボスニア国境を封鎖する口実を失ったと述べる。他方で同じく前出のパレレは、ハンガリーがボスニア豚の輸出を妨害したと反対の見解を示している[8]。しかし両者の研究は、オーストリア側の対応やオーストリアとハンガリー間の家畜取引、あるいは本国の経済状況を十分に視野に入れていない。これらの状況を勘案するならば、これまでは閑却されてきた家畜取引やそれに対応した農業振興策の吟味を通じて、ボスニアの境遇を浮き彫りにできるのではないだろうか。

　そこで本章では、まず世紀転換期以降に定められた両半部間における獣疫協定の概要、ならびにそれへのボスニア編入をめぐる問題を取りあげ、オーストリアとハンガリー双方の対応を明らかにする。それとともに、帝国内におけるボスニアの経済的役割の一端を分析するため、ボスニア地方行政府の経済部農業課長O・フランゲシュ Frangeš による農業振興法案（以下、一部を除き「振興法案」）に光をあてる。以上の検討を通じて、二重帝国体制をとりまく政治、経済状況の一端を浮き彫りにしたい。

第2節　豚ペスト問題

　上述した豚ペストは、豚が病気に罹りやすいこと、オーストリアとハンガリーがそれぞれ定めていた家畜伝染病予防法で想定されていなかったこともあり、帝国全域で猛威を振るった。オーストリア内務省の報告によれば、オーストリアにはハンガリー、クロアティア・スラヴォニア、ボスニアのみならず、ロシア、ルーマニア、ドイツ、イタリアからも伝播し、約93,000頭（1895-1900年）の豚が失われた。ハンガリーの損害はより甚大で、約134万頭の豚が斃死あるいは処分された（1895-97年）。1895年時点のハンガリーの豚が約650万頭であったことに鑑みると、その被害の大きさは明白であろう[9]。この豚ペストの蔓延によって、ハンガリーの豚輸出は半減したのである[10]。

ボスニアにおける豚ペストは、1895年7月上旬よりクロアティア・スラヴォニアに隣接するボスニアの諸地域から順次拡大し、養豚業は甚大な損害を受けた。これによって斃死した豚の数は、ボスニアで1885-98年間に死んだ家畜数の約4分の3に達したことからも、被害の深刻さがうかがえる。ボスニア地方行政府は、独自に作成した撲滅条例（全10条）に、ハンガリーの当該省令（1895年7月1日）の封鎖措置を補い、共通省庁の承認を得たうえで「豚ペストの予防ならびに撲滅に関する条例」（以下、「ボスニア豚ペスト条例」）を施行した。ここでオーストリアではなくハンガリーの法規が採用された事情は明らかでないが、ハンガリーの法規が、豚ペスト発生時の官庁の対処や遺骸の処理、消毒作業の内容をより詳細に記していたためと思われる[11]。

「ボスニア豚ペスト条例」の基本原則は、「ボスニア牛疫法」と同じく、通報義務の徹底と殺処分に対する補償にもとめられる。つまり、罹病の疑いを確認した場合は、その価格を査定したうえで処分し（第4条）、罹病時には査定額の5割、非罹病時には8割の補償を定めたのである（第9条）[12]。それと同時に、共通省庁は、被害の拡大阻止を期して強制予防接種も許可した。それは豚ペストの発生地とその周辺19郡130箇所で行われ、実施地域の斃死率は4.95パーセントから0.81パーセントに低下した[13]。ハプスブルク行政府は、これらの施策に107,974フローリン（215,948クローネ）を支出し、局地的な撲滅には成功したが、全体でみれば被害を封じ込めたとはいいがたい[14]。というのは、1898年までに罹病した40,284頭のうち快復が6,130頭にとどまっただけでなく、その後は年間罹病数が931頭（1903年）まで減少したものの、再び5,579頭（1906年）に増加したからである[15]。『獣医制度』は撲滅が進まない理由として、豚ペストの感染性の強さと症状の多様性、豚取引規制の困難、粗放的な飼育法に加え、「住民が疫病の出現を『宿命』とみなし、当局の措置に必ずしも信頼をおいていなかった」[16]と指摘する。ここからは、政府の命令が住民に浸透しておらず政策に非協力的であったこと、行政当局が法規を遵守しない住民に対して不信感を抱いていたことがうかがえる。このため地方行政府は隠匿調査のために「信頼に足る」地元住民を雇用し、発見した時には報酬を与えること、最初に豚ペストを通報した豚の所有者に処分への補償に加えて放牧禁止期間に必要な飼料の費用も与えること[17]、ならびに「ボスニア豚ペスト条例」の改正布告を通して、取引制限を励行すべきことを命じた[18]。

オーストリアとハンガリーは豚ペストの拡大を懸念し、ボスニアからの豚輸出にさまざまな制約を加えたが、その足並みは必ずしも揃っていなかった。ハンガリー政府はボスニア豚の輸入を完全に禁止したのに対し、オーストリア政府は体重120キログラム以上のものにかぎり、ウィーン、グラーツ、レオーベンなどの特定の畜殺場への輸入を認めただけでなく、非汚染地域産の場合にはウィーン中央家畜市場への120キロ以下の畜殺豚輸入も許可したのである[19]。共通財務省は甚大な損害を受けた養豚業を復興するため、検疫・封鎖措置と殺処分への補償制度を念頭におきつつ、「ボスニア豚ペスト条例」の修正案をボスニア地方行政府に求めた。それに応えて地方行政府はハンガリーの当該条例に依拠した現行条例に代えて、オーストリアで1905年に制定された「豚ペスト（豚疫）の予防と根絶に関する法律」の採用を進言した。行政府はその根拠として、封鎖措置の限定と補償範囲の拡大という法律自体の特色に加え、オーストリア側の豚の輸入制限が緩和される期待をあげている[20]。

　ここで、改正条例（1907年6月26日、以下「改正ボスニア豚ペスト条例」）の最大の眼目である補償について、オーストリアの当該法と比較してみよう。たとえば畜殺場、家畜市場とその途上にある豚、畜殺された豚、不法に輸入された豚は補償の適用外とすること、補償にまつわる決定を可及的速やかに行うことは共通である。ただし、オーストリアでは申告しても罹病時には半額しか支払われなかった（第5、6条）が、ボスニアでは申告すれば罹病の有無にかかわらず満額補償がうたわれている（第5条）。そのかわり、オーストリアでは届出しなかった場合や違反行為により感染した場合にも、諸経費を差し引いた額は補償されたのに対し（第8条）、ボスニアでは一切補償されなかった（第7条）[21]。「〔満額補償によって〕住民が豚ペストを隠匿しなくなると期待できる」[22]という地方行政府の内部文書の一節は、「改正ボスニア豚ペスト条例」の目的が補償によって住民の罹病申告を促すことにあったこと、行政が隠蔽に苦慮していたことを示している。このような補償制度の趣旨は、被害を受けた養豚家の保護というよりも、蔓延を防止するための申告の奨励とみなすべきであろう。オーストリアの当該法にはみられない官庁付獣医による定期的な調査（施行規定第10条）も発症掌握のためと考えられる。

　補償に関する条項を除けば、「改正ボスニア豚ペスト条例」の大半はオーストリアの当該法と同じ内容であった。その概要を簡単にみておこう。①早期撲滅に

110 第3部 ボスニア農政と二重帝国体制

有効と判断した場合には、地方行政府は罹病、あるいはその疑いのある豚を処分するが、非常に高価な改良用品種は即座に処分しない。なお処分の範囲は獣疫調査委員会が決定する（第2条）、②畜殺された豚は獣医の所見を経て食用に供される（第3条）、③予防注射は通達形式によって行われる（第13条）。また同条例の施行規定では、①地区全体の封鎖は罹病豚が多くの農場に分散している場合にかぎる、②罹病豚の食肉利用は行政の管理下で行い、ひどく痩せているか重病でない場合にはできるだけ利用することも定められた。このように「改正ボスニア豚ペスト条例」は、おもに殺処分の範囲や封鎖措置の限定と罹病豚の食肉利用を目的としたといえる。

　この条例が施行された翌年（1908年）、豚ペストの罹病数は1,658頭（前年比3,278頭減）となったばかりか、快復した豚も764頭（全体比46パーセント）まで増加した。ここに一定の効果を見ることもできるが、豚ペストは牛疫とは異なり完全に撲滅できなかった[23]。豚ペスト発生以後の家畜輸出を整理すると、表5-1のようになる。

　ここからは、雄牛の輸出に増加傾向がみられること、豚以外の家畜については、総じて安定した輸出が行われたことがわかる[24]。ボスニアの輸出総額に占める家畜輸出額の割合は、1903年に23パーセントに達した後は10パーセント台を推移し、1910年には21パーセントに回復した。言い換えれば、家畜の輸出額の割合は多い年には総輸出額の2割程度を占めており、製材に次ぐ地位を確保していた。家畜とその関連物資の輸出は、ボスニアと本国の経済関係の構築に中心的な役割を果たしたといえる。

　ここでボスニア畜産の重要性をはかる手がかりとして、牛取引に関するいくつかの数値をあげておきたい。たとえば1906年には、ハンガリーからオーストリアに向けて約27万頭が輸出され[25]、1896-1905年間には、セルビアから1年あたり56,000頭が輸入された[26]。ハプスブルク全体では1907-10年間には9,088頭が輸入され、137,664頭が輸出されている[27]。これらの数字と比較すると、7万-13万頭というボスニアからの1年あたりの輸出数（1901-10年）は無視できない規模といえるだろう。一方、1890年代前半に急速に拡大した豚輸出の衰退は明らかであり、「改正ボスニア豚ペスト条例」は豚輸出を以前の水準には回復させられなかった[28]。

　もっとも、共通財務省はこの停滞の要因を豚ペスト自体ではなく帝国両半部の

第5章 畜産問題にみるボスニアの従属性 111

表5-1 ボスニアの家畜輸出と輸出額一覧 (1900–10年)

	馬	雄牛	去勢雄牛	雌牛	子牛	羊	山羊	豚	豚（畜殺）	その他	合計	輸出額（クローネ）
						頭	数					
1900	16,585	3,357	51,330	24,226	8,449	98,642	54,650	23,106	—	569	280,914	—
1901	15,336	1,115	44,917	25,295	4,165	115,708	35,826	5,917	24,895	418	248,697	—
1902	14,080	1,005	56,737	33,081	5,526	133,063	63,575	15,466	25,882	265	322,798	—
1903	16,712	3,953	57,861	52,797	16,267	130,908	45,734	3,315	12,811	322	327,869	18,471,024
1904	17,540	3,060	39,859	30,810	7,528	99,195	52,250	5,142	21,260	238	255,622	13,538,471
1905	18,058	2,045	65,922	28,748	7,412	88,953	56,717	23,151	14,781	288	291,294	18,308,215
1906	6,956	5,201	58,995	34,518	6,838	94,717	53,611	32,171	32,277	312	293,279	21,450,825
1907	6,874	2,530	46,779	22,736	5,126	88,686	53,885	8,851	17,300	396	235,863	16,070,879
1908	13,422	790	42,597	19,313	6,485	122,054	58,039	10,751	18,220	612	274,063	14,115,509
1909	12,306	1,242	50,767	24,653	8,732	89,308	53,461	26,118	44,611	353	266,940	19,195,279
1910	12,578	2,861	69,988	35,438	12,916	68,892	46,868	10,839	37,713	314	260,694	28,232,811

出典：*Hauptergebnisse des Auswärtigen Warenverkehres Bosniens und der Hercegovina im Jahre 1900*. Landesregierung für Bosnien und die Hercegovina（hg.）, Sarajevo: Landesdruckerei, 1901; *Hauptergebnisse des Ausväirtigen Warenverkehres Bosniens und der Hercegovina im Jahre 1905–1910*. Landesregierung für Bosnien und die Hercegovina（hg.）, Sarajevo: Landesdruckerei, 1906–1911. より作成。1900–1902年の輸出額は不明。

輸出規制に求め、その撤廃を目指した。より詳しく言えば、共通財務相ブリアーンはオーストリア首相 M・V・A・ベック Beck に、ボスニアが1880年以来共通関税領域に編入されていることを理由として1907年に帝国両半部間で結ばれた家畜取引協定、とりわけ豚取引の条項をボスニアにも適用するよう求めた。1908年３月にブリアーンは、ボスニアの家畜輸出では豚のみに支障があるとしたうえで次のように述べている。「現行のボスニアとオーストリアとの協定に比べ、オーストリアとハンガリー間の新協定は、疑いなく豚の取引を著しく円滑にする。しかしながら、ボスニア・ヘルツェゴヴィナも共通関税領域への編入にともなう負担を背負うのであるから、他地域と同様にその編入にともなう利益にも浴するべきである。それゆえ、オーストリアとハンガリーが相互に認めた家畜取引における優遇策や軽減措置をボスニアにも適用するのは至極当然である」[29]。この後、共通財務省とオーストリア政府はどのような折衝を重ねたのであろうか。まず、1907年の経済アウスグライヒで取り決められた家畜取引協定を検討したうえで、交渉の経過をたどることにしよう。

第３節　「共通獣疫体制」への編入問題

１．経済アウスグライヒ（1907年）における家畜取引条項

前記した通り、獣疫対策は共通案件ではなかったため、オーストリアとハンガリーは別々に対策を講じた。オーストリアとハンガリーが家畜取引に関する協定を結んだのは、ようやく1907年のアウスグライヒのときであった。これは、獣疫発生時にもできるかぎり円滑に家畜取引を行うことを目的としたといえるだろう[30]。この協定（1907年アウスグライヒ・第20条）の要点は、獣疫のない地域で生産され、良好な衛生状態で届けられた家畜とその関連物資は同等に扱うこと、感染性の病気が認められた場合には返送でき、病気に侵されやすい家畜の輸入を制限、禁止できることにまとめられる。

第20条に関する施行規定では、以下の点が注目される。①家畜の取引には獣疫が発生していないことを示す生産地証明が必要とされ、輸送と解体時には検査が必要であること（第１条）、②獣疫発生時には家畜とその関連物資の取引を禁止し、その決定権は、帝国両半部の所管大臣とクロアティア・スラヴォニア総督がもつ

こと（第2条）、③種畜取引による口蹄疫の侵入を防ぐため、場合によっては両半部政府の代表による関税・通商会議を開催すること。そこで決められた予防措置は、輸出国の農務相が許可して初めて実施されること（第3条）、④両半部政府は獣疫取締り状況を査察するため、事前予告なく担当官を相互に派遣できること（第5条）、⑤本施行規定による帝国両半部内の家畜取引に必要な保証は、相互の同意によってのみ変更できること（第9条）などである。

とくに豚取引（第4条）に関しては、詳細な規定がみられる。豚ペストが伝播する恐れがある場合には、有用・繁殖用豚は鉄道でのみ輸送し、輸出側の農務省の許可を必要とすること、生産地で獣疫が発生せず、40日の観察期間で罹病の徴候がない場合のみ取引でき、貨車への積み込み直前に再度検査し、最寄りの鉄道駅まで罹病しない方法で輸送すること（第1項）、畜殺用豚は消費地か畜殺場のある場所にしか輸出してはならず、これに該当しない場合には輸入国政府の許可が必要であること（第2項）、以上の取り決めにも拘らず、有用・繁殖用豚により豚ペストが広がった場合、両半部政府は明白に獣疫の危険がある地域からの輸出を制限すること（第5項）などにまとめられる。

当時のオーストリアの経済学者J・グルンツェルは、このような施行規定について「ハンガリーからの獣疫伝播に対するオーストリア農業界の苦情に鑑みて非常に厳しくされ、とりわけ豚ペストと口蹄疫に対して厳しい予防措置が講じられた」[31]と、オーストリア農業界の獣疫侵入への強い警戒感を示唆した。ここでは、上記の家畜取引協定について下記の諸点を補っておきたい。それは、オーストリアとハンガリーに独自の裁量権を認めていたこと、これらの規制策が輸出側であるハンガリーに関わるものであったこと、輸送手段が鉄道に限定されたのは監視、検査のためと解釈できること、豚取引には詳細な条件が設定されていたこと、ならびに家畜取引に関してはボスニアへの言及がないことである[32]。ここでは以上の家畜取引の仕組みを、仮に「共通獣疫体制」と名付けておこう。

2．ボスニアと「共通獣疫体制」

しかしボスニアが「共通獣疫体制」に編入されるためには、豚取引問題を何らかの形で解決しなければならなかった。上で触れたブリアーンの申し入れに対してオーストリア農務相A・エーベンホッホ Ebenhoch は、ハンガリー農務省宛の

書簡において否定的な見解を示した。彼は1878、1887年の経済アウスグライヒに家畜取引の項目がないことに触れたうえで、「1907年のアウスグライヒにおける家畜取引協定は、あくまでオーストリアとハンガリーの間で結ばれたものであり、ボスニアとの関係を定めようとしたものではない。したがって、家畜取引に関してはオーストリアとハンガリーにおいて完全な自主権が存在する」と記している。彼からみると、ボスニアが共通関税領域に含まれている状況は、「共通獣疫体制」問題の脈略では重要ではなかったのである。

　エーベンホッホはまた、ボスニアの家畜衛生状態はおおむね良好であるが、ごく最近になって達成されたものにすぎないこと、ボスニアがオスマンやセルビアと隣接することをあげ、「獣疫取り締まりの観点からみても、占領地域との家畜取引についてオーストリアのもつ独自の処分権を放棄することは適当ではない」と主張した。ブリアーンが申し立てた豚輸出の規制撤廃については、豚ペストの鎮静化に応じた規制緩和がすでになされており、現在の家畜取引体制がボスニアの畜産経営者に損害を与えているという見方は正当ではなく、今後は状況に応じて禁輸すると表明した(33)。エーベンホッホは、ボスニアが国際法的にはオスマン領であることではなく、当初から家畜取引協定の対象と想定されていなかったこと、ボスニアの家畜衛生状況が不安定であることを根拠に「共通獣疫体制」への編入に異を唱えたのである。もっともブリアーンに対する彼の反論は、1895年以降の豚輸出の急減を十分に考慮していない点で問題であろう。

　1909年2月5日にはボスニア家畜の輸出に関する、共通財務省とオーストリア／ハンガリー両農務省による次官級協議が開催された。ここで共通財務省参事官T・P・ツルニチ Zurunic は、豚の輸出規制がボスニア経済に深刻な悪影響を及ぼし、ボスニア市場の購買力を弱めているためにその撤廃を求めたが、両半部農務省の代表者は、豚の病気が侵入する恐れを理由に肥育用豚の輸入を認めなかった(34)。この日の協議は、オーストリア、ハンガリー両政府のボスニアの「共通獣疫体制」編入に対する反対を確認したにとどまり、さしたる進展はみられなかった。そこで今一度ブリアーンは、オーストリア首相R・ビーネルト Bienerthにボスニア併合という政治状況の変化を考慮し、「ボスニア住民に、帝国への最終的編入が新たな利益をもたらすだけでなく、今後もさらなる恩恵が与えられるであろうことを示すべく全力を尽くすべき」であるため、ボスニアの家畜輸出をオーストリアとハンガリー間の方式に沿って行うように督促したのである(35)。

第 5 章　畜産問題にみるボスニアの従属性　115

　ところが1910年にオーストリア農務省は、ビーネルト宛の書簡において再び家畜取引協定の拡大を拒絶し、あくまでオーストリアの自主権の範囲でのみ譲歩できる旨を伝えるとともに、原則上の問題にこだわり家畜取引協定の適用を求めるブリアーンの態度を批判した。しかしボスニア側の希望をすべて退けるつもりはなく、ボスニア併合も考慮したうえで、オーストリア畜産の対外輸出と両立するかぎりで譲歩する姿勢も示した[36]。実際にオーストリア農務省は、ウィーンの複数の商社にボスニア豚の輸入に特別許可を与え、1910年1月から4月末までの間に21,640頭の輸入を認めた[37]。ビーネルトが以上の内容をブリアーンに伝えた際、オーストリア農務省が1908年の時点でハンガリー農務相にボスニアの「共通獣疫体制」への編入を照会したことも伝えているが、それへの回答には触れていない。この時点でもハンガリー側はそれを無視していたと思われる[38]。

　ここまでの折衝で、ブリアーンはオーストリア政府から一定の妥協を引き出したものの、「共通獣疫体制」への編入を認めさせられなかった。そのため彼は方針を大きく転換し、オーストリア首相P・ガウチュ Gautsch に対して原理原則上の問題ではなく、帝国両半部への家畜輸出にまつわる実際的な問題の交渉を望んだ[39]。この変化の原因としては、ボスニア議会で豚輸出規制が槍玉にあげられたことが想起される。ブリアーンは、ボスニア住民、とりわけキリスト教徒が豚輸出の規制に不満を募らせていたために根本的な解決を一旦断念し、現状で期待できる最大限の譲歩を引き出そうとしたのではないだろうか[40]。

　この後、ブリアーンの後を継いだ共通財務相L・ビリンスキ Biliński もオーストリア政府に家畜取引問題のための折衝を提案する。彼はオーストリア首相K・シュトゥルク Stürgkh に、ハンガリー政府との交渉再開を求めるとともに、1912年9月後半の会議開催を試みた[41]。ビリンスキの要求に対しシュトゥルクは、ハンガリー政府の態度如何にかかわらず、ボスニアからオーストリアへの家畜輸出が妨げられないこと、オーストリア農務省が当該案件において非常に好意的であることを強調した。しかしながら彼の示した妥協は、懸案の豚輸出を含めて従来の内容を繰り返したにとどまり、協議開催の申し入れは黙殺された[42]。結局のところ、この問題は解決されなかったのである。

　ここまでの共通財務省とオーストリア政府の折衝から判明することは、オーストリア農務省が一貫してボスニアの「共通獣疫体制」編入に反対したことである。その理由としては、ボスニアでは豚ペストの完全撲滅に成功せず、「オーストリ

ア家畜伝染病予防法」に相当する法律が定められていなかったこと、ここで登場したエーベンホッホと後で触れる F・ツェンカー Zenker の両農務相がオーストリア農業の利害団体「通商条約において農林業利害を保護するためのオーストリア中央協会」の構成員だったことなどをあげうる(43)。さらにエーベンホッホによる以下の発言をみれば、ハプスブルクの家畜輸出を妨害したドイツの存在も考慮せねばならないだろう。「われわれがボスニア・ヘルツェゴヴィナの獣疫対策への裁量権をもつことは、わが国の家畜輸出、なかんずくドイツへの家畜輸出のために正当化できる。さもなければドイツなどの諸国は、わが国の家畜を従来よりもはるかに厳格な監視下におくことになるだろう」(44)。この文言をそのまま受け取ることは慎むべきであるが、ボスニアでもドイツとの通商条約に対応した牛の肺病に関する法律が定められており、その影響を等閑に付すことも不適切と思われる。

　いまひとつ目を向けるべきは、ハンガリー政府の動向である。ここではハンガリーをほとんど取り上げなかったが、それは同政府がオーストリア農務省からの照会（1908年7月22日）に回答せず、一連の交渉に応じていなかったからである。ようやく1912年9月、ハンガリー農務相 B・シェレーニ Serenyi は、オーストリア農務相ツェンカーにボスニアとの家畜取引をめぐる交渉再開に異論がないことを伝えた。しかし、ここでもなお「交渉再開に先立ち、ハンガリー政府の関係諸部門において通商政策と国法にかかわる重要な問題を検討せねばならない」と述べ、その先延ばしを図ったのである(45)。このような態度を示すハンガリー政府の背後に、バルカン諸国からの家畜輸入に抵抗した対外通商政策に強い影響力をもつハンガリー農業利害の存在を見てとれるだろう(46)。

　このようなハンガリーの冷淡な対応は、ボスニアを代表する共通財務相（省）が、帝国両半部政府や同省庁に対し、書面や口頭での交渉しか行えなかったことに起因したともいえる。上述したように、ブリアーンとビリンスキはボスニア住民のあいだにくすぶる不満に鑑み、再三にわたり豚輸出の規制撤廃を求めた(47)。しかし彼らは両半部政府に交渉を要請できても、それを強制する権限をもたなかった(48)。そのためにオーストリア政府からは抜本的な譲歩を得られず、ハンガリー政府とは折衝さえできなかったのである。この点については、オーストリア農務相ツェンカーによる以下の指摘が興味深い。「わが〔オーストリア〕農務省は、共通財務省がとくに重視する家畜取引に関する〔ハンガリー農務省との〕交渉に

は、いつでも応じる用意がある。しかしながらハンガリー農務省の態度に鑑みると、共通財務省はハンガリー政府に相当の圧力を加えないかぎり交渉の実現にはいたらないだろう」⁽⁴⁹⁾。この一節は、共通財務相の不十分な権限と調整機関の欠如というボスニア統治が被らざるを得なかった制約を言いあてたものではないだろうか。

　以上みてきたように、ボスニアは最後まで「共通獣疫体制」に編入されなかった。その一因として、ボスニアにおいて豚ペストや口蹄疫などが撲滅されていなかったことは看過できない。しかしより根本的な原因は、帝国両半部に対するボスニアの従属的な地位にあったと考えられる。オーストリアとハンガリーの対応には差があったとはいえ、抜本的な解決は最後までなされず、共通財務省やボスニア地方行政府、あるいはボスニア住民は不満を抱いていた。ボスニア地方行政府編纂の家畜数調査報告の一節は、これを裏付けるものであろう。「帝国両半部政府が獣疫規定を非常に厳格に運用したことは、当然のことながらボスニア畜産の発展に悪影響を及ぼした。〔…〕あまりに頻繁な境界封鎖による豚取引の停止は、輸出を必要とする現地の養豚業者に壊滅的打撃を与えた」⁽⁵⁰⁾。これは責任逃れの弁明とも考えられるが、ボスニア地方行政府が公的文書でオーストリア、ハンガリー両政府を非難したことはあまり例がなく、注目に値するものといえる。

　ところで、オーストリアがボスニアを「共通獣疫体制」から排除しようとした一方、制限付きながらボスニアからの豚輸入を認めていたことは、一定の需要の存在をうかがえるが、その際にオーストリア側は、病気に加えて品質にまつわる問題を指摘した。オーストリア農務省がウィーンの複数の商社に対してボスニア豚の輸入に関する特別許可を出したことはすでに論及したが、その際に商社の代理人が十分に肥育された豚を確保できなかったことにも目を留めるべきである。これに関する報告書は「〔ボスニア豚が〕ザンクト・マルクス市場〔ウィーン中央家畜市場〕において再び販路を獲得することは、適切に肥育された豚が供給されて初めて可能となる。痩せ細った豚の需要はまったく存在しない」と書き留めている⁽⁵¹⁾。その実態については判然としないものの、この時点においても家畜の品質改善が求められていたことは推測できる。ハプスブルク行政府は、この問題をどのように捉え、いかに解決しようとしたのだろうか。次節でその具体的な内容を見ることにしよう。

第4節　フランゲシュによる振興法案の策定

1．農業生産における諸課題

　前章で述べたように、ハプスブルク行政府は家畜の品質改善のために外部から輸入した優良種を用いた交配を進めたが、多額の費用に見合った成果を生まなかった[52]。そのため行政府は、より住民が関与する政策を打ち出していった。前出の「種畜調達基金」に加えて実施されたのが「住民を地方当局による〔畜産振興〕活動への関与を促すため」の馬飼育・畜産委員会である。これは各地の家畜飼育者と裕福な地主を中心とする有力者から構成され、関連する全政策への協力のために招集された。この委員会は、1906年から1910年末までにボスニア全体のほぼ半分にあたる25の郡で設けられるとともに、その業務は段階的に農業協同組合へ吸収された[53]。

　品種改良に関しては、選別にもとづく去勢措置も見逃せない。牛については、住民の同意を得たうえで土着種や繁殖力のない雄牛が去勢されており、1908年にはブゴイノ郡など19郡で実施された[54]。なおこの作業には前述の馬飼育・畜産委員会から選ばれた専門機関が従事した[55]。ここで住民が関与していたことは、彼らのあいだでの畜産改善に向けた自主的な動きを想起させるだろう。以上の措置は、種馬法と種牛法（1911年）により法制化された。これらの法律によって、種畜が許可制とされ、すべての家畜が専門知識を備える官吏1人を含む専門委員会によって鑑定された。その際に繁殖に不適当と判断された牛は去勢され、優良な種畜の確保が目指されたのである[56]。このような法律が、ボスニア議会を通じて制定された事実は、統治者側も現地住民も家畜の品質改善に一定の関心をよせていたこと[57]、ならびに従来の政策の成果が不十分であったことを示している。ボスニア地方行政府幹部のJ・ミクリ Mikuli が、ボスニア議会において馬と牛の飼育の再建に必要な種畜を増やすために種馬法と種牛法を制定せねばならないと述べたことは、現地の種畜不足を推測させる[58]。

　最後に、以上の点と関わる信用制度についても瞥見しておきたい。共通関税領域編入後のボスニアでは、もっぱらハプスブルクの通貨が用いられるようになるとともに、貨幣経済が浸透した。それにともない銀行、貯蓄銀行などの金融機関が創設されたのである。1895年には前述の特権地方銀行が作られた一方、1903年

以後は宗派＝民族の枠組みに即したセルビア人、ムスリム、クロアティア人による民営の金融機関も出現した[59]。1909年のボスニアには、合計1,250万クローネの資本をもつ9銀行と8貯蓄組合に加えて、17の信用協同組合が存在したと伝えられる[60]。

　なおこれについては、ウィーン商工会議所顧問H・ザウターSauterがオーストリア商務省に提出した内部報告をみておこう。ザウターは、近年新たな金融機関の設立が活発に進められており、政党の分布と同じく民族にそくした信用制度が構築されていると観察した。彼の報告でとくに注目すべきは、各々の民族が同胞の経済力を強化するため、そして政治的な支援も得るための中心機関を設けていたことである。そのなかではセルビア人がもっとも活発に活動していたこと、郡扶助基金や農業協同組合への強制加入が住民に積極的に受容されていないため、民間の金融機関が創設されたことも伝えられる。しかしながら、民間の機関だけでは資本需要のすべてを充足できなかったことにも注意しておきたい[61]。以上からは、当時のボスニアでは畜産の改善策とそれに付随する融資制度などが求められていたことがわかる。これらの諸課題の解決策を建議した官僚こそ、次に触れるフランゲシュである。

2．振興法案の背景

　ここで、フランゲシュの経歴を簡単にみておこう。彼は1870年、クロアティアのスレムスカ・ミトロヴィツァに生まれた。1889年にウィーン農業大学を卒業した後、2度にわたりライプツィヒ大学で研究を重ね、クロアティアの土着牛に関する論文で博士号を取得した（1903年）。職歴としては、ザグレブ林業専門学校の農業・養魚部門の教授を務めるかたわら、クロアティア・スラヴォニア・ダルマティア政府に勤務し、ボスニアへの着任前には同政府の内務局農務課長の職にあった。ハプスブルク滅亡後には、アグラム大学の農学・経済学正教授とともに、セルビア人・クロアティア人・スロヴェニア人王国政府において農務大臣を務めている[62]。

　それでは、なぜフランゲシュはボスニア地方行政府の経済部農業課長に抜擢されたのであろうか。そのきっかけは、ボスニア地方行政府からの要請であった（1911年8月）。共通財務相ブリアーンは、君主フランツ・ヨーゼフへの上奏文で

次のように語る。「ボスニア地方行政府の農業課には、ボスニアの国民経済的発展にとって非常に重要な議事日程が集中しております。それゆえに同課の長には、住民の急速な経済発展という特別な任務を解決しうる能力、ならびにそれを裏付ける実績をもつ専門家を任命しなければなりません。そのような人物をボスニア地方行政府は待ちわびております。〔…〕彼〔フランゲシュ〕の学識と長年にわたる実践面での経験は、彼に予定されている地位に疑いなく非常に有用と思われます」[63]。つまりブリアーンはボスニアにおける農業の重要性に鑑み、それに変革をもたらすための人材としてフランゲシュに高い評価をあたえたのである。1911年秋にボスニアに赴任したフランゲシュは、その双肩に農政革新への期待を背負っていたといえるだろう。

　次に農業振興法案を発意する背景となったフランゲシュの現状認識を見ておきたい。これをうかがえるのは、彼によって作成された、後の振興法案の基盤となるボスニア農業に関する覚書である（1911年12月。以下、『予備覚書』)[64]。その大要は、以下の二点に整理できる。

　一点目は、ボスニア農業の「遅れ」への認識である。フランゲシュは、「将来、ボスニア・ヘルツェゴヴィナが農業分野において、帝国の他地域に追いつくのは不可能」とみなした一方、農業振興を当局にとって最重要課題と理解していた。ただし、農業への予算はハンガリーやクロアティアに比べて少ないため、特別予算の必要を察知していた。ボスニアにおける農業への純支出は歳入の0.86パーセントにすぎなかったのに対し、ハンガリーは4.44パーセント、クロアティアは6.98パーセントだったのである。フランゲシュは相対的に高い水準にあるオーストリアやハンガリーでも多額の予算が割り振られていることにも触れ、ボスニアでも同様の措置をとるべきとも語っている。

　二点目は、農業発展のための具体策の提起である。彼は、低利子の農業信用の創出、家畜の品種改良の促進、農業研究機関の設置、農業教育の拡充の四つをあげ、全体として畜産を中軸にすえた。ボスニアの畜産業はハプスブルク本国という広域消費圏を有しているため、その発展によってフランゲシュの前任地クロアティア・スラヴォニアと同様の成功を見込めると考えられていたのである[65]。これに関して彼は「帝国両半部で用いられている方法は、ボスニアでは容易に適用できないが、効率的な畜産のための前提条件を整える必要がある」とみなし、飼料作物の栽培と畜舎の設置をあげている。さらに彼は、リヴノ、ガツコ、サラ

イェヴォ各郡の住民には自らの計画する種畜貸与を歓迎する風潮がみられること、ボスニア議会議員の伝えるところとして、同様の傾向が他の郡でもみられることも述べている。ここからは、フランゲシュの現地住民に対する配慮を看取できるだろう。

　振興法案の背景として、ハプスブルク農政に対する現地の不満も見逃せない。この点について、前出のミクリは「ボスニア当局が農業振興のために何もしていない」とのボスニア議会の批判に言及した[66]。フランゲシュ自身も議会において、帝国本国に模したワインの偽造防止策、あるいは郡扶助基金を用いて役畜を購入する際の負担軽減の要求に直面した（1912年1月）。とくに後者に関して議員たちが「住民がいわれなき窮境に陥っている」と語ったことは、役畜を購入できないほどの苦境を推測させる。フランゲシュが、農業局の改編や農業教育の改善、養蚕の振興、郡扶助基金の再編による農業信用協同組合の設置を議員たちに提案し、賛同を得たことも重要であろう[67]。

　上述の『予備覚書』との関連については、文民補佐官I・ベンコ Benko の見解も紹介しておきたい。彼は、物価上昇のために種畜不足を緩和できる農業予算の増額は近いうちには望めず、それに対するボスニア議会議員や公衆の不満を伝えた。そのうえで彼は、フランゲシュの『予備覚書』を「農業のさらなる発展のための本質的基盤を作り上げるための手段をつくるもの」と評価したうえで、「ボスニア議会議員と同じく世論もまた、その利益を住民が直接、かつ素早く感じ取れる経済計画〔『予備覚書』〕を強く支持することはますます明らかであろう」[68]と記している。これ以上の詳細については不明だが、フランゲシュが『予備覚書』を作成する際に、議会や現地社会の意向にも気を配っていたとみて大過ないだろう。

3．振興法案の概要

　以上をふまえたうえで、振興法案の内容をたどってみよう[69]。これは、ボスニア地方行政府から共通財務省に1912年10月21日に提出され、全17条から構成されている。この骨子は、農業発展の基礎をできるだけ早く作り出すために700万クローネの特別予算を編成し、家畜の品種改良（第3-5条）、農業研究・教育機関の整備（第6-8条）、低利子の農業信用制度の創出（第9-15条）を行う点に

122 第3部 ボスニア農政と二重帝国体制

まとめられる。農業予算700万クローネの振り分けは、表5-2のとおりである。

表5-2 振興法案の予算配分

Ⅰ. 畜産振興		Ⅱ. 農業機関	
1. 繁殖用家畜の調達費用		①農業研究機関	400,000
①牛	1,350,000	②農業局	600,000
②馬	500,000	③農業教育機関	200,000
③豚	200,000	小 計	1,200,000
④羊	100,000		
⑤家禽	50,000	Ⅲ. 農業基金	
2. 家畜利用	800,000	（Ⅰ,Ⅱの残額）	2,000,000
3. 馬の飼育場	800,000		
小 計	3,800,000	Ⅰ,Ⅱ,Ⅲの合計	7,000,000

出典：ABiH, ZMF, BH. opći. 15468-1912. より筆者作成。単位はクローネ。

　各々について補足しておくと、畜産については純血種の集約地域をつくり、効率的な飼育ができる農民に貸与すること（第3条）、家畜の加工、輸出を促進するための模範的な肥育施設、畜殺場を建設すること（第4条）が定められた。農業機関については、農産物の検査、農業に関する実験、獣疫の細菌学研究に携わる施設をつくること（第6条）、現存の農業局、果樹栽培局を再編すること、農業教育を拡充すること（第7、8条）が規定された。さらに農業基金については、予算の割り当てられていない農業部門への貸付を行うこと（第10条）、貸付は農業学校の卒業者、あるいは地方行政府からの指示を含む模範的な農場施設の設置者に優先されること（第12条）、貸付の利率は原則5パーセントとすること（第13条）などが記されている。

　振興法案の第1の柱に畜産が据えられた理由は、その創案理由書にあきらかである。フランゲシュは「ボスニア・ヘルツェゴヴィナは、土壌と気候条件、自然条件、住民の偏愛（ボスニア・ヘルツェゴヴィナの歴史的発展、物納・税金制度によりさらに強められた[70]）によって畜産を住民の繁栄のための傑出した源泉とすることを、必然的に運命づけられている。この天与の運命は、ボスニア・ヘルツェゴヴィナが帝国の大規模な広域消費圏に含まれることにより、地域住民に非常に大きな経済的利益となる」と述べたうえで、畜産の改善によってボスニア

第5章　畜産問題にみるボスニアの従属性　123

住民の資産と地域の収入を増やせると語っている。これはハプスブルク国内における食肉需要の増加、ならびにハプスブルク全体としては家畜輸入を必要とした状況を鑑みたものと思われる。

　フランゲシュが畜産においてとりわけ重視したのは、家畜輸出のもっとも大きな部分を占めていた牛であった。彼は前述の種牛法に依拠しつつ、繁殖に関する措置を特定の地域に集中する必要を説く。純血種の集約拠点を形成するとともに、それ以外の雄の去勢によって優秀な種畜を域内で再生産することを目指したのである。この手法は、従来の種牛輸入は輸送費や手数料などによって費用がかさんでいたことを念頭においたものであろう。もっともフランゲシュは、これに必要な純血種の種畜1,200頭を一度に確保できないこと、多額の費用を要すること、種畜を配置するための準備を整える必要があることを理由に以上の政策を数年の間に段階的に行うことを提言した。

　馬については、経済、軍事的に優秀な現地種を維持することを目的とし、そのために個人飼育者への貸与用として350頭、国立種馬所に30頭の種馬の追加を予定した。そのうえで、牛と同じくボスニアにおける優秀な子馬の再生産を計画した。豚については、外部種との交配による改良が必要である一方、獣疫の拡大を防ぐために小規模の飼育特区をつくることを提案した。これは、豚ペストの流行以降の輸出激減をふまえたものと考えられる。羊や家禽についても同様の飼育特区を提言した。なおフランゲシュは品種改良における注意点として、純血種を受け取る飼育者が畜舎を建て、飼料作物を栽培しなければならないこと、そのために必要な財源が後述の農業基金から提供されることを記している(71)。畜産に関しては域内消費と輸出促進のため、近代的な畜殺場や家畜市場、模範的な肥育施設をつくるための費目も設けられた。

　振興法案の第2の柱をなす農業機関については、本国からのワインをはじめとする粗悪品の流入を防ぐための食料品や嗜好品の検査、家畜の安定的輸出のために有用な獣疫撲滅のための血清製造(72)、各種植物の病気や流通している種子、物品の品質管理などへの従事が予定された(73)。設備に関しては、温室や実験用耕地などの整備などが記されている。なおフランゲシュが、これらの施設を農業中等学校創設の基盤と見込んでいたことも補っておきたい。ボスニア農業の発展に資する人材育成も視野に入れ、農業生産の抜本的な改善を図っていたといえるだろう。

124　第3部　ボスニア農政と二重帝国体制

　農業局、果樹栽培局の再建については、あらゆる家畜の飼育、種子の生産をお
こなうこと、ならびに家畜や種子の価格をできるだけ安く抑えることを意図した。
ボスニア農業の発展にとって重要な農業教育に関しては、実践的な知識と必要な
技能を習得すること、農業学校の卒業者が帰郷後、農業発展の先駆者としての役
割を果たすことができるように改善すべきとした。これとあわせて教員候補者が、
サライェヴォの教員養成所で農業に関する実践、理論両面の知識を学ぶための寄
宿舎の建設も計画された。

　振興法案の最後の柱である農業基金についてフランゲシュは、農民層が経済状
況の激変によって危機にさらされていること、従来の融資が総じて短期、高利子、
解約可能であるために投資には適していないことを理由に新たな金融制度を提案
した。彼は、畜舎の建設に加えて、酪農業協同組合、火酒製造工場、果物乾燥所、
穀物貯蔵庫などすぐに多額の利益を生まない事業には民間の融資がほとんど行わ
れないため「農業の投資信用の特別な性質にできるだけ適合した信用の供与は、
農業振興に配慮する国家の義務である」と述べている。フランゲシュは、基金の
財源に諸政策の剰余金に種馬法、種牛法の罰金、国有地の売却、賃借料なども組
み入れることでその安定した運用を目指したのである。

第5節　振興法案への対応

1．オーストリア／ハンガリー両政府、共通財務省の干渉

　振興法案は、ボスニア憲法（地方基本法）第37条に基づき、オーストリアとハ
ンガリー両政府に提出された（1912年11月9日）。オーストリア政府は、振興法
案に大筋で賛成したといえる。オーストリア財務省は農業基金が銀行のように組
織、運営されるべきではないが、農業における資本不足をみれば憂慮すべきもの
ではないこと、共同営農的な観点のみならず、教育的な観点から信用を与えるべ
きことを述べている。オーストリア農務省は、ボスニアにおける牛の増加と品質
改善がオーストリアの食糧供給への貢献のみならず、隣接するダルマティアの模
範としても望ましいと判断した。また、放牧地の確保が難しいゴラジュデの馬飼
育所は移転すべきこと、細菌研究施設や肥育施設、畜殺場などが実際の必要に適
したものであることも要求した[74]。以上の意見を付したものの、オーストリア

政府は同意を与えたのである（1913年2月9日）[75]。

　他方ハンガリー政府は、振興法案についていくつかの反対意見を述べ、再考をもとめた（1913年2月6日）[76]。ハンガリー首相L・ルカーチ Lukács は、ビリンスキにボスニアで計画中の大規模な投資計画の借款に振興法案の借款が加われば、その返済額がボスニア財政の能力を超えかねない旨を警告した[77]。この背景には、前述のようにボスニア財政が本国から分離されていたことが考えられる。より正確にいえば、ボスニア財政が破綻に陥る、あるいは借款の発行が不可能になった場合、オーストリアとハンガリーがその補填を迫られるからである。ルカーチはまた、現在の金融市場に鑑みて新たな借款を受けることは危険であるとも判断している。最後の点に関する立ち入った説明はないが、バルカン戦争にともなう不況を念頭においたものと推測できる[78]。

　さらにルカーチは、農業評議会 Landwirtschaftsbeirat の振興法案に対する見解を勘案したうえで、裁可を得るべきと唱えた。これは「農業に関する重要な問題の解決に際して、自治組織の集中的な関与を目的」とする諮問機関であり、オーストリアの農業評議会を模したものである[79]。構成員は、郡評議会を通じて各県から選出された人物（6名）と地方行政府により指名されたセルビア人、クロアティア人、ムスリムにおける農業協同組合の中央機関の構成員、地方行政府より任命される農業専門家の合計12名であった。この機関の意義は明確な決定権をもたなかったため過大に評価できないが、限定的ではあっても現地住民の希望をくみ取ろうとしたとはいえるだろう[80]。

　ビリンスキは、ハンガリー政府の反対によって振興法案の修正を余儀なくされ、両半部政府の首相と共通外務相ベルヒトルトに、勅許申請の撤回と原案の修正を通知した（1913年3月28日）。そこでビリンスキは、追加の借款が危険であるというルカーチの見解に理解を示した。さらに彼は、ボスニア議会のすべての会派が農業評議会の設立に賛成していることをおさえたうえで、この機関について次のように述べている。「私〔ビリンスキ〕は、数年間にわたる体系的、かつ継続的な農業振興策があらかじめ専門家による委員会によって審議され、その結果、すべての措置が住民によって選ばれた代表者の希望と検討によりよく合致すること、関心をもつあらゆる人々の協力によって成功の可能性が高まることは理にかなっており、実践上の見地からもふさわしいものと思われる」と。ビリンスキは修正案を作成する際、ボスニア財政への負担を可能なかぎり軽くすること、1年

あたりの借款返済額が100万クローネを超えないための予防措置を講じることも約束した[81]。ここにボスニア行政に対するハンガリーの影響力の大きさを見て取れるだろう。

2. 振興法案の縮小

以上の状況をふまえてフランゲシュ振興法案は、大臣連絡会議（1913年9月26日）の決定に基づいて改正されることになった。それに応じてつくられた修正案は、畜産と農業機関に限定する内容に改められた[82]。おもな変更点は以下の諸点にまとめられる。①予算額が700万クローネから430万クローネに削減されたこと（第1条）、②元の法案に含まれていた肥育施設や畜殺場の建設（原案第4条）と農業基金に関する条項（原案第9条-15条）が削除されたこと、③馬飼育所についてゴラジュデの名前が消されたこと（修正案第4条）である[83]。さらに技術的、ならびに効率的な面に配慮し、必要経費の確保を5年間に分割すること、その際に地方行政府が発行できる債券の年間発行額を可能なかぎり均分とすること、債券の利子、年賦金の返済をボスニア予算に組み込むこと（修正案第2条）が定められたのは、ボスニア財政への負担を懸念したハンガリー政府への配慮と考えられる。

また原案と修正案の創案理由書に認められる隔たりにも触れておきたい。修正案の冒頭では「〔農業振興〕のために使われた諸々の手段の不十分さと連動性の欠如ゆえに、〔従来の政策は〕抜本的な成功には至らなかった」と書かれるにとどまり、既存の問題点の解消に力点がおかれた。農業基金の撤回もボスニア農業の抜本的改革という本来の目的を後退させたといえるだろう。一方畜産は修正案でも重視されたが、支出の詳細は割愛されており、牛の予算が10万クローネ増額された説明は見あたらない。修正案の予算配分（表5-3）からは、継承された案件についてはほとんど変わっていないことがわかる。

3. ボスニア議会、農業評議会の意向と両半部政府の同意

ハンガリー政府のもとめた農業評議会の審議は、1914年1月に行われた。ここでは、原則的に上述の修正案を受け入れたうえで、おもに二点の要求がされた。

表5-3　振興法案の予算配分（修正案・1914年1月）

I. 畜産振興		II. 農業機関	
1. 繁殖用家畜の調達費用		①農業研究機関	400,000
①牛	1,450,000	②農業局	600,000
②馬（種馬の育成）	500,000	③農業教育機関	200,000
③豚	200,000	小　計	1,200,000
④羊	100,000		
⑤家禽	50,000		
2. 馬の飼育場	800,000		
小　計	3,100,000	I, IIの合計	4,300,000

出典：ABiH, ZMF, BH. opći. 1343-1914. より筆者作成。単位はクローネ。

一点目は、法案で予定されていない案件にかかわる予備費の計上である。これについては、家畜の舎飼いに欠かせない家畜小屋や貯水槽を設置するための無利子貸付金（170万クローネ）を増額し、総額600万クローネとされたのである。しかし地方行政府は、農業にかかわる建築事業には既存の郡扶助基金制度などを活用すべきとしてこの要求を却下した[84]。二点目は、予算配分の問題である。すなわち農業評議会は、初期段階にはより多くの経費が必要であるため、「できるだけ均等な配分」（改正法第2条）ではなく、弾力的な配分を求めたのである。これについては承認され、修正法案に反映されることになる。

　ここで重要と思われるのは、ボスニア議会が振興法案の成立にきわめて積極的だったことである。議会は当初から振興法案を歓迎していたが[85]、修正案に対してもその姿勢を変えなかった。それは、ボスニア総督O・ポティオレク Potiorek が共通財務省に対し、議会のすべての党派がフランゲシュ法案の提出を「切に希望している」ため、「一刻も早く共通財務省、ならびにオーストリア、ハンガリー両政府において協議されることを懇望する」と述べている（1914年1月21日）ことからうかがえる[86]。これに応えてビリンスキもオーストリア首相シュトゥルクに対して、「ボスニア議会のすべての会派がこの修正法案の提出と施行を格別なる関心をもって待ち望んでいるため、可及的速やかな賛成を望む」と記している（1914年2月6日）[87]。ビリンスキが同年3月17日にも同様の文書を送付していることからは、地方行政府や共通財務省が、振興法案を支持するボスニ

ア議会に鑑みて早期成立を図っていたことを読みとれる[88]。

　もっとも、その後の手続きも迅速に進んだとはいいがたい。修正案は、1914年の3月末から4月にかけて両半部政府に提出され、オーストリア政府（3月30日）[89]、ハンガリー政府（4月4日）[90]が各々賛成を表明した。それに基づきボスニア議会により修正案が可決され（6月4日）、再び両半部政府へ提出された（6月25日）[91]。最終的に振興法案は1914年8月1日に布告にこぎつけたものの、すでに第一次世界大戦が始まっていたために具体的な成果を生み出さなかったのである。

第6節　ボスニア農政と本国経済の事情

　本章では、ボスニア農政の中軸となしていた畜産政策への二重帝国体制の影響を浮き彫りにすることを試みた。すでに見たように家畜取引はボスニアと本国の経済関係において重要な役割を担っていたが、二つの問題を抱えていた。一つ目は、病気の問題である。行政府の対策は、住民の抵抗に直面しながらも一定の成果をあげたとはいえるが、豚ペストについては完全な撲滅には至らなかった。さらに共通財務省は、豚取引の再生を求めるボスニア議会の意向をふまえ、ボスニアの「共通獣疫体制」への編入を目指したものの、それは果たされなかった。二つ目は、品質の問題である。フランゲシュによる振興法案は、畜産を軸にボスニア農業を抜本的に改善するために講じられた。これは一官僚の手によって作られたものであって「現実」のすべてを反映していたとはいえないが、自らの見識を活かしつつ、現地社会の状況と帝国とボスニアの経済関係も参酌したうえで農業の構造改革を図ったものとは評価できるだろう。

　以上の経過からは、共通財務省がオーストリア、ハンガリー両政府のみならず、ボスニア議会に代表される現地の意向も考慮しなければならなくなったことがわかる。ボスニア議会は帝国全体に関わる案件からは排除されていたが、局地的な案件については一定の権限を有しており、帝国中枢もそれを無視できなかった。ボスニアのおかれた特殊な立場は、振興法案の成立に寄与したといえるだろう。もうひとつ注意しなければならないのは、ハンガリーによる妨害である。史料上の制約と筆者の力不足のためにハンガリー側の意向を明示できなかったが、ハンガリーの農業利害がボスニアの家畜取引に悪影響を与えたことは確実であろう。フランゲシュが振興法案のなかで養豚に重点をおかなかった一因は、ハンガリー

の妨害にあったとは考えられないだろうか。

　最後に、フランゲシュが振興法案を作成する際に顧慮した本国経済の状況を補足しておきたい。大戦前夜ウィーンの食肉消費は、その72パーセントをハンガリーからの輸入に依存していたが[92]、それを分散しうるバルカン諸国やアルゼンチンからの食肉輸入は、ハンガリーとの取り決めにより非常に難しくなった[93]。安価なセルビアとルーマニア産家畜の輸入がハンガリーの圧力によって最小限に抑えられたために、オーストリア、とりわけウィーンにおける食肉価格が高騰したのである[94]。

　その後も食肉価格は上昇を続けたため、1910年10月 2 日に食肉輸入の自由化を求めるデモが起こった[95]。これについては、オーストリア社会民主党の O・バウアー Bauer の小論を引いておこう。彼によれば、オーストリア政府は前述のデモに鑑みてアルゼンチン産食肉の輸入を図ったが、オーストリアの農業利害とハンガリー政府の反対により挫折した[96]。そのためウィーン市民の不満は解消されず、結果的には10万人規模のデモ（1911年 9 月17日）が引き起こされた。バウアーは事態の深刻さを次のように書きとめている。「ヴィンディシュグレーツの軍隊が首都を皇帝の手に奪還した1848年10月以来初めて、ウィーン市民に銃口が向けられた。選挙権をめぐる闘争での暴動においてさえ起きなかったことが、9 月17日のウィーンで起こったのである」[97]。鎮圧に際しては、1 人が死亡、89人が負傷し、263人が逮捕された[98]。

　以上のような緊迫した状況のなか、ウィーン市参事会はオーストリア首相に食肉供給におけるボスニアの意義に注目するよう陳情したのである[99]。ここではボスニアへの着目の一例として、この地に関心を向けていたオーストリアの商工業利害を結集した「オーストリア・ボスニア＝ヘルツェゴヴィナ利益者連盟」をあげたい。フランゲシュは、同連盟においてボスニア農業と帝国本国の商工業の関係について講演しており、その記録の序文には「ボスニア・ヘルツェゴヴィナ農業は、オーストリアの食糧供給において重要な役割を演じることができる」との一節が認められる。フランゲシュはこの講演において、振興法案に即した改革が必要であることをおさえたうえで、ボスニアの役割を次のように結論づけている。「われわれは、以下のことを期待できる。つまり、将来を大きな自信をもって期待できる素晴らしい地域であるボスニア・ヘルツェゴヴィナが、その農業と帝国全域の商工業との相互関係において、帝国産の工業製品の販売市場としてだ

130　第3部　ボスニア農政と二重帝国体制

けでなく、独特の方法で帝国への農産物と家畜供給地域に成長することである」[100]。
振興法案が地域の事情をふまえており、その利害にも適していたとはいえ、ボス
ニアが本国の家畜供給において「調整弁」として構想されたこと、ハプスブルク
経済においてオーストリアとハンガリーの利害が乖離していくなかで、相対的に
いえばオーストリアとボスニアの利害が一致していたことに留意すべきだろう。

　もっとも、畜産を中心とするボスニア農業の発展、ならびに地域経済の活性化
に大きな影響を持っていたのは、第3章で取りあげたクメット償却問題であった。
なぜならフランゲシュが重視した畜舎内飼育に必要なクローバーや飼料用甜菜な
どは貢納の対象であったため、それらの大量生産によって従来の粗放的な経営を
改めるには、まずもってクメットの自由農民への転換が必要だったからである。
前述したカーライ期につくられたクメット制度の解体過程は、その後どのように
進捗したのであろうか。この経過にオーストリア、ハンガリー両政府はいかなる
形で関与し、その際に問題は生じなかったのであろうか。以上の課題については、
時計の針を併合前夜まで戻したうえで検証してみよう。

第6章 「ボスニア・ヘルツェゴヴィナ特権農業・商業銀行」の設立問題

第1節 償却政策の転換

　第3章でみたように、共通財務相カーライはもっとも重要な課題である農地所有問題を解決するため、クメットが自作農化する手続きを構築した。しかし彼のもとで作られた償却制度は、十分な成果をもたらさなかった。それは、当時のウィーン大学教授C・グリュンベルクが償却の完了を2025年と試算したほど遅々たるものだったのである[1]。この点に関して同時代の歴史家R・ハルマツは、次のように記している。「ボスニア・ヘルツェゴヴィナの併合から、憲法上のみならず、行政と文化政策に関するさまざまな問題が生じた。民族・宗教にまつわる諸状況が大変入り組んでいる地域の統治は、容易ではない。その際、クメット制度を含む伝統的な土地所有制度、時代遅れの税制、法律関係は非常に難しいさまざまな課題を突き付ける」[2]。この一節からは、併合直後の時点でもクメット問題が統治政策における難題と認識されていたことがわかる。

　カーライの後を継いだブリアーンが、総じて自由主義的な政策を展開したことは前述したが、農業分野においても改革を試みた。その重要な措置のひとつは、1905年から段階的に行われた十分の一税の徴収方法の変更である。これは査定作業が適切な時期に実施できないこと、適当な能力をもつ査定人を十分に確保できないことをふまえ、過去10年の平均額に基づいて税額を算出する方式（パウシャル式）への転換を指す[3]。これに対して、地主たちが納付基準の変更への危機感から頑強に抵抗したこと、物納をめぐる地主とクメットの争議が激化したことを述べておきたい[4]。

　クメット償却に関するブリアーンの施策をみるまえに、1910年の国勢調査を手がかりに、農業人口構成の見取り図を描いておこう（表6-1）。ここからは、ハプスブルク統治期におけるムスリム地主層の分解、クメットを持たない非ムスリ

132　第3部　ボスニア農政と二重帝国体制

表6-1　ボスニア国勢調査における農民階層の宗派別区分（1910年）

	ムスリム		セルビア正教徒		カトリック		その他		合計	
	世帯数	割合	世帯数	割合	世帯数	割合	世帯数	割合	世帯数	割合
クメット持ち地主	9,537	91	633	6	267	2	26	1	10,463	100
クメットなし地主	3,023	71	760	18	458	11	40	1	4,281	100
自由農民	77,518	57	35,414	26	22,916	17	1,006	1	136,854	100
中間層	1,458	10	7462	52	5,533	38	—	—	14,453	100
	1,223	7	9322	55	6,418	38	—	—	16,963	100
クメット	3,653	5	58,895	74	17,116	21	13	1	79,677	100
農業労働者	9,226	45	6266	31	4,189	20	769	4	20,450	100
小　計	105,638	37	118,752	42	56,897	20	1,854	1	283,141	100

出典：*Volkszählung 1910*, S. LXIV-LXXI.

表6-2　ボスニアにおける農業人口の変化

年	世帯数	地主 (クメット有)		自由農民／地主 (クメットなし)		中間層 (半自由農民)		クメット		農業労働者	
		世帯数	割合	世帯数	割合	世帯数	割合	世帯数	割合	世帯数	割合
1895	221,581	5,833	3	86,867	39	22,655	10	88,970	40	17,256	8
1910	283,141	10,463	4	141,135	50	31,416	11	79,677	28	20,450	7
増減	61,560	4,630	79	54,268	63	8,761	38	-9,293	-10	3,194	19

出典：Anton Feifalik, *Ein neuer aktueller Weg zur Lösung der bosnischen Agrarfrage*, Wien: Deuticke, S. 138.

ム地主の増加を読みとれる。クメット持ち地主の9割以上をムスリムが占めていたが、クメットなしの地主では7割にとどまり、キリスト教徒がおよそ3割を占めていたのである。このような事態はオスマン統治期には見られなかったといえる。さらに、クメット以外の農業労働者の45パーセントをムスリムが占めていることも興味深い。断定はできないが、この一部を経済的に没落したムスリム地主が占めていた可能性がある。ただしクメット層の大半はキリスト教徒、より正確にいえばセルビア正教徒によって占められていた。

　表6-2は、1895年と1910年の国勢調査を比較したものである。1895年は、1910年とは若干調査項目が異なるが、おおよその変化をつかめるだろう。ここからは当該15年間にクメットは減少し、自由農民は増加しているものの、部分的な償却

にしか成功していないクメットや農業労働者も増加していることがわかる。総じてクメット償却は停滞傾向にあったといえよう。ブリアーン就任後の1904年から1907年における平均償却件数は約1,060件まで増加していたが、抜本的な変革にはいたっていなかったと思われる[5]。

それではブリアーンは、具体的にどのような改革をおこなったのであろうか。彼はそれについて、次のように回顧する。「私〔ブリアーン〕は、ムスリムの大地主との先祖伝来の世襲小作関係に縛られているすべてのクメットを、自作農にするための準備、つまりクメットの段階的、かつ条件付きの解放を実施した」[6]と。この契機となったボスニア地方行政府の報告書（1907年）は、必要額の半分までの融資を償却停滞の原因とみなし、「クメットが必要な信用を得て初めて、当事者双方に有利な償却が可能になる」と記している。さらに具体的な改善策として、償却資金を供給する金融機関の誘致、ボスニア地方行政府による償却に必要な額の3分の1の保証、損失補填用の保証基金の創設などを提言した[7]。すなわち、償却を促進するためには何らかの金融機関の誘致、その機関に対する経済的な保証が必要と認識されていたといえる。そして、ペシュト・ハンガリー商業銀行（以下、ペシュト商業銀行）がこの要求に応じ、サライェヴォにおけるボスニア・ヘルツェゴヴィナ特権農業・商業銀行 Die Privilegirten Agrar- und Commercial-Bank für Bosnien und die Hercegovina（以下、特権農業銀行）の設立へといたった。ここで注目すべきは、この銀行の開設がオーストリア政府だけではなく、クメット問題を十分に理解していなかったオーストリア議会や公衆、学術界の強い反発もひき起こし、彼らの目を「共通行政地域」ボスニアに向けさせたことである[8]。具体的にはどのような事態が生じたのであろうか。

ここで、先行研究をみておこう。まずハプスブルクの銀行制度との関連では、南塚信吾の論考が以下の諸点を明らかにした。つまりオーストリアでは1850年代、ハンガリーではアウスグライヒ以降に銀行が増加したこと、ハプスブルクにイギリス、フランス、ドイツ資本が流入し、国内ではオーストリアからハンガリーに資本が移動したこと、ボスニアを含めた帝国全域をおおう銀行網が整備されたことである。しかしながら、特権農業銀行には論及していない[9]。J・ガラーンタイは、特権農業銀行の設立がハンガリー資本のバルカン方面への進出という側面をもっていたことに言及するが、その具体的な様相には触れていないのである[10]。

134 第3部 ボスニア農政と二重帝国体制

　次に特権農業銀行に関する研究をみておこう。ボスニアの研究者 L・ジャコヴィチは、ボスニア当局をマジャール系資本膨張のための「トロイアの木馬」として悪用しようとする特権農業銀行の目論みをあげ、同銀行の搾取的な性格を強調する。さらに彼は、この銀行に対するオーストリア政府の抵抗にも触れているが、その実態は明らかにされていない(11)。前出のユズバシチは、特権農業銀行をめぐるオーストリアとハンガリーの対立を描出しているが、その分析は網羅的ではなく、銀行の概要にも触れていない(12)。当該期ボスニアの工業化政策を精査したP・F・シュガーは、銀行問題がオーストリア政府を瓦解の危機に直面させるとともに、ブリアーンを辞職の瀬戸際に追い込んだこと、銀行の諸特権がオーストリア側の憤激を招いたことを記す(13)。前出のハウプトマンも、特権農業銀行に与えられた損失補填や銀行への行政機関の協力などの特権がオーストリア議会の反発を招き、農地政策の転換点になったことには触れているが、銀行の実態や共通財務省とオーストリア政府間の交渉、議会における議論に関する記述は少ない(14)。特権農業銀行の実態やオーストリア政府、議会の対応が詳らかにされているとはいえないのである。

　そこで本章では、特権農業銀行の設立過程を手がかりに、二重帝国体制の特質をもっとも明瞭にする「共通案件」の処理過程を解明する。検討に際しては、まず特権農業銀行の構造、ならびに同銀行の提供した償却用の貸付制度を整理し、同行設立をめぐるオーストリア政府と共通財務省との折衝をたどる。それをふまえたうえで、オーストリア下院における議論とその意義を考察したい。

第2節　特権農業銀行の概要

　最初に、特権農業銀行の設立母体であるペシュト商業銀行を概観しておこう。これは、ハンガリーにおける銀行制度の揺籃期にあたる1846年に設立され、1880年にはウィーン土地銀行、88年にはウィーン銀行連合と提携した。ここでは、同銀行が1880年以来、ハンガリー金融資本のなかでもっとも積極的にバルカン諸国に進出したこと、頭取のL・ラーンツィ Lánczy に代表されるように複数の銀行関係者がハンガリー下院議員や上院議員を務め、国家権力と強く結びついていたことに留意しておきたい(15)。同銀行刊行の『ペシュト商業銀行史』は、ボスニアへの進出について、「新たな企業〔特権農業銀行〕の新たな業務分野は、元々

ハンガリー資本によるボスニアの農地所有〔クメット〕問題の解決にあった。この銀行を足がかりとして解決を進めるための長い交渉を経て、銀行と共通財務省との協定が実現した」[16]と記している。以下ではまず、ペシュト商業銀行側の要望や契約の検証から始めよう。

　1908年2月19日、ペシュト商業銀行は共通財務省に特権農業銀行の設立を申請し、「クメットを地主や金貸しに従属させないため」の償却費用とその後の経営資金の貸付を申し出た。その際、特権農業銀行に与えられる優遇策の独占に加え、クメットからの手数料徴収、行政による銀行業務の支援、償却から生じる損失の補填、設立後10年間にわたる配当金の非課税、オーストリアとハンガリーの株式取引所における株券の上場権などを要求した。とくに損害補償の必要性については、クメット償却がボスニアの文化的な向上に貢献することを理由に繰り返し強調している[17]。その後の交渉を経て、ペシュト商業銀行と共通財務省は合意に達し（1908年5月）、同年11月に設立の準備作業が許可された[18]。

　この際に特権農業銀行は、共通財務省と業務全般に関する契約を取り交わした。その契約には、特権農業銀行が円滑に償却作業を進める代償として、銀行の発行する有価証券と特権地方銀行の債券、ボスニア地方債が同等に扱われること、税務署が年賦金を徴収すること、印紙や手数料が免除されること、償却業務に起因する損失が公的資金によって補填されることなどが盛り込まれている。公的資金による償却が行われる場合には、特権農業銀行による償却業務は行政府によって補償なく停止されることも規定された。しかし、すでに許可されている貸付金は撤回されないこと（第8条）、契約期間（10年間）の最初の4半期に共通財務省、特権農業銀行のいずれかが契約を破棄しない場合には、さらに1年間契約が延長されること（第10条）も取り決められた。以上をみるかぎり、商業銀行側の大半の希望が満たされただけでなく、仮に公的資金による償却がなされる場合にも銀行に有利な留保条項が用意されていたことがわかる[19]。

　次に貸付金の申請から給付、その返済までの経過をみておこう。申請は郡庁か特権農業銀行に直接行い、郡庁は当事者双方の合意と償却予定地の査定額、償却金請求者の経済状況を確認しなければならなかった。その後郡庁は、償却額と投資貸付金額の提案を土地台帳の抄録、地主とクメットとの償却契約の情報とともに銀行に送付し、銀行はその情報に基づき、地方行政府の代理人出席のもとで申請を処理することが見込まれた。償却金の貸与時には、貸付額の10パーセントま

での経営資金が追加的に与えられること、債務者は手続きに関する費用と土地償却債券に関する損失分、諸経費の補償として貸付額の1.5パーセント相当を年賦金の返済毎に支払うことも決定された。

優遇措置に目を移すと、銀行の要請に基づく行政機関による差し押さえ、破産時の銀行担保権の優先、銀行の業務帳簿やその抄録の裁判所の認証不要、償却業務への政府機関の協力、銀行発行の債務証書の利子への免税、印紙と手数料の免除、債務証書の安全性の保証などがある。これらは従来の特権地方銀行とほぼ同じだったが、以下のような相違点があった。①年賦金の利子とは別に「手数料」を徴収する、②行政府が貸付を許可しても、銀行は理由を示さずに貸付を拒否できる、③特権地方銀行に比べ、地方行政府によって任命される幹部が少ない[20]、④既存の特権地方銀行による融資に比べて、特権農業銀行のそれの方が利率が高くなるなどである[21]。

以上からは、特権農業銀行による貸付は償却に必要な全額に加え、経営資金も貸与するという利点をもっていたことが見てとれる。しかしながら、行政機関による銀行業務の肩代わりや税金の免除、損失補填などの公営企業に匹敵する待遇を保証されていたうえに、手数料の徴収や利率の高さという欠点も持ち合わせていた。前出のグリュンベルクは、以上の内容とともに、期限前返済に対する追徴金の徴収や強制競売時の購入者による累積負債の負担などもふまえ、批判的な姿勢を示す。「国家は、農業銀行から信用取引の損失が生じる危険を取り除いた。それにも拘らず、なぜ国家機関が農業銀行の支店として扱われるのか理解に苦しむ」[22]。彼は、特権農業銀行が損失の補填だけではなく、行政機関による貸付審査や年賦金徴収などの代行という、いわば「二重の優遇」を受けていることに疑問を呈したといえるだろう。

ところで、ここまで述べてきた特権農業銀行の設立は共通財務省の主導で行われており、オーストリア政府や議会は関知していなかった。しかし1908年末、新聞報道を通じてボスニア地方行政府が特権農業銀行に「クメット償却貸付金に関する完全な保障を与える」ことがオーストリア側の知るところとなったのである[23]。オーストリア政府はこの企てに対し、いかなる反応を示したのであろうか。

第3節　オーストリア政府の対応

　特権農業銀行に真っ先に異議を唱えたのは、オーストリア財務省であった。同省次官Ａ・ヨールカシュ‐コッホ Jorkasch-Koch は、償却貸付金を国家が保証することを理由に「この案件は、国家財政や国民経済全般の観点において、オーストリア政府との合意なしには最終的に処理できないほど、オーストリアの法律、経済利害にかかわる問題」と主張した[24]。これに対しブリアーンは、国家による後見が償却事業に不可欠であり、特権農業銀行の独占もこの「特殊な事業」を引き受けることで正当化できると応えた。それに加えて、クメット償却をめぐる問題は「ボスニア行政法」や共通関税領域への編入を定めた法律で言及されていないため、両半部政府の合意は不要であること、特権農業銀行の誘致はボスニアにおけるオーストリアとハンガリーの対等な待遇に基づいていることも語っている[25]。

　ヨールカシュは、以上のブリアーンの主張に反対を唱えた。①国家が後見する抵当業務はオーストリア系などの他の銀行の排除につながり、それは両半部の対等を定めた「ボスニア行政法」違反であること、②オーストリア系資本の特権地方銀行との軋轢が生じる危険があること、③ボスニア行政への財政支援はオーストリア政府の同意を要することである。ただしヨールカシュは特権農業銀行の廃止ではなく、特権地方銀行に同等の権利を与えるよう要望したにすぎない。彼が再三、特権農業銀行の情報を求めていることは、この時点でも銀行の全容が明らかにされていなかったことも想起させる[26]。1909年1月20日、サライェヴォにおいて特権農業銀行の設立会合が開催され、株主の確認、特権農業銀行の定款と規程の承認、ペシュト商業銀行による幹部の任命などが決定されたが、これらの事実が共通財務省から両半部政府に通知された形跡は見当たらない[27]。

　次いで1909年1月末、ブリアーンはオーストリア首相ビーネルト、ハンガリー首相Ｓ・ヴェケルレ Wekerle に特権農業銀行に関する覚書を送付した[28]。ブリアーンはここで銀行の業務内容や優遇措置を説明したうえで、大略次の内容を記している。①特権農業銀行の貸付は債務者への負担を軽くしており、また償却後には経営の集約化なども見込めるため、損失を生む可能性は低いこと、②特権農業銀行に排他的に与えられる損害補償権は10年間にかぎられ、公的資金による償却が行われる場合には、貸付を即座に中止すること、③同銀行に与えられる保証

は、特権地方銀行のそれに比べて過大ではないこと、④自由意思に基づく償却という方針は変わらないため、銀行設立への両半部政府の承諾は不要であることである。とくに第4点からは、ボスニア行政の主導権をあくまで共通財務省が握っており、両半部政府、とくにオーストリア政府が政策を十分に掌握できていなかったことがうかがえよう。さらに償却事業への公的資金の投入に関するブリアーンの主張は、契約内容を正確に伝えていないことにも注意したい。すなわち公的資金による償却が開始される場合でも、既に許可された貸付金が取り消されないことは伏せられていたのである。

　これに続いてブリアーンはハンガリー政府からの同意のみをもって⁽²⁹⁾、フランツ・ヨーゼフに銀行の設立を上奏した⁽³⁰⁾。わずか1週間で同意を与えたハンガリー政府の迅速な対応は、前述したようにペシュト商業銀行とハンガリー政界の密接な関係、あるいは事前に何らかの了解があったことを推測させる。オーストリア政府の回答を無視した上奏の断行については、銀行開設の既成事実化を狙ったものと考えてよいであろう。

　一方のオーストリア政府は、政府内での検討を進めていた。オーストリア財務省は「ボスニア行政法」に照らし、銀行の設立にオーストリア政府の許可は不要とみなすブリアーンの見解には賛同しえないこと、ならびに「ボスニア・ヘルツェゴヴィナ行政の最重要課題において、民間企業に圧倒的な影響力を与えることが問題である」ことを指摘した。クメット償却に公的資金を投入するか否かについては、近いうちに設置されるボスニア議会の決定に委ねるべきと提言している。以上に加えてオーストリア財務省は、特権農業銀行の諸特権が競合する金融機関、正確にいえばオーストリア資本を著しく冷遇することも考慮し、否定的な姿勢をとったのである⁽³¹⁾。

　このような政府内の見解を集約し、ビーネルトはおもに次の理由からブリアーンに対して特権農業銀行に反対の意向を伝えた。①ボスニアにおいて非常に重要なクメット償却問題には両半部政府の同意が不可欠であり、共通財務省の独断は「ボスニア行政法」に抵触すること、②特権農業銀行が抵当業務を独占する恐れがあること、③貸付に関する当局側の拒否権が明確ではないこと、④ボスニア財政が損失を自力で補填できる余力をもたず、万一損失が発生した場合にはオーストリアも相応の負担を強いられることである⁽³²⁾。さらにビーネルトは、開設間近のボスニア議会の立場にも言及した。「ボスニア・ヘルツェゴヴィナ憲法の施

行を目前に控えたこの時期に、行政的な手法で財政・経済政策に非常に深く関わる措置を講じること、それにより予算権をもつボスニア議会に既成事実を突き付けるのみならず、クメット償却のような地域の死活的利害に関わる裁量権を議会から奪うことは、政治的観点からみると適当ではない」と。なおこの際にビーネルトは、共通外務相エーレンタールにブリアーンが譲歩しない場合には大臣連絡会議を開催するよう依頼した[33]。

　これに対して、ブリアーンはボスニア行政におけるすべての案件が両半部政府の影響下におかれたことはなく、「ボスニア行政法」を根拠とする反対は原則論への固執にすぎないと反駁した。このブリアーンの表明は、法律の文面とは異なり両半部政府がボスニア行政を十分に監督していなかったことを推察させる。また彼は、特権農業銀行の設立が既存方針の促進 Erleichterung であり革新 Neuerung ではないこと、この銀行が公的資金による償却やボスニア議会のイニシアティヴを妨げないこと、特権農業銀行の優遇策が相対的にみて多いものではないこと、ボスニア地方行政府が貸付業務に影響力を行使できることも付言した。この時点でブリアーンとビーネルトの主張は、平行線をたどっていたのである[34]。

　そこで1909年4月初旬、共通外務相エーレンタールの仲介のもと、ブリアーン、ヴェケルレ、ビーネルト、オーストリア財務相ビリンスキが協議をおこなった。ここでブリアーンはボスニア議会の協議までの認可延期を拒否した一方、妥協案も提示した。「ボスニア議会の管轄範囲の確定に基づき、それが予算上のものにせよ、農業法のものにせよ、ボスニア・ヘルツェゴヴィナにおいて公的資金を用いたクメットの耕作地の償却に関する法律が成立したならば、〔ボスニア〕地方行政府はボスニア・ヘルツェゴヴィナ特権農業・商業銀行に補償することなく、クメットへの貸付業務を停止することを命じる権限をもつ」という定款を挿入する[35]、オーストリア政府への覚書において共通財務相がボスニア議会の第1会期閉会まで特権農業銀行による償却業務の停止を明記する、同行の頭取代理にオーストリア側の人材を起用するとの三点である。ブリアーンは、オーストリア政府の要求に対して大幅な譲歩を強いられたといえるだろう。

　これに対してオーストリア政府は、第2の点、すなわちボスニア議会の第1会期にクメット償却問題に関する議決がなされる保証がないかぎり賛成できないと唱えるとともに、その保証が共通財務省だけではなく共通省庁全体の同意に基づいてなされるよう求めた[36]。ボスニアにおけるハンガリーの利害確保を唱える

ヴェケルレの反対にも拘らず、ブリアーンはこれに応じ、オーストリア政府の要求を全面的に受け入れた（4月23日）[37]。そのため、オーストリア政府は銀行の容認に転じたのである[38]。4月25日にはフランツ・ヨーゼフが設立を裁可し、共通財務省もそれに続いたため、特権農業銀行はクメット償却以外の業務を開始することになる（5月17日）[39]。

　以上の経過から読み取れることとして、さしあたり次の二点をあげておきたい。一つ目は、共通財務相とオーストリア首相の「ボスニア行政法」に対する理解の懸隔である。すなわち特権農業銀行の設立に際し、この件が「ボスニア行政法」の定める帝国両半部政府の同意を必要とする事案か否かという点が争われた。ブリアーンは再三否定したものの、クメット償却問題の重要性、「ボスニア行政法」で認められた両半部政府の対等性の原則、帝国両半部による財政支援の規定をふまえれば、オーストリア政府の承認は得るべきだったといえる。もっとも、両半部政府がボスニア行政のすべての案件に関与していなかったとするブリアーンの言明は、政府の影響力の部分的な形骸化を示唆していると考えられるだろう。さらに、オーストリア政府がボスニア統治に対する共通省庁の連帯責任を提起したことは、共通外務省と共通国防省がボスニア統治に部分的にしか関与していなかったことも察知させる。

　二つ目は、オーストリア政府の反対が特権農業銀行の設立やクメットの負担増加への懸念ではなく、あくまでオーストリア資本の排除に基づいていたことである。それは、オーストリア政府がボスニア議会による協議の約束や人事面での妥協を引き出した後には、銀行の開業を難なく承認したことにみてとれる。確かにオーストリア政府は、特権農業銀行問題へのボスニア議会の関与には前向きであり、彼らの反対が結果的にボスニア農民への過重負担を防いだといえるかもしれない。しかし、オーストリア政府がクメットの境遇を二義的にしか考えていなかったことも看過できないだろう。

　ここまでみたようにオーストリア政府は、特権農業銀行をめぐる問題では容易に譲歩せず、結果として「勝利」をおさめたといえる。この案件が、ボスニア統治における両半部政府の対等と共通省庁の権限を確認したことで、共通財務相の施政を「ボスニア行政法」にそくしたものに是正する転機となったからである。もっとも、この銀行にはボスニア行政からほぼ疎外されてきたオーストリア下院議会も注目しており、オーストリア政府と共通財務省の交渉の間に議論を重ねて

いた。結論を先取りすれば、そのオーストリア議会がその後のクメット償却政策進展に大きく影響した。それはどのような経過で果たされたのだろうか。以下では、議会の動向に目を移すことにしよう。

第4節　オーストリア下院議会の抵抗①

1．男子普通選挙権の導入

　具体的な議論に立ち入る前に、オーストリア議会について瞥見しておきたい[40]。これまでの研究では、19世紀末以降のオーストリア議会は消極的に理解されてきた。「バデーニ言語令」をめぐる紛糾以降、いわゆる「緊急条例」[41]が「官僚内閣」によって濫用され、議会がないがしろにされたというものである。また議会では政策をめぐる議論よりも妨害演説、あるいは暴力行為が頻発したとも批判されている。オーストリアの研究者R・ヘーベルトは、「バデーニ首相の悪名高き言語令（1897年）に対するドイツ人特有の熱狂癖と言語令撤回（1899年）に対するチェコ人の『買い言葉』の間で打開策はないように思われた」[42]と、E・ハーニシュは「議会は、お決まりの殴り合いをともなう飲み屋と化した」[43]とそれぞれ否定的に記している。

　いまひとつ見逃せないのは、1907年に導入された男子普通選挙権である。オーストリアでは直接選挙制の導入（1873年）、選挙権資格を得るための納税額の引き下げ（1882年）、普通選挙部門（第5クーリエ）の創設（1896年）などにより、次第に有権者の数は増加しつつあった[44]。男子普通選挙権導入の背景には、君主フランツ・ヨーゼフが軍隊問題で要求を強めるハンガリー独立党への布石としてこれを提示したこと、社会民主党に加え、キリスト教社会党、青年チェコ党もその導入を要求したこと、さらにロシア革命（1905年）により議会（ドゥーマ）が創設されたことなどがあげられる[45]。E・J・ホブズボームは、男子普選の導入を非妥協的な民族主義的政治勢力に対して、非民族主義的政党に投票する可能性のある人々を動員しようとした「伸るかそるかの試み」と述べている[46]。

　男子普通選挙法は、諸勢力間の折衝を経てベック内閣（1906-08年）によって導入された。これによって、24歳以上でオーストリア国籍をもち、選挙権を行使する場所に1年以上居住する男性に選挙権、30歳以上の男性に被選挙権が与えら

れた(47)。男子普選の影響についてまずあげるべきは、議席数が民族間の配分調整のために516に増加したこと、政党の細分化が進行したことである(48)。政党勢力についていえば、民族の枠を超えた大衆政党が議席を増やし、K・ルエーガーLueger率いるキリスト教社会党はカトリック教権派を加えた後に最大勢力（96議席）となり、社会民主党が次点につけた（87議席）(49)。ベックの以下の嘆きは、議会運営の難しさを教えてくれる。「神の摂理は、われわれに他国とは異なる問題を課した。8の民族、17の地方、20の議会組織、27の政党、2つの複雑な世界観、ハンガリーとの煩雑な関係、8.5度の緯度と経度に及ぶ文化面での相違—これらをひとつにまとめ、合意を形成することが、オーストリアを統治するために必要なのである」(50)と。ここにマジャール人地主が大部分を占める相対的に「均質な」ハンガリー議会との懸隔が認められる。

　ここで、特権農業銀行問題に取り組んだビーネルト内閣（1908年末-1911年6月）の議会運営についてみておこう。ビーネルト内閣は、各政党から無任所大臣（ポーランドクラブ、ドイツ民族連盟、ボヘミアクラブから各1名）、財務相（ポーランドクラブ）、商務相（キリスト教社会党連合）を入閣させたが、その他の大臣は基本的に官僚によって構成された(51)。さらに彼は与党勢力として266議席しか確保できなかったため、予算、新兵徴募、代表議員の選出などの「国家的必要」の処理に限定されざるを得なかった(52)。ビーネルトの議会運営については、前出の「緊急条例」の濫用による否定的評価が一般的である。これについて、社会民主党の機関紙『アルバイター・ツァイトゥング』の編集者F・アウステルリッツは「普通選挙権に基づく議会を無力化させる制度は、ビーネルト的制度Bienerthereiである」と批判する(53)。

　以上のような背景のもとで、特権農業銀行問題が討議された。『ペシュト・ハンガリー商業銀行史』は、この案件に対するオーストリア議会の反応について、「ルエーガーの指導下にあるオーストリアの急進的諸政党が、ハンガリーの経済的な試みを挫折させるべくこの機会を利用した」(54)と語っている。この一節はオーストリア議会における反発をうかがわせるものであるが、このように破片化された議会においてどのような議論がなされたのだろうか。

2．論戦の開始

特権農業銀行の問題をオーストリア下院議会に持ち込んだのは、ドイツ民族連盟の O・レヒャー Lecher による質問であった（1909年 1 月21日）。彼はオーストリア政府が、「ボスニア行政法」に背馳する恐れのある地方行政府による銀行の承認を把握しているのか否かを問うのである[55]。

特権農業銀行についての本格的な討議は、野党勢力の中心人物スロヴェニアクラブの I・シュステルシチ Šušteršič によって口火が切られた（同年 3 月11日）。シュステルシチは、銀行による任意の差し押さえ、貸付業務における当局機関の広範な協力に代表される銀行と国家権力の癒着、債務者から貸付額の1.5パーセント相当の手数料を毎回返済時に徴収するなどの特権に対して批判を浴びせた。さらにこの銀行は、農民解放どころかクメットの奴隷化を招く、単なる「高利貸し」に過ぎないとこき下ろしたうえで[56]、「われわれオーストリアは30年にわたりボスニアの地においてバターを拵えてきましたが、後からやって来たハンガリーによってそれを横取りされるのです」[57]と持論を展開した。ここからは銀行に対してのみならず、ハンガリーに対する不信感も見て取れるだろう。

これに対して、ポーランドクラブに所属する前出のオーストリア財務相ビリンスキは釈明に追われた。ビリンスキは、クメット償却問題が「ボスニア行政法」第 2 条の「行政の基本方針」に該当するものであり、「農奴関係、あるいはコローネン関係の解消は、まさにボスニア行政の根本方針に関わる問題であります」[58]と発言した。そのうえで、根本的な問題は償却を国家と民間企業のどちらを通じて行うのかについてのボスニア議会の決定であると論じている。オーストリアの利害を守る保証については、共通財務省が金融機関による償却手法に固執にするならば、両半部政府が「ボスニア行政法」にそくして圧力をかけること、ハンガリー利害が対抗してくる場合には、オーストリアの影響力を強力に行使することが肝要であることを述べた。そのうえで「共通財務省がハンガリー政府からの支援を受ける形での解決、すなわち金融機関の介入による解決を図るのであれば、断固としてオーストリアの利害を守る必要があります。またオーストリアの金融機関が平等な影響力をもって活動しなければなりません」[59]と語った。

同日登壇した人物のなかで看過できないのは、ドイツ系社会民主党の K・レンナー Renner である。ボスニア農政に批判的な彼の演説において注目すべきは、

ボスニア併合とクメット償却の関連に触れたくだりであろう。「〔併合によって〕搾取を妨げるあらゆる障害が消え失せました。とりわけハンガリー政府は、ボスニアを搾取するためのあらゆる制約、つまり略奪政策の障害が全くなくなったと判断し、ボスニアの農地事業から利息を得るだけではなく、アガとクメットを次々に破産させ、ボスニアをハンガリーの土地成金の投機に隷属させるために、体系的に事を進めることになります」[60]と。レンナーは大胆な方法でクメットの解放を進める必要とともに、クメット償却事業が併合を「正当化」するうえで重要であることを主張した。「ボスニアにおける農地改革は、わが国全体にとって、とりわけ称賛に値する事業であります。これによって初めて、われわれは併合を道義的に正当化しうるのです。〔…〕われわれは、トルコをなだめるために5,000万クローネもくれてやりましたが、農地改革のためにあとわずか2、300万クローネを追加支出することにより、ボスニア住民がオーストリアに期待する文化的支援を彼らに与えることができるのであります」[61]。

　なおこの日、シュステルシチは以下の二つを求める緊急動議を提出した。①オーストリア政府が、特権農業銀行への優遇措置を妨げるためにしかるべき措置を採ること、②オーストリア政府が、同銀行に対する立場を明らかにすることである。これらの動議はいずれも全会一致で可決された[62]。以上の論戦は、オーストリア議会における特権農業銀行への反発を示しているが、前節にあげたオーストリア政府による銀行の承認は、議会の意向を閑却したものだったのである。

第5節　オーストリア下院議会の抵抗②

1．緊急動議の提出

　オーストリア議会の巻き返しは、特権農業銀行に関する三つの決議案の提出によって始まった（5月14日）。議会の総意を無視したオーストリア政府の行為を糾弾する第1案は、以下のとおりである。「本年3月11日の全会一致の決議にそくして、〔オーストリア〕下院は『ボスニア・ヘルツェゴヴィナ特権農業・商業銀行』の設立許可を拒否する。なぜなら、この許可は帝国全体の利益と名声を大いに傷つけ、またオーストリア側の権利と利益、ならびにボスニア・ヘルツェゴヴィナの人々の死活的な利益に関わるからである」[63]。ここからは、3月11日の

決議に反して特権農業銀行の設立を承認したオーストリア政府への強い反発を読み取ることができる。

第２案は、「ボスニア行政法」第３条を引用しつつ、銀行に与えられた保証の撤回を突きつけたものである。「オーストリア下院は、『ボスニア・ヘルツェゴヴィナ特権農業・商業銀行』に与えられたクメット償却貸付金に関する共通財務省の保証義務を無効と宣言する。なぜなら1880年２月22日法の第３条をみると、そのような保証は帝国両半部政府の同意した法律によってのみ可能だからである。したがって、政府は速やかに上述の保証義務の正式な撤回を指示するよう求められる」。最後の第３案は、公的資金による償却をボスニア憲法に盛り込むことを要求した。「オーストリア下院は、政府に以下のことを要求する。それはボスニア憲法草案に、憲法発効時点よりクメット償却が公的案件として取り扱われ、——民間企業排除のもとで——公的資金を用いてもっぱら地方官庁を通して実行されるべきこと、その時点でクメット償却業務に関する優遇措置を受けていたすべての民間企業がそれを補償なく失うことについて明確に定められないかぎり、憲法草案に賛成せず、その発効を妨げることである」(64)。

さらに６月２日、ボヘミア民族社会主義、急進、国権議員連合のＡ・カリナ Kalina が、特権農業銀行問題に対するオーストリア政府の取り組みを批判する緊急動議を提出した。「特権農業銀行をめぐる政府の対応は軽率であり、それは以前の下院内のボスニア委員会や下院議会の全会一致の表明にそくしたものではないにも拘らず、われわれは既成事実を突きつけられている。〔…〕この遺憾な経験に鑑み、議会は以下のことを表明する。それは、オーストリア政府が特権農業銀行の案件について帝国両半部の影響力を適切に行使していないこと、ボスニア・ヘルツェゴヴィナ住民の社会政策的、経済的利害を十分に保護していないこと、ボスニア・ヘルツェゴヴィナとの憲法上の関係を整えるにあたり、ウィーンの国会に代表を送る諸王国、諸邦の利害ならびに権利を代表することに適していないことである」(65)。３日にわたる論戦が、これを契機に始まった。

２．論戦の展開

６月３、４、８日の討議については登壇者が多数にのぼるため、与党と野党に分けて考察していこう。最初に、与党側の演説者であるキリスト教社会党連合の

H・ビエロフラーヴェク Bielohlawek の発言を取りあげたい（6月4日）。彼はブリアーンの行動を「卑劣」[66]としたうえで、基本的にはシュステルシチの見解に賛意を示した。彼は「名前からして非常に危険な民間銀行や会社に特権を与え、その際に国家がまさに銀行の下男と化すことは、もっとも惨めなことなのです」[67]と述べ、議場から大喝采を受けたのである。このような主張は、キリスト教社会党の反ハンガリーの方針を反映したものと考えられる[68]。ボスニア議会に関しては「ブリアーンがボスニアにおける主人であること、議会が彼の軽騎兵によって選抜されるブリアーンの絶対的な支持者でのみ構成されることであります」[69]として、その判断に疑念を示した。もっとも、ビーネルト政権の失脚については「せいぜいのところ、社会民主党とクラマーシュに歓迎されるにすぎません〔…〕オーストリアは正常な状況を整えねばならず、われわれの努力はわが祖国に最終的な秩序をもたらすことにのみ向けねばなりません」[70]として否定的見解を示した。一連の発言からは銀行に対する批判的姿勢を読みとれるが、ビーネルト批判からは距離をおいていたことがわかる。

　次に、この問題において重要な役割を演じたドイツ民族連盟のJ・レートリヒ Redlich に着目しよう。彼もシュステルシチと同様に「クメット償却業務をもつ銀行は消えねばならず、ブリアーンは退場しなければなりません」[71]とブリアーンを非難したうえで、「マジャール人には他の民族に対する配慮が欠けているからこそ、このような定款を案出できるのであります」[72]とハンガリーの振る舞いを厳しく糾弾した[73]。レートリヒはボスニア占領の名目であり[74]、ボスニア農業の集約化と不可分であるクメット問題の解決を促進しないブリアーンを次のようにも評した。「いまだにブリアーンが次のような考えに固執していることは、甚だ嘆かわしいことです。それは、オーストリアがサヴァ川南岸において大きな文化的使命を果たすべきという、すでに30年前に明らかになっていた観念と矛盾する立場であります」[75]。けれどもレートリヒはビーネルト政権による特権農業銀行への対処を支持し、シュステルシチの決議案に否定的見解を示した。レートリヒは第2決議案については、ボスニアに関する案件がオーストリア下院の立法範囲には含まれていないことをふまえ「われわれ〔オーストリア議会〕は、君主の行為を決議によって不法であると宣言する権利、管轄をもたない」こと、第3決議案については、ボスニア憲法は君主フランツ・ヨーゼフにより布告されるものであり、オーストリア下院議会にそれを妨げる権限がないことを理由に反対し

た[76]。

　以上に加えてレートリヒは、オーストリアとボスニア行政の関係にも問題を認めている。「ボスニア行政法」を、帝国両半部の「対等」を保証する反面、オーストリア側を拘束するものとみていたのである。彼はこれに関して「特権農業銀行の事例が、ボスニア・ヘルツェゴヴィナのように多くの諸問題を抱える地域を容易に統治し得ないことをもっとも明確に示しています」と述べたうえで、「オーストリア政府に、自らの立場に基づいてボスニアの行政、統治、国制問題を間断なく監視する機関を設置する必要さえ学ばせたのです」と言明した。これらのレートリヒの所見は、オーストリアとハンガリーの狭間におかれたボスニア統治の根本的問題を衝くものといえよう[77]。

　それでは野党側の議員は、いかなる発言をしたのだろうか。たとえば先に触れたボヘミアクラブのK・クラマーシュ Kramář は、特権農業銀行の搾取的性格を以下のように非難した。「貧しいクメットを国家の許可に基づいて搾取する1.5パーセント〔の手数料〕は、貧しい人々に対する極悪非道の罪業であります。国家が事業の損失を補填し、管理運営を行うにもかかわらず、銀行が負っていない損失の危険のために支払われるからであります」[78]。そのうえでボスニア統治を正当化するために、オーストリア議会が全会一致の決議によって、特権農業銀行の定款が合法的ではないこと、クメットの負担が少ない国家主導の償却の実施を切望していることなどを示す必要性を指摘した[79]。

　クラマーシュよりも厳しい批判を開陳したのは、ドイツ系社会民主党のV・アードラー Adler である。彼は、特権農業銀行がクメット償却に従事しないこと、オーストリア下院議会がボスニアの農民を保護するために万策をつくすべきことを最重要事項としてあげた[80]。ビーネルトについては、「ビーネルト氏はたった一言、駄目だ Nein！認めぬ Veto！と言うだけで、ボスニアの農民、オーストリア議会、オーストリア政府の名誉と名声のために、勝利を得られる状況にあったのです」と述べたうえで、「ブリアーン氏は、オーストリアをすでに丸めこむことができたと高笑いでしょうし、またオーストリアの悪習である慎み深さが依然として残っており、首相〔ビーネルト〕はもはや新たな抗議をしないほど控えめであると思い描いているでしょう」[81]と論じ、その妥協的な姿勢を論難した。

　さらにアードラーは、特権農業銀行問題に対する議会の対応を「大臣が〔議会における〕満場一致の決議と正反対の行為をし、それを陳腐な言い回しでしのぎ

切ることを許す議会は、決して権力や影響力をもつことはないでしょう。まして
やオーストリアのように複雑な国制においてはなおさらのことであります」[82]と、
断固として反対を貫く必要を力説した。シュステルシチの決議案については、
「ビーネルト氏が協定を許可することで、〔損害〕補償を義務づけられたとしても、
彼はそれを果たすことはできません。なぜならわれわれ下院議会が、ハンガリー
の農業銀行にオーストリアの納税者から集めたお金をびた一文支払わないことを
宣言するからであります」[83]と述べ、党としての支持を表明した。

　アードラー以外の社会民主党議員も彼に同調した。ポーランド系社会民主党の
Ｉ・ダシンスキ Daszyński は、次のように語っている。「ボスニア農業銀行の歴史
は、概して分別を欠き、目的に反した古きオーストリア政策の例証であります。
この政策の具現者、あるいは好ましい人物、代表的人物はビーネルト男爵と彼の
内閣です。〔…〕彼は多数派をもたず、計画をもたず、綱領をもっておりません。
そもそも彼のような人物はほかに見当たりません。彼は、古きオーストリアの政
策を代表する勢力の好意によって首相に就いたにすぎないのです[84]。〔…〕〔オー
ストリアの外交官は〕200万人の農民ではなく、わずか5,000人の地主の運命とそ
の将来を考えているにすぎません」[85]。このように野党側は、特権農業銀行やハ
ンガリーにとどまらず、ビーネルトにも激しい攻撃を加えていたのである。

3．決議案の採決

　シュステルシチらによって提出された一連の決議案は、6月8日に採決にかけ
られた。まず3月11日の全会一致決議を無視したオーストリア政府の行動を非難
した第1案は、賛成237、反対242の僅差で否決された。社会民主党の各クラブ、
チェコ系諸党、ルテニア系、ユダヤ人政党は賛成したのに対し、キリスト教社会
党連合、ドイツ系諸党、イタリア系諸党、ルーマニア系政党は反対した。「ボス
ニア行政法」第3条に合致しない銀行に与えられた損失補填の権利の無効を訴え
た第2案についても賛成227、反対243で否決された。さらに、クメットの償却が
公的資金によって行われることがボスニア憲法に盛り込まれない限り、オースト
リア政府はそれを拒否すべきであるとした第3案も賛成237、反対241で否決され
た。シュステルシチらによる特権農業銀行についての決議案は、いずれもわずか
な差で葬られたのである。

次に採決された第4決議案はレートリヒによるものである。少々長くなるが、引用してみよう。「オーストリア下院はその意思として、将来ボスニアにおける封建的性格を持つ農民の負担の償却が、公的資金投入のもとで国家機関によってのみ行われるべき旨を表明する。それ故に、議会はオーストリア政府に対して、ボスニア憲法の法案にクメット償却が公的案件として扱われ、民間企業の排除のもと公的資金の投入により、もっぱら地方官庁を通じて実施されること、それに応じてすべての民間企業が、クメット償却業務に関わる権利や特権を無条件に喪失することが明記されるように格別なる mit allem Nachdruck 注意を払うことを要求する〔下線は筆者〕。オーストリア政府は、ボスニア議会の第1会期にクメット償却に関する法案を提出しなければならない」。さらに以下の追加決議も補われた。「オーストリア下院議会は、オーストリア財務相に、帝国西半部の金融市場や株式取引所における、ボスニアのハンガリー農業銀行に関する株式、抵当証券の上場許可を、特権農業銀行の定款にクメット償却に関する優遇をもつ業務、あるいはそれに類する法規が含まれる限り、それを拒否するよう要請する」(86)。第3決議案と第4決議案の文言はほぼ同じだったものの、ボスニア憲法への圧力に関わる部分に看過できない相違点が見受けられる。つまり、オーストリア下院にはシュステルシチの唱える憲法の拒絶は不可能だったため、「格別なる注意を払うことを要求する」という文言に差し替えられたのである。法学者レートリヒならではの妙案といえるこの決議案は、全会一致で可決された。

第5、第6決議案は、共通省庁に関するものである。第5決議案では、キリスト教社会党連合の F・モルザイ Morsey がボスニア行政におけるオーストリアの「正当な」権限について次のように提起した。「オーストリア下院は共通財務相ブリアーンに対し、ボスニア農業銀行の案件のように、民間銀行が一方的に利益を得るような行動に対して拒否の態度を示すことで、このような遺憾なる出来事が再び起こらぬ保証を断固として要求する。オーストリア下院は、以上の理由から議会内委員会における首相による下記の声明に賛同する——今後共通省庁は『ボスニア行政法』の文言と精神に従い、ボスニア行政のすべての重要かつ基本的な問題に、その立場をわきまえて影響力を行使すべきである——。加えてオーストリア政府に、上記の首相の表明にあるボスニア行政に関する法律面での管轄領域の保持に留意するよう求める(87)。最後の第6決議案は、ドイツ民族連盟の J・ジルヴェスター Sylvester による共通大臣のあり方の発議である。「オーストリ

ア政府に対し、帝国両半部の立法議会に対して可及的速やかに共通大臣の管轄範囲を定める法案提出を働きかけるよう求める」(88) ものである。下院は、第5、第6決議案についても全会一致で可決した。

第6節　全会一致決議の意義

　ここまで、特権農業銀行設立の顛末をオーストリア政府、オーストリア議会の対応を中心に検討した。特権農業銀行の設立は、ハンガリーが本腰を入れてボスニアにおける影響力を拡大しようとした端緒であったと考えられるが、結果としてそれは失敗に終わった。この経過は、大きく二つの局面に分けられるだろう。一つ目は、オーストリア政府によるボスニア統治に関する基本原則の（再）確立である。オーストリア政府は「ボスニア行政法」に依拠して、その影響力を回復するとともに、共通省庁による統制を確認した。これが、ボスニア行政の根本原則である共通省庁全体による管理運営を再提起するきっかけとなるとともに、仲裁役としての共通外務相エーレンタールの登場につながったのである。「共通行政地域」ボスニアが、オーストリアとハンガリーによる勢力争いの現場となったこともうかがえる。

　二つ目は、この案件においてオーストリア議会の果たした役割である。オーストリア議会は、占領問題以降ボスニアに目を向けることが少なかっただけではなく、「バデーニ言語令」以後しばしば機能不全に陥っていた。さらに議会のボスニア行政への介入権は、きわめて限定されていた。それにも拘らず、特権農業銀行問題ではイニシアティヴを発揮し、最終的には共通財務省の方針を転換させた。このことは、男子普通選挙権が導入されたオーストリアにおける議会の意義、あるいは二重帝国体制の複雑性の一端を物語るものであろう。

　この一致団結の背景には、レートリヒ決議案の巧みさとならんで、ハンガリーによって主導されたボスニア統治に対する不満、ひいてはアウスグライヒ体制を掘り崩しかねない、ハンガリーに対するオーストリア議会の根深い不信感などが考えられる。この点について『オーストリア国民経済学者 *Der österreichische Volkswirt*』誌は、「オーストリア政府の課題は、レートリヒ教授の決議案に対する下院の全会一致での賛成にハンガリー政府と地方当局の注意を向けさせることである〔…〕オーストリア政府の弱腰は、過ちの繰り返しを招く」と述べてい

る[89]。

　また、以上の結末が二つの点でその後の政策を方向づけたことも重要である。一点目は、クメットを解放するための手段として、公的資金の全額供与が浮上したことである。エーレンタールは、1909年5月の時点でこれに関する勅書の草案を整える一方、これに反対するヴェケルレへの私信において、以下の点を理由として賛同を求めた。①陛下の意思行為 Willensakt によるボスニア住民への厚情の表明は、王朝的観点からみると好都合であること、②自由意思に基づく土地解放の原則は、すべての当事者により支持されていること、③クメット問題の未解決がセルビアやロシアで「きわめて好ましくない方法」で批判されているために、外交政策的な観点からも早期の解決が望ましいことである[90]。

　ところがヴェケルレは、ハンガリー内閣では君主の介入がハンガリーに向けられた措置とみなされていると述べたうえで、勅書の内容がボスニア議会の意向を汲んでいないことに加え、オーストリアの立場にそくしたものであることから難色を示した。さらに公的資金を用いた自由選択の償却が行われた場合には、ハンガリー系の金融機関による完全に対等な参画をも唱えた。ヴェケルレは、ボスニアにおける唯一のハンガリー系の金融機関である特権農業銀行の業務停止を「われわれがボスニアから完全に放逐されるとの見方を強めるにすぎない」と記している[91]。この文言は、特権農業銀行をめぐる一連の経緯がハンガリーにおける不満を募らせていたこと、ハンガリーにおいてボスニア経済に高い関心が寄せられていたことを推測させるだろう。

　二点目は、レートリヒの決議案がオーストリア政府のハンガリーに対する立場を強めたことである。具体的にいえば、特権農業銀行問題が共通閣議において協議された際（1909年9月14日）、ビーネルトとビリンスキは、6月8日の下院決議に沿った条項をボスニア憲法第40条に盛り込むことを提案した。「クメット地の自由意思にもとづく償却は、憲法施行後は公法的な案件として扱われ、公的資金を用いてもっぱら地方当局の機関によって行われるであろう。その結果、これに関して民間機関に与えられたすべての権利と特権は、補償請求の権利なく廃止する」[92]。オーストリア首脳は、下院議会やエーレンタールの方針をふまえ、特権農業銀行を償却事業から完全に排除することを狙っていた。ここではボスニア憲法に関する一連の議論について詳しく触れる余裕はないため、さしあたりオーストリア政府がボスニア憲法への賛同とクメット問題の法的規制に関する勅令を

152　第3部　ボスニア農政と二重帝国体制

不可分と主張したことのみ述べておきたい[93]。その後の展開については、章を改めることにしよう。

第7章 クメット問題解決の切り札
─1911年「償却法」の制定

第1節 ボスニア議会における折衝

前章で論じた特権農業銀行によるクメット償却事業は発展解消され、いよいよ公的資金の貸与に転換されることになった。それを命じる勅令の内容は、1910年2月28日の共通閣議で協議された。ここでの議論で注目すべきは、次の三点である。第1は、ブリアーンが前年のオーストリア議会での討論をふまえ、公的資金の投入と官庁の調停のもとでの償却活動の実施を提案していることである。ここからも、オーストリア議会の全会一致決議がもつ影響をみてとれるだろう。第2は、ビーネルトが「全般的償却 allgemeine Ablösung」という文言を入れるように提案したのに対し、ブリアーンが地主への配慮からそれを削除したことである。ブリアーンは地主層を刺激することを避け、従来の自由意思の原則の継続を図っていたといえる。第3は、ボスニア議会が償却関連法案に反対する可能性を帝国首脳が危惧したことである[1]。別の見方をすれば、憲法を通じてボスニア議会に強制するのではなく、あくまで議会が最終決定を下す形がとられた。

この協議をふまえ、フランツ・ヨーゼフは勅令で国家主導のクメット償却をブリアーンに命じた（同年3月3日）。ここで、その全文を紹介しておこう。

「ボスニア・ヘルツェゴヴィナにおける地主と世襲的な小作関係にあるクメットの繁栄は、朕が常に心を砕いてきた事柄である。昨今世上において踏み込んだ議論がなされている、さまざまな難題と結びつく土地所有関係にまつわる問題については旧来からの法に基づく所有状況の厳重なる保護、ならびに集約化に基づく農業発展と制限なき農村住民の進歩を両立させるべく、その信頼に足る思慮を頼りとして貴殿〔ブリアーン〕に注意深き処理を委ねる機会を与えるものである。

すでに地主とクメットとの間の法的関係は、伝統的な形式に回帰した。それ以後、ボスニア地方当局は、自由意思に基づくクメット償却の促進により、自由農民の所有地拡大の支援を自らの課題と心得ている。

朕は貴下に以下の真摯なる試みを許すものである。それは、国家からの貸付金取得者が、経済面での地方当局による保護と保証のもと、必要額に応じた信用を入手できる自由意思に基づく償却の実施である。

ボスニアの土地所有者とクメットに、君主たる朕の格別なる配慮を改めて示すべく、朕は〔償却が〕公的資金 Landesmitteln を当該目的のための特別な機関を通じて供与されるかたちで実施されるよう望む。

それゆえに、朕は貴下に近い将来に召集されるボスニア・ヘルツェゴヴィナ議会に提出されるべき当該法案の作成を委ねる」[2]。

　この勅書に基づき、「クメット定住の自由意思に基づく償却のための貸付金の授与に関する法案」（以下、本章では「償却法」）がフランツ・ヨーゼフに奏上され（1910年6月24日）、その後ボスニア議会の第1会期に提出された（1910年7月19日）[3]。元地方行政府官僚のシュミットは、この法案について公的機関による貸付金の提供、手数料の撤廃、凶作や天災時の返済猶予、借り換え制度などをふまえ、従来の仕組みや特権農業銀行で予定されていた手続きに比べて明白な進歩と判断した[4]。ここでは、「償却法」に対するボスニア議会の動向を分析したE・ラドゥシチが「〔ボスニア議会が〕ボスニア・ヘルツェゴヴィナにおける土地所有問題の有益な解決の試みにおいて、独自の役割を演じた」[5]と述べていることをふまえ、法案成立までの過程をたどってみよう。

　まず問題となったのは宗派間の見解の相違、より正確にいえば、自由意思に基づく償却を主張するムスリム系議員と強制的な償却を求めるセルビア系議員の対立であった。ただし前述のように、ムスリムとセルビア人は当初より対立関係にあったわけではなく、併合前には自治とハプスブルク支配の終焉を求める点で協力関係にあった[6]。セルビア民族組織はクメットの解放を最大の目標としつつも、多数派を形成するためにムスリムとの共闘体制の維持を望んでいたのである。そのために彼らは、強制償却がムスリムに資本の獲得とその投資、あるいは銀行や商工業に進出する可能性を示唆したものの、ムスリムの賛意を得られなかった[7]。

　ところが、1910年8月に勃発した貢納を拒否するクメットのストライキが事態の流動化を招いた[8]。これに関するバニャ・ルーカ県庁の報告は、「このようなクメットの運動が、秘密裏の扇動によって入念に準備されていたことはきわめて明白である。すでに7月にはクメットがいくつかの地域において地代を拒否する

という似通った噂が広まっていた。〔…〕経過はいずれの場所においても同じである。これは統一的な扇動を推測させる」と伝えている。この一節は、当局側がこの背後に統一的な組織の存在を感知していたことをうかがわせるだろう[9]。もっとも一連の運動では地主への暴力行為は少なく、むしろ消極的、受動的な性格が強かったとされ、大抵は郡長やボスニア議会の議員による仲裁によって収束した[10]。前出のシュミットは、このストライキについて「明らかに議会の決定に圧力を加える」目的とともに、「奇妙なことに、クメットは国家への十分の一税は期限通りに納入したが、地主への物納のみ断固拒否した」と記している[11]。断定はできないが、クメットはクメット制度の撤廃を求めていた一方、彼らの地方行政府に対する反発や不満はそれほど大きくなかったと考えられる。この運動は数か月で収束したものの、その影響は甚大であった。というのは、これがムスリム地主層に恐怖感を植えつけ、ムスリムとセルビア人のあいだに亀裂を生じさせたからである[12]。

　ここで、ボスニア議会に視線を戻すことにしよう。「償却法」の内容を決定するにあたり問題となったのは、①償却の方法、②償却に必要な資本調達の方法、③利子率の設定、④返済方法の四点であった。ボスニア議会への「償却法」の上程に先立ち、政府案が議会内委員会に提出されている（1911年3月3日）。ここでは、セルビア人議員N・ストヤノヴィチ Stojanović とムスリム系議員R・スレイマンパシチ Sulejmanpašić との間で、強制償却か自由選択償却かで意見が割れた[13]。その際スレイマンパシチが、議論の叩き台として自由選択を基盤とする政府案を提案したことは当然といえる。一方のセルビア系議員は、第4回目（3月24日）の会合において合意の障害となる強制償却を断念し、政府案の「自由選択」という文言を消すことのみを求めた[14]。この日には、貸付金の対象にベグ地（地主の直営地）を含めるか否かも取り上げられた。第5回目（3月27日）には貸付額に関する集中審議が行われ、申請者が求める額まで与えるのか、あるいは官庁による査定額までに限定するのかについて協議された。第6回目（3月29日）に出された委員会の最終提案は、大筋において政府案を踏襲したものだったが、以下の諸点が変更された。①地価査定に際して開催される委員会に郡長が参加すること（第7条）、②ベグ地に関しては、同村内にある場合に限って貸付金が与えられるという妥協がなされ、4クローネを超える土地税を支払えない貧しい農民には委譲経費の支払いを免除したこと（第16条）[15]、③政府案第8条の

「クメット償却貸付金は、償却後に自立した経営を行いうる経済力をもつクメットにのみ許可される」という文言が削除されたことである。「償却法」法案は、以上のように議会側の要望を盛り込んだうえで本会議に提出された（４月３日）(16)。

　ところで、一連の折衝においてキャスティングボートを握ったのは、クロアティア系議員であった。クロアティア人のクメットも一定の割合で存在したものの、彼らは償却問題については穏便な解決を望んでおり、強制的な措置を求めるセルビア系議員とは一線を画していた。クロアティア系議員は、クメット問題よりも言語問題に重点をおいていたのである(17)。当初セルビア系とクロアティア系議員は、償却案件での共働を念頭におき、各々が求めるキリル文字とラテン文字の「対等」を取り決めようとしたが、言語名をめぐる懸隔を埋められず協力を解消する(18)。その後クロアティア系議員は、言語名についてムスリムの支持を得るため、「償却法」についてはムスリムの支持に回った。ムスリムとクロアティア人の協定（1911年３月31日）により「償却法」法案を可決できる多数派が形成されたのである(19)。

　この動きに対し、セルビア人勢力も座視していた訳ではない。前出のストヤノヴィチは、ムスリム・クロアティア人連合を掘り崩すために独自の法案提出を試みていた(20)。その具体的な内容についていえば、クメット農場経営のための労働力が十分でない場合もクメット権利は継続する（第１条、第３条）、上記の場合には財産管理人が経営を代行する（第４条）、地主は、経営が不十分にしか行われない場合に家長の交代を要求でき、それでも改善されなければ村落の自治機関によって経営代行者を選定する（第５条）、クメット農場におけるクメットの自由裁量権の拡大、たとえば自由な分割（第６条）や建造物設置（第８条）、クメットが自作農化する条件の緩和（第７、10条）や「悪辣な」管理人の排除（第11条）などである(21)。簡単にまとめると、クメットの権利をより広い範囲で保護すること、ムスリムの反発を回避するために「自由選択」による償却を基本方針としたことに整理できる。

　これに対し共通財務相ブリアーンは、この提言を「怠慢な」クメットの追放を事実上不可能にすること、当事者双方の既得権にかかわる利害調整をより慎重に行うべきことを理由に拒否したうえで「ボスニア議会も当該問題の重要性を認識し、詳細かつ客観的な検討を行なわねばならない」と指摘した(22)。ストヤノヴィチ法案は議会内委員会においても否決され（３月30日）、ムスリム・クロアテ

ィア人連合を崩すことに失敗したのである[23]。結局「償却法」法案は、本会議にて賛成多数で可決された（4月5日）。なおこの際、セルビア人議員の対応は割れた。すなわち、セルビア人議員の指導的人物 Gl・イェフタノヴィチ Jeftanović は、ムスリムとの協力を継続するために賛成し、第1、第2クーリエの議員も同調した一方、第3クーリエの議員は反対した[24]。この事象は、セルビア人議員が行政府との協力による影響力の確保とセルビア人住民における支持の調達、ならびに急進派の抑制のあいだで苦しい立場におかれたことを示すものといえよう。

その後「償却法」は、5月31日にフランツ・ヨーゼフの裁可を受け、6月13日に公布された。これに基づいて地方行政府に償却の専従機関が設置され、1912年1月1日から実際の運用が始められることになる。

第2節　「償却法」の概要

「償却法」の具体的な内容に移る前に、これに関する先行研究を一瞥しておこう。結論を先取りしていえば、多くの研究はこの法律を等閑に付しており、たとえ取り上げたとしても法律の成果を否定する評価がほとんどである[25]。それに対しハウプトマンは、次のように評している。「この法律では、アガとクメットの両当事者の一致したときのみ償却できたため、必ずしも適切な解決とはいえなかった。しかし、一方ではアガの所有権、他方では土地所有へのクメットの希望を認めたことで、双方の合意に基づく解決をもたらしたことは大きな進歩であった」[26]と。彼の指摘からは「償却法」がある程度効果的であったことをうかがい知れるが、彼も逐条的な検討を行わず、同法によって生じた変化を詳述していない。

以上をふまえたうえで、「償却法」の内容を具体的に追いかけてみよう。まずこの法律の創案理由書では、三つの点が強調されている。①同法が従来の土地所有状況を侵害することなく、ボスニア経済のもっとも重要な基礎である農業の集約的発展を導きうること、②既存の半額融資という欠陥を解決できること、③クメットと地主の双方にとって利益にならず、ボスニアの地域経済を動揺させる強制償却を回避できることである。さらに、地主がクメット以外にクメット農場の買い手を見出すことは困難であるため、「償却法」が地主にとって有利であるとの記述は、地主の消極的姿勢を念頭においたものであろう[27]。次に、同法の全

箇条の骨子を列挙する。

第1条　クメット定住地の償却は、地主とクメット間の自由意思に基づく合意によってのみ行われる。

第2条　償却を望む十分な資金をもたないクメットに、地方当局が必要な資金を貸しつける。同村内にある地主の直営地もまた、同時に償却する場合にかぎり融資の対象となる。

第3条　クメットは、先買い権に基づく償却の場合にも貸付金を要求できる。

第4条　地方当局は、この法律に基づく償却に必要な資金を調達するために債務証書を発行する権限を持つ。

第5条　償却金は、土地台帳への登記、台帳における所有権の移転時に与えられる。

第6条　貸付金の追加は、原則的に現金で行われる。

第7条　貸付金額は、当局による査定を超えない。査定額に不満のある場合は、郡長を長とし、地主とクメット各2名からなる委員会によって定められる。

第8条　貸付金は、ボスニア地方行政府によって与えられる。

第9条　すでに返済過程にある償却貸付金も同法に基づく返済に転換できる。

第10条　貸付金の利率は「クメット償却債券」と同率とされる。また貸付金に付随する諸々の経費は免除される。

第11条　返済期限に遅れた場合、5パーセント相当の延滞利息を支払わねばならない。ただし凶作、あるいは天災により十分の一税の支払いが免除されている場合には1年間猶予される。

第12条　返済は半年ごととし、その期間は30、40、50年から自由に選べる。

第13条　債務者は、3カ月前に解約告知を実施し、解約告知期間に関する利子を払った場合、債務の一部、あるいはすべてを期限前に返済できる。

第14条　償却貸付金の確定、支払、返済などに関して、また「クメット償却債券」の形式、利息、発行、償還については、地方行政府の通達によって定められる。

第15条　賦金徴収は、税務署によって行われる。行政官庁は、動産を差し押さえる権利を有しているが、民事訴訟法第525条に関わるものは除

く。

第16条　貸付金に関する諸々の手続きについては、印紙、手数料は免除される。

第17条　「クメット償却債券」は、ボスニア内の公的機関の監督下にある町村や団体、財団の投資や供託金、額面価格での業務の保証金として使うことができる。

第18条　この法律は、布告日より発効する。この時点より、同法律で定められた以外の方法で公的資金を用いる貸付金は授与されず、これに関して民間機関に与えられた権利や特権は、補償されることなく消滅する。

　1911年後半には、この法律を運用するための通達も相次いで出された。償却業務への税務署の協力に関しては、税務署がクメット償却業務において貸付金の支払いと返済の受付窓口として協力すべきこと（第1、2、4条）、延滞利息の徴収（第8条）、債務者への督促（第12条）などが規定された[28]。「償却法」の細目を定めた通達では、次の内容が記されている[29]。①複数の人物が共有するクメット地の償却も認められる（第2条）、②複数の貸付金申請はできない（第9条）、③郡庁は、償却に関する当事者間の合意について入念に確認する[30]（第10条）、④地方行政府が独自に貸付の可否を判断できるのは、2万クローネまでの貸付金であり、それ以上の場合は共通財務省の許可を要する（第13条）、⑤貸付金は査定額を超えてはならず、最低単位を100クローネとする。返済日は5月15日と11月15日とする[31]、⑥延滞に基づく差し押さえは返済を4回行わなかった場合、債務者が破産した場合に行われる（第26条）。なお貸付金の利率は、その後4.5パーセントに決定された[32]。

　以上の内容は、概ね四点にまとめることができよう。①「償却法」が当事者双方の自由意思に基づくという従来の原則を変えていないこと、②償却を望むクメットの経済的な負担を軽減するため、異常に高い査定額、あるいは査定額を上回る貸付額の設定を防ぐための対策が講じられていること、③クメット地のみならず地主の直営地も貸付の対象となっていることからは、地主も一定の妥協を強いられたと推測しうること、④原則的には地方行政府が貸付の裁量権を掌握していたことである。この法律による変容については、次節にて検討する。

160 第3部 ボスニア農政と二重帝国体制

第3節 「償却法」以後の進展

本節では、1912年1月以後のクメット償却活動を、いくつかの統計資料を用いて検討する。まずは、1912-13年の経過を整理した表7-1を見ていただきたい。

表7-1 「償却法」以前との比較

年	償却件数	償却金額 (クローネ)	備考
1878-1908	24,680	18,256,642	
1909-1911	8,001	11,051,519	ハプスブルク帝国への併合後
1878-1911年の合計	32,681	29,308,161	償却件数に部分償却を含む。
1912	5,821	11,166,500	左記以外に独立償却が1,383件、他の金融機関融資を利用した509件等を合わせて2,131世帯が償却。
1913	5,126	8,783,100	
1912-1913年の合計	10,947	19,949,600	1914年1月1日時点でのクメット世帯は93,368世帯。

出典：*Bericht* 1906, S. 57; *Bericht* 1911, S. 19; *Bericht* 1914-16, S. 200-201; Feifalik, *Ein neuer aktueller Weg*, S. 164を中心に作成。1912、1913年の償却件数は貸付金の件数を示している。

　この表からは1912年以降、償却速度が上向いたことを確認できる。ちなみに、当該2年間における償却件数（10,947件）は、1912年初頭のクメット世帯数の約1割に相当する。1913年度の行政報告は、「今まで〔1912年末〕の結果によれば、自由意思に基づくクメット償却は、決定的な不和をもたらすことなく、そして現存する農業状況にいかなる不利な影響を与えることなく、20年以内に完結するだろう」と楽観的な見通しを立てるほどであった[33]。同時期に「償却法」第9条に基づく貸付金の借り換えが1,800件ほど行われていることは、「償却法」が既存の仕組みよりもクメットの負担を減らしたことを示す[34]。

　次の表7-2は、1912年以後の償却状況をより詳しく整理したものである。ここでは、クメットが「償却法」によって自由農民となった場合、およそ2ヘクタールの森林を含むおよそ9ヘクタールの土地をもっていること、他の金融機関からの融資よりも「償却法」を用いた方が経営基盤が大きいことを指摘しておきたい。なおこの時期に自由農民となったクメットの7割以上がセルビア正教徒であったことからは、彼らが行政府の政策を拒否するのではなく、逆にこの法律を積極的

表7-2 1912年-13年におけるクメット償却の結果

	クメット定住数	クメット償却地 面積（ヘクタール）						償却資金 （クローネ）	
		耕地		森林・牧草地		合計			
		全体	定住毎	全体	定住毎	全体	定住毎	全体	定住毎
1. 1912年1月1日の状態	104,446	647,407	6	229,827	2	877,235	8	—	—
2. 「償却法」による償却	-10,947	-74,955	7	-18,544	2	-93,499	9	19,949,600	1,890
3. 自己資金①	-1,383	—	—	—	—			744,225	
4. 独立償却		-8,075	3	-2,692	1	-3,457	0.252②	959,018	693
5. 他の金融機関による償却	-509					-3,054	6②	607,210	1,193
6. 消滅	-851					-4,255	5②	—	—
7. クメットの増加③	612	1,699	—	566	—	-2,265	4	—	—
8. 2〜7の合計	-13,078	-81,331	6	-20,669	2	-102,000	8	22,260,653	8
9. 1914年1月1日の状態	93,368	566,076	6	209,158	2	775,235	8	—	—

出典：Feifalik, *Ein neuer aktueller Weg*, S. 164; Grassl, *Kmetenablösung* から筆者作成

注：①上記2.（1911年「償却法」に基づく〈貸付金〉に補足された自己資金のこと。
②ファイファリクによる推定値。おそらく実際には大きな偏差が存在したと思われる。
③ここで含まれるのは、当局による判決と地主との契約による増加。

162 第3部 ボスニア農政と二重帝国体制

表7-3　1件当たりの償却金額の分布

償却金	件数	総額	全体比	
			件数	費用
100-500	1,549	523,300	14	3
600-1,000	2,560	1,978,300	23	10
1,100-2,000	3,511	5,171,400	32	25
2,100-3,000	1,656	4,099,500	15	20
3,100-4,000	777	2,707,100	7	14
4,100-5,000	400	1,801,100	4	9
5,100-10,000	422	2,742,900	4	14
10,100-20,000	71	926,000	1	5
計	10,947	19,949,600	100	100

出典：Grassl, *Kmetenablösung*, 添付資料

に利用したことを確認できる[35]。

　次に示すのは、1件当たりの償却金額の分布を示したものである（表7-3）。ここからは、半分以上の貸付が1,100-3,000クローネの枠に集中していること、2,100クローネ以上の比較的高額の件数が約3割を占めていることが分かる。また高額貸付の大半は農耕がもっとも盛んであり、地価の高かったボスニア北部のポサヴィナ地域の諸郡に集中していたことを補っておきたい[36]。

　1件あたりの償却面積を見ると（表7-4）、償却したクメットの約7割が5ヘクタールを超えていたことがわかる。平均的に見れば安定した生活基盤をもっていたと考えられ、これに関しては行政報告も「自由になったクメット定住の過半数は完全な生活力を有している」と記している[37]。クメット償却課長のG・グラスル Grassl は2.5ヘクタール以下の範疇にはクメット地とともに自由な所有地をもつ農民のものも含まれるため、実際には2.5ヘクタールしかもたない零農世帯はより少ないとも述べている[38]。

　次に、地主の直営地（ベグ地）の償却についてみておこう。ベグ地は、1912から13年にかけて償却された10万1,758ヘクタール余りのなかで、約8パーセント（約8,260ヘクタール）を占めていた。その内訳をみると、約5,200ヘクタールがクメットの用益権と関連した森林や牧草地であり、耕地は約3,060ヘクタールで

表7-4　1世帯あたりの償却面積

	-2.5	2.5-5	5-10	10-15	15-30	30-50	50-	計
	（ヘクタール）							
計	1,398	2,161	3,605	1,914	1,545	272	46	10,941
全体比	13	20	33	17	14	2	1	100

出典：Grassl, *Kmetenablösung*, 添付資料

　あった。ベグ地の買い取りに際して「償却法」の優遇が適用されるのは、クメット地の償却と同時の購入[39]、ベグ地の購入がクメットの経済的利害に合致する場合にかぎられた。言い換えると償却したクメット農場の耕地整理、あるいは森林における旧来の用益権——特に牧草地と木材の購入の権利——を行使する場合のみ受理された。これに対し、クメット農場から離れた耕地のための貸付金は原則として認められなかった[40]。行政府が散在耕地の拡大の阻止を図っていたことをうかがえる。

　それでは、償却後の農業生産はどのような状態だったのだろうか。これについてグラスルは、次のように述べている。「償却貸付金の返済が自発的に、そして容易に支払われた。そのうえ償却資本全額を返済期限のかなり前の時点で完済するために、さまざまな努力がなされている。あらゆる場合において、クメット償却から種々多様な物質的・精神的な障害を取り除き、効率的な農場経営に突き進む力が生じた。ボスニア・ヘルツェゴヴィナのほぼ全域で目に留まる現象は——もはや管理人の横槍を受けず、機嫌の良い——償却したクメットが、収穫のすべてを自由に用いることができるため、貸付金を早期に完済すべく新たな収入源の開拓に努力していることである」。「償却法」第13条に基づく早期返済が149件（返済額20万2,200クローネ）みられたことは、短期間にまとまった資本を確保できた例として注目に値する[41]。

　自由農民層の創出は、農業生産にも一定の影響を与えたはずである。これに関してハウプトマンは「穀物収穫量は1882-1914年の間に224パーセント増加し、その中で一番良かった1913-1914年は、1911年の〔償却〕法に基づいた新たな農民層の結果に違いない」[42]と論じている。ハウプトマンの見解は若干の留保を要するが、償却にともなう耕地面積の拡大を考慮すれば、「償却法」の成果は積極的に評価すべきだろう[43]。さらに彼は、償却したクメットが一定の経営基盤を備

えていたことをふまえつつ、解放されたクメットが確実かつ適切に保証された農民経済の代表者、推進者としての役割を引き受けられたとみなす(44)。これはボスニア全域に単純に敷衍できないものの、償却したクメットの一部では生産活動が活性化したとはいえるだろう。

第4節 「償却法」の課題

以上「償却法」の成果をみてきたが、この法律はボスニア農業の抱える問題を一挙に解消する「万能薬」ではなかった。すなわち、この法律がいくつかの問題を内包していただけでなく、償却の進展とともにクメット制度の陰に隠れていた難題が表出したからである。

この事態については、統治者側も認識していたと思われる。例としてグラスルの観察をあげてみよう。「私は、〔「償却法」が〕当該問題の理想的な解決ではないことをためらうことなく認める。しかしこの2年間における成果は、概ね良好であることを物語っているように思われる。償却活動は、一方ではクメット、他方では売却した地主の抱いていた大きな危惧が無用であることを示し、双方の満足のために遅延なく継続している。そしてクメット問題そのものは、償却の進捗により時の経過とともにその危険性を徐々に失うだろう」と。そのうえで、ボスニア農村の将来を展望した。少々長くなるが、続けて引用してみよう。「クメット償却がもちろん非常に重要な措置であるにせよ、ボスニア・ヘルツェゴヴィナにとってますますの重要性と緊急性を持つ農業政策上のひとつの措置に過ぎないことは明らかである。それと並行して国有林から共用森林・共用放牧地を分離するための作業が進行している。それに関しては、すでに1年以上前に議会に関連法案が提出された。クメット償却を有効な方法で補うために農民の相続規定、そして家産法に類する制度の創出は、徹底的に討究されねばならない。償却から生み出された経験が特別な価値を持ちうる以下の明確な課題、つまり農業信用の組織、土地区分の解体と耕地整理、内地入植の問題は、特に切迫した要件として付け加えねばならない。つまるところ無視できないことは、不動産法の近代化である。これを欠いては中規模、大土地所有者は成立しえない。結局のところ、農業政策に関する全体計画は立法と行政当局をさらに数十年にわたり煩わせることになるだろう」(45)。あくまで一官僚の認識であるため、これが現実のすべてを映し

出しているとはいえない。しかしグラスルの指摘は、償却が進捗するなかで多くの問題が山積していたことを予測させる。ここで、それらの問題を具体的に浮かびあがらせてみよう。

第1の問題は、現金償却がクメットに大きな負担を強いたことである。これについて「オーストリア・ボスニア＝ヘルツェゴヴィナ利益者連盟」で講演したM・スパホ Spaho は、30年返済の場合には年賦金の支払額が借入金の6パーセントを超えるため「凶作時には、債務者は自身の農場に引きこもることになるだろう」(46)と論じている。グラスルもこの点について地主の立場から批判的な見解を示す。「状況の客観的な検討に際し、以下のことを認めねばならない。すなわち農産物の貢納という地代収入に依存しきっていた大土地所有者が、クメット償却によって全く新しい経済的な方向性を求め、それによって手に入れた現金をできる限り有益に利用することは、はるかにその事情に通じている今日の中欧の土地所有者にも一朝一夕には対応できない無理な要求ということである。多くの収入をもつ地代生活者階層が、一方では地代を確保するため、他方では前に言及された経済面での新たな立場を得るために20年から30年間は譲渡が制限される債券を獲得したならば、確かな利点があっただろう」(47)と。ここからは償却した地主が、経済的に苦境に立たされていた可能性を見てとれる。さらにグラスルは、極端に大きなクメット地を償却する場合には地主とクメットのあいだで土地を分割するという方式で行うべきであり、そうすれば償却に応じてこなかった多くの農場をもつ地主の姿勢も変わるとみていたのである。これは、土地を失うことへの地主の恐れに起因したと予想できる。

第2の問題は、農地の整理統合の問題が残されていたことである。すでに指摘されていたように、ボスニアでは「償却法」の以前より耕地の細分化が進んでおり、耕地整理の実施と近代的な土地税法の導入が求められていた(48)。これについてグラスルは、次のように記している。「土地分割によるクメット関係の解消は、明白に大地主をクメット償却へとより強く傾けさせ、これを通じて社会福祉政策上、とりわけ重要な中規模の土地所有者の創出を導くだろう。ただし、耕地整理のための法律上の強制なしに、単なる自由意思に基づいた償却では数多くの関連する諸問題の解決はほぼ望めない。すなわち〔…〕土地分割による償却の成果は、耕地整理法の創設によってのみ期待できる」(49)と。この言葉からはまとまった単位をなす農場ばかりではなく、散在する耕地から構成されている農場も少なくな

かったことが予測できる。

償却したクメットの生活基盤については、前出のシェクの提起を紹介しよう。彼は農政における焦眉の課題として「わずかな土地しか持たない農民に、実際に家族（5-7人）の扶養に適した農場として、土壌の性質に応じ最低でも3.5ヘクタールから6ヘクタールの土地を得る機会を提供すること」をあげる[50]。そのうえで、彼は以下の解決法を提言した。「生活力のある農民階級創出のために不可欠な条件は、農民階級に世帯の扶養を完全に満たす地所を手に入れる機会を提供することである。このために、貧弱な小規模農場に国有地から必要な土地を割り当てるにせよ、償却の段階において極端に大きいクメット定住の余剰地を償却したクメットに譲渡する方法で所有関係の調整を行うにせよ、土地を効率的に分配しなければならない。さしあたり、すべての農民が生存のために十分な所有地を維持すること、所有地が世帯に確保され続けることに配慮するべきである。あらかじめこれらの前提が与えられて初めて、クメットの償却が経済的に都合の良い状況をもたらすことができるだろう。現状ではクメットの急速な償却はむしろ有害であり、望ましいものではない」[51]。すなわちシェクは、農民経営の基盤を整えるための土地を確保する必要を認め、その手段を当時ボスニア議会で審議されていた「国有林から共用森林・共用放牧地を分離する法律（「分離法」）」に求めた。国家が経済的要因を十分考慮したうえで各々の町村に共用地を割り当てたうえで、零細農民に国有地を与えるべきとみていたのである[52]。

シェクの提起した土地の分配については、ボスニア地方行政府のクメット償却課長と農地整理課長を務めていたA・ファイファリク Feifalik が、具体的な方法を示している[53]。彼によって建議された方式は、クメット償却と同時の耕地整理と引き換えに国有地を分与することで、経営の安定化を図るものであった。彼は地主とクメットで土地を分割する場合、双方の利益を均等にするためにはおよそ5分の3ずつ受け取らねばならないと算出した。そこで彼は、不足分の5分の1を「報奨金」として国有地から提供しようと企図し、それに要する土地を上述の「分離法」の運用により捻出しようとしたのである[54]。この構想はハプスブルクの崩壊によって水泡に帰したが、当時のボスニア農村がかかえていた問題の一端をうかがわせる。もっとも行政府によって零細自由農民の救済策が提起された形跡は認められない。

償却後のクメットの経済状況との関連で指摘すべきは、破産時の差し押さえを

制限する「最低生活条件」問題である。これに関わる、土地の差し押さえの制限や「家産法 Heimstättengesetzgebung」は1888年には地方行政府で協議されていたが、立法化には至っていなかった[55]。E・カウリムスキ Kaurimsky は、「償却法」施行後の状況をふまえつつ、ハプスブルク期に定められた民事訴訟法（1883年）に基づく保護が不十分であること、農民の所有地の強制売却を制限する「家産法」をボスニアでも制定する必要があることを指摘する。これとならんで彼は、土地の細分化を招いている相続法の改正も提起したのである[56]。シェクも、ボスニアに複数の相続法規が存在する状況をおさえたうえで右のように語っている。「〔…〕今日のボスニアにおいて、農民が経済力をもち、都合の悪い時局に対して抵抗力を維持し続けるためには、相続による農場の絶え間ない分割を妨げることこそ真の社会政策の責務であるという原則は明白にあてはまる」[57]と。

　以上の内容からは、クメット償却によってボスニアの農業問題が解決されるという構図は成り立たず、耕地整理法や家産法の制定、相続法の規制などの課題が残されていたことが察せられる[58]。ハプスブルク行政がこれらの問題に対して有効な手立てを講じえなかったことは否定しえないが、従来の研究がこのような背景を捨象してきたことも覚えておかねばならないだろう。

第5節　「償却法」改正の試み―バルカン戦争とディモヴィチ法案

　前節でみたように「償却法」は、ムスリムとクロアティア人に加え、一部のセルビア人議員の支持も得て成立したが、その後各党に離党者が相次ぎ、政権側は支持勢力の再構築を迫られた。なぜなら当時計画されていた鉄道敷設案のように、ボスニアに関わる案件では議会の意向を無視できなかったからである。時を同じくしてブリアーンが共通財務相を解任され、ビリンスキが就任した[59]。ここでは、彼がオーストリア財務相、オーストリア・ハンガリー銀行の頭取を歴任した政治家として、ウィーンにおいて大きな影響力を持つとともに、ブリアーンと同様、議会における安定的な支持勢力を構築するうえでセルビア人の協力を欠かせないと考えていたことに着眼しておきたい[60]。以下ではセルビア人に対して強硬な姿勢を示し、行政における軍部の権限拡大を進めたボスニア総督ポティオレクの動向を視野に入れつつ、ビリンスキによるクメット問題解決の試みを素描する[61]。

　二回のバルカン戦争におけるセルビアの勝利は、ハプスブルクにとって国内の

セルビア人やクロアティア人などの南スラヴ諸民族に大きな影響を与えた点で深刻な事態であった。共通外務省官房長S・ホヨシュ Hoyos は、これにともなう国内の動揺を次のように憂慮した。「セルビアのみならず、南スラヴ人が住むオーストリア・ハンガリーにおいても、オーストリア・ハンガリーの崩壊が間近に迫っていること、南スラヴ国家がセルビアとその同盟者の軍隊の支援を得たベオグラードにより作られるであろうことが確信されつつある」[62]と。

とくにボスニアでは、ボスニア・セルビア人の民族主義的傾向が強まり、それが行政に対する敵意へと転化したことは、近年 A・ドゥラノヴィチによって指摘されている[63]。この一例として、ほぼすべてのセルビア系議員が「セルビア軍の未曾有の犠牲と輝かしい勝利、ならびにセルビア王国の高度に発展した文化、国家活動を称賛」するとともに、「セルビア王国は、かつてのセルビア王国の領域を版図に収める権利を有している」と表明したことがあげられる。さらに彼らは、ハプスブルクによる「反文化的なアルバニア人への自治付与」がボスニアの全セルビア人の憤激を引き起こす旨を唱えた（1912年11月16日）。政府側は、このような政情不安に対応すべく駐屯軍を増強するとともに、戒厳令（1913年5月）も布告するに至るのである[64]。

しかしビリンスキは、ポティオレクなど軍部の要求を退け、短期間で戒厳令を解除したにとどまらず、セルビア人勢力の懐柔策を提起した[65]。具体的には、セルビア系団体の承認、代表議員会議へのボスニア代表の派遣、セルボ・クロアティア語に公的な地位を認める言語法、大学開設の基盤となる教育機関の設置とともに、国家が保証するクメットの強制償却などである[66]。ユズバシチは、とくに最後のクメット政策について以下のように書いている。「二度にわたるバルカン戦争、ならびにそれがボスニアに及ぼした政治的な影響が、オーストリア・ハンガリー当局の指導者である共通財務相ビリンスキとボスニア総督ポティオレクに、土地所有問題への格別な注意を喚起し、従来の政策の修正を迫った」[67]。つまりセルビアが新たな領土において地主＝小作関係を無償で解消したため、これに照応した対抗策を講じざるをえなくなったのである。それは、どのような形で行われたのだろうか。

「償却法」をめぐってセルビア人議員の対応が割れたことは上述したが、その後も離合集散を繰り返していた。そのなか、イェフタノヴィチ率いるスルプスカ・リェーチ Srpska riječ（セルビア語）グループが、ムスリムとクロアティア

人との協力を目指し、「ボスニア行政法」や共通関税領域の改正や撤廃、ボスニア憲法の修正などを求める新たな綱領を発表した（1913年9月）。しかし地方行政府は、既存の枠組みを根本的に変えかねないこれらの要求を拒否した。これが引き金となって、スルプスカ・リェーチの議員12人が辞職したのである[68]。それに伴う補欠選挙の際、政権が注目したのは弁護士D・ディモヴィチ Dimović と医師M・ヨイキチ Jojkić らの勢力であった。彼らはクロアティアから移住してきたセルビア人であったため、ボスニア在住のセルビア人とは異なる政治方針をもっていた。すなわち彼らは「現状では、行政との協力なしに政治的な成功はありえない」とみており、ムスリム系やクロアティア系議員との協力にも積極的であった。こうした姿勢は、議会内での安定多数を確保したいボスニア行政の執行部の思惑と合致したのである[69]。

ディモヴィチ派の目的は、新会派結成に関する覚書（1913年10月20日）に看取できる[70]。ディモヴィチ派はクメット問題を「人々の生活にもっとも深く関わる問題」と位置づけ、「現存のクメット関係を可及的速やかに廃止するために唯一適切な方法は、強制償却である」とした。一方でこの方針はムスリムの意向と相いれないため、それに代わるものとして国庫による利子負担を提言したのである。覚書は「このような耐えがたい状況が取り除かれたとしても、クメットは債権を抱えたままである。クメットは分割返済と利子の支払いができないほど経済的に弱体である」と述べたうえで、「この事項〔利子の国庫負担〕は、われわれの綱領に加えねばならない。これはわれわれが政党を結成し、選挙戦で勝利をおさめるための条件、より正確にいえば不可欠の条件である」[71]とその重要性を強調した。これ以外の要求については、鉄道を含むすべての国家機関におけるセルボ・クロアティア語の使用[72]、両半部政府の管轄権の制限、地方行政府のボスニア議会に対する責任、関税収入の割り当ての増加、セルビア系ソコルの再建、戒厳令発動に対する質疑への誠実な対応に加え、政党紙創刊に対する財政援助などである[73]。

1913年11月8日、ディモヴィチ／ヨイキチとポティオレク／ビリンスキとの間で協定が結ばれた。ここではクメット償却に関する取り決めをみておこう。ディモヴィチ側は、新党設立に際して以下の条件を義務づけられた。①強制償却という原則的な立場は放棄しないものの、現行の自由選択による償却を支持する、②年間の償却費用の上限を1,000万クローネに定める、③クメットと同様、アガの

170 第3部 ボスニア農政と二重帝国体制

利害も十分に保護する、④償却に必要な経費の増加は、酒類の小売税の補完と乗車税の創設によって賄う。それに対して政府側は、「償却法」の修正に際して、クロアティア系とムスリム系議員が賛同した場合に下記の義務を負うことを認めた。①遅くても1915年1月1日以降は償却貸付金の利子の半分を国庫が負担すること、②これに関する法案を、帝国両半部政府に提案する際に明確に支持する、③①についてのフランツ・ヨーゼフの裁可を1914／15年の予算通過前に獲得することである[74]。

　ディモヴィチ側は、本来ならば強制償却を求めるとしながらも「クメット償却の改善は、政府との取り決めによってのみ可能」ととらえ、貸付金利子の軽減や撤廃という条件で妥協した[75]。同様の協定は、当初ディモヴィチの発案に難色を示していたムスリム・クロアティア人会派とポティオレク／ビリンスキとの間でも締結され、クメット償却における自由選択の原則が改めて確認された（1913年12月17日）[76]。その結果、1913年12月の補欠選挙ではディモヴィチ派が改選12議席のなかで9議席を獲得し、スルプスカ・リェーチの後継といえるセルビア人民党 Srpska Narodna Stranka を結成した[77]。

　その後、ディモヴィチらによる「償却法」の修正要求（1913年12月29日）[78]がなされ、修正案（以下、「ディモヴィチ法案」）が地方行政府からボスニア議会に提出された。この眼目は、1915年1月以降に国家が償却貸付金の利子の半額分を肩代わりするという点（第1項）にあり、これによって「クメット償却から生じる可能性のある望ましからぬ随伴現象を効果的に予防できる」ことが期待された。もっとも同法案が、「償却法」の改善も図っていたことにも留意すべきであろう[79]。たとえば、償却したクメットに生計に十分な土地が保証される場合、土地分割による償却も可能であること（第2項）、可能なかぎり土地の整理統合を進め、必要であれば償却に直接関係しない人物や団体も協力しなければならないこと（第4、5項）、この作業に関わる当事者に郡扶助基金から経営改善のための長期貸付金が与えられること（第7項）などである。複数の条項が耕地整理に言及していることは、政権側がこれを重要視していたことの証左とも読める。あるいは、偽の手付金や架空のクメット定住地に対する抵当貸付金請求などによって、クメット償却を妨害するためにクメットと国庫に損害を負わせる行為は処罰されること（第12項）や新たなクメット契約の締結は無効であること（第14項）は、このような事態の発生を推測させる。

第7章　クメット問題解決の切り札　171

　「ディモヴィチ法案」も前出の農業振興法案と同様に第一次世界大戦によって
具体的な成果を生まなかったが、目を留めるべきはビリンスキとポティオレクが
サライェヴォ事件後もこの法案の成立を図っていたことである。ビリンスキはポ
ティオレクと異なり、ボスニア議会の長期的な閉会を支持していなかった。実際
に彼は、サライェヴォ事件への対処を協議した共通閣議（７月７日）において、
９月にボスニア議会を短期間のみ再開すること、この折に行政予算とクメット法
案（「ディモヴィチ法案」）を採決することを述べたのである(80)。この時期に帝
国中枢において、償却問題に言及された意味は決して小さくない。

　他方ポティオレクは、セルビア人農民の動向に鑑み、「ディモヴィチ法案」の
放置が「ハプスブルク帝国が、ボスニアにおける農地所有問題を抜本的に解決す
る決意を欠き、それを行うこともできないことを証明する」ことを懸念していた。
それを回避するために彼は強権的な政治体制のもと、勅令による「ディモヴィチ
法案」の既成事実化をビリンスキに提言した(81)。この背景には、仮に議会が再
開されても「ディモヴィチ法案」の審議は困難であり、たとえそれに至っても最
終的には拒否されるとの判断があった。さらにポティオレクの脳裏には、後述す
る暗殺後のサライェヴォにおけるセルビア人への暴力行為がよぎっていたのかも
しれない。各宗派＝民族間の緊張関係については、次のように記している。「ク
ロアティア人と同様ムスリムもまた、クメット法案〔ディモヴィチ法案〕をセル
ビア人にとって有利な譲歩とみなしており、現在彼らは、セルビア人に対して断
固として譲歩するつもりはない」(82)と。

　しかしビリンスキは、ボスニア議会の管轄侵害を理由としてポティオレクの提
案に反対した。ビリンスキは「貴殿〔ポティオレク〕の提案する方法は、当然の
ことながら戦時には失効しているボスニア憲法が戦後にも復活しないことを意味
するため、政治的、憲法的な理由から不可能といわざるをえない」としたうえで、
戦時財政における多額の資本調達は困難と理解していた(83)。ビリンスキとポテ
ィオレクには、「ディモヴィチ法案」の実施方法については異同がみられたが、
最後まで両者がこれを通じた解決を図っていたことに注目すべきだろう。この経
過は、ボスニア統治におけるクメット問題、ならびにそれと密接に絡んでいる南
スラヴ問題の重要性を裏づけるのではないだろうか。

第6節　クメット問題の「解決」

　以上、「償却法」とその改正法である「ディモヴィチ法案」に関わる一連の過程をみてきた。クメット問題の解決は、立憲期ボスニアにおいても重要な意義を有しており、このなかで施行された「償却法」は、2年間でおよそ1割のクメット世帯を解放するという成果をあげた。同法による償却の負担はより一層軽くする必要があったため、議会内における親政府派のセルビア人勢力の創出と連動した「ディモヴィチ法案」によってその解決が図られた。確かに大戦前夜には、軍部の影響力が強まりつつあったが、「償却法」をめぐる経過は、行政府がムスリムとセルビア人の間で微妙な舵取りを強いられた状況、とくに議会とその背後にある現地社会の意向を無視できない状況を示しているのではないだろうか。

　最後に、クメット問題の結末を展望しておこう。先取りしていえば、償却活動は大戦期に完全に破綻した。行政報告は、1915年12月31日までに年賦金の延滞額が返済予定額の89パーセントにのぼったこと、「解放へのクメットの強烈な希望は、度々クメットを惑わせ、自身の経済力を過大評価させた」ため、破産者が続出していたことを述べている。この状況をふまえ、行政報告は次のように記している。「行政当局は、当事者双方とその代理人の事情を抜きにして、極端に高額な償却貸付金を拒否しなければならない。経済的な裏付けをともなわない拙速な償却活動は、驚くほど多くの財産の差し押さえや国庫からの緊急援助を要することになる」[84]。もっとも破綻のおもな原因は、戦争にともなう農業生産の停滞や地域経済の混乱に求めるべきだろう。

　ハプスブルクの滅亡後、その継承諸国で行われた農地改革は、大土地所有やオスマンの農地制度が残っていた地域で集中的に行われたといわれる[85]。第一次世界大戦後に誕生したセルビア人・クロアティア人・スロヴェニア人王国は、ボスニアにおけるクメット関係やそれに類する小作関係の廃止、国有地への入植の実施を布告した（1919年2月25日）。またクメット地とベグ地を小作農民に分与すること、地主に補償を行うことも規定された（同年5月21日）が、実際には1932年までクメット関係は全廃されなかった[86]。加えて、クメット地の補償として発行された政府債券は額面額の30-35パーセントに下落しただけでなく、補償の支払いも進まなかったため、旧地主層の多くが貧困状態に陥った。一連の土地改革では、耕地整理、抜本的な所有地の拡大、経営への物質的支援、旧所有者

に対する補償などが十分になされなかったのである[87]。

　ハプスブルク政権のクメット政策を批判的にとらえるヴェセリーはセルビア人・クロアティア人・スロヴェニア人王国がハプスブルクとは異なり、クメット問題を「有無をいわさず」解決したと評価した[88]。しかし、一連の改革がクメットの解放やその経済的自立よりも、従来の所有者からの土地の没収を眼目としており、ボスニアでその標的となったのはムスリムだったことをふまえるならば、はたしてこのような理解は妥当であろうか。前出のジャヤはこの点について、「外国支配の痕跡を消し去ることを通じて、とりわけセルビア的要素が強められた。これは〔セルビア人〕クメットの自由農民への転換によってだけではなく、セルビア人志願兵への土地供与、ならびに土地収用によって国有地となったモンテネグロやボスニア・ヘルツェゴヴィナの不毛な山岳地域へのセルビア人の入植を通じて行われた」と説明する[89]。ハプスブルクの政策は統治者側の利益を優先したものであったが、当地の宗派＝民族関係に顧慮した「穏当な」一面もそなえていた。むしろ第一次世界大戦後の偏向した改革こそ、後世に禍根を残したのではないだろうか[90]。

第7節　小括

　第3部では、とくに獣疫をめぐる家畜取引と農業振興政策、ならびに特権農業銀行の設立から「償却法」制定に至る沿革から、ボスニア支配にあらわれた二重帝国体制の特質を浮き彫りにすべく努めた。ボスニアにおける経済振興策については、これらが帝国本国の意向に大きく左右されたこと、そのなかでオーストリアとハンガリーの見解が一致していないこと、ならびにハンガリーがボスニア農政に否定的な影響を与えたことが確認された。とくに現地の農民層に深く関わる豚取引をめぐる問題は、ハンガリーによってその解決が棚上げされたといえるだろう。その一方、フランゲシュのようにボスニアの事情に通暁した行政官が現地社会の要求を満たすために、経済振興を企図したことは否定できない。

　特権農業銀行をめぐる問題は、より複雑な様相を呈した。同銀行の設置が、ボスニア行政をめぐるオーストリアとハンガリーの対立、より正確にはハンガリーの影響下にあった共通財務省とオーストリア政府の対立のみならず、オーストリア政府とオーストリア議会の反目をも惹起したからである。「ボスニア行政法」

174 第3部 ボスニア農政と二重帝国体制

の「曖昧な」性格がオーストリア側より問題視され、それは統治手法のあり方にまで及んだ。そのなかで表明されたオーストリア議会の団結は、アウスグライヒ体制の根幹を動揺させかねないハンガリーへの不信感を顕在化させた。もちろんオーストリア議会における銀行をめぐる議論は、党派争いの一面を有していたが、他方で、全会一致で国家主導による償却事業を提言したことのみならず、その実現に向けた礎石を据えたことに目を向けねばならない。

　以上を通じて施行の運びとなった「償却法」は、ボスニアの民族構成をふまえた解決策を提供した。これは、オスマンから独立したセルビアやブルガリアにおけるムスリムから土地を取り上げた農地改革とは明確に異なっていた。政権側がムスリムの抱き込みを図り、一連の政策において支配者側の論理が貫かれたことは看過されるべきではないが、これのみに尽くされるものでもなかった。最後に見たように、ビリンスキはセルビア人の抵抗に圧力のみで対処するのではなく、「ディモヴィチ法案」の制定にみられたように、その穏健派の懐柔にも努めたからである(91)。同法は、第一次世界大戦の勃発によって成立に至らなかったが、政権側が現地の希望を汲み取らねばならなかったこと、セルビア人勢力のなかにも政府を支持し、イスラム教徒やクロアティア人との協力に前向きな勢力があったことを示している。政権とセルビア人の対立のみを強調するのは正確な理解とはいえない。以上に加え、各々の宗派＝民族における社会経済的な対立も確認されたこと、ボスニア議会がウィーンやプラハのそれとは異なり、サライェヴォ事件直前まで開かれた政治議論の場として機能していたことも付記しておきたい(92)。第3部の事例からは、ボスニア統治が「支配＝従属」関係の一面を持っていたのと同時に、諸利害の輻輳に制約されていたことを垣間見ることができるのではないだろうか。

補論　ハプスブルクと「七月危機」[1]

第1節　「世界」大戦の発端─ハプスブルクとセルビアの対立

サライェヴォ事件から第一次世界大戦が勃発するまでのおよそ1ヵ月間、いわゆる「七月危機 Julikrise」の経過は、参戦各国が自国の正当化のために戦時中から外交文書を公開したため、早くから周知されており、非常に多くの研究が蓄積されてきた。開戦から100年を経過した今日でも大戦勃発の責任をめぐる論争は続いており、その議論が政治的色彩を帯びることも少なくない。ここでその概要をみておくことにしよう。

戦争終結の当初、大戦勃発のすべての責任を負わされたのは、ドイツとその同盟国であった。とくにドイツは、それを明記したヴェルサイユ条約231条に強く反発、官民一体の反対活動を展開した[2]。そのなかで、ドイツにのみ責任を負わせることに異を唱える一派──「修正派 Revisionists」──が登場する。1930年代には、ヨーロッパ諸国は大戦に「引きずり込まれた」[3]（D・ロイド・ジョージ Lloyd George）との見方が広まり、大戦の勃発は列強諸国の誤解や偶然が重なった結果との「合意」が形成されたのである[4]。

この潮流が再び変わるのは、西ドイツの歴史家 F・フィッシャーがドイツ政府や軍部が世界強国を建設するために、ハプスブルクを戦争に駆り立てた旨を主張してからである。当時の西ドイツ歴史界の激しい反発を惹起した彼の所論は、ドイツに主たる開戦責任を求める点については今日までほぼ踏襲されている[5]。ただし、ドイツがいわゆる「戦争評議会」（1912年12月）によって戦争へと政策を転換したこと、1914年に世界強国を企図していたことは否定されている[6]。むしろドイツ皇帝ヴィルヘルム Wilhelm 2世と同宰相 T・ベートマン‐ホルヴェーク Bethmann Hollweg らドイツ首脳は、それを望んではいなかったが、ヨーロッパ大戦の可能性を意識しつつ、ハプスブルクに「白紙小切手 Blankoscheck」を振り出した「計算された危険」[7]戦略を採用したとの説が有力である。

一方、サンジェルマン条約177条においてドイツと同様の非難を浴びたオーストリア（ハプスブルク）は、フィッシャー説とその後の論争においてドイツへの従属性が強調されてきたにとどまり、オーストリアの歴史学においても掘り下げた検証がなされてこなかった[8]。もっとも「修正派」を代表するアメリカの研究者S・B・フェイが記したように、開戦に至った大きな責任はドイツよりもハプスブルクにあると考える[9]。なぜなら近年の諸研究も指摘するように、ドイツの支持がハプスブルクの強硬姿勢を可能にしたものの、ハプスブルクはドイツに強制されて戦争を始めた訳ではないからである[10]。ハプスブルクはどのような過程を経て、戦争を決断したのだろうか。

いまひとつ看過しえないのは、ハプスブルクによる侵略の「被害者」とみなされがちであったセルビアの行動である。通説的には、ハプスブルクがセルビアに突き付けた「最後通牒」（1914年7月23日）は最初から受諾されることは想定されず、戦争の口実として準備されたものと理解されてきた[11]。もっともC・クラークは、セルビアの動向を「七月危機に関する歴史研究の盲点のひとつ[12]」と指摘したうえで、セルビア国内に蔓延していた民族主義に批判的な眼差しを向けるとともに、セルビアを支援したロシア、フランスに一定の責任を求め、既存の見方に大きく修正を迫った[13]。以上をふまえるならば、馬場優が指摘したようにオーストリアとセルビアに一層の注意を向けるべきではないだろうか[14]。そこで本章では、この両国に焦点を絞って「七月危機」の経過を素描するとともに、暗殺の背景について若干の私見を提示したい。

第2節　戦争への転換点

最初に、サライェヴォ事件前夜のハプスブルク外交が手詰まり状態にあったこと、つまり第二次バルカン戦争によって共通外務相ベルヒトルトのバルカン政策が完全に破綻していたこと、同盟国イタリア、ルーマニアとの対立が徐々に先鋭化していたこと、ドイツとの関係も必ずしも良好ではなかったことを確認しておく。さらにヨーロッパ列強の協調によって、セルビアを抑止できないことへの焦燥感がハプスブルク首脳陣のなかに広がっていた[15]。この時期には、参謀総長F・コンラート Conrad をはじめとする好戦派が台頭しつつあったが、それを抑える主要人物がフランツ・フェルディナントであった。それゆえに、サライェヴ

ォ事件は単なる皇位継承者の暗殺にとどまらず、二重帝国体制における「事実上の政策決定への関与者」[16]であると同時に、戦争反対派の重要人物の消滅も意味した。これを機にベルヒトルトが戦争容認派へと転じ、ハプスブルク外交が急速に強硬化したことをみれば、暗殺は戦争の「触媒」[17]として不可欠だったといえる。J・H・マウラーは、サライェヴォ事件により指導層におけるタカ派とハト派の均衡が崩れたことにより、ハプスブルクが現状維持志向から「攻撃的、かつ現状打破を目指す国家となった」とまとめている[18]。

　ベルヒトルトは、予期されるロシアによる介入を回避し、セルビアに対する軍事行動への支持を得るため、またハプスブルクの政策をドイツ首脳に直接説明するために、もっとも強硬な「タカ派」であった側近のホヨシュ（「ホヨシュ使節団 Hoyos Mission」[19]）を派遣、ドイツ首脳より前出の「白紙小切手」を得た。これをふまえてベルヒトルトは、ボスニア問題を主題とする共通閣議を開催した（7月7日）。これは、南スラヴ問題をセルビアとの戦争によって解決することを決定づけた転機と位置づけられている[20]。

　会議の冒頭、ベルヒトルトは暗殺を引き起こしたボスニア情勢を改善する手段として、行政措置ではなく、暗殺へのセルビアの関与を前提としたうえで「セルビアを武力行使によって最終的に無害化する」必要に触れた。さらに彼は、ドイツの「白紙小切手」を披瀝したうえで、従来のセルビアに対する「外交上の成果」が状況の好転に結びつかなかった旨を述べ、今回は強硬な姿勢をとる必要を主張した。「セルビアに対する外交的勝利は、一時的には帝国の名声を高めるとはいえ、セルビアとわが国の関係はより緊張したものになるだろう」と。この一節には、彼の好戦的思潮がありありと現れている。これに歩調を合わせるかのように、共通国防相 A・クロバティン Krobatin も外交による成功を「弱さの現われ」と切り捨て、将来よりも今の時点で開戦する方が有利であると論じた[21]。

　共通財務相ビリンスキも、ドイツの支持に基づいてセルビアとの戦争に賛同した。彼は、暗殺犯に対するセルビア側の支援、暗殺直後のボスニアにおけるセルビア人への暴力行為や不安定な政情を伝えるポティオレクの報告をふまえ、以下のように語っている[22]。「ボスニアにおける最近の出来事は、セルビア人住民のなかに非常に危険な雰囲気を生み出した。とくにサライェヴォにおけるセルビア人に対するポグロム的行為は、あらゆるセルビア人を興奮、憤慨させた。そのためにセルビア人のなかで、誰が〔ハプスブルク帝国に〕忠実で、誰が大セルビア

主義者であるかが判断できなくなった。もはやこの状況はボスニアだけで立て直せるものではない。これを果たすための唯一の方法は、大セルビア主義の将来を最終的に決することにある」(23)と。前章にて記した通り、彼は9月初旬に予算案と「ディモヴィチ法案」のボスニア議会における成立を図っていたが、これは戦争に至ったとしても、短期戦を想定していたためであろう。

　ポティオレクの報告がボスニア支配への懸念を強め、軍部のみならず、文民大臣の好戦性に拍車をかけたことは十分に考えうる。しかしポティオレクが大公の警護における過失を覆い隠すために、ボスニア情勢の悪化を誇大に伝えた可能性も否めない(24)。なぜなら、サライェヴォ事件前夜の宗派間関係は相対的に安定しており、暗殺直後の騒擾は一時的であったと考えられるからである。前章に登場したディモヴィチは暗殺後、ビリンスキに対して合法的、積極的活動という従来のセルビア人の活動方針を維持すると述べたうえで、次のように伝えている。「〔われわれの〕活動の基礎は、高尚なる支配者への揺ぎなき忠誠と従順であり、これに基づき他の宗派との同意に努めるとともに、ボスニア議会におけるわれわれの活動が人びとに幅広く利益をもたらすことができる」(25)と。前章の内容と彼の証言を合わせるならば、大公暗殺前夜のボスニアには一定数の親政府的なセルビア人が存在し、彼らとムスリム、クロアティア人の関係は必ずしも悪くなかったと思われる。暗殺後の混乱は、サライェヴォ事件に因る突発的な現象と考えられるだろう。

　7月7日の閣議において唯一戦争に異を唱えたのは、外交への関与権をもつハンガリー首相I・ティサ Tisza であった。彼はこの日の会議において、セルビア国家の抹殺がロシアの介入を招くことは必定であり、「恐るべき災厄」ヨーロッパ大戦を引き起こしかねないこと、セルビアに対してはまず外交手段を通じて、ハプスブルク側の要求を提示すべきことを発言した(26)。しかしティサの反抗も長くは続かず、7月14日までに開戦への反対を撤回する。彼の翻意の理由は断定しえないが、ドイツからの圧力、境界地域以外のセルビア領を獲得しないというベルヒトルトの約束に求められるだろう(27)。7月19日の共通閣議では、セルビア領を併合しないという原則、ならびに「最後通牒」の文面が承認され、最後通牒の手交時間は7月23日午後5時に設定された(28)。しかし「最後通牒」をめぐる一連の経過は、ハプスブルク軍における収穫休暇制度(29)と相まって、ドイツ側が期待したハプスブルクの行動を遅らせることになる。

補論　ハプスブルクと「七月危機」　179

　このなかで、平和的な外交政策を支持してきた君主フランツ・ヨーゼフは、い
かなる意図をもっていたのであろうか。彼は戦争を決定づけた一連の共通閣議に
は姿を見せなかったが、少なくとも「白紙小切手」を入手した後はベルヒトルト
らの方針に積極的に反対しなかった。「最後通牒」に関しても「ロシアはこの覚
書を受け入れないだろう」[30]と述べつつ、最終的には是認した。M・ラウヒェン
シュタイナーは、フランツ・ヨーゼフが重大事案の決定を大臣らに委ねていたこ
とに触れつつ、宣戦布告が「単なる行政行為」になり果てたと批判する[31]。

第3節　サライェヴォ事件とセルビア政府

　次に、セルビアに目を転じてみよう。前述のとおり、セルビアは長らくハプス
ブルクによる侵略の「被害者」と位置づけられてきた。ハプスブルクがセルビア
に対しその主権を明確に侵害する「最後通牒」を突きつけたこと、セルビアがそ
れをほぼすべて受け入れた（7月25日）にも拘らず、それを拒絶し戦争に訴えた
ことが説かれてきたのである[32]。バタコヴィチは「大戦を招いたオーストリア・
ハンガリーの〔暗殺事件への〕反応は、長い間に計画されたセルビアに対する戦
争の前触れ」としたうえで、セルビアは最後通牒に対して申し分のない回答をし
たように「戦争回避の努力を惜しまなかった」と論じる[33]。はたして、このよ
うな主張は妥当なのであろうか。

　ここでわれわれが注目すべきは、以下の二点である。第一の問題は、暗殺事件
へのセルビア国内の関与である。セルビア政府が公式に暗殺を承認、支援した可
能性は、これまでの研究において完全に否定されている。これは、事件直後（7
月10日）に現地調査をおこなった共通外務省事務官 F・ヴィースナーの Wiesner
報告も裏づけている。もっとも同報告は、「民族防衛団 Narodna Odobrana」に
よるプロパガンダ活動に触れたうえで、①暗殺はベオグラードで決定され、その
準備にセルビア国鉄官吏 M・チガノヴィチ Ciganović、セルビア軍少佐 V・タン
コシチ Tankosić[34]が協力した点は疑いの余地がないこと、②サライェヴォ事件
にかかわったプリンツィプ、チャブリノヴィチらがボスニアに入る際、セルビア
の税関官吏が密入国を幇助したことも報じた[35]。

　ハプスブルク側はポティオレクからの報告もふまえ、併合直後にセルビアに
おいて結成された「民族防衛団」を暗殺の黒幕と断定した[36]。けれども、実際

には「民族防衛団」ではなく「統一か死か Ujedinjenje ili smrt（黒手組 Crna ruka）」が暗殺に関与していた[37]。大公暗殺を最初に発案したのは「青年ボスニア」とみられており、それに必要な銃火器や資金はセルビア軍諜報部長の D・T・ディミトリイェヴィチ Dimitrijević（通称アピス Apis）らによって「黒手組」から供与されたのである[38]。ハプスブルク側が「黒手組」と「民族防衛団」を区分できていなかったことはすでに論及されているが、「民族防衛団」の工作員が第一次バルカン戦争までは「黒手組」の中央委員会により指揮されたように、両者の緊密な連携には注意を向けるべきであろう[39]。

　ここで補っておきたいのは、ハプスブルクの政治指導者に対するテロの先駆けとなった、ボスニア総督 M・ヴァレシャニン Varešanin 暗殺未遂の意義である。この犯人である B・ジェライチ Žerajić は、「民族防衛団」に加わった経験を持つとともに、アピスの友人 B・シミチ Simić から射撃訓練を施され、拳銃と弾薬を与えられたという[40]。プリンツィプが、身体面での劣等感、教員との不仲、学資の提供を受けていた兄との確執などの個人的問題と相まって、ジェライチ崇拝に走ったこと、「黒手組」の機関紙がジェライチを称賛する『英雄の死 Smrt jednog heroja』を煽動に利用したことは、暗殺の背景を考えるうえで見逃せない[41]。実際にプリンツィプは、暗殺後の裁判においてジェライチを「私にとって第一の模範」[42]と語っている。

　第二の問題は、セルビア政府の対応である。前記のとおり、ベオグラード政府は暗殺に公的に関与していなかったが、「黒手組」による支援を事前に把握していた可能性は排除できない。当時のセルビア首相パシチは、1914年6月の段階でハプスブルク領内における陰謀を察知し、ウィーン駐在公使 J・ヨヴァノヴィチ Jovanović に「曖昧な」警告を伝えさせたからである[43]。もっともパシチは、積極的な阻止には動かなかった。なぜなら「民族防衛団」や「黒手組」の工作活動が露見しかねないだけでなく、パシチ自身に危害が及びかねなかったからである[44]。実際にパシチは、バルカン戦争後、新領土の行政をめぐる「黒手組」を中心とする軍部の対立により辞職に追い込まれた（6月2日）[45]。J・P・ニューマンが論じているように、1903年に国王夫妻を惨殺した軍部の動静は、「七月危機」の趨勢を大きく左右したといえる[46]。

　暗殺後のパシチが、セルビアの「潔白」を国内外に訴えたことは、このような国内の政争と連動していたとみるべきであろう。すなわち彼は、すべての在外公

使宛の訓令（7月18日）のなかで、セルビア宮廷や政府が、サライェヴォ事件直後からセルビア国内の関与を否定し、国内のメディアや世論も冷静に対応しているにも拘らず、ハプスブルクのメディアがこぞって事件の責任をセルビアに帰していることを批判した。そのうえで、駐在国政府に対して「〔セルビアが〕ハプスブルクとの友好関係を切に希望していること、そしてわが国の領土において隣国〔ハプスブルク〕の安寧秩序を侵害するようないかなる試みも行われていないこと」を訴えさせた。さらに彼は、「セルビアの尊厳に向けられる、そして自らの独立を尊重、維持しようとする国家が到底承服できないような言いがかりを決して認めない」ことも表明したのである[47]。しかしながら、「民族防衛団」や「黒手組」に多数のセルビアの官僚や軍人が加入していたこと、セルビア政府がベオグラード駐在ロシア公使 N・ガルトヴィク Hartwig の急死（1914年7月10日）後に生じた反ハプスブルクのキャンペーンを抑制しなかったことを考慮すれば、パシチの主張は鵜呑みにはできないだろう[48]。

　ここでセルビア側の「最後通牒」の回答についてもみておこう。7月25日午後6時前、パシチは「最後通牒」への回答を手にハプスブルク公使館を訪れた。ここでセルビアは、国内におけるハプスブルクに対する転覆活動やサライェヴォ事件への捜査へのハプスブルク側の関与（第5項、第6項）を拒絶した以外は、大半を「受諾」した。セルビアの研究者 A・N・ドラグニチが述べるように、セルビアの回答は「誠実かつ宥和的」であり、自国の主権を侵害しないかぎりでハプスブルク側の要求をほぼ受け入れたとみなされてきた[49]。しかしハプスブルク公使 W・ギースル Giesl は、この回答を不満とし外交関係の断絶を通告、家族や公使館員とともに、速やかにベオグラードから退去したのである。

　もっとも、クラークが「好意的な言葉で飾られた、受諾と曖昧さ、言い逃れ、拒否の巧みな混合」[50]と評している通り、セルビアの回答は全面的な受諾であったとはいえない。具体例をあげると、セルビア側は「民族防衛団」の解散要求を受け入れた一方、「民族防衛団」やセルビア国内組織の暗殺への関与を否定するとともに、オーストリア側からの証拠が提供されていないとした。セルビア国内における民族主義教育の改善も約束しているものの、同様のハプスブルク側の要請を長年にわたり無視し続けていた[51]。さらに通牒で指摘された2名の共犯者については、タンコシチについては一時的に拘留したが、チガノヴィチについては暗殺直後に国外へ逃亡させただけでなく、国鉄の記録から彼の名前を抹消させ

たといわれている[52]。

　ここでサライェヴォ事件とセルビア政府の関係をまとめておく。①セルビア政府が暗殺を直接主導したわけではないが、公職者も加わっていた「民族防衛団」や「黒手組」の反ハプスブルクな工作活動を長年にわたって黙認していたこと、②暗殺のイニシアティヴはプリンツィプらにあったと思われるが、「民族防衛団」や「黒手組」のプロパガンダ活動が「青年ボスニア」の過激化を招いたと考えられること、③「黒手組」がプリンツィプらに銃器や爆弾、資金を提供し、ボスニアへの潜入を支援したこと、④パシチが暗殺を阻止するため、あるいは暗殺後にハプスブルクを鎮めるために尽力しなかったこと、⑤「最後通牒」に対するセルビアの返答が、全面的な受諾ではないことである。セルビア側のテロ支援が、当時の国際政治の諸規範から大きく逸脱していたこと[53]、ユーゴスラヴィア／セルビアにおける研究が、セルビア側による非合法活動には目を閉ざしていることも考量する必要があろう。言うまでもなく、ベルリンの支持を頼みとして、交渉による解決の道を閉ざしたウィーンの行動に大戦勃発の主たる原因があることは疑うべくもない。しかし、ベオグラード政府がサライェヴォ事件と「七月危機」に与えた影響も決して無視できないだろう。

第4節　世界大戦への拡大—おわりにかえて

　セルビアとの外交関係断絶とともに、フランツ・ヨーゼフは部分動員を命じた。コンラートは動員の完了後、具体的には8月12日の開戦を望んでいたが、ベルヒトルトは列強の介入を避けるためにそれを拒否、セルビアに宣戦した（7月28日）[54]。この際にベルヒトルトは老帝を説得するため、イタリアやルーマニアなどの諸外国や国内のスラヴ人、社会民主党に対して「防衛戦争」との名目をたてるために一計を案じた。すなわち彼は、テメシュ・クビンにおけるセルビア軍からの「攻撃」を理由に、渋るフランツ・ヨーゼフに宣戦布告への署名を促した。しかしそれを伝えた電報は発見されておらず、宣戦布告文からもこの内容が削除されたように、セルビアの「攻撃」は実際には行われなかった。ラウヒェンシュタイナーは、これを「戦争誘発の模範例」と評している[55]。

　ハプスブルクの強硬な態度は、ドイツ側が軍事行動の局地化を慫慂しても変わらなかった。ロシアの部分動員[56]やイギリスの介入に不安を覚えたベートマン−

ホルヴェークは——セルビアが一連の約束を履行するまで、ハプスブルク軍が首都ベオグラードを占領する一方、それ以上のセルビア領への侵攻はおこなわないとする「ベオグラード停戦案 Halt in Belgrad」——をウィーンに勧説した（7月30日未明）。この際にドイツ宰相は、ハプスブルクがあらゆる仲裁を拒絶した場合、イギリスが敵となることへの危惧を示すとともに、次のように書き記している。「オーストリアの政治的威信、軍隊の武装の名誉、セルビアに対する諸々の正当な要求は、ベオグラード、あるいはその他の地点の占領によって十分に満たされるであろう。バルカン半島におけるロシアに対するハプスブルクの立場も、セルビアに屈辱を与えることで強化されるだろう」[57]と。

　しかしハプスブルク首脳は、ドイツ宰相の提案をすげなく退けた。これを協議した7月31日の共通閣議は、セルビアへの軍事作戦を断固として継続すること、ロシアにハプスブルクに対する軍事行動の停止を求めることで一致し、「ベオグラード停戦案」を拒絶したのである。この際にベルヒトルトは、フランツ・ヨーゼフの是認に触れつつ、軍事行動の正当性を語る。「ベオグラードの単なる占領は、たとえロシアがそれを認めたとしても何ら意味がない。すべてはうわべだけの虚飾にすぎない。ロシアはセルビア、なかんずくセルビア軍の救い手として現れるだろう。セルビア軍は無傷で残り、われわれは2、3年のうちに今よりもはるかに不利な状況の下で、再びセルビアの攻撃を覚悟しなければならないだろう」[58]。ベルヒトルトの言葉からは、セルビアへの強い危機感が読み取れる。

　その一方で、ロシア軍の動員にもかかわらず、列強の動向や行動計画を話し合っていないことからは、ハプスブルク首脳陣の近視眼もわかる。ハプスブルク首脳は、明確な戦争計画を共有することもなく、ただ惰性的に戦争へと突き進んだ[59]。とくにJ・レスリーは、二重帝国体制における政策を調整するための枠組みの欠如が、コンラートの暴走を許したと論じている[60]。当時コンラートが語ったとされる一節は、彼の悲観的な心情を映し出している。「1908／09年における賭け Spiel は、勝敗が明らかであっただろう。1912／13年における賭けは、まだ勝ち目があった。しかし今やその賭けは、一か八かの大勝負である」[61]と。最終的にヨーロッパ戦争への道筋を整えたのはベルリンではなく、むしろウィーンだったのではないだろうか。

　その後、ロシア、ドイツ、フランス、イギリスが相次いで戦争に加わり、オスマンの参戦までに22の宣戦布告が飛び交うことになる[62]。このなかでハプスブ

ルクは、三国（独墺）同盟で規定されていなかったが、ドイツ軍の「シュリーフェン計画」に従属させられ、セルビア侵攻は二義的なものとされた[63]。ハプスブルクがドイツから5日も遅れてロシアに宣戦布告した（8月6日）事実は、その不本意さを物語るだろう[64]。「第三次バルカン戦争」は瞬く間に「世界大戦」へと拡大し、ハプスブルクはその激流に埋没した。

　開戦後、ハプスブルク軍はコンラートの「近代史において最悪の軍事的失敗」[65]と揶揄される杜撰な用兵によってロシア軍に壊滅的な惨敗を喫しただけでなく、セルビアの攻略にも失敗した。とくにガリツィアでは、1915年3月のプシュミシル要塞陥落までに200万の兵力を失い、ドイツの支援なしに戦線を維持できない状況に追い込まれた[66]。その後もドイツへの軍事的依存を強めていくなか、フランツ・ヨーゼフは、ドイツとの共通司令部（「最高戦争指導部」）の設置を認めざるを得なくなったのである（1916年9月13日）[67]。その後ハプスブルクは、フランツ・ヨーゼフの崩御（1916年11月21日）と食糧事情の逼迫、軍事状況の悪化により、瓦解への道を転落していく。最終的に、カール1世の退位声明（1918年11月11日）[68]が、600年以上にわたる王朝帝国に終止符を打ったのである。

結論　ボスニア統治にみるハプスブルク支配の特質

　本書では、ハプスブルク帝国が唯一の「植民地」ボスニアでおこなった農業政策を手がかりとして、その支配のありようを検討してきた。とくにボスニアにおける「周辺地域開発」が、一方で本国の利害を優先していたが、他方で列強諸国が関知しなかった要因──二重帝国体制や南スラヴ問題──の影響を受けていたことを念頭におき、論を進めた。統治の開始から36年、併合から6年足らずで第一次世界大戦が勃発したため、一連の政策が道半ばで頓挫したことは否めないものの、その成果はどのように総括できるのであろうか。冒頭の問題設定に立ち戻り、本書の内容を整理しておきたい。

　最初の課題、二重帝国体制におけるボスニアの立場からみておこう。編入に伴う国制への影響を最小限に食い止めるため、ボスニアはオーストリアにもハンガリーにも属さない「共通行政地域」とされ、その統治政策は共通財務省によって管轄される「共通案件」と定められた。換言すれば、ボスニアは帝国の「内側」にあるが、オーストリアとハンガリーの「外側」に置かれ、その立場は磐石であったとはいえない。これについては次の二点に触れておく必要がある。

　一つ目は、ボスニアをめぐるオーストリアとハンガリーの角逐である。すでに述べたように、統治の基本的枠組みを提供した「ボスニア行政法」は、帝国諸機関のボスニア統治における権限を定め、支配体制の基盤となった。しかしこの法律は曖昧な点を多く含んでおり、結果として共通財務相の裁量権を広げた。また統治を直接職掌した共通財務相は、30年以上にわたりハンガリーが独占していたため、オーストリアのボスニアの案件への影響力は抑えられていた。経済的にも、鉄道路線の接続や企業の進出をみればハンガリーの有利な立場は否めない。そのなかで特権農業銀行の問題が岐路となり、オーストリア側からボスニア統治のあり方に疑義が差し挟まれたのである。その後も、オーストリアとハンガリーの意向がしばしば齟齬をきたし、ボスニアは翻弄されることになった。

　二つ目は、ボスニア議会がもたらした変化である。すでに指摘したように、ハ

プスブルクによる占領や併合が現地の意思に即していなかったこと、ボスニア議会が外交や軍事などの共通案件には関与できなかったこと、地方行政府、共通財務省、ボスニア総督がボスニア議会に責任を負っていなかったこと、ボスニア籍がオーストリア、ハンガリー国籍よりも低い地位にとどめられたことは事実である。議員の割り当てをみても、セルビア系は人口比よりも少なく、逆にクロアティア系は多く設定された。しかし現地社会の民意が、一連の施策に反映されたことは黙過されるべきではない。限られた範囲であったとしても議会設置後、ボスニアの政治交渉力は底上げされ、施政に参与したからである。ボスニア統治政策は、各々の力関係が対等ではなかったが、君主、オーストリア、ハンガリー、共通省庁、ボスニアによる集合的な所産であったといえる。

　次に第2の課題、クメット問題や農業生産にかかわる政策に目を移そう。「東方危機」の背景から明らかなように、農業にまつわる問題は地域秩序の安定、ならびに行政費用の調達に不可欠な統治の中心課題だった。とくにクメット関係については、ボスニアの多宗派性と隣接するセルビアの動向に鑑み、慎重な施策を行わねばならなかった。従前の諸研究は、ハプスブルクの政策を非難してきたが、1878年以降に一定の改革がなされたことは前述のとおりである。ハプスブルクは改革のための基盤を欠くなか、オスマンの法制度や既存の慣習法に依拠した地主とクメットの関係改善、所有権の確定や農事訴訟制度の整備などを進めた。地主たちによる不満の表明は、ハプスブルクの施策によって彼らの恣意的行為に歯止めがかけられたこと、換言すれば、クメットの権利が法律に基づいて保障されたことを裏づけるのではないだろうか。

　さらにハプスブルクは、クメット制度の解体にも着手した。本書がとくに注目した1911年「償却法」については、地主とクメットが合意しうる枠組みを作り出したこと、公的資金による全額融資が実現したこと、ボスニア議会がその要求の一部を法律に反映させたこと、クメット世帯のおよそ1割が解放されたことは重要であろう。「ディモヴィチ法案」の制定は、ハプスブルク政権がボスニアで勘案せざるをえなかった南スラヴ問題の重要性を反映していた。クメット政策を総括すれば、現地の宗派＝民族関係との関連以外に、①共通財務相の所見により基本方針が変化したこと、②オーストリアとハンガリーの構想する解決法に懸隔がみられたこと、③周辺地域、とくにセルビアの動向に考慮したこととなる。農地問題が第一次世界大戦以後もくすぶり続けたことに鑑みれば、セルビア人・クロ

アティア人・スロヴェニア人王国による農政との比較は、ボスニア内戦の歴史的起源を探るうえでも有用であろう。

　また、当時のボスニア農業はクメット問題以外にも構造上の欠陥を抱えていた。喫緊のものとしては、零細農民の堆積と耕地整理、相続法の近代化や家産法の制定、住民による森林用益権の規制とそれと関連した共有森林・共有放牧地の分離などである。これらの問題へのハプスブルクの対応に泥縄的な一面があったことは否めない。具体例をあげれば、行政府自身さえ必要と認識していた新たな土地税は導入されず[1]、相続法の改正も実現しなかった。零細化の進む自由農民は、管見のかぎりでは史料にほとんど登場せず、その救済策が講じられた形跡はない。この点に、ハプスブルク農政の限界が認められる。その一方で、帝国側がさまざまな問題の情報を収集し、不十分であったとしても解決案を提起したことは評価されるべきであろう。少なくとも、クメット関係の解消は農業問題の「万能薬」ではなかったことに注意しておきたい。

　農業生産についてみると、ハプスブルク政権はボスニア農業を「時代遅れ」とみなし、生産技術の革新を進めた。生産量や輸出量の増加とそれに比例した税収の上昇をみれば、ハプスブルクの「周辺地域開発」は統治者側から見るかぎり、一定の成果をおさめたといえる。なお上述の農業振興策とボスニアの経済的立場に関して留意すべきは、バルカン諸国との通商関係の悪化である。それにともなってボスニア市場の重要性が帝国両半部の工業界において高まっていたことは、グリュンベルクが論及した。「ボスニアにおけるクメット償却問題の最終的かつ有益な解決は、帝国全体の工業に、とりわけオーストリア側の工業にとって、過小評価されるべきではない重要性をもつ。ボスニアはドナウ川下流とバルカン諸国家に対する不適切な通商政策によって消えることのない、オーストリア商工業、工業生産物の販路である」[2]と。バルカン戦争後もハプスブルクとバルカン諸国との通商関係が旧情に復さなかったことは、なおさらボスニアの重要性を高めたと思われる。

　ボスニア農業、とりわけ畜産は部分的には利益を得た反面、本国の経済体制のなかで「調整弁」の役割をあてがわれた。フランゲシュの農業振興法案も、家畜の輸出増加にともなう地域経済の活性化だけでなく、安価なセルビア産家畜の輸入途絶という本国経済の都合に合わせたものであった。さらにいえば、同法案が現地社会やボスニア議会への「アメ」であったことにも留意しなければならない。

家畜価格の上昇と信用制度の拡充による農民層の経済的不満の解消とともに、鉄道敷設に必要なボスニア議会の支持調達を図ったと想定できるだろう(3)。

最後の課題、ボスニア農政にあらわれた二重帝国体制の特質については、ボスニアにおける諸政策が帝国両半部の利害に抵触しないように努められたこと、すなわちボスニアの利害は副次的に扱われたことを改めて確認しておきたい。そのうえでボスニア農政は、共通案件に関する政策調整機能の低さを体現したといえよう。とくに「共通獣疫体制」やフランゲシュ振興法案に露呈した政策決定の工程は、オーストリアとハンガリーの「均衡」に集約しえない、矛盾に満ちた国制上の問題点を顕現させた。これについてビリンスキは、以下のような不満をもらしている。「共通財務相が直面したボスニア・ヘルツェゴヴィナ憲法と関連する〔共通財務省の枠組みを定めた〕1868年の法律より生じた時間の浪費、侮辱、不愉快、悪意は誰も完全に想像することはできない」(4)と。

以上に加えて、ハンガリーの独立志向とボスニア統治との関連も補っておく。特権農業銀行の設立にみられたように、ハンガリーがボスニアを自らの勢力圏に取り込もうとしたことは、この脈略に位置づけるべきであろう。これに関してビリンスキは次のようにも語っている。「オーストリア政府がボスニアの福祉向上に務め、共通財務相の計画に同意するのに対し、ハンガリー政府のボスニアに関する諸法案への賛成は、ハンガリーの政治的、経済的利益によって左右される」(5)と。彼がオーストリア側の政治家であることを忘れてはならないが、ビリンスキの言葉には、獣疫や特権農業銀行の問題にみられたハンガリーの利己的な政策への批判が滲み出ているといえる。

最後に、ハプスブルクによる「植民地」統治の評価について一言しておきたい。ボスニア獲得の動機は、一般的な海外植民地の場合とは異なっており、君主フランツ・ヨーゼフは好戦的な膨張主義者とはいえないだろう。しかし彼が、ハプスブルクの威信向上のためにボスニア獲得に強い意欲をもっていたことは間違いない。また1878年以後のボスニアは、近代植民地支配において広く認められる諸要素——本国側の事情に合わせた経済政策、交通網の整備、税制の確立、土地所有権の確定、衛生政策の展開など——を色濃くたたえていた。ハプスブルク期の積極的な成果のみに目を向け、称揚することは厳に慎まなければならない(「ハプスブルク神話」)(6)。

しかし「支配＝従属」的な観点から、収奪的な経済政策や抑圧的な民族政策の

みを強調することも、その支配の本質を見誤らせるであろう。繰り返し述べてきたように、ハプスブルク国制におけるボスニアの立場は、一貫した強圧的政策を不可能にした。ボスニア議会の管轄範囲は局地的な案件に限られていたが、南スラヴ問題との強い結びつきも相まって、帝国中枢は一定の譲歩を余儀なくされた。さまざまな制約のもとで行われた「周辺地域開発」は、一方でその物質的利益をくまなく行き渡らせず、少なからぬ不満を残したであろうが、他方でその成果が、現地社会の緊張を緩和したことにも目を留めるべきである[7]。暗殺の動機の多様性やセルビア側の策動をも鑑みるならば、サライェヴォ事件をハプスブルク統治の失敗と直結させる構図は、いささか皮相的な理解といえる。

　以上、本書で検討したおもな内容を整理した。しかし、今回はハプスブルク期のボスニアやハプスブルク帝国に関する問題の一部を検討したにすぎず、数多の課題が残されている。これについては、次の三点をあげておきたい。

　一点目は、帝国主義研究でその必要性が指摘されている被統治者に立脚する視座、本書でいえばボスニア側からの検証である。本書にこの視点を十分組み込めなかったのは、筆者の力不足ゆえであることをまず断っておかねばならない。統治者側から検討したため、──上述した自由農民の零細化など──行政文書に登場しないファクターを取りあげられなかったように、現地住民の対応については描ききれていない。しかし序論に示したように、ボスニアにおける民族的な分断がハプスブルクに対する評価と結びついていることを念頭におけば、現地社会側からの客観的な検討は困難かもしれない。

　この点について、暗殺犯プリンツィプを題材に若干補っておこう。プリンツィプは第二次世界大戦後の共産党政権の下では「共産主義革命の先駆者」とされたが、このような「英雄」像は、今日ではほぼセルビア人においてのみ維持されており、ボシュニャク人やクロアティア人はプリンツィプを「テロリスト」とみなしがちである[8]。暗殺犯に対する見方の変化は、暗殺現場の橋の名称が「プリンツィプ橋」から従来の「ラテン橋」に戻されたことにも見てとれる。

　この断絶は、サライェヴォで開催された大戦勃発100周年記念行事にも投影され、ボスニア・ヘルツェゴヴィナ国家全体にまたがる企画は実現しなかった。このなかでセルビア人は、記念祭の目玉とされたウィーンフィルのコンサート（2014年6月28日）をボイコットし、「第21回スルプスカ共和国・グズラ演奏会」をおこなったのである[9]。この原因として、第一次世界大戦をめぐってセルビアに批

判的な理解、より正確を期せば暗殺犯プリンツィプを「テロリスト」とする見方へのセルビアの政治家や学者の反発が考えられる[10]。さらに、この催しがハプスブルク支配の負の側面を覆い隠しかねないものであることも考慮する必要があるだろう。しかしスルプスカ共和国大統領 M・ドディク Dodik が、プリンツィプの記念碑を建設した際に暗殺を正当化したことにも違和感を覚えざるをえない[11]。むしろ「テロリスト」でも「英雄」でもない、第三のプリンツィプ像が求められるのではないだろうか。筆者はプリンツィプを「歴史—ほとんど忘れられた歴史」[12]としてとらえる視座を支持する。プリンツィプの評価と第一次世界大戦の戦争責任問題との関連については、ボスニア内戦の影響を考慮に入れつつ、別の機会に検証したい。

　二点目は、ボスニア統治と列強諸国による「植民地」統治との比較である。本書が重点をおいた農業政策に加え、部分的な言及にとどまったボスニア併合から憲法制定までの経過、ボスニアにおける徴兵制度は、同時代の「植民地」支配のなかで、どのように位置づけられるのだろうか。経済面では、前述した「オーストリア・ボスニア＝ヘルツェゴヴィナ利益者連盟」とこれに対応する「ハンガリー・ボスニア＝ヘルツェゴヴィナ経済本部」も類比するための題材となるだろう[13]。

　三点目は、ハプスブルクのバルカン政策の検証である。前述したとおり、これはハプスブルクにとって非常に厄介な課題であった。つまり、①ハプスブルク帝国の国制、経済、民族問題、ならびに外交政策、②ロシア、ドイツ、イギリス、フランス、イタリアなどの列強諸国の思惑、③セルビア、ルーマニア、ブルガリアなどのバルカン諸国の領土拡大の野望が交錯する案件だったからである。「三国同盟」に加わっていたルーマニアとハプスブルクの関係の推移、あるいは「豚戦争」後のハプスブルクとセルビアの関係と「豚戦争」に対する列強諸国の反応も詳細に検討されるべきであろう。さらにこれまでに精査されていないハプスブルクのバルカン諸国に対する通商政策の分析も、ハプスブルクの「帝国主義」や他国のそれと比較するうえで不可欠であろう。以上の諸課題は、第一次世界大戦の勃発において重要な役割を演じたバルカン情勢の解明やハプスブルクに対する評価の相対化につながり、ハプスブルク帝国像の再検討に資すると考えられる。

暗殺現場に残される記念碑

現在のラテン橋（旧プリンツィプ橋）

序論

（ 1 ）　J・ジョル（池田清訳）『第一次世界大戦の起原（改訂新版）』みすず書房、1997年、14頁。

（ 2 ）　Alma Hannig, *Franz Ferdinand. Die Biografie*, Wien: Amalthea-Verlag, 2013, S. 278. 大公については下記を参照。村上亮「皇位継承者フランツ・フェルディナント再考——政治権力と「三重制」を手がかりに——」『関西大学西洋史論叢』第18号、関西大学大学院文学研究科西洋史研究室、2015年、1 -18頁。

（ 3 ）　「青年ボスニア」は、ハプスブルク支配の打倒と南スラヴの連邦国家の創設を目指す、宗派を越えて形成された青年運動である。これはセルビア国内との関連が指摘されるとともに、今日のアルカイダと比定する見方もある。Wayne S. Vucinich, "Mlada Bosna and the First World War", in Robert A. Kann et al. (eds.), *The Habsburg Empire in World War I: Essays on the Intellectual, Military, Political, and Economic Aspects of the Habsburg War Effort*, New York: Columbia University Press, 1977, pp. 45-70; Srećko-Mato Džaja, *Bosnien-Herzegowina in der österreichisch-ungarischen Epoche (1878-1918)*, München: Oldenbourg, 1994, S. 228-234; M・マクミラン（滝田賢治監修、真壁広道訳）『第一次世界大戦：平和に終止符を打った戦争』えにし書房、2016年、582-586頁；柴宜弘「オーストリア＝ハンガリー二重王国のボスニア統治と「青年ボスニア」運動」『史観』第110号、1984年、81-85頁。

（ 4 ）　サライェヴォ事件当日の行動については下記を参照。Lavender Cassels, *The Archduke and the Assassin: Sarajevo, June 28th 1914*, New York: Dorset Press, 1988, pp. 172-180.

（ 5 ）　Robert William Seton-Watson, "The Murder at Sarajevo", *Foreign Affairs*, vol. 3, 1925, pp. 489-509; Imanuel Geiss, "Origins of the First World War", in H. W. Koch (ed.), *The Origins of the First World War: Great Power Rivalry and German War Aims*, London: Macmillan, 1984, pp. 46-85, esp. 79-85.

（ 6 ）　Dušan T. Bataković, "Les Serbes de Bosnie-Herzégovine face à l'annexion (1908-1914)", in Catherine Horel (dir.), *1908, l'annexion de la Bosnie-Herzégovine, cent ans après*, Bruxelles: Lang, 2011, pp. 177-198; 南塚信吾「ハプスブルク帝国と帝国主義—「二州併合」から考える」木畑洋一、南塚信吾、加納格著『帝国と帝国主義（21世紀歴史学の創造 4 ）』有志舎、2012年、55-161頁。

（ 7 ）　Bojan Aleksov, "Habsburg's 'Colonial Experiment' in Bosnia and Hercegovina revisited", in Ulf Brunnbauer (hg.), *Schnittstellen: Gesellschaft, Nation, Konflikt und Erinnerung in Südosteuropa*, München: Oldenbourg, 2007, pp. 201-202; Karl Kaser, "Bosnien-Herzegowina unter Österreichisch-ungarischer Herrschaft. Eine Zwischenbilanz", in Zijad Šehić (hg.), *Medunarodna Konferencija Bosna i Hercegovina u okviru Austro-Ugarske 1878-1918*, Sarajevo: Filozofski Fakultet u Sarajevu, 2011, S. 21-32.

（ 8 ）　L・アルベルティーニはプリンツィプが、クメットの息子であったことは偶然ではないと述べ、ハプスブルクの政策を暗に批判した。Luigi Albertini (trans. Isabella M. Massey), *The Origins of the War of 1914*, vol. 2, London: Oxford University Press, 1953, p. 20. 下記にも同様の指摘がある。Kurt Wessely, "Die wirtschaftliche Entwicklung von Bosnien-Herzegowina", in *Habsburgermonarchie*, Bd. 1, 1973, S. 566.

（ 9 ）　Vojislav Bogićević, *Sarajevski atentat: izvorne stenografske bilješke sa glavne rasprave protiv Gavrila Principa i drugova*, Sarajevo: Državni Arhiv NR BiH, 1954, str. 72.

（10）　1389年 6 月15日（聖ヴィトの日 Vidovdan）、セルビア軍はコソヴォ Kosovo の戦いでオスマン軍に敗れ、間もなくその支配下に置かれた。この戦いの際に M・オビリチ Obilić が

ムラト Murad 1 世を殺害、これが「暴君殺し」の起源とされる。プリンツィプとチャブリノヴィチが、ボスニア総督ヴァレシャニンの襲撃により「暴君殺し」を実行に移したジェライチを崇拝していたことは、裁判記録に見てとれる。Bogičević, *Sarajevski atentat*, str. 85; Cassels, *Archduke*, pp. 66-67. またプリンツィプらは、モンテネグロからのイスラム教徒の駆逐を賞賛した『栄光の山並み』を通じて、トルコ支配に対する伝統的な敵意をハプスブルクに向けた。この作者である P・ニェゴシュ Njegoš は、モンテネグロの宗教上の支配者（主教）であり、詩人でもあったペータル Petar 2 世であることもあわせて記しておく。Mark Mazower, *The Balkans: A Short History*, New York: Modern Library, 2000, p. 149; Paul Jackson, "'Union or Death!': Gavrilo Princip, Young Bosnia and the Role of 'Sacred Time' in the Dynamics of Nationalist Terrorism", *Totalitarian Movements and Political Religions*, vol. 7-1, 2006, p. 56. この点については補論も参照されたい。

(11)　これに関してフェイは、プリンツィプら自身も暗殺の動機を明言できなかったと記す。Sidney Bradshaw Fay, *The Origins of the World War*, vol. 2. New York: Free Press, 1966², pp. 127-140.

(12)　木畑洋一「帝国と帝国主義」木畑［他］著『帝国と帝国主義』14頁。ここでは、おもに以下を参照した。Michael W. Doyle, *Empires*, Ithaca, N. Y.: Cornell University Press, 1986; Richard L. Rudolph/David F. Good（eds.）, *Nationalism and Empire: the Habsburg Empire and the Soviet Union*, New York: University of Minnesota, 1992; 山本有造編『帝国の研究——原理・類型・関係——』名古屋大学出版会、2003年。

(13)　小沢弘明「ハプスブルク帝国末期の民族・国民・国家」歴史学研究会編『国民国家を問う』青木書店、1994年、72頁。

(14)　Prasenjit Duara, "Modern Imperialism", in Jerry H. Bentley（ed.）, *The Oxford Handbook of World History*, Oxford: Oxford University Press, 2011, p. 380.

(15)　矢田俊隆『ハプスブルク帝国史研究：中欧多民族国家の解体過程』岩波書店、1977年、21-22頁。この点に関しては以下も参照。篠原琢「近世から近代に継承される政治的正統性」篠原琢、中澤達哉編『ハプスブルク帝国政治文化史：継承される正統性』昭和堂、2012年、1-10頁。

(16)　G・W・F・ヘーゲル（長谷川宏訳）『歴史哲学講義』下巻、岩波書店、1994年、368頁。訳文は一部改めた。

(17)　これについては下記を参照。大津留厚「ハプスブルクの国家・地域・民族——プラグマーティシェ・ザンクツィオーン再考——」『歴史評論』第599号、2000年、2-13頁。

(18)　John H. Elliott, "A Europe of Composite Monarchies", *Past & Present*, No. 137, 1992, p. 67（訳書は下記を参照。エリオット・J・H（内村俊太訳）「複合君主政のヨーロッパ」古谷大輔、近藤和彦編『礫岩のようなヨーロッパ』山川出版社、2016年、71頁）；E・パムレーニ編（田代文雄、鹿島正裕訳）『ハンガリー史（増補版）』第1巻、恒文社、1990年、225-226頁。これに関しては以下も参照。R・J・W・エヴァンス（新井皓士訳）『バロックの王国：ハプスブルク朝の文化社会史 1550-1700年』慶應義塾大学出版会、2013年、252-265頁。

(19)　大日本文明協會編『墺地利匈牙利』大日本文明協會事務所、1916年、3頁。引用に際しては、旧字体を新字体に改めた。

(20)　ハンス・J・モーゲンソー（原彬久監訳）『国際政治：権力と平和』第1巻、岩波書店、2013年、129頁。ここでは、彼が帝国主義を「現存の力関係を逆転させることにより、現にもっている以上の力を獲得すること——いいかえれば、対外政策によって力の状況のなかで自国に有利な変更を求めること——をその対外政策の目的とする国家は、帝国主義政策

を追求する」と述べていること（第1巻120頁）、典型的な方法として軍事帝国主義、経済帝国主義、文化帝国主義の三つがあること（同158頁）をあげるにとどめる。これについては次に列挙した文献も参照。Wolfgang J. Mommsen, *Imperialismus: seine geistigen, politischen und wirtschaftlichen Grundlagen*, Hamburg: Hoffmann und Campe, 1977; Gregor Schöllgen/Friedrich Kiessling, *Das Zeitalter des Imperialismus*, München: Oldenbourg, 2009; 江口朴郎『帝国主義と民族』東京大学出版会、1977年；A・ポーター（福井憲彦訳）『帝国主義』岩波書店、2006年；高橋進『国際政治史の理論』岩波書店、2008年、第5章。

(21)　David Kenneth Fieldhouse, *Colonialism, 1870-1945: An Introduction*, London: Macmillan, 1983, p. 1.

(22)　木畑洋一「帝国主義」西川正雄［他］編『角川世界史辞典』角川書店、2001年、614頁。以下の解説も有益である。木畑洋一「帝国主義」南塚信吾（責任編集）『歴史学事典』第4巻（民衆と変革）、弘文堂、1996年、385-389頁。

(23)　山室信一「「国民帝国」論の射程」山本編『帝国の研究』87-128頁（引用は89頁）。

(24)　木畑洋一「現代世界と帝国論」歴史学研究会編『帝国への新たな視座：歴史研究の地平から』青木書店、2005年、14頁。

(25)　西川正雄「国民国家」西川［他］編『角川世界史辞典』333頁。

(26)　有賀貞『国際関係史：16世紀から1945年まで』東京大学出版会、2010年、108-109頁；J・ジョル（池田清訳）『ヨーロッパ100年史』上巻、みすず書房、1975年、119頁。

(27)　Günther Ramhardter, "Propaganda und Außenpolitik", in *Habsburgermonarchie*, Bd. 6-1, 1989, S. 498-504; Schöllgen, *Das Zeitalter des Imperialismus*, S. 3. ハプスブルクは、ウィーン会議以降にはエジプトやスーダンの開発を試み、世紀転換期には北アフリカやラテンアメリカ、中国、小アジアで植民地を得ようとしたものの、成果にはつながらなかった。Walter Sauer, "Schwarz-Gelb in Afrika. Habsburgermonarchie und koloniale Frage", in Ders（hg.）, *K. u. k. kolonial: Habsburgermonarchie und europäische Herrschaft in Afrika*, Wien: Böhlau, 2007, S. 17-78; Fritz Klein, "Weltpolitische Ambitionen Österreich-Ungarns vor 1914", *Jahrbuch für Geschichte*, Jg. 29, 1983, S. 263-289.

(28)　Evelyn Kolm, *Die Ambitionen Österreich-Ungarns im Zeitalter des Hochimperialismus*, Frankfurt am Main: Lang, 2001, S. 17-41.

(29)　Kolm, *Die Ambitionen*, S. 254-293.

(30)　百瀬宏「東方問題」『岩波講座世界歴史20 近代7』岩波書店、1971年、293-327頁。

(31)　Andrea Komlosy, "Innere Peripherien als Ersatz für Kolonien? Zentrenbildung und Peripherisierung in der Habsburgermonarchie", in Endre Hárs（hg.）, *Zentren, Peripherien und kollektive Identitäten in Österreich-Ungarn*, Tübingen: Francke, 2006, S. 55-78.

(32)　Clemens Ruthner, "K. u. k. Kolonialismus als Befund, Befindlichkeit und Metapher: Versuch einer weiteren Klärung", in Johannes Feichtinger（hg.）, *Habsburg Postcolonial: Machtstrukturen und kollektives Gedächtnis*, Innsbruck: Studien-Verlag, 2003, S. 111-128.

(33)　A. J. P. Taylor, *The Habsburg Monarchy 1809-1918. A History of the Austrian Empire and Austria-Hungary*, London: Harper & Row, 1965, p. 153.

(34)　「侵入（侵略、移住による植民地化の両方、あるいはどちらか一方）によって、植民地以前の状態を受け継ぎつつ新たに設けられた政治構成体である。この構成体の支配権をにぎる他国の支配者が、地理的に離れた『本国』または帝国主義的中核と持続的な従属関係にあり、その本国または中心が、植民地に対して独占的な『所有』要求権を有している地域」といえる。Jürgen Osterhammel, *Kolonialismus: Geschichte, Formen, Folgen*, München:

Beck, 2006[5], S. 16. 同書の訳書（石井良訳『植民地主義とは何か』論創社、2005年、26頁）
も参照した。

(35) George Balandier, "The Colonial Situation", in Immanuel Wallerstein (ed.), *Social Change: the Colonial Situation*, New York: Wiley, 1966, pp. 34-61; Ania Loomba, *Colonialism-postcolonialism*, London: Routledge, 1998, p. 3; Osterhammel, *Kolonialismus*, S. 78-88（訳書は、147-167頁）．前掲の南塚論文もあわせて参照。

(36) B・アンダーソン（白石隆、白石さや訳）『定本想像の共同体：ナショナリズムの起源と流行』書籍工房早山、2007年、274-275頁；Benjamin von Kállay (Lajos Thallóczy (hg.)/übersetzt. Stephan Beigel), *Die Geschichte des serbischen Aufstandes 1807-1810*, Wien: Holzhausen, 1910, S. xxxvi. ボスニアにおけるハプスブルクの「植民地」統治が同時代には高く評価され、そのなかで日本の台湾総督府技師、市島直治が国有林経営を実地調査した事実は興味深い。彼の手になる『復命書』は、ハプスブルク政権が適切な森林経営をおこなっていることのみならず、経済の発展水準が低いうえに開発の難しいボスニアで体系的な政策を展開し、着実に成果をあげていることを評価した。市島はボスニア占領が軍事外交的な動機に因るものだったにもかかわらず、適切な善後策が立案されたことも積極的に理解する。市島直治『ボスニイン、ヘルツイゴヴイナ國拓殖視察復命書』臺灣総督府民政部殖産局、1907年。本書は、この復命書について全く触れられていないため、詳細については機会を改めて論じたい。

(37) Robert A. Kann, "Trends Toward Colonialism in the Habsburg Empire, *1878-1918*: The Case of Bosnia-Hercegovina, 1878-1914", in Don Karl Rowney/Orchard G. Edward (eds.), *Russian and Slavic History*, Ohio: Slavica Publishers, 1977, pp. 164-180.

(38) Kolm, *Die Ambitionen*, S. 239.

(39) Alojz Ivanišević, "Südslavische Frage", in Edgar Hösch et al. (hg.), *Lexikon zur Geschichte Südeuropas*, Wien: Böhlau, 2004, S. 667-669. 19世紀半ばのハプスブルクには、セルビア「本国」を上回る100万人のセルビア人が居住し、1914年には192万に達していた。Dimitrije Djordjević, "Die Serben", in *Habsburgermonarchie*, Bd. 3-1, 1980, S. 734-735.

(40) これに関するD・マッケンジーの説明は、四点に要約できる。①ガラシャニンが大半のセルビア人指導者と同じく、ボスニアをセルビア固有の土地とみなしていたこと、②セルビアの活動をボスニア、モンテネグロ、アルバニア北部に限定すべきこと、③ハプスブルクをセルビアの主要かつ永遠の、そしてもっとも危険な敵と位置づけていたこと、④『ナチェルターニェ』は1906年に初めて公表され、その際に人々の熱狂を巻き起こしたことである。David MacKenzie, *Ilija Garašanin, Balkan Bismarck*, Boulder: East European Monographs, 1985, pp. 42-61. もっとも、ガラシャニンがボスニアの多宗派性に気を留めていなかったことに注意したい。Wolf Dietrich Behschnitt, *Nationalismus bei Serben und Kroaten, 1830-1914: Analyse und Typologie der nationalen Ideologie*, München: Oldenbourg, 1980, S. 59.

(41) Jovan Cvijić, *Aneksija Bosne i Hecegovine i srpsko pitanje*, Beograd: Državna Štamparija Kraljevine Srbije, 1908, str. 16-17. ツヴイイチについては下記を参照。E・ニーデルハウゼル（渡邊昭子［他］訳）『総覧東欧ロシア史学史』北海道大学出版会、2013年、426頁。

(42) 鈴木董『ナショナリズムとイスラム的共存』千倉書房、2007年、14-15頁。

(43) Džaja, *Bosnien-Herzegowina*, S. 216. フロフの発展段階論は以下を参照。Miroslav Hroch, "Programme und Forderungen nationaler Bewegungen. Ein europäischer Vergleich", in Heiner Timmermann (hg.), *Entwicklung der Nationalbewegungen in Europa 1850-1914*,

Berlin: Duncker und Humblot, 1998, S. 17-29; 南塚信吾「東欧のネイションとナショナリズム」『岩波講座世界歴史18 工業化と国民形成』岩波書店、1997年、73-95頁。

(44) Rupert Klieber, *Jüdische, christliche, muslimische Lebenswelten der Donaumonarchie: 1848-1918*, Wien: Böhlau, 2010, S. 159.

(45) 柴「青年ボスニア」78-79頁 ; Mustafa Imamović, *Privni položaj i untarašnjo-politički razvitak BiH od. 1878. do 1918*, Sarajevo: Magistrat, 2007[3], str. 165-166.

(46) Michael Mitterauer, "Religionen", in Karl Kaser et al. (hg.), *Historische Anthropologie im südöstlichen Europa: Eine Einführung*, Wien: Böhlau, 2003, S. 371-372

(47) 川村清夫「研究動向 英語圏におけるハプスブルク帝国史研究の動向」『上智史學』第47号、2002年、163-173頁;同「ヨーロッパの後継諸国におけるハプスブルク帝国史の研究動向」『上智史學』第50号、2005年、75-88頁。

(48) W・S・チャーチル（佐藤亮一訳）『第二次世界大戦』第１巻、河出書房新社、1975年、14-15頁。

(49) 大津留厚「ハプスブルク帝国―アウスグライヒ体制の論理・構造・展開」『岩波講座世界歴史５ 帝国と支配　古代の遺産』岩波書店、1998年、318-320頁;進藤牧郎「オーストリア＝ハンガリー二重帝国の成立――歴史的ベーメン国法の理念をめぐって――」柴田三千雄、成瀬治編『近代史における政治と思想』山川出版社、1977年、357-367頁;Ferenc Glatz, "Die Habsburgermonarchie und die Geschichtsschreibung", in Ferenc Glatz/Ralph Melville (hg.), *Gesellschaft, Politik und Verwaltung in der Habsburgermonarchie 1830-1918*, Stuttgart: Franz Steiner Verlag Wiesbaden, 1987, S. 373-378. 第二次世界大戦後の東欧各国の歴史研究についてはニーデルハウゼル『史学史』第11章を参照。

(50) Pieter M. Judson, *The Habsburg Empire. A New History*, Cambridge, Mass.: Belknap Press of Harvard University Press, 2016, pp. 1-15. 近年のハプスブルクの研究動向については、とくに以下のものが示唆に富む。桐生裕子『近代ボヘミア農村と市民社会――19世紀後半ハプスブルク帝国における社会変容と国民化――』刀水書房、2012年、12-16頁;水野博子「総論　ポスト・ハプスブルクという射程」大津留厚［他］編『ハプスブルク史研究入門：歴史のラビリンスへの招待』昭和堂、2013年、187-204頁。

(51) Kaser, "Zwischenbilanz", S. 21-22. ユーゴスラヴィアの歴史学については下記を参照。Ivo Banac, "Yugoslavia", *The American Historical Review*, vol. 97-4, 1992, pp. 1084-1104; Robert Stallaerts, "Historiography in the Former and New Yugoslavia", *The Journal of Belgian History*, vol. 29-3/4, 1999, pp. 315-336;百瀬亮司「歴史学と「公共の歴史」の狭間で：ユーゴスラヴィア／セルビア史学の射程と盲点」『歴史研究』第52号、2014年、17-38頁。

(52) Karl Kaser, *Südosteuropäische Geschichte und Geschichtswissenschaft. Eine Einführung*, Wien: Böhlau, 2002, S. 173-211. これに関していえば、近藤信市は現地の研究者のハプスブルク批判にそくした議論を展開する（近藤信市「ボスニアにおけるハプスブルク帝国の統治に関する一考察」『史観』第111号、早稲田大学史学会、1984年、72-87頁）。しかしこれに関しては、現地の研究が「民族史観」に立脚していたことに注意する必要があるだろう。柴宜弘「バルカン研究の視点と課題」山本俊朗編『スラブ世界とその周辺』ナウカ、1992年、318頁。

(53) Christian Promitzer, "Whose is Bosnia? Post-communist Historiographies in Bosnia and Herzegovina", in Ulf Brunnbauer (ed.), *(Re) writing History: Historiography in Southeast Europe after Socialism*, Münster: LIT-Verlag, 2004, pp. 54-93, esp. 90-91. ボスニアの多民族性と歴史学の関係については下記を参照。とくにここではセルビア人歴史家の覇権主義

的傾向に留意したい。Robin Okey, "Overlapping National Historiographies in Bosnia-Herzegovina", in Tibor Frank/Frank Hadler (eds.), *Disputed Territories and shared Pasts: Overlapping National Histories in Modern Europe*, Basingstoke: Palgrave Macmillan, 2011, pp. 349-372. ボスニア内戦については下記を参照。月村太郎『ユーゴ内戦—政治リーダーと民族主義』東京大学出版会、2006年；佐原徹哉『ボスニア内戦——グローバリゼーションとカオスの民族化——』有志舎、2008年。

(54) アメリカの研究者Ｉ・デアークは、「東ガリツィア、ダルマティア、ボスニア・ヘルツェゴヴィナのような僻地でさえ、ハプスブルクの成功した近代化の証は、今日でも見られる——もちろん、ハプスブルク時代の公共建築物がセルビアの砲火によって瓦礫と化したサライェヴォのような場所は含まれない」と記す。István Deák, "The Habsburg Empire", in Karen Barkey/Mark von Hagen (eds.), *After Empire: Multiethnic Societies and Nation-Building: the Soviet Union and the Russian, Ottoman and Habsburg Empires*, Boulder: Westview Press, 1997, pp. 129-130.

(55) Ｇ・イェリネク（芦部信喜［他］共訳）『一般国家学』学陽書房、1974年、324、522頁。

(56) Friedrich Kleinwaechter, "Die Annexion Bosniens und der Herzegowina", *Zeitschrift für Politik*, Bd. 3-1, 1909, S. 140.

(57) Imamović, *Privni položaj*, str. 21-40, 45-46; Dževad Juzbašić, "Die österreichisch-ungarische Okkupationsverwaltung in Bosnien-Herzegowina. Einige Aspekte der Beziehungen zwischen den Militär- und Zivilbehörden", *Prilozi*, Bd. 34, 2005, S. 81-112; Martha M. Čupić-Amrein, *Die Opposition gegen die österreichisch-ungarische Herrschaft in Bosnien-Hercegovina 1878-1914*, Bern: Lang, 1987, S. 48-59.

(58) 池田嘉郎「第１次世界大戦と帝国の遺産——自治とナショナリズム——」宇山智彦編『ユーラシア近代帝国と現代世界』ミネルヴァ書房、2016年、148頁。

(59) Louis Eisenmann, *Le Compromis Austro-Hongrois de 1867 Etude sur le Dualisme*, Paris: Société Nouvelle de Librairie et d'Édition, 1904, pp. 611-613. Ｊ・ガラーンタイも、ボスニアに二重帝国体制の特質を見て取れると述べるが、その詳細は明らかにされていない。József Galántai, *Der österreichisch-ungarische Dualismus 1867-1918*, Wien: Österreichischer Bundesverlag, 1990, S. 63-65.

(60) *Bericht* 1906, S. 1.

(61) 両地域の人口（1842年）は、合計およそ480万であったうえ、ハプスブルク工業の中核地域をなしていた。当時の統計によれば、両地域は大規模製造業の国内生産額において23パーセントを占めていたという。御園生真「19世紀前半のオーストリア＝ハンガリー間貿易—ハプスブルク帝国内の経済的統合に関する一考察」『独協大学経済学研究』第51号、1988年、27-32頁。

(62) Oscar Jászi, *The Dissolution of the Habsburg Monarchy*, Chicago: University of Chicago Press, 1929, p. 413.

(63) Kemal Hrelja, *Industrija Bosne i Hercegovine do kraja prvog svjetskog rata*, Beograd: SDEJ, 1961; Dževad Juzbašić, "Die Einbeziehung Bosniens und der Herzegowina in das gemeinsame österreichsch-ungarische Zollgebiet", *Österreichische Osthefte*, Bd. 30, 1988, S. 196-211.

(64) Kolm, *Die Ambitionen*, S. 235-253; D. K. Fieldhouse, *The Colonial Empires: A Comparative Survey from the Eighteenth Century*, London: Macmillan, 1982², pp. 380-394.

(65) Karl Dinklage, "Die Landwirtschaftliche Entwicklung", in *Habsburgermonarchie*, Bd. 1,

1973, S. 427; Alan S. Milward/S. B. Saul, *The Development of the Economies of Continental Europe 1850-1914*, London: Allen & Unwin, 1977, p. 281; Ivan Tibor Berend, *History Derailed: Central and Eastern Europe in the Long Nineteenth Century*, Berkeley: University of California Press, 2003, pp. 176-178.

(66) 近年のR・ドーニャの論考も、この問題については表層的な検証にとどまっている。Robert J. Donia, "The Proximate Colony: Bosnia-Herzegovina under Austro-Hungarian Rule", in Clemens Ruthner (hg.), *WechselWirkungen: Austria-Hungary, Bosnia-Herzegovina, and the Western Balkans, 1878-1918*, New York: Lang, 2015, pp. 67-82.

(67) I・T・ベレンド／Gy・ラーンキ（柴宜弘［他］訳）『ヨーロッパ周辺の近代：1780-1914』刀水書房、1991年、18-19頁；Péter Gunst, *Agrarian Development and Social Change in Eastern Europe, 14th-19th Centuries*, Aldershot: Hampshire, 1996, p. 29.

(68) L. S. Stavrianos, *The Balkans since 1453*, London: Hurst, 2008⁴, pp. 462-463; 佐藤勝則『オーストリア農民解放史研究――東中欧地域社会史研究序説――』多賀出版、1992年、365-379頁。

(69) 本書で用いる英国議会資料（*PP*）は、すべて以下に所収。村上亮編『英国議会資料 資料集 XV ボスニア』国立民族学博物館・地域研究企画交流センター、2005年。

第1章

（1） 二重帝国体制については下記を参照。大津留「ハプスブルク帝国」、297-320頁；Galántai, *Dualismus*, S. 37-73.

（2） この点はアウスグライヒに関する法律（ハンガリー：第27条、オーストリア：第5条）で定められている。Galántai, *Dualismus*, S. 53.

（3） Emile Reich, "Austria-Hungary and the Ausgleich", *The Nineteenth Century*, vol. 43, 1898, p. 467. オーストリアの研究者G・シュトルツは、アイゼンマンの研究を引きつつ物上連合 Realunion、国家連合、連邦国家のいずれの要素も認められると指摘する。Gerald Stourzh, "Der Dualismus 1867 bis 1918: Zur staatsrechtlichen und völkerrechtlichen Problematik der Doppelmonarchie", in *Habsburgermonarchie*, Bd. 7-1, 2000, S. 1223; Eisenmann, *Le compromis austro-hongrois de 1867*, p. 614, 616.

（4） Galántai, *Dualismus*, S. 53.

（5） フランツ・ヨーゼフが最後に主宰したのは1905年8月22日であった。Anatol Schmied-Kowarzik (hg.), *Die Protokolle des gemeinsamen Ministerrates der Österreichisch-ungarischen Monarchie, 1908-1914*, Budapest: Akadémiai Kiadó, 2011, S. 37.

（6） その全体協議も1882年が最後であった。Otto Brunner, "Die österreichisch-ungarische Ausgleich von 1867", in Mayer Theodor (hg.), *Die österreichisch-ungarische Ausgleich von 1867: Seine Grundlagen und Auswirkungen*, München: Oldenbourg, 1968, S. 18.

（7） Stanislaus R. von Starzyński, "Delegationen", in Ernst Mischler (hg.), *Österreichisches Staatswörterbuch* (2. Aufl.), Bd. 1, Wien: Hölder, 1905, S. 667. これについては以下の論文の説明も有用である。Éva Somogyi, "Die Delegation als Verbindungsinstitution zwischen Cis-und Transleithanien", in *Habsburgermonarchie*, Bd. 7-1, 2000, S. 1107-1176.

（8） Adam Kożuchowski, *The Afterlife of Austria-Hungary: The Image of the Habsburg Monarchy in Interwar Europe*, Pittsburgh: University of Pittsburgh Press, 2013, pp. 149-151.

（9） ただし晩年は、軍事、外交において皇位継承者フランツ・フェルディナントの発言権が

補注　199

強まりつつあったことは、拙稿「皇位継承者」参照。

(10)　Stourzh, "Der Dualismus 1867 bis 1918", S. 1191-1195; Ernst C. Hellbling, "Das öster-reichische Gesetz vom Jahre 1867 über die gemeinsamen Angelegenheiten der Monarchie", in Forschungsinst. für den Donauraum（hg.）, *Der österreichisch-ungarische Ausgleich von 1867. Vorgeschichte u. Wirkungen*, Wien: Herold, 1967, S. 84.

(11)　Barna Mezey, "Gesetzesvorbereitung in Ungarn zur Zeit des Dualismus. Die Rolle der Regierung in der Gesetzgebung", in Gerald Kohl（hg.）, *Festschrift für Wilhelm Brauneder zum 65. Geburtstag: Rechtsgeschichte mit internationaler Perspektive*, Wien: Manz, 2008, S. 329-343. なお事前裁可で重要な役割を担ったのは、ウィーン駐在ハンガリー宮廷大臣である。この地位はハンガリー政府にとって、フランツ・ヨーゼフともっとも頻繁に謁見する人物という点で重要であった。各々の政策へのフランツ・ヨーゼフの同意を取りつけるだけでなく、政治情勢の伝達や政府の措置を擁護する役目も負っていた。Éva Somogyi, "Das ungarische Ministerium in Wien（1867-1918）", in Ulfried Burz（hg.）, *Brennpunkt Mitteleuropa: Festschrift für Helmut Rumpler zum 65. Geburtstag*, Klagenfurt: Carinthia, 2000, S. 272-276.

(12)　ポーランド（ガリツィア）については、官庁や裁判所での内務語としてのポーランド語の使用、教育のポーランド化、ポーランドの無任所大臣の入閣（1871年以後）などがあげられる。Henryk Batowski, "Die Polen", in *Habsburgermonarchie*, Bd. 3-1, 1980, S. 531-532. クロアティアについては、ハンガリーとの「ナゴドバ Nagodba」により一定の自治を認められたが、財政や担税の権限を欠いていたため、クロアティアの自治政府はハンガリー政府の執行機関と化したとする見方がある。月村太郎『オーストリア＝ハンガリーと少数民族問題：クロアティア人・セルビア人連合成立史』東京大学出版会、1994年、65-75頁。

(13)　Solomon Wank, "The Habsburg Empire", in Barkey/Hagen（eds.）, *After Empire*, p. 50.

(14)　D・リーベン（袴田茂樹監修、松井秀和訳）『帝国の興亡』上巻、日本経済新聞社、2002年、324-326頁。ルーマニアはハプスブルクと同盟関係にあったが、トランシルヴァニアのルーマニア人に対するハンガリーの抑圧的政策が両国関係に影を落としており、大戦前夜にはロシアに接近していた。ハンガリーの外交官や政治家にとって、南スラヴ問題とともにルーマニア問題も重大な脅威であった。Charles Jelavich/Barbara Jelavich, *The Establishment of the Balkan National States 1804-1920*, Seattle: University of Washington Press, 1977, pp. 237-247.

(15)　とくに近年は、好意的な評価が多いように見受けられる。R・キャメロン／L・ニール（速水融監訳、酒田利夫［他］訳）『概説世界経済史 II　工業化の展開から現代まで』東洋経済新報社、2013年、94-99頁。

(16)　David F. Good, *The Economic Rise of the Habsburg Empire, 1750-1914*, Berkeley: University of California Press, 1984, p. 228.

(17)　ハプスブルク経済については下記を参照。Ferdinand Tremel, "Sozialökonomische Probleme nach dem Ausgleich", in Institut für Österreichkunde（hg.）, *Historisches Geschehen im Spiegel der Gegenwart. Österreich-Ungarn, 1867-1967*, Wien: Hirt, 1970, S. 149-171; R・オーキー（三方洋子訳／山之内克子、秋山晋吾監訳）『ハプスブルク君主国1765-1918：マリア＝テレジアから第一次世界大戦まで』NTT出版、2010年、288-308頁。

(18)　このあらましについては下記を参照。馬場優『オーストリア＝ハンガリーとバルカン戦争：第一次政界大戦への道』法政大学出版局、2006年（とくに27-36頁）。

(19)　Rainer F. Schmidt, *Die gescheiterte Allianz Österreich-Ungarn, England und das Deutsche*

Reich in der Ära Andrassy（*1867 bis 1878/79*）, Frankfurt am Main: Lang, 1992, S. 70.

(20) István Diószegi, "Der Platz Bosnien-Herzegowinas in Andrássys außenpolitischen Vorstellungen", in Burz（hg.）, *Brennpunkt Mitteleuropa*, S. 378.

(21) Matthew Smith Anderson, *The Eastern Question, 1774-1923: A Study in International Relations*, London: Macmillan, 1966, pp. 172-173. クリミア戦争後のパリ条約（1856年）は、ロシアとオスマンの警備艇を除き、黒海への軍艦侵入を禁止した。ロシア皇帝アレクサンドル2世は、列国の注意が普仏戦争に向けられている隙をとらえて、この条項の一方的な破棄を宣言した（1870年10月31日）。入江啓四郎、大畑篤四郎『外交史提要（増補版）』成文堂、1967年、18-22、46-47頁。1871年3月1日、イギリス、ロシア、ハプスブルク、プロイセンらが参加して、これに関する議定書が交わされた。高田和夫は、この結果について「帝政ロシアは外交的勝利を得て、黒海に艦船を維持し、沿岸部に軍事的拠点を建設することが保証された」と指摘する。高田和夫『帝政ロシアの国家構想：1877-78年露土戦争とカフカース統合』山川出版社、2015年、63-70頁（引用は68頁）。

(22) Galántai, *Dualismus*, S. 115.

(23) William A. Gauld, "The 'Dreikaiserbundnis' and the Eastern Question, 1871-6", *English Historical Review*, vol. 40-158, 1925, p. 212; Francis Roy Bridge, *From Sadowa to Sarajevo: the Foreign Policy of Austria-Hungary 1866-1914*, London: Routledge, 1972, pp. 66-68, 392-393.

(24) R・ジロー（渡邊啓貴［他］訳）『国際関係史：1871-1914年 ヨーロッパ外交、民族と帝国主義』未來社、1998年、130頁。

(25) Bridge, *Sadowa*, p. 73.

(26) 南塚「帝国主義」83頁。

(27) Ian D. Armour, *Apple of Discord: The 'Hungarian Factor' in Austro-Serbian Relations, 1867-1881*, West Lafayette, Ind: Purdue University Press, 2014, p. 3.

(28) Horst Haselsteiner, "Zur Haltung der Donaumonarchie in der Orientalischen Frage", in Ders（hg.）, *Bosnien-Hercegovina: Orientkrise und Sudslavische Frage*, Wien: Böhlau, 1996, S. 15-31.

(29) アンドラーシは、1875年1月29日の会議において、セルビア、モンテネグロ、ボスニアから構成される南スラヴ国家を阻止しなければ、ハプスブルクが（ヨーロッパにおける）「病人」の役割に陥ると述べている。Arnold Suppan, "Aussen-und Militärpolitische Strategie Österreich-Ungarns vor Beginn des bosnischen Aufstandes 1875", in *Medjunarodni naučni skup povodom 100-godišnijice ustanka u Bosni i Hercegovini, drugim balkanskim zemljama i istočnoj krizi 1875-1878. godine*, Bd. 1, Sarajevo: Akademija Nauka i Umjetnosti Bosne i Hercegovina, 1977, S. 164.

(30) ボスニアをめぐるアンドラーシと軍部の姿勢の違いについては下記を参照。Schmidt, *Die gescheiterte Allianz*, S. 75-77.

(31) David MacKenzie, *The Serbs and Russian Pan-Slavism, 1875-1878*, Ithaca, N. Y.: Cornell University Press, 1967, p. 31; Abdul-Raouf Sinno, "Pan-Slawismus und Pan-Orthodoxie als Instrumente der russischen Politik im Osmanischen Reich", *Die Welt des Islams, New Series*, Bd. 28, Nr. 1/4, 1988, S. 549.

(32) Mihailo D. Stojanović, *The Great Powers and the Balkans. 1875-1878*, Cambridge: Cambridge University Press, 1968, pp. 25-26.

(33) 「アンドラーシ覚書」、「ベルリン覚書」はいずれも反乱を収束させるため、オスマンにキ

リスト教徒の待遇改善を中心とする改革を求めたものである。Stojanović, *The Great Powers*, pp. 28-68; Anderson, *Eastern Question*, pp. 182-183.

(34)　Geyer, *Der russische Imperialismus*, S. 58-59.

(35)　MacKenzie, *Serbs*, pp. 102-103. ただし各宗派の対応については不明である。

(36)　Stojanović, *The Great Powers*, pp. 74-77; George Hoover Rupp, "The Reichstadt Agreement", *The American Historical Review*, vol. 30-3, 1925, pp. 503-510.

(37)　Bridge, *Sadowa*, p. 78.

(38)　ロシアは、1876年11月１日に全国規模の動員令を下した。この際には44県で22万人が徴集され、30県で63,000頭の軍馬が徴用された。高田『帝政ロシア』257頁。

(39)　Anderson, *Eastern Question*, pp. 187-188; John P. LeDonne, *The Russian Empire and the World, 1700-1917: the Geopolitics of Expansion and Containment*, Oxford: Oxford University Press, p. 266. 汎スラヴ主義と露土戦争の関係については下記も参照。高田和夫「露土戦争とロシア・ナショナリズム」『法政研究』第68巻３号、2001年、707-727頁；竹中浩「汎スラヴ主義と露土戦争—大改革後ロシアの保守的ジャーナリズムにおけるナショナリズムの諸相」『阪大法学』第59巻３・４号、2009年、617-640頁。

(40)　これは、オスマンとセルビア、モンテネグロの関係改善、トルコ軍の戦時体制の解除、キリスト教住民の待遇改善などを求めたものであった。Bridge, *Sadowa*, p. 82; 木戸蓊『バルカン現代史（世界現代史 24）』山川出版社、1977年、107頁。

(41)　その他には、ハプスブルクとロシアの軍事行動の範囲について、セルビア、モンテネグロ、サンジャクを中立地帯とすることも取り決めた。同協定については下記を参照。Lepsius Johannes et al.（hg.）, *Die Grosse Politik der europäischen Kabinette, 1871-1914*, Bd. 2, Berlin: Deutsche Verlagsgesellschaft für Politik und Geschichte, 1922, S. 111-115; Alfred Franzis Pribram（ed.）, *The Secret Treaties of Austria-Hungary, 1879-1914*, vol. 2, Cambridge: Harvard University Press, 1921, pp. 189-203.

(42)　この協定は、「東方問題」に対して無関心でありながら、ハプスブルクとロシアの関係悪化を恐れるビスマルクの構想にも合致していた。彼は、オスマンを犠牲とした領土補償政策による調停を試みていたのである。Anderson, *Eastern Question*, p. 188. この時期のビスマルク外交は下記の文献に詳しい。飯田洋介『ビスマルクと大英帝国：伝統的外交手法の可能性と限界』勁草書房、2010年、第２、３章参照。

(43)　Bridge, *Sadowa*, p. 82.

(44)　アンドラーシから駐ベルリン・ハプスブルク大使 A・カーロイ Károlyi への文書（1878年１月28日）。Johannes（hg.）, *Die Grosse Politik*, S. 169-171. ロシア皇帝アレクサンドル２世は、フランツ・ヨーゼフに対して、セルビアとモンテネグロへのボスニアの一部を割譲すること、ブルガリアを２年間にわたりロシア軍が占領することを伝えたが（1877年12月９日）、フランツ・ヨーゼフはこれに対し、オスマンは崩壊していないため、「ライヒシュタット協定」の適用される状況ではないこと、ハプスブルクによるボスニア占領はロシアのベッサラビア回復に対応したもので、ブルガリアの軍事占領とは関係ないことを述べたとされる。Bridge, *Sadowa*, pp. 84-85.

(45)　Anderson, *Eastern Question*, pp. 202-203; Bridge, *Sadowa*, p. 86. 皇帝直属の軍官房長 F・ベック Beck は、フランツ・ヨーゼフに軍事情勢が1859年、1866年よりも悪いこと、戦争に陥った場合にはロシア、南スラヴの近隣諸国、ドイツ、イタリアと戦う危険性があること、戦争の経費が６億グルデンを超えかねないことなどを述べ、ロシアとの戦争に反対した（２月14日）。Edmund von Glaise-Horstenau, *Franz Josephs Weggefährte. Das Leben des Gen-*

eralstabschefs Grafen Beck. Nach seinen Aufzeichnungen und hinterlassenen Dokumenten, Wien: Amalthea-Verlag, 1930, S. 200.

(46)　Sinno, "Pan-Slawismus", S. 555. モンテネグロ、セルビア、ルーマニアの独立と領土拡大、アルメニアのロシアの保護領化、ロシアへの賠償金なども決められている。Sir Augustus Oakes/R. B. Mowat (eds.), *The Great European Treaties of the Nineteenth Century*, Oxford: Clarendon Press, 1930, pp. 377-390.

(47)　Bridge, *Sadowa*, p. 86; Anderson, *Eastern Question*, pp. 199-200; George Hoover Rupp, *A Wavering Friendship: Russia and Austria, 1876-1878*, Cambridge: Harvard University Press, 1976, p. 535.

(48)　イギリス外務相ソールズベリ（1878年 3 月28日就任）は、従来のヨーロッパ大陸における不干渉政策を放棄し、ドイツ、ハプスブルクとの協調を進めた。一方、ドイツ、フランス、イタリアも、「サンステファノ条約」におけるロシアの取り分は多すぎると認めていた。ジロー『国際関係史』138-139頁。

(49)　Rhode Gotthold, "Der Berliner Kongress und Südosteuropa", in Karl Otmar Aretin (hg.), *Bismarcks Aussenpolitik und der Berliner Kongress*, Wiesbaden: Steiner, 1978, S. 118.

(50)　もっともソールズベリは、海峡問題を中心にさまざまな留保をしており、英露間の懸案が全面的に解決されなかった。Anderson, *Eastern Question*, p. 207.

(51)　Rupp, *A Wavering Friendship*, pp. 526-528; William A. Gauld, "The Anglo-Austrian Agreement of 1878", *English Historical Review*, vol. 41-161, 1926, pp. 108-112. 当初の協定文に「ヘルツェゴヴィナ」は明記されていなかったが、ハプスブルク側はその挿入を望んだ。これは「ライヒシュタット協定」に関するロシアとの見解の相違を念頭においたものであろう。

(52)　Imanuel Geiss (hg.), *Der Berliner Kongress 1878: Protokolle und Materialien*, Boppard am Rhein: Boldt, 1978, S. XI.

(53)　L・ガル（大内宏一訳）『ビスマルク：白色革命家』創文社、1988年、675頁。

(54)　1 カ月にわたる会期中、平均 2‐3 時間に及んだ本会議が20回開催された一方、各国間の秘密会談も頻繁におこなわれた。Geiss (hg.), *Der Berliner Kongress 1878*, S. XVII; Anderson, *Eastern Question*, p. 210.

(55)　「ベルリン条約」の概要は以下を参照。入江、大畑『外交史提要（増補版）』56-59頁。

(56)　Geiss (hg.), *Der Berliner Kongress*, S. 78-84, 242-251. ソールズベリの発言内容は、アンドラーシがイギリス政府に送った覚書（1878年 4 月21日）を反映したものである。Johannes (hg.), *Die grosse Politik*, S. 280-289.

(57)　アンドラーシからフランツ・ヨーゼフへの報告（ 7 月 4 日）。Alexander Novotny, *Quellen und Studien zur Geschichte des Berliner Kongresses 1878. (Bd. 1: Österreich, die Türkei u. das Balkanproblem im Jahre des Berliner Kongresses)*, Graz: Böhlau, 1957, S. 114. オスマン側がとりわけビスマルクの敵対的な態度を感じたのは、ボスニア問題であった。Friedrich Scherer, *Adler und Halbmond: Bismarck und der Orient 1878-1890*, Paderborn: F. Schöningh, 2001, S. 50-51.

(58)　Oakes/Mowat (eds.), *The Great European Treaties*, p. 345.

(59)　アンドラーシからフランツ・ヨーゼフへの報告（ 6 月25日）。W. N. Medlicott, *The Congress of Berlin and after: A Diplomatic History of the Near Eastern Settlement, 1878-1880*, Hamden: Archon, 1963², pp. 72-73.

(60)　このように、オスマンが主権という「名」を維持しつつ、ハプスブルクが「実」をとる

という形式は、前述のキプロスに始まり、チュニジア（フランス）、エジプト（イギリス）においても見られた。「主権や宗主権には手を触れないことで、オスマンや他の列強諸国の反発を軽減しつつ、事実上の支配権確保に徹する、一種の「洗練された」非公式支配の方式」という指摘は、きわめて的確と考える。藤波伸嘉「主権と宗主権のあいだ—近代オスマンの国制と外交」岡本隆司編『宗主権の世界史：東西アジアの近代と翻訳概念』名古屋大学出版会、2014年、49-87頁（引用は76頁）。

(61)　この協定も7月13日に合意された。なお、オスマン側はこの取り決めを公表しないことを約束した。Serge Maiwald, *Der Berliner Kongreß 1878 und das Völkerrecht. Die Lösung des Balkanproblems im 19. Jahrhundert*, Stuttgart: Wissenschaftliche Verlagsgesellschaft, 1948, S. 59; Novotny, *Quellen und Studien*, S. 132.

(62)　Samuel Ruthven Jr. Williamson, *Austria-Hungary and the Origins of the First World War*, Basingstoke: Macmillan, 1991, pp. 62-63. H・ハンチュも、フランツ・ヨーゼフがボスニアの併合を要求していたことを指摘する。Hugo Hantsch, "Franz Joseph und die Außenpolitik", in Friedrich Engel-Janosi/Helmut Rumpler (hg.), *Probleme der Franzisko-Josephinischen Zeit, 1848-1916*, Wien: Verlag für Geschichte und Politik, 1967, S. 32.

(63)　ハプスブルクは、セルビアと政治、経済的に従属下におくための秘密条約を締結した。ここでは、セルビアがボスニア、ノヴィバザル（サンジャク）を含むハプスブルクの領域に対する政治的、宗教的陰謀を認めないこと（第2条）、セルビアが外国と何らかの条約を締結する場合には、必ずハプスブルクの同意を得ること（第4条）、セルビアが南方に領土を拡大する場合、ハプスブルクがそれを支持すること（第7条）などが定められた。Pribram (ed.), *The Secret Treaties*, vol. 2, pp. 50-55. もっとも時のセルビア国王ミラン・オブレノヴィチ Milan Obrenović の支配は、発展しつつあった大衆迎合的なナショナリズムにそぐわないものであり、彼の親ハプスブルク政策は反発を招いた。これがハプスブルクとセルビアの関係破綻の原因になったといえる。Armour, *Apple*, pp. 302-303.

(64)　LeDonne, *The Russian Empire*, p. 270. 「東方危機」におけるロシア外交の問題としては、中枢における方針の不統一、特使の技量の低さ、不明瞭な指示などがあげられる。David MacKenzie, "Russia's Balkan Politics and the South Slavs, 1878", in idem, *Serbs and Russians*, Boulder: East European Monographs, 1996, p. 284.

(65)　Konrad Canis, *Bismarcks Aussenpolitik 1870 bis 1890: Aufstieg und Gefährdung*, Paderborn: F. Schöningh, 2008, S. 138-139; Winfried Baumgart, *Vom europäischen Konzert zum Völkerbund: Friedensschlüsse und Friedenssicherung von Wien bis Versailles*, Darmstadt: Wissenschaftliche Buchgesellschaft, 1974, S. 55.

(66)　ジロー『国際関係史』149-150頁；Heinrich Lutz, "Von Königgrätz zum Zweibund. Aspekte europäischer Entscheidungen", *Historische Zeitschrift*, Bd. 217-2, 1973, S. 372.

(67)　Pribram (ed.), *The Secret Treaties*, vol. 2, p. 42.

(68)　オーストリアでは、主導的な政治勢力であるドイツ人自由派が多額の占領費用とスラヴ人の増加などを理由として占領に抵抗したためにフランツ・ヨーゼフの怒りを買い、政権の喪失と自由派の分裂を招いた。ハンガリーでは、南スラヴ人の増加に対する危機感に加え、反ロシア、親トルコ的傾向が強かったため、占領に対する世論の根強い反発がみられた。Lothar Höbelt, "The Bosnian Crisis Revisited: Why did the Austrian Liberals oppose Andrassy?", in Lothar Höbelt/T. G. Otte (eds.), *A Living Anachronism? European Diplomacy and the Habsburg Monarchy*, Wien: Böhlau, 2010, pp. 177-198; István Diószegi, *Bismarck und Andrássy. Ungarn in der deutschen Machtpolitik in der 2. Hälfte des 19. Jahr-*

hunderts, Wien: Oldenbourg, 1999, S. 307-312.

第 2 章

（ 1 ） Glaise-Horstenau, *Franz Josephs Weggefährte*, S. 207; Medlicott, *The Congress of Berlin*, pp. 147-151.

（ 2 ） Engelbert Deusch, "Andrássy und die Okkupation Bosniens und der Herzegowina-Untersuchung mit besonderer Berücksichitungung der österr. -ungarischen Konsulatsberichte", *Österreichische Osthefte*, Bd. 12-3, 1970, S. 18-21; Christian M. Ortner, "Erfahrungen einer westeuropäischen Armee auf dem Balkan: Die militärische Durchsetzung österreichisch-ungarischer Interessen während der Interventionen von 1869,1878 und 1881/82", in Bernhard Chiari et al. (hg.), *Am Rande Europas?: der Balkan-Raum und Bevölkerung als Wirkungsfelder militärischer Gewalt*, München: Oldenbourg, 2009, S. 75-80. 占領時に多くの死傷者が出たことはハンガリーの野党勢力の激しい批判を招き、アンドラーシ辞職の一因となった。Medlicott, *The Congress of Berlin*, p. 263.

（ 3 ） 同協定をめぐる折衝については以下を参照。Kemal Karpat H., "The Ottoman Attitude towards the Resistance of Bosnia and Herzegovina to the Austrian Occupation in 1878", in Milorad Ekmečić (red.), *Naučni Skup Otpor Austrougarskoj Okupaciji 1878. godine u Bosni i Hercegovini*, Sarajevo: Akademija Nauka i Umjetnosti Bosne i Hercegovine, 1979, pp. 147-172; Medlicott, *The Congress of Berlin*, pp. 262-289. この際にアブドゥルハミト 2 世はムスリムの居住地域を外国権力に委ねることに感情を害しており、ハプスブルク大使に対して冷淡であったとされる。Mehmet Cebeci, *Die deutsch-türkischen Beziehungen in der Epoche Abdülhamids II.（1876-1908)*, Marburg: Tectum Verlag, 2010, S. 51.

（ 4 ） 1881年11月13日付の地方行政府布告では、ボスニア住民は法的にも、実際上もハプスブルクの従属下に入ったため、「他国の権威 Autorität」に基づくすべての司法権から切り離されるとされた。ボスニア住民がオスマン国内に滞在している場合、ハプスブルク領事の司法権に服するとされたのである。*Sammlung* 1881, S. 754-755.

（ 5 ） 同協定の付帯文書では、ハプスブルクはプリボイ、プリィェポリェ、ビイェロポリエの 3 地点に暫定的に4,000人から5,000人の兵士を駐屯できること、他の場所に駐屯させる場合には、オスマンとの同意を要することが定められた。協定については下記を参照。*Sammlung* 1878-1880, Bd. 1, S. 4-8.

（ 6 ） Edmund Bernatzik (hg.), *Die österreichischen Verfassungsgesetze mit Erläuterungen*, Wien: Manz, 1911, S. 440. 共通財務省は当初、予算作成と決算処理、信用と国債関連の業務、共通省庁の予算と官吏年金、ハンガリー財務省との折衝部門の 4 部局から構成された。Viktor von Hofmann, "Reichsfinanzministerium", in Ernst Mischler (hg.), *Österreichisches Staatswörterbuch* (2. Aufl.), Bd. 3, Wien: Alfred Hölder, 1907, S. 620.

（ 7 ） 当初ボスニア局は、行政（警察、宗教、教育、衛生）、財務（予算編成、公共事業、鉄道、貿易、産業、関税）、司法、山林・鉱山、記録、人事、経理（ボスニア局全体の経理、地方行政府の収支計算書の監査、国営企業の収支計算書の認証）の 7 部局から構成された。Peter F. Sugar, *Industrialization of Bosnia-Herzegovina,1878-1918*, Seattle: Washington University Press, 1963, p. 27.

（ 8 ） ABiH, ZMF, BH. opći. 702-1879.

（ 9 ） StA, FA, RFM, Präs. 593-1879.

（10） StA, AV, HM, Präs. 1261-1879.

(11) Lothar Classen, *Der völkerrechtliche Status von Bosnien-Herzegowina nach dem Berliner Vertrag vom 13. 7. 1878.*, Frankfurt am Main: Lang, 2004, S. 126. この措置は、ボスニア経済に非常に大きな衝撃を与えたと思われる。cf. Fieldhouse, *Colonialism*, p. 66.

(12) *Sammlung* 1878-1880, Bd. 1, S. 8-9.

(13) 同時代の法学者G・シュタインバハは「ボスニア憲法の公布まで、君主はボスニア・ヘルツェゴヴィナのみに関わるすべての案件において絶対的な支配権を有していた」と語っている。Gustav Steinbach, "Die bosnische Verfassung", *Jahrbuch des öffentlichen Rechts der Gegenwart*, Bd. 4, 1911, S. 484.

(14) Tomislav Kraljačić, *Kalajev Režim u Bosni i Hercegovini <1882-1903>*, Sarajevo: Veselin Maslesa, 1987, str. 400.

(15) 具体的にいえば、「レイスルウレマー（ウラマーの長）」を創出し、カーディーやムフティの選出、ワクフの管理を委任した。イギリスは第一次世界大戦後、同様の試みをパレスティナで実施したという。秋葉淳「帝国とシャリーア——植民地イスラーム法制の比較と連関——」宇山編『ユーラシア近代帝国』59-60頁。この問題の詳細については以下の論文を参照されたい。米岡大輔「ハプスブルク帝国下ボスニアにおけるイスラーム統治とその反応—レイス・ウル・ウレマー職をめぐって」『史林』第94巻2号、2011年、323-341頁。

(16) Ferdinand Schmid, *Bosnien und die Herzegovina unter der Verwaltung Österreich-Ungarns*, Leipzig: Veit, 1914, S. 20-25; Galántai, *Dualismus*, S. 64.

(17) *Bericht* 1906, S. 23-24.

(18) Schmid, *Bosnien*, S. 51; Kleinwaechter, "Die Annexion Bosniens", S. 143-144; Karl Sax/Possilovic, "Verwaltungsgebiet Bosnien und Herzegowina", in Ernst Mischler/Joseph Ulbrich（hg.）, *Österreichisches Staatswörterbuch, Handbuch des gesammten österreichischen öffentlichen Rechtes*, Bd. 2/2, 1897, S. 1456-1457.

(19) Valeria Heuberger, "Politische Institutionen und Verwaltung in Bosnien und der Hercegovina 1878-1918", in *Habsburgermonarchie*, Bd. 7-2, 2000, S. 2389-2390.

(20) Somogyi, *Der gemeinsame Ministerrat*, S. 137. なお歴代の共通財務相は、オーストリアかハンガリーの元財務相、あるいは共通外務省の高官が就任することが多かった。バルカン事情に通じた人物という共通点も指摘できる。*Ibid.*, S. 136-137, 167.

(21) Ferdinand Hauptmann, "Djelokrug Austrougarskog Zajedničkog Ministarstva Financija", *Glasnik Arhivâ i Društva arhiviskih Radnika Bosne i Hercegovine*, sve. 3, 1963, str. 13-22.

(22) Imamović, *Privni položaj*, str. 51. ここではカーライが、君主フランツ・ヨーゼフのもっとも重要な助言者のひとりであったことも付言しておきたい。Alexander Novotny, "Der Monarch und seine Ratgeber", in *Habsburgermonarchie*, Bd. 2, 2003, S. 90-91.

(23) 本節の内容はとくに断らない場合、以下を参照した。*Bericht* 1906, S. 25-27; Heuberger, "Politische Institutionen", S. 2393-2401.

(24) この状況は大戦前夜に文民補佐官が廃され、総督の権限が強化されるまで継続した。

(25) *Bericht* 1911, S. 11; Schmid, *Bosnien*, S. 67-68; Heuberger, "Politische Institutionen", S. 2408-2409. 1911年3月には、ボスニアに勤務する官僚は2年以内に現地語Landessprache の習得を義務付ける法案の提出が試みられた。なおシュミットも指摘しているが、行政府報告における官僚統計は不十分であった。Schmid, *Bosnien*, S. 66.

(26) その後司法機能は失ったものの、財務を含むすべての行政的活動、すなわち道路建設と整備、獣医、兵役、地方警察などの範疇をおさめていた。

(27) Karl Vocelka, "Das Osmanische Reich und die Habsburgermonarchie 1848-1918", in

Habsburgermonarchie, Bd. 6-2, 1993, S. 261-262; Georg Glockemeier, *Die politischen Richtlinien der bosnischen Verwaltung und ihre praktische Auswirkung in der Zeit von 1878 bis zur Jahrhundertwende*, Wien (Dissertation, Universität Wien), 1928, S. 157-158. 1912年に改定されるまでは、住民数に対する徴兵数の割合は、帝国両半部（オーストリア：0.30パーセント、ハンガリー0.29パーセント）に対し、ボスニアのそれは低かった（0.25パーセント）。Ibrahim Tepić (red.), *Bosna i Hercegovina od najstarijih vremena do kraja Drugog svjetskog rata*, Sarajevo: Bosanski Kulturni Centar, 2004, str. 247.

(28) Franz-Josef Kos, "Die Rückwirkungen der Peripherie auf das Zentrum. Der Aufstand in Süddalmatien/ Südherzegowina 1881/1882 und die Aussenpolitik Bismarcks", *Quellen und Forschungen aus italienischen Archiven und Bibliotheken*, Bd. 68, 1988, S. 389-399.

(29) これについては、列強諸国が特権 Kapitulationen を放棄することで、ハプスブルク帝国による無制限の領土主権の行使を認めたという見方がある。Franz von Liszt, *Das Völkerrecht*, Berlin: Häring, 1913, S. 100.

(30) Imamović, *Privni položaj*, str. 41.

(31) *Bericht* 1906, S. 42-44. 商事案件の法律は、ボスニアの通商政策上の立場と地理的条件を顧慮しつつ、可能なかぎり帝国両半部の当該法に依拠して作成された。Eduard Eichler, *Das Justizwesen Bosniens und der Hercegovina*, Wien: k. k. Hof- u. Staatsdruckerei, 1889, S. 261-271.

(32) ハプスブルク政権による度量衡導入は漸進的に進められた。とくにメートル法は現地の反発が強かったため、1912年にようやく導入された。Schmid, *Bosnien*, S. 619-620.

(33) *Sammlung* 1878-1880, Bd. 1, S. 3-4.

(34) Bernadotte Everly Schmitt, *The Annexation of Bosnia 1908-1909*, New York: H. Fertig, 1970, p. 2.

(35) Classen, *Der völkerrechtliche Status*, S. 133. ハプスブルクによる併合の試みの概略については以下を参照。村上亮「ハプスブルク帝国におけるボスニア・ヘルツェゴヴィナ統合の試み（1878-1908）──国際法上の立場と物上連合体制（二重帝国体制）の交錯──」『関学西洋史論集』第34号、2011年、15-22頁。

(36) オーストリア首相 K・F・バデーニ Badeni による、公的機関におけるドイツ語とチェコ語の完全平等を認め、両言語の習得を必須とする法令（1897年）。これにドイツ人が猛反発し、オーストリア議会は麻痺状態に陥った。

(37) この際にハンガリー独立党は、正規の法的手続きを通じて延長がされなかったことを理由として、共通関税領域の解体を主張した。Julius Miskolczy, *Ungarn in der Habsburger-Monarchie*, Wien: Herold, 1959, S. 171-172.

(38) これについては以下を参照。桑名映子「ハンガリー1905-06年危機とティサ・イシュトヴァーン」『史學雜誌』第98編2号、1989年、38-73頁。

(39) Ivo Banac, *The national Question in Yugoslavia: Origins, History, Politics*, Ithaca: Cornell University Press, 1984, p. 97. 一連の経過については下記を参照。月村『オーストリア＝ハンガリーと少数民族問題』137-176頁。

(40) ただし「クロアティア人＝セルビア人連合」は、野党連合がフランツ・ヨーゼフに屈したため、現実政治に関わる基盤を失った。また彼らは、チェコ人、ポーランド人、マジャール人のように帝国全体の政治に関与できず、クロアティアの内部にも南スラヴ主義とクロアティアナショナリズムの対立がみられた。Günter Schödl, „„Kroato-serbische Koalition" und Habsburgermonarchie: Entfaltung und Scheitern des frühen „Jugoslawismus"",

補注　207

Südost-Forschungen, Bd. 49, 1990, S. 235-236.

(41) 　*Sammlung* 1905, S. 133-202. ブリアーンの政策については下記を参照。Robin Okey, *Taming Balkan Nationalism: The Habsburg 'Civilizing Mission' in Bosnia 1878-1914*, Oxford: Oxford University Press, 2007, pp. 144-175. なおブリアーン政権期に各種団体は増加し、266（1905年）から604（1908年）となった（*Ibid.*, p. 144）。

(42) 　この時には、商人（31名）と聖職者（23名）を中心とする71名が参集し、現行の政治体制を厳しく批判した。Hermenegild Wagner, *"Der geniale Zickzackkurs": eine Artikelserie uber die Verhaltnisse in Bosnien und der Hercegovina*, Sarajevo: Bosnischen Post, 1908, S. 7-8.

(43) 　Branislav Vranešević, "Die Aussenpolitischen Beziehungen zwischen Serbien und der Habsburgermonarchie", in *Habsburgermonarchie*, Bd. 6-2, 1993, S. 363-369.

(44) 　Berthold Sutter, "Gołuchowskis Versuche einer Alternativpolitik zum Zweibund", in Helmut Rumpler/Jan Paul Niederkorn（hg.）, *Der "Zweibund" 1879*, Wien: Verlag der Österreichischen Akademie der Wissenschaften, 1996, S. 189. しかし、スルタンやオスマン当局は同改革案をキリスト教徒寄りのものとして反発しただけでなく、それを実施するための財源も不足していた。またドイツが自国の利害に基づきマケドニア改革の妨害を試みたように、列強諸国の足並みも揃っていなかった。Gül Tokay, "A Reassessment of Macedonian Question, 1878-1908", in M. Hakan Yavuz/Peter Sluglett（eds.）, *War and Diplomacy: the Russo-Turkish War of 1877-1878 and the Treaty of Berlin*, Salt Lake City: University of Utah Press, 2011, pp. 253-269; Aleš Skřivan Sr., "Österreich-Ungarn, die Großmächte und die Frage der Reformen in Makedonien Anfang des 20. Jahrhunderts", in Marija Wakounig（hg.）, *Nation, Nationalitäten und Nationalismus im östlichen Europa: Festschrift für Arnold Suppan zum 65. Geburtstag*, Wien: Lit-Verlag, 2010, S. 517-532.

(45) 　Skřivan, "Österreich-Ungarn", S. 530.

(46) 　ジョル『第一次世界大戦の起原』78頁。エーレンタールの目論見については下記も参照。Arnold Suppan, "Baron Aehrenthal, Pan-Serbian Propaganda and the Annexation of Bosnia-Herzegovina", in Horel（dir.）, *1908, l'annexion*, pp. 37-50.

(47) 　ブリアーンは、1907年5月と1908年4月に併合を求める『建白書』をフランツ・ヨーゼフに奉呈していたが、この時点ではエーレンタールが併合に反対した。ブリアーンが併合を求めた大きな理由のひとつがセルビアの脅威であったこと、ブリアーンの計画が併合の具体的な道筋を整えたことは指摘さるべきであろう。なおブリアーンと併合の関係についての記述は、時間の関係上、本書に組み込むことが叶わなかった。詳細については以下を参照。村上亮「ボスニア・ヘルツェゴヴィナ併合問題の再検討——共通財務相Ｉ・ブリアーンによる二つの『建白書』を中心に——」『史林』第99巻4号、2016年、64-94頁。

(48) 　この会談における、併合の「合意」に関する公式記録は残っていない。藤由順子『ハプスブルク・オスマン両帝国の外交交渉：1908-1914』南窓社、2003年、15-30頁。日露戦争後に就任したイズヴォルスキは、英露協商に依拠しつつ、個人的な野望、自尊心から国内の安定よりも積極的なバルカン政策を優先、そのなかでボスポラス・ダーダネルス海峡のロシア軍艦の通航権問題をとくに重視した。ただしイズヴォルスキは、併合に対する英仏の反応を見誤り、かつ併合と海峡問題の相違を認識できていなかったため、国内外で苦境に立たされた。MacLaren David McDonald, "A. P. Izvols'kij and Russian Foreign Policy under United Government' 1906-10", in Robert B. McKean（ed.）, *New Perspectives in Modern Russian History*, New York, 1992, pp. 174-202.

(49)　D. C. B. Lieven, *The End of Tsarist Russia*: *The March to World War I and Revolution*, New York: Viking, 2015, p. 211.

(50)　すなわち、イタリアはハプスブルクとは三国同盟第 7 条の補足条項として、サンジャク（ノヴィバザル）を再び支配下に置く場合には事前に通知したうえで、補償交渉を行うことを取り決めた（1909年12月 9 日）。他方で、ロシアとはバルカンにおける現状維持のみならず、事前通告なく近東に関する条約を第三国と締結せず、領土調整に際しての協議の実施とトリポリにおけるイタリアの自由行動の承認を約した（ラッコニージ協定・1909年10月）からである。Holger Afflerbach, *Der Dreibund*: *Europäische Großmacht- und Allianzpolitik vor dem Ersten Weltkrieg*, Wien: Böhlau, 2002, S. 661-666.

(51)　藤由『ハプスブルク・オスマン』188-189頁。

(52)　Džaja, *Bosnien-Herzegowina*, S. 218.

(53)　*Ibid.*, S. 206, 221. セルビア人とクロアティア人の協力の障害となったのはボスニアの地政学的な位置、つまり将来の南スラヴ諸民族の統一国家形成に際して、ボスニアの確保が重要と認識されていたことがあげられる。P・F・シュガー／I・J・レデラー編（東欧史研究会訳）『東欧のナショナリズム：歴史と現在』刀水書房、1981年、396頁。

(54)　Alojz Ivanišević, "Konfessionelle Dimension der Annexionskrise 1908/09", *Österreichische Osthefte*, Bd. 31-3, 1989, S. 505-506, 510-513.（引用は513）ここでは、イヴァニシェヴィチの論考から以下を補足しておく。①移住者数は1910年までに20,160人にのぼり、1910年には17,018人まで増加した。ウィーンはこれを青年トルコによる扇動の結果と判断した、②ブリアーンやエーレンタールは事態の沈静化を図るため、移住運動の黒幕探しに努めると同時に、影響力が大きく、裕福なムスリムを味方につけることでこの流出を食い止めるようと試み、部分的には成功したことである。これについては下記も参照。Karl Kaser, "Die Annexion Bosniens und der Herzegowina im Jahre 1908 und ihre Auswirkungen auf die Politik der bosnisch-herzegowinischen Serben", *Glasnik Arhivâ i Društva arhiviskih Radnika Bosne i Hercegovine*, Bd. 23, 1982, S. 195-208；近藤信市「併合前後のボスニア・ヘルツェゴヴィナにおける民族運動」山本編『スラヴ世界』321-340頁；米岡大輔「オーストリア＝ハンガリー二重帝国によるボスニア領有とイスラーム教徒移住問題」『史学雑誌』第123編 7 号、2014年、1 -37頁。

(55)　1909年 5 月、ムスリムの宗教自治に関する新たな規約が認められた。Schmid, *Bosnien*, S. 688-694.

(56)　布告文の和訳は下記を参照。H・コーン（稲野強他訳）『ハプスブルク帝国史入門』恒文社、1982年、261-262頁。

(57)　ボスニア憲法は、両半部議会での議論を避けるために皇帝の絶対権力に基づいて公布された。Norbert Wurmbrand, *Die rechtliche Stellung Bosniens und der Herzegowina*, Wien: Franz Deuticke, 1915, S. 35. 憲法の条文については以下を参照。*Landesstatut für Bosnien und die Hercegovina*, Wien: Hof- u. Staatsdruckerei, 1910.

(58)　Wurmbrand, *Die rechtliche Stellung Bosniens*, S. 41.

(59)　Steinbach, "Die bosnische Verfassung", S. 485.

(60)　ミュルクとはミーリー（国有地）とは異なり、各自が自由に処分できる財産を指す。

(61)　つまり、戦争や治安悪化時には皇帝の命令により上記の諸権利は制約されるとされた。

(62)　米岡「オーストリア＝ハンガリー」 5 -12頁。「州籍」の表現は、当該論文において使用されたものである。

(63)　ボスニア住民は共通軍の兵役を課されているにも拘らず、ボスニア議会は局地的な案件

にしか権限をもたなかった。ボスニア住民は他地域と同じ義務を負っていたが、帝国両半部の国籍保持者よりも低い地位に置かれたといえる。Benno Gammerl, *Untertanen, Staatsbürger und Andere: Der Umgang mit ethnischer Heterogenität im Britischen Weltreich und im Habsburgerreich 1867-1918*, Göttingen: Vandenhoeck & Ruprecht, 2010, S. 176. 前掲米岡「オーストリア＝ハンガリー」も参照。

(64) 村上「併合問題」を参照。

(65) Karl Lamp, "Die Verfassung von Bosnien und der Herzegowina vom 17. Februar 1910", *Jahrbüch des öffentlichen Rechts der Gegenwart*, Bd. 5, 1911, S. 141.

(66) Tepić（red.）, *Bosna i Hercegovina*, str. 281.

(67) Čupić, *Opposition*, S. 50.

(68) Schmid, *Bosnien*, S. 40.

(69) Wurmbrand, *Die rechtliche Stellung Bosniens*, S. 83. ランプは、ボスニア住民の国籍問題がすでに20年前に法案となっていたが、帝国両半部の意見の相違によって実現しなかったことを述べている。Lamp, "Die Verfassung von Bosnien", S. 152.

(70) Kann, "Trends Toward Colonialism", p. 168.

(71) Robert J. Donia, *Sarajevo: A Biography*, London: Hurst, 2009, p. 82.

(72) Schmid, *Bosnien*, S. 346.

第3章

（1） 南塚信吾『東欧経済史の研究——世界資本主義とハンガリー——』ミネルヴァ書房、1979年、76-79頁。

（2） Veljko Vujačić, *Nationalism, Myth, and the State in Russia and Serbia: Antecedents of the Dissolution of the Soviet Union and Yugoslavia*, New York: Cambridge University Press, 2015, p. 126.

（3） Mirjana Gross, "Social Structure and National Movements among the Yugoslav Peoples on the Eve of the First World War", *Slavic Review*, vol. 36-4, 1977, p. 628.

（4） HHStA, P. A. XL, Interna 208 Liasse IX, *Die provisorische Verwaltung Bosniens und der Herzegowina seit der Occupation*, Wien: k. k. Hof- und Staatsdruckerei, 1879, S. 25.

（5） Jozo Tomasevich, *Peasants, Politics and Economic Change in Yugoslavia*, Stanford: Stanford University Press, 1955, pp. 108-109.

（6） Tomislav Kraljačić, *Kalajev Režim*, str. 483-516; Hamdija Kapidžić, "Аграрно питање у Босни и Херцеговини за Вријеме Аустроугарске Управе（1878-1918）", *Godišnjak Društva istoričara Bosne i Hercegovine*, sve. 19, 1973, str. 71-96; Iljas Hadžibegović, "Promjene u Strukturi agrarnog Stanovništva Bosni i Hercegovini（1878-1914）", *Jugoslovenski istorijski Časopis*, sve. 13-1/2, 1973, str. 106-114; Wayne S. Vucinich, "The Serbs in Austria-Hungary", *Austrian History Yearbook*, vol. 3-2, 1967, pp. 32-33.

（7） László Katus, "Hauptzüge der kapitalistischen Entwicklung der Landwirtschaft in den südslawischen Gebieten der Österreichisch-Ungarischen Monarchie", Vilmos Sándor/Péter Hanák（hg.）, *Studien zur Geschichte der Osterreichisch-Ungarischen Monarchie*, Budapest: Akadémiai Kiadó, 1961, S. 136-140, 148-151.

（8） Ferdinand Hauptmann, *Die österreichisch-ungarische Herrschaft in Bosnien und der Herzegowina 1878-1918: Wirtschaftspolitik und Wirtschaftsentwicklung*, Graz: Inst. f. Geschichte d. Univ. Graz, Abt. Südosteurop. Geschichte, 1983, S. 90-210.

（9） 永田雄三は、クメット制度が「東方危機」の原因にあげられることが多い一方、その実態が明確にされていない問題点を指摘する。永田雄三「18・19世紀サラエヴォのムスリム名士と農民」歴史学研究会編『ネットワークのなかの地中海』青木書店、1999年、173頁。

（10） Pinson Mark (ed.), *The Muslims of Bosnia-Herzegovina: Their Historic Development from the Middle Ages to the Dissolution of Yugoslavia*, Cambridge: Harvard University Press, 1996, p. 65.

（11） オスマンにおける封土制度（ティマール制度）とは、騎士（スィパーヒ sipahi）が軍事奉仕と引き換えに、ある特定地域の徴税権を付与されるとともに農民を保護する義務を負うものである。軍事奉仕と農村支配という2つの機能をあわせ持っていた。永田雄三「オスマン帝国支配下のバルカン」矢田俊隆編『東欧史（新版）（世界各国史13）』1977年、108-110頁。

（12） チフトリキとは、畑、果樹園、菜園、葡萄畑などの耕地と放牧地、森林地、荒蕪地だけでなく、穀物小屋、脱穀小屋、家畜小屋、小作人住宅、所有者用邸宅を含めて構成されるが、その詳細は地域によって異なる。永田雄三「歴史の中のアーヤーン──19世紀初頭トルコ地方社会の繁栄」『社会史研究』第7号、1986年、119頁；江川ひかり「『サフェル』法と現実」『東欧史研究』第16号、1993年、70頁。

（13） Ahmed S. Aličič, *Pokret za Autonomiju Bosne od 1831. do 1832. Godine*, Sarajevo: Orijentalni Institut u Sarajevu, 1996, str. 39-44; Lothar Maier, "Die Grenze zwischen dem Habsburgerreich und Bosnien um 1830. Von einem Versuch, eine friedlose Region zu befrieden", *Jahrbücher für Geschichte Osteuropas*, Bd. 51-3, 2003, S. 379-381.

（14） Noel Malcolm, *Bosnia: A Short History*, London: Macmillan, 1994, p. 90. 江川ひかりは、国境地帯という地理的状況が、私有地化が起こりやすかったと指摘する。江川ひかり「タンズィマート改革期のボスニア・ヘルツェゴヴィナ」『岩波講座世界歴史21 イスラーム世界とアフリカ』岩波書店、1998年、122頁。1830年頃までに私有地（ミュルク）、封土、チフトリキの区別がほとんどなくなっていたとの指摘もある。Josef Mautz, "The Nature and Stages of Ottoman Feudalism", *Asian and African Studies*, vol. 16, 1982, p. 289.

（15） Halil İnalcık/Donald Quataert (eds.), *An Economic and Social History of the Ottoman Empire, 1300-1914*, vol. 2, Cambridge: Cambridge University Press, 1997, p. 686.

（16） タンズィマート改革とはイェニチェリ軍団の廃止に端を発する、オスマン帝国における一連の西欧化改革のこと。その理念のひとつは、帝国臣民の生命、名誉、財産の平等の保証にあったとされる。一連の改革は、立法や教育、統治機構、宗派間関係、政策決定過程の変換などに及んだ。なおクリミア戦争後に開かれたパリ会議（1856年2-3月）においてヨーロッパ諸国がキリスト教徒の待遇改善をオスマンに要求したことが、地主＝小作関係の改善につながっていたとされる。江川「タンズィマート」132頁；設樂國廣「タンジマート」西川［他］編『角川世界史辞典』578頁；Malcolm, *Bosnia*, pp. 119-135; Carter Vaughn Findley, "The Tanzimat", in Reşat Kasaba (ed.), *The Cambridge History of Turkey*, vol. 4, Cambridge UK: Cambridge University Press, 2008, pp. 11-37.

（17） 江川「『サフェル』」参照。また「土地法」に関しては以下を参照。江川ひかり「タンズィマート改革期におけるトルコ農村社会──土地法改正と行政・税制改革──」『オリエント』38-1号、1995年、61-78頁；İnalcık/Quataert (eds.), *An Economic and Social History of the Ottoman Empire*, pp. 856-861.

（18） 江川「タンズィマート」133頁。

（19） 地方官吏の怠慢によって「サフェル法」の存在自体が一般に知られていなかったとされる。

江川「『サフェル』」66-67頁。

(20) Paulina Irby, "Bosnia and its Land Tenure", *The Contemporary Review*, vol. 56, 1889, p. 29.

(21) ボスニアではタンズィマート改革時のティマール制廃止によって、封土保持者が自由農民に転じたとされる。Hannes Grandits, "Zur modernisierung der spätosmanischen Perioherie: Die Tanzimat im städtischen Leben der Herzegowina", in Brunnbauer（hg.）, *Schnittstellen*, S. 39-56.

(22) Karl Kadlec, "Immobiliarrecht und Agrarverfassung in Bosnien und der Herzegowina", in Ernst Mischler（hg.）, *Österreichisches Staatswörterbuch*, Bd. 1, Wien: Hölder, 1907, S. 113.

(23) Palairet, *The Balkan Economies*, p. 136.

(24) ザドルガの利点について A・ドプシュは、土地の細分化を妨げる点をあげている。Alfons Dopsch, "Die südslawischen Hauskommunionen", *Österreichische Rundschau*, Bd. 19, 1909, S. 98.

(25) ヘルツェゴヴィナ地方からの避難民の帰還は、1878年11月までにほぼ完了した。その他の地域からの避難民については、1878年末までに10万5,900人が帰還したものの、依然として32,600人が帝国内にとどまっていた。HHStA, *Die provisorische Verwaltung*, S. 27.

(26) *Sammlung* 1878-1880, Bd. 1, S. 511-512.

(27) *Sammlung* 1878-1880, Bd. 1, S. 512-514.

(28) Schmid, *Bosnien*, S. 323.

(29) Milutin de Sacci Kukuljević, *Grundbesitzverhältnisse in Bosnien und in der Hercegovina. Ein Beitrag zur Agrarfrage*, Sarajevo: Regierungsdruckerei, 1879, S. 8.

(30) *Ibid.*, S. 15-16.

(31) *Ibid.*, S. 16-17.

(32) *Ibid.*, S. 19-21.

(33) *Ibid.*, S. 17-18.

(34) Andreas Volkar, *Über die Agrarverhältnisse in der Herzegovina*, Prag: Otto, 1881, S. 34.

(35) *Ibid.*, S. 35-36.

(36) Joseph von Szlávy, *Zur Orientirung über den gegenwärtigen Stand der bosnischen Verwaltung*, Wien: k. k. Hof- u. Staatsdruckerei, 1881, S. 29.

(37) Abtheilung für Kriegsgeschichte d. k. k. Kriegs-Archivs（hg.）, *Der Aufstand in der Hercegovina, Süd-Bosnien und Süd-Dalmatien 1881-1882*, Wien: Seidel, 1883, S. 3-12.

(38) *Sammlung* 1878-1880, Bd. 1, S. 514-515.

(39) Carl Grünberg, *Die Agrarverfassung und das Grundentlastungsproblem in Bosnien und der Herzegowina*, Leipzig: Duncker & Humblot, 1911, S. 36.

(40) *Sammlung* 1881, S. 433-434; *Bericht* 1906, S. 54-56.

(41) *Bericht* 1906, S. 53-54.

(42) *Bericht* 1906, S. 487-488.

(43) Ivo Pilar, "Entwicklungsgang der Rezeption des österreichischen allgemeinen bürgerlichen Gesetzbuches in Bosnien und der Herzegowina unter besonderer Berücksichtigung des Immobilienrechtes", *Festschrift zur Jahrhundertfeier des allgemeinen bürgerlichen Gesetzbuches*, Bd. 1, 1911, S. 709. 仏領アルジェリアと異なり、オスマンの土地所有制度の原理が残存したことに注意したい。cf. 秋葉「帝国とシャリーア」53頁。

〈44〉 *Sammlung* 1886, S. 60-62.

〈45〉 Pilar, "Entwicklungsgang", S. 712-713.

〈46〉 *Bericht* 1906, S. 536.

〈47〉 ただし、ミュルクとベグ地、あるいは「土地法」や「サフェル法」がその相違を認識していないクメット地とベグ地の相違は不明確であった。Husnija Kamberović, *Begovski zemljišni posjedi u Bosni i Hercegovini od 1878. do 1918. godine*, Zagreb: Naučnoistraživački Inst. Ibn Sina, 2005[2], str. 125-128.

〈48〉 法律内容は下記を参照。*Sammlung* 1896, S. 1-15.

〈49〉 郡ごとに選出される陪審員の名簿が毎年12月に作成されること（第7、8条）、係争の重要性や性格を鑑みて、2人あるいは4人の陪席判事を当事者双方（アガとクメット）から任用すること（第9条）が定められている。また同職は無給の名誉職であった（第10条）。

〈50〉 クメット関係以外の小作関係の場合は、この限りではなかった。

〈51〉 Schmid, *Bosnien*, S. 320. 若干時期は下るが、1909年には11,983件の訴訟のうち、物納は7,780件（62.5パーセント）を占めていた。Grünberg, *Agrarverfassung*, S. 104.

〈52〉 Adam Karszniewicz, *Das bäuerliche Recht in Bosnien u. der Hercegovina*, Tuzla: Pissenberger, 1899.

〈53〉 *Ibid.*, S. 125-129.

〈54〉 *Ibid.*, S. 136, 161. これはあらかじめ定められた現金／現物を納めるものであり、「サフェル法」の適用外とされた（1884年2月5日地方行政府通達）。*Sammlung* 1884, S. 41-42.

〈55〉 Karszniewicz, *Das bäuerliche Recht*, S. 151.

〈56〉 *Ibid.*, S. 143-144. クメットの場合と異なり、定額（定量）の現金か現物を納めるチェシムという制度も存在した。Hauptmann, *Herrschaft*, S. 165-167.

〈57〉 Karszniewicz, *Das bäuerliche Recht*, S. 165-167.

〈58〉 *Ibid.*, S. 68.

〈59〉 *Ibid.*, S. 90-91.

〈60〉 ハプスブルク行政府の官吏を長年務めていたシェクは「人々は国有林、つまり『君主の森林 carska šuma』を自身の所有物とみなしている。また、土地を十分に持たない人々は、国有林における開墾を古くからの習慣」としていたことを述べている。Adalbert von Vugrovec Shek, "Die Agrarfrage in Bosnien und der Herzegowina," *Gesellschaft Österreichischer Volkswirte*, Jg. 1914, 1914, S. 110.

〈61〉 Karszniewicz, *Das bäuerliche Recht*, S. 45.

〈62〉 *Ibid.*, S. 56.

〈63〉 *Ibid.*, S. 69-70.

〈64〉 Grünberg, *Agrarverfassung*, S. 28-29.

〈65〉 この21家系は、合わせて5,996のクメット定住地をもっていたとされ、相互の婚姻による財産の移動もみられた。Kamberović, *Begovski zemljišni posjedi*, str. 180-201. もっとも、ベグと呼ばれる地主がすべてベグ地をもっていた訳ではない。

〈66〉 Aydin Babuna, "The Emergence of the First Muslim Party in Bosnia-Hercegovina", *East European Quarterly*, vol. 30-2, 1996, pp. 131-151; 丹羽祥一「19世紀末のボスニアにおける土地問題に関する一考察―テスケレジッチの嘆願書の分析を通じて」下村由一、南塚信吾共編『マイノリティと近代史』彩流社、1996年、118-140頁。

〈67〉 Ferdinand Hauptmann, "Die Mohammedaner in Bosnien-Hercegovina", in *Habsburgermonarchie*, Bd. 4, 1985, S. 693.

補注　213

(68)　玉蜀黍の盗難やプラム、馬への損傷、家畜の殺害、ベグ地の耕作妨害などの被害、地主の畜舎や干草への放火も続発したと訴えている。HHStA, Nachlass Baernreither, Karton. 42. Memorandum der musulmanischen Bewohner Bosniens und der Herzegovina, 1907.

(69)　Ferdinand Hauptmann（hg.）, *Borba muslimana Bosne i Hercegovine za vjersku i vakufs-komearifsku autonomiju*, Sarajevo: NP Oslobođenje, 1967.

(70)　クメット問題は、ムスリムとセルビア人の協力関係にも影響を及ぼしていた。つまりセルビア系の民族集団はムスリムとの断絶を避けるため、この問題を取り上げることに消極的であった。Mustafa Imamović, "Agrarno Pitanje u Programima građanskih političkih Stranaka u Bosni i Hercegovini do 1911. Godine", *Jugoslovenski istorijski Časopis*, sve. 12-1/2, 1973, str. 150-162.

(71)　Shek, "Agrarfrage", S. 98.

(72)　Joseph Maria Baernreither（Joseph Redlich（hg.））, *Fragmente eines politischen Tagebuches. Die südslavische Frage und Österreich-Ungarn vor dem Weltkrieg*, Berlin: Verlag für Kulturpolitik, 1928, S. 52-53.

(73)　この零細化の原因のひとつは、特殊な配分法によって親族、縁者に洩れなく配分されるムスリムの相続法規に求められるだろう。黒田壽郎『イスラームの構造―タウヒード・シャリーア・ウンマ』書肆心水、2004年、219頁。

(74)　*Sammlung* 1886, S. 85. ハウプトマンは、行政府が零細化の抑止策を十分に講じなかった点を批判する。Hauptmann, *Herrschaft*, S. 152-157.

(75)　Otto von Frangeš, *Die sozialökonomische Struktur der jugoslawischen Landwirtschaft*, Berlin: Weidmannsche Verlagsbuchhandlung, 1937, S. 149.

(76)　この法律は、ムスリムと非ムスリムとの間に存在していた土地所有に関する差別を廃し、またチフトリキについてのクメットが先買い権を持つ旨を明記している。*Sammlung* 1878-1880, Bd. 2, S. 383. また償却において問題となる価格については農事訴訟に関する法律（1895年／第29条）において、償却額を十分の一税の記録によって設定するとした。Karszniewicz, *Das bäuerliche Recht*, S. 88-90.

(77)　特権地方銀行の設立に関するフランツ・ヨーゼフへの上奏では、農民層における抵当信用不足を解消する狙いがうたわれている。HHStA, Kabinettskanzlei Vorträge, Nr. 3506-1895. この受け継ぎについては、同銀行の定款第60条で定められている。同行の幹部は、皇帝より任命される総裁と共通財務相より任命される副総裁（2-3名）、さらにその半数が行政府より任命される理事（7-21人）から構成された。ここで同銀行の特権を見ておくと、法的な係争時に特権的な裁判籍の授与（42条）、支払い延滞時に即座に差し押さえする権利（43条）、債務者の動産についての優先権（44条）、同銀行が発行するすべての文書の手数料免除（49条）、抵当業務実施における官庁の協力（50条）などがある。同銀行の定款は以下を参照。*Statuten der privilegirten Landesbank für Bosnien und Herzegovina*, Sarajevo: Gerin, 1918.

(78)　*Stenographische Protokolle der Delegation des Reichsrathes*, 4 Sitzung, 28 Session, am 19.10.1892, S. 167-169; Benjámin von Kállay, *Die Lage der Mohammedaner in Bosnien. Von einem Ungarn*, Wien: Holzhausen, 1900, S. 78.

第4章

（1）　Tomasevich, *Peasants*, p. 109. 同様の評価は以下でも見受けられる。Kraljačić, *Kalajev Režim*, str. 509.

（2） John R. Lampe/Marvin R. Jackson, *Balkan Economic History 1550-1950: From Borderlands to Developing Nations*, Bloomington: Indiana University Press, 1982, pp. 284-287.

（3） Wessery, "Die wirtschaftliche Entwicklung", S. 562-564.

（4） Priscilla Tapley Gonsalves, "A Study of the Habsburg Agricultural Programmes in Bosanska Krajina, 1878-1914", *The Slavonic and East European Review*, vol. 63, 1985, pp. 349-371.

（5） Nikola Jarak, *Poljoprivredna politika Austro-Ugarske u Bosni i Hercegovini i zemljoradničko zadrugarstvo*, Sarajevo: Narodna štamparija, 1956, str. 32.

（6） Hauptmann, *Die österreichisch-ungarische Herrschaft*, S. 40, 184-192.

（7） *Die Landwirthschaft in Bosnien und der Hercegovina*, Landesregierung für Bosnien und die Hercegovina（hg.）, Sarajevo: Landesdruckerei, 1899, S. 69.（以下、*Landwirtschaft*）

（8） Josip Andrić, *Bosnische Kmetenwirtschaft und die Zadruga ein Beitrag zur Kenntnis des bauerlichen Wirtschaftsbetriebes*, Wien（Dissertation, Hochschule für Bodenkultur Wien）, 1919, S. 99.

（9） *Die wirtschaftlichen Verhältnisse von Bosnien und Hercegovina*, Sarajevo: Landesdruckerei, 1882, S. 4.

（10） Szlávy, *Zur Orientierung über den gegenwärtigen Stand*, S. 24.

（11） Sándor Matlekovits, *Die Zollpolitik der österreichisch-ungarischen Monarchie und des Deutschen Reiches seit 1868 und deren nächste Zukunft*, Leipzig: Duncker & Humblot, 1891, S. 731-732.

（12） *Bericht* 1906, S. 438; *Bericht* 1914-16, S. 215; Hauptmann, *Die österreichisch-ungarische Herrschaft*, Beilage 7（S. 65）より作成。

（13） Hauptmann, *Die österreichisch-ungarische Herrschaft*, S. 65.

（14） *Die Ergebnisse der Viehzählung in Bosnien und der Herzegovina vom Jahre 1910*, Landesregierung für Bosnien und die Hercegovina（hg.）, Sarajevo: Landesdrukerei, 1912, S. IX.

（15） 1886年から1904年の間に、耕地面積は1,248平方キロメートル（約12パーセント）、果樹園は149平方キロメートル（約38パーセント）拡大したにとどまった。*Bericht* 1906, S. 244.

（16） *Die Österreichisch-Ungarische Monarchie in Wort und Bild*（Bd. 12 Bosnien und Herzegovina）, Wien: k. k Hof- und Staatsdruckrei, 1901, S. 444-445.

（17） *Landwirtschaft*, S. 71; *Wirtschaftlichen Verhältnisse*, S. 2.

（18） *Bericht* 1906, S. 597-599.

（19） *Landwirtschaft*, S. 90-91.

（20） *Sammlung* 1878-1880, Bd. 3, S. 741-743. この箇所の内容は以下の拙稿を参照。村上亮「ハプスブルク統治下ボスニア・ヘルツェゴヴィナにおける森林政策——森林用益をめぐる国家規制と慣習的権利の対立と妥協——」『スラヴ研究』第57号、2010年、97-122頁。

（21） HHStA, *Die provisorische Verwaltung*, S. 84.

（22） 官吏数でみると、1880年時点の192名から1893年には388名に増員された。Karl Hoffmann, "Die Entwicklung des Forstwesens in Bosnien und der Herzergowina von der österreich-ungar. Okkupation bis 1893", in *Österreichische Vierteljahrsschrift für Forstwesen*, Jg. 1894, 1894, S. 9.

（23） Ludwig Dimitz, *Die forstlichen Verhältnisse und Einrichtungen Bosniens und der Hercegovina*, Wien: Wilhelm Frick, 1905, S. 175.

補注　215

(24)　*Die Österreichisch-Ungarische Monarchie in Wort und Bild*, S. 468.

(25)　*Sammlung* 1901, S. 145-153.

(26)　Dimitz, *Die forstlichen Verhältnisse*, S. 154.

(27)　*Bericht* 1909, S. 150.

(28)　*Landwirtschaft*, S. 97.

(29)　プファナーについては下記を参照。Ludwig Adalbert Balling, *Der Trommler Gottes*: *Franz Pfanner Ordensgründer und Rebell*, Freiburg im Breisgau: Herder, 1984.

(30)　Schmid, *Bosnien*, S. 246.

(31)　*Bericht* 1906, S. 340.

(32)　Kraljačić, *Kalajev Režim*, str. 512-514.

(33)　*Landwirtschaft*, S. 99-100.

(34)　Amila Kasumović, "Modaliteti eksterne kolonizacije u Bosni 1890-1914: Case study za njemačke erarne kolonije", *Prilozi*, sve. 38, 2009, str. 109-117; Schmid, *Bosnien*, S. 248. シュミットは、ワクフ財産という十分な余剰地が存在するとみていた。

(35)　*Bericht* 1906, S. 337; Schmid, *Bosnien*, S. 247.

(36)　当初は十分の一税（ウシュル）として徴収された穀物の一部を、緊急用として公立の貯蔵庫に保管していた。Schmid, *Bosnien*, S. 622.

(37)　Hamdija Kreševljaković, *Menafi-Sanduci*: *Poljodjelske pripomočne Zaklade u Bosne i Hercegovini, 1866-1878*, Sarajevo: Islamska dionička štamparija, 1940.

(38)　Eduard Ritter von Horowitz, *Die Bezirks-Unterstützungsfonds in Bosnien und der Hercegovina*, Wien: Frommen, 1892, S. 40.

(39)　Horowitz, *Die Bezirks-Unterstützungsfonds*, S. 37-40; *Bericht* 1906, S. 389.

(40)　これは郡内で不作、獣疫、氾濫などの非常事態が生じたときの貸付金として使われた。予備基金と基金資本は、定められた額に達すれば、地方行政府の許可を得て年間利子の3分の1を郡の慈善、公共目的のために使うことも定められた。*Bericht* 1906, S. 391.

(41)　Horowitz, *Die Bezirks-Unterstützungsfonds*, S. 35; *Bericht* 1906, S. 390-393. シュミットによれば、A種の方が圧倒的に多く、貸付の大半は4-10クローネの小額であったという。Schmid, *Bosnien*, S. 634.

(42)　*Bericht* 1906, S. 392-394. おもな変更点は、後述する郡農業協同組合や郡穀物貯蔵庫への使用、地方行政府や共通財務省の許可に基づく借入額の増加、貸付に関する委員会の権限拡大（A種200クローネ、B種600クローネ）などである。

(43)　ハプスブルクでは、獣疫の撲滅に関わる法律の制定、文民獣医の養成、検疫・国境封鎖制度の構築などが、オーストリアとハンガリーで別々に進められた。Alois Koch, *Veterinär-Normalien, betreffend die Organisation des österr. und des ungar. Veterinärwesens einschließlich Bosnien und der Hercegowina*, Bd. 1, Wien: Moritz Perles, 1891, S. 1-15; Gustav Ritter von Wiedersperg, "Die Entwicklung des Veterinärwesens in Österreich", in *Geschichte der österreichischen Land- u. Förstwirtschaft und ihrer Industrien 1848–1898*, Bd. 2, Wien: Perles, 1899, S. 769-798.

(44)　Szlávy, *Orientirung*, S. 25.

(45)　Anton Baranski, "Ueber die Rinder pest in Bosnien", *Österreichische Vierteljahresschrift für wissenschaftliche Veterinärkunde*, Bd. LV, 1881, S. 25-26.

(46)　1898年には、地方行政府所属医1人、県所属獣医6人、郡所属獣医24人、町村獣医2名の計33人へ拡充された。*Veterinärwesen*, S. 6. なお占領当初には軍所属の獣医を任用して

いたが、人数不足のため文民獣医を帝国両半部から招聘する必要が生じた。その際オーストリア、あるいはそれに準じる資格をもつ教育機関で学位を得た獣医に活動が認められた。1879年8月24日付地方行政府通達。*Sammlung* 1878-1880, Bd. 1, S. 110.

(47)　*Sammlung* 1878-1880, Bd. 1, S. 103.

(48)　条文と施行規定については以下を参照。*Sammlung* 1878-1880, Bd. 1, S. 113-160.

(49)　HHStA, *Die provisorische Verwaltung*, S. 18.

(50)　1880年8月28日付・軍司令部命令が獣疫撲滅作業に支援要員を派遣する際に過剰な人数にならないよう記していることは、地元住民の反発も推測させる。*Sammlung* 1878-1880, Bd. 1, S. 178.

(51)　Baranski, "Rinderpest", S. 29-31.

(52)　*Das Veterinärwesen in Bosnien und der Hercegovina seit 1879: nebst einer Statistik der Epizootien und des Viehexportes, bis inclusiv 1898,* Landesregierung für Bosnien und die Hercegovina (hg.), Sarajevo: Landesdruckerei, 1899, S. 37.

(53)　ボスニアでは、罹病していなかった場合のみ全額補償された。

(54)　当該4年間の23万1,895フローリンに対し、1884-95年は8万4,181フローリンであった。*Veterinärwesen*, S. 172.

(55)　*Veterinärwesen*, S. 34-35.

(56)　1883年5月31日、ダルマティア総督府は、家畜旅券携行を条件として、ボスニア産のすべての家畜と関連物資の輸入や通過を許可した。同年7月18日、ケルンテン公国政府が家畜旅券の携行と鉄道輸送時の検査を条件として禁輸を解除し、同年7月26日には、トリエステ総督府も家畜とその関連物資の輸入と通過を認めたのである。Koch, *Veterinär*, Bd. 2, S. 822-823.

(57)　ウィーン中央家畜市場の統計には、1884年に初めてボスニア産家畜が登場する。*Statistisches Jahrbuch der Stadt Wien*, Magistrats-Abteilung XXI für Statistik (hg.), Jg. 1885, Wien: Vernay, 1887, S. 234.

(58)　Koch, *Veterinär*, Bd. 2, S. 823-824, 826-827. ダルマティア国境からの輸出は、家畜旅券の携行のみで許可され、検査駅は設置されなかった。

(59)　*Veterinärwesen*, S. 40-41.

(60)　Gesetz vom 29. Februar 1880, betreffend die Abwehr und Tilgung ansteckender Thierkrankheiten, 1880, *RGB*, Nr. 35.

(61)　オーストリアと異なり、ボスニアでは非常畜殺は実施されなかった。*Veterinärwesen*, S. 21.

(62)　*Veterinärwesen*, S. 23-24.

(63)　*Veterinärwesen*, S. 97-99; *Bericht über das österreichische Veterinärwesen für die Jahre 1891-inclusive 1900*, Veterinärdepartement des k. k. Ministeriums des Innern (hg.), Wien: Alfred Hölder, 1905, S. 27.

(64)　*Veterinärwesen*, S. 115-116; *Bericht über das österreichische Veterinärwesen*, S. 75.

(65)　*Landwirtschaft*, S. 100.

(66)　*Ibid.*, S. 105.

(67)　*Bericht* 1906, S. 245-246.

(68)　Edmund Stöger, "Die landwirtschaftlichen Verhältnisse in Bosnien und der Herzegowina", *Monatshefte für Landwirtschaft*, Jg. 2/Heft. 4, 1909, S. 109.

(69)　*Landwirtschaft*, S. 189.

補注　217

(70)　*Ibid.*, S. 208-215.

(71)　*Ibid.*, S. 154-155

(72)　*Ibid.* S. 157.

(73)　*Bericht* 1906, S. 261-262.

(74)　*Wirtschaftlichen Verhältnisse*, S. 2.

(75)　*Landwirtschaft*, S. 145.

(76)　"Zuckerrübenbau in Bosnien", *Neue Zeitschrift für Rübenzucker-Industrie*, Bd. 30, Nr. 24, 1893, S. 261; Schmid, *Bosnien*, S. 361.

(77)　Stöger, "Die landwirtschaftlichen Verhältnisse", S. 106; *Bericht* 1906, S. 248; *Landwirtschaft*, S. 142-144.

(78)　*Tabakmonopolsordnung für Bosnien und die Herzegowina*, Wien: K. K. Hof- und Staatsdruckerei, 1880.

(79)　*Bericht* 1906, S. 447. 煙草製造は、サライェヴォ、モスタル、バニャ・ルーカ、トラヴニクの4ヶ所の工場で行なわれた。その中でもっとも古く（1880年設置）、かつ最大規模であったサライェヴォでは、850人の労働者が雇用されており、4,600万本の煙草と9,000キンタルの噛み煙草が生産された。Siegmund Feitler, "Einiges über bosnisch-hercegovinische Industrie", *Jahrbuch der Expört-Akademie des k. k. Handelsmuseums*, Bd. 10, 1909, S. 23.

(80)　Leopold Adametz, *Studien zur Monographie des illyrischen Rindes*, Berlin: Paul Parey, 1895, S. 16.

(81)　*Landwirtschaft*, S. 128-134.

(82)　Moric Finci, *Die Rinderbestände in Bosnien und der Herzegowina*, Jena: Universitätsbuch-druckerei G. Neuenhahn, 1932, S. 13. 先に見たとおり、ブゴイノ郡には他地域に先駆けて郡農業協同組合も設立されたため、早い段階で組合のための素地が作られていたと思われる。1905年時点でのブゴイノ郡産の肥育雄牛の価格は大きく上昇しており、1頭500-700クローネであった（以前は100-200クローネ）。この「種畜調達基金」は1910年までに13郡に拡大し、この基金によって522頭の種畜が購入された。*Bericht* 1906, S. 285; *Bericht* 1911, S. 110.

(83)　*Landwirtschaft*, S. 122-123.

(84)　*Bericht* 1906, S. 277-279.

(85)　*Bericht* 1906, S. 281-282.

(86)　*Ibid.*, S. 290-291.

(87)　Stöger, "Die landwirtschaftlichen Verhältnisse", S. 116.

(88)　*Landwirtschaft*, S. 138-140.

(89)　*Ibid.*, S. 140. 蜜蜂の巣箱の数は、1895年から1910年までに約40パーセント増加した。*Viehzählung* 1910, S. VII.

(90)　この新聞の名前は元々『ヴルタルスコ・プチェラルスキ リスト Vrtlarsko-pčelarski list（園芸・養蜂新聞）』だったが、1902年に『ボサンスコ・ヘルツェゴヴァチュキ テジャク bosansko-hercegovački težak（ボスニア・ヘルツェゴヴィナの農民）』に改名された。1903年には2,000部発行され、その後1911年には3,300部、1913年には2,500部と推移した。ボスニアにおいて購読者がもっとも多い新聞のひとつだったとみされている。なお同紙については、①クロアティア、スロヴェニア、ボヘミア、ガリツィア、ロシア、セルビアの養蜂新聞と情報を交換していた、②農場をもつ初等学校にも配布された、③購読料の負担が重かったため、滞納者が相対的に多かったことを補っておきたい。Džaja, *Bosnien-Herze-*

gowina, S. 94; Jarak, *Poljoprivredna politika*, str. 114-118.

(91) 1898年末までに42万5,000本の桑の木を育成した。*Landwirtschaft*, S. 141.

(92) Schmid, *Bosnien*, S. 359-360; Stöger, "Die landwirtschaftlichen Verhältnisse", S. 108.

(93) 当該期の初等教育については下記を参照。米岡大輔「ハプスブルク統治下ボスニア・ヘルツェゴヴィナにおける初等教育政策の展開」『東欧史研究』第28号、2006年、24-44頁。

(94) *Landwirtschaft*, S. 147-151; *Bericht* 1909, S. 95. なお日曜講座を担当する教員には、特別手当が支給された。

(95) *Sammlung* 1904, S. 85-94. ヤラクは、組合の設立や運営が地方行政府の主導でおこなわれ、住民の意向がなおざりにされたことを批判する。Jarak, *Poljoprivredna politika*, str. 173.

(96) *Bericht* 1911, S. 100-101.

(97) Schmid, *Bosnien*, S. 366-367.

(98) Edmund Stix, *Das Bauwesen in Bosnien und der Hercegovina vom Beginn der Occupation durch die österr. ung. Monarchie bis in das Jahr 1887*, Wien: k. k. Hof- u. Staatsdruckerei, 1887, S. 133.

(99) Stöger, "Die landwirtschaftlichen Verhältnisse", S. 111.

(100) Philipp Ballif, *Wasserbauten in Bosnien und der Hercegovina* (Teil. 1; Meliorationsarbeiten und Cisternen im Karstgebiete), Wien: Adolf Holzhausen, 1896, S. 49-50.

(101) Ballif, *Wasserbauten*, S. 84-85.

(102) *Ibid.*, S. 91.

(103) この草案は、大戦前夜に地方行政府によって準備され、9部132条から構成された。この内69は「オーストリア家畜伝染病予防法（1909年）」、32は「オーストリア牛疫法」、16は「オーストリア牛肺病法」、11は「オーストリア鉄道・船舶消毒法（1879年7月19日）」を援用した。ABiH, ZMF, BH. opći. 4220-1914.（1914年3月15日）なおこの法律が成立しなかった原因は、第一次世界大戦の勃発と考えられる。

(104) *PP*, Commons, 1897, vol. XCIV [C. 8648-189.], Report for the Year 1897 on the Trade and Commerce of Bosnia and the Herzegovina, p. 3.

(105) Oskar von Somogyi, "Das bosnische Kreditwesen", *Zeitschrift für Volkswirtschaft, Socialpolitik und Verwaltung*, Bd. 18, 1909, S. 752-753.

(106) *PP*, Commons, 1889, vol. LXXVII [C. 5619.], Report on the Plum Crop in Bosnia for 1887-88, p. 1.

(107) Zurunic, Theodor P., *Die bosnische Pflaume. Handelsstudie*, Wien: Holzhausen, 1895, S. 8; *Landwirtschaft*, S. 217.

(108) *Landwirtschaft*, S. 218. なお、干しプラムはおもにオーストリアとハンガリーへ輸出された。プラムジャム Lekvar は、100キロから200キロ単位で樽詰にされ、その多くはオーストリアのガリツィア、ボヘミアなどへ輸出され、ハンガリーへのそれは少量にとどまっていた。Felix Pawlaczky, "Wirtschaftsverhältnisse Bosniens und der Hercegovina im Jahre 1911", *Bericht der bosnisch-herzegovinischen Expositur in Sarajevo des k. k. Österreichischen Handelsmuseums*, Bd. 17, 1912, S. 31.

(109) ハンガリー商務省とクロアティア・スラヴォニア政府は、クロアティア・スラヴォニア国境における家畜検査委員会をもつ通過駅の設置と引き換えにボスニア産反芻動物の輸入を許可した。Koch, *Veterinär*, Bd. 2, S. 826-830.

(110) Koch, *Veterinär*, Bd. 2, S. 831-833; *Veterinärwesen*, S. 194. 通過駅の数は、1887-93年間に7カ所から15カ所に増加した。

補注　219

(111)　*Bericht* 1906, S. 118. ボスニア鉄道の経営規定に関する通達は、罹病家畜の輸送を拒否できること、輸送は獣疫伝播の危険がない場合にかぎり衛生警察に関する規則にもとづいて行われること（第44条 - 第2項）と定めていた。*Sammlung* 1893, S. 14. またその際の家畜の健康状態と家畜旅券については、前出の家畜検査委員会の管理下に置かれ、貨車への積載は委員会の検査後に行われること、貨車が鉛で封印されること、委員会は過重積載を防ぎ、十分な飼料と水を確保することが規定された。1893年8月11日付地方行政府条例。*Veterinärwesen*, S. 197-198.

(112)　*Ergebnisse der Viehzählung in Bosnien und der Hercegovina vom Jahre 1895*, Landesregierung für Bosnien und die Hercegovina (hg.), Sarajevo: Landesdrukerei, 1896, S. II.

(113)　Hans von Loewenfeld-Russ, *Die Regelung der Volksernährung im Kriege*, Wien: Hölder-Pichler-Tempsky, 1926, S. 31. ボスニア地方行政府の文書は、オーストリアのヴィーナー・ノイシュタットがボスニア豚の非常に重要な販売市場であったと伝えている。ABiH, ZMF, BH. opći. 5663-1906.

(114)　*Veterinärwesen*, S. 61.

第5章

（1）　獣疫対策会議は、ウィーン（1872年）、ブリュッセル（1883年）、パリ（1889年）、ベルン（1895年）でも開催された。Karasszon Dénes, *A Concise History of Veterinary Medicine*, Budapest: Akadémiai Kiadó, 1988, p. 415; 山内一也『史上最大の伝染病牛疫：根絶までの4000年』岩波書店、2009年、32-34頁。

（2）　Joanna Swabe, *Animals, Disease, and Human Society*: *Human-Animal Relations and the Rise of Veterinary Medicine*, London: Routledge, 1999, p. 85. この問題については下記も参照。ジェフリー・M・ピルチャー（伊藤茂訳）『食の500年史』NTT 出版、2011年（とくに第6章）。

（3）　Helmut Wohlschlägl, "Das Wachstum der landwirtschaftlichen Produktion in Österreich im 19. Jahrhundert: Der Viehbestand", in Alfred Hoffmann (hg.), *Österreich-Ungarn als Agrarstaat*, München: Oldenbourg, 1978, S. 121-130; Ernst Bruckmüller, "Landwirtschaftliche Arbeitswelten und ländliche Sozialstrukturen", in *Habsburgermonarchie*, Bd. 9-1/1, 2010, S. 263-264.

（4）　Bernhard Sperk, "Die Approvisionierung Wiens mit Fleisch", *Zeitschrift für Volkswirtschaft, Socialpolitik und Verwaltung*, Bd. 13, 1904, S. 65-97.

（5）　ハプスブルクはイタリア（1878年12月）に続き、セルビア、スイス、ドイツとこれを締結し、おもに家畜の原産地と健康状態の証明、国境での家畜検査、汚染地域からの輸出停止を取り決めた。Gustav Marchet, "Internationale Veterinärkonventionen", in Verein für Socialpolitik (hg.), *Beiträge zur neuesten Handelspolitik Österreichs* (Schriften des Vereins für Socialpolitik. Bd. 93.), Leipzig: Duncker & Humblot, 1901, S. 239-281.

（6）　これは、セルビアがハプスブルク側の要求——ブルガリアとの関税同盟の破棄、シュコダ社からの武器購入の強要——を拒否したため、ハンガリー農務省が共通外務省との合意のもとで、セルビアにおける炭疽と豚ペストの発生を理由に禁輸措置を発動したことによって起こった。cf. A Stojanoff, *Die handelspolitische Situation der Balkanstaaten gegenüber Österreich-Ungarn*, Wien: Perles, 1914, S. 11-12. もっともセルビアは「豚戦争」を通じて、輸出額の増加のみならず、取引国の多角化に成功した。さらに輸出品の大半を占めていた家畜を加工肉への転換を進めるとともに、穀物、鉱石、木材などの輸出が増加した。Marie-Janine Calic, *Sozialgeschichte Serbiens 1815-1941. Der aufhaltsame Fortschritt während der Industrialisierung*, München: Oldenbourg, 1994, S. 170-177.

(7) Koch, *Veterinär*, Bd. 2, 1894, S. 515-558.

(8) Hauptmann, *Die österreichischungarische Herrschaft*, S. 190-191; Palairet, *The Balkan Economies*, pp. 210-211.

(9) *Veterinärwesen*, S. 11; *Bericht über das österreichische Veterinärwesen*, S. 141-150; Sándor Matlekovits, *Die Landwirtschaft Ungarns*, Leipzig: Dunker & Humblot, 1900, S. 251-252.

(10) András Vári, *Herren und Landwirte: Ungarische Aristokraten und Agrarier auf dem Weg in die Moderne (1821-1910)*, Wiesbaden: Harrassowitz, 2008, S. 186.

(11) ABiH, ZMF, BH. opći. 8854-1895, 10249-1895. 1895年に制定されたオーストリアの豚ペスト撲滅条例（全11条）については以下を参照。Verordnung der Ministerien des Innern, der Justiz, des Handels und des Ackerbaues, betreffend die Abwehr und Tilgung der Schweinepest (Schweineseuche), 1895, *RGB*, Nr. 79.

(12) そのほかには、発症した豚の隔離や消毒作業（第 1 条）、郡庁が県庁に提出する報告書（第 7 条）、罹病の疑いのある豚の処分方法（第14条）、罹病豚の輸送上の注意（第15条）、死骸の速やかな埋却（第16条）、発生源と感染範囲の究明（第20条）などの条項も見受けられる。同条例の内容は以下を参照。*Sammlung* 1895, S. 183-194.

(13) 1898年 6 月27日付・地方行政府布告。ここでは、公費による予防接種の実施やその際の注意事項、接種後の経過報告書の提出などが記されている。*Veterinärwesen*, S. 64-67. ただしこれは、オーストリアにおける初期の対策ではおこなわれていない。

(14) *Veterinärwesen*, S. 172, 60.

(15) *Bericht* 1906, S. 115-116.

(16) *Veterinärwesen*, S. 61-62.

(17) 1896年 3 月 2 日／1898年 4 月29日付・地方行政府条例。*Veterinärwesen*, S. 20.

(18) 1899年 7 月 6 日付・地方行政府条例。*Sammlung* 1899, S. 176-178.

(19) ABiH, ZMF, BH. opći. 3327-1906; opći. 2433-1908.

(20) ABiH, ZMF, BH. opći. 6441-1907.

(21) ABiH, ZMF, BH. opći. 9534-1907. オーストリアの当該法については以下を参照。Gesetz, betreffend die Abwehr und Tilgung der Schweinepest (Schweineseuche), 1905, *RGB*, Nr. 163.

(22) ABiH, ZMF, BH. opći. 8396-1907.

(23) ABiH, ZMF, BH. opći. 9630-1909 (Jahresveterinärbericht 1908.), S. 4-5.

(24) 1904年の馬と豚の増加は、帝国本国の全般的な飼料不足による大量の畜殺とそれに伴う需要の増大、逆に同年の牛の減少は前年の輸出増加の反動であった ABiH, ZMF, BH. opći. 2212-1905.

(25) Bernatzik (hg.), *Die österreichischen Verfassungsgesetze*, S. 681.

(26) Richard Schüller, "Die Handelspolitik und Handelsbilanz Österreich-Ungarns", *Zeitschrift für Volkswirtschaft, Socialpolitik und Verwaltung*, Bd. 21, 1912, S. 6.

(27) Siegfried Strakosch, *Die Grundlagen der Agrarwirtschaft in Österreich. Handels-und produktionspolitische Untersuchung*, Wien: F. Tempsky, 1917[2], S. 258.

(28) 1906年の増加（前年比26,516頭増）は「豚戦争」によるセルビアからの豚輸入停止が原因と思われる。

(29) *Bericht* 1908, S. 36; ABiH, ZMF, BH. opći. 2433-1908.

(30) Leo Wittmayer (hg.), *Die Ausgleichsgesetze vom 30. Dezember 1907 samt Durchfüh-rungsbestimmungen und sonstige Vereinbarungen*, Wien: Manz, 1908, S. 53-54, 136-149.

(31) Josef Grunzel, *Handelspolitik und Ausgleich in Österreich-Ungarn*, Wien: Hölder, 1912, S. 123.

(32) 1907年アウスグライヒの第23条は、同条約のしかるべき条項をボスニアにも適用すべきと定めており、ボスニアが経済アウスグライヒから完全に除外されていたわけではない。

(33) StA, AVA, AM, 1056-1908.（1908年7月22日）

(34) ABiH, ZMF, BH. opći. 1881-1909.（1909年4月21日）豚ペスト伝播の原因は、肥育豚、有用豚であり、畜殺豚が原因となることは少なかった。*Bericht über das österreichische Veterinärwesen*, S. 142.

(35) StA, AVA, MP, 2511-1909.（同年4月29日）

(36) StA, AVA, MP, 1613-1910.（1910年4月16日）

(37) ABiH, ZMF, BH. opći. 8789-1910.（同年7月13日）

(38) StA, AVA, MP, 2820-1910.（同年7月26日）

(39) ABiH, ZMF, BH. opći. 15300-1910.（1911年9月30日）; StA, AVA, MP, 4926-1911.

(40) 1910年7月23日、クロアティア人議員N・マンジチ Mandić は、1894年に36万頭の豚が輸出されたにも関わらず、1910年に36,000頭に減少したことは不当であると発言した。ABiH, ZMF, BH. opći. 9039-1910.

(41) ABiH, ZMF, BH. opći. 8572-1912.（1912年7月8日）

(42) StA, AVA, MP, 4832-1912.（同年10月14日）

(43) この団体は、農業利害の政治的分裂を阻止し、工業・サービス部門に対する主導的立場の確保をおもな目的とした。1907年の下院選挙では135人の議員を当選させた。Werner Drobesch, "Vereine und Interessenverbände auf überregionaler（cisleithanischer）Eb-ene", in *Habsburgermonarchie*, Bd. 8-1, 2006, S. 1073-1076.

(44) StA, AVA, AM, 1056-1908.

(45) StA, AVA, MP, 4832-1912.

(46) Bridge, *Sadowa*, p. 269.

(47) ビリンスキは、ハンガリー首相にボスニア住民から家畜輸出の規制緩和に関するきわめて強い要望がよせられていると述べている。StA, AVA, MP, 3641-1912.（1912年7月8日）

(48) Heuberger, "Politische Institutionen", S. 2389-2390.

(49) StA, AVA, MP, 4832-1912.

(50) *Viehzählung* 1910, S. IX.

(51) ABiH, ZMF, BH. opći. 8789-1910. ボスニア産家畜の品質が総じて劣っていたことは、前出のウィーン市の統計資料からもうかがえる。

(52) 牛の場合には種畜の酷使、放牧地における水源地不足などの問題のため、十分な成果がみられなかったとされる。Finci, *Die Rinderbestände*, S. 4-6.

(53) *Bericht* 1906, S. 282, 288; *Bericht* 1911, S. 112.

(54) *Bericht* 1906, S. 287.

(55) *Bericht* 1909, S. 121. 馬については、選別の好影響が飼育者のあいだで認識されつつあったと伝えられる。Wakan Schola, *Das bosnische Pferd*, Leipzig（Ph. D Dissertation, Universität Leipzig）, 1912, S. 44.

(56) *Sammlung* 1911, S. 75-77, 93-95; ABiH, ZMF, BH. opći. 3605-1911.

(57)　この2つの法律は、ボスニア議会の第1会期に審理、可決された14法案の2つである。*Bericht* 1911, S. 8.

(58)　"Die Rede des Sektionschefs Jakob Ritter von Mikuli," in *Landtagsreden der Vertreter der Regierung und der katholischen Kirche*（*Sonderabdruck aus der Bosnischen Post*）, Sarajevo: Bosnische Post, 1910, S. 21-22.

(59)　*Bericht* 1906, S. 400-401. なお金融組織の開設には行政府の許可が必要であった。

(60)　Somogyi, "Das bosnische Kreditwesen," S. 758.

(61)　StA, AVA, HM, 38394-1910. たとえばセルビア系の諸団体は、中枢機関として「農業協同組合連盟 Savez Zemljoradničkih Zadruga」を1911年に結成した。Djordjevič, "Die Serben", S. 766.

(62)　ABiH, ZMF, BH. Präs 1063-1911; Österreichische Akademie der Wissenschaften（hg.）, *Österreichisches Biographisches Lexikon und biographische Dokumentation*, Bd. 1-4, Wien: Österreichischen Akademie der Wissenschaften, 1957, S. 342. 彼の学位論文の経歴も参照。Otto Frangeš, *Die Buša: Eine Studie über das in den Konigreichen Kroatien und Slavonien Heimische Rind*, Agram: C. Albrecht（Inaugural-Dissertation der Universität Leipzig）, 1902, S. 141-142.

(63)　ABiH, ZMF, BH. Präs 1156-1911.（1911年8月27日）

(64)　ABiH, ZMF, BH. opći. 15648-1912に添付。

(65)　この地の家畜輸出額は、1,300万クローネ（1896年）から7,400万クローネ（1910年）に増加した。ちなみに、クロアティア・スラヴォニア住民のおもな生計源は畜産であったが、加工業の不備によって食肉輸出はできなかった。Mayer Marić, *Die Landwirtschaft der Konigreiche Kroatien und Slavonien*, Leipzig: Thomas & Hubert, 1908, S. 113.

(66)　"Die Rede des Sektionschefs", S. 20. 当時のボスニア議会では、帝国の経済政策も批判されていた。たとえばセルビア人議員のストヤノヴィチは、ボスニア議会の第一会期において、経済開発には予算の2パーセントしか使われていないにもかかわらず、地方警察には6パーセントも費消されていること、官僚の俸給（500クローネ）が農民の収入（50-60クローネ）の10倍近くに及んでいることを指弾した。Karl Kaser, *Die serbischen politischen Gruppen, Organisationen und Parteien und ihre Programme in Bosnien und der Hercegovina 1903-1914*, Graz（Phil. Dissertation, Universität Graz）, 1980, S. 125.

(67)　ABiH, ZMF, BH. Präs. 119-1912, 133-1912.

(68)　ABiH, ZMF, BH. Präs. 506-1912.

(69)　ABiH, ZMF, BH. opći. 15648-1912. 共通財務省からオーストリア、ハンガリー両政府には、1912年11月9日に送られた。

(70)　前述のとおり、ハプスブルク期には牛と馬は免税であり、羊、豚、山羊は課税された。なお羊と豚に課される税金は大戦前夜に撤廃された。ABiH, ZMF, BH. opći. 15778-1912; *Sammlung* 1914, S. 269-270.（1914年5月14日）

(71)　フランゲシュの提案は、同じ時期に中東欧地域でみられた畜産の改革と連動していると思われる。とくに伝統的な放牧から畜舎内飼育への転換は、畜産にとって革命的であった。Berend, *History Derailed*, pp. 159-161.

(72)　具体的には、ツベルクリン、豚丹毒、炭疽などの対策が予定された。

(73)　このような農業科学試験所は、帝国本国では1855年にフォーアアルルベルク、ボヘミアに設けられ、その後ハンガリーにも拡大された。Dinklage, "Die Landwirtschaftliche Entwicklung", S. 449.

補注　223

(74)　StA, AVA, MP. 5501-1912, 818-1913.

(75)　ABiH, ZMF, BH. opći. 2402-1913.

(76)　ABiH, ZMF, BH. opći. 1918-1913, 2402-1913.

(77)　当時のボスニアでは、鉄道敷設とそれにまつわる土地整備、学校建設など総額 1 億8200万クローネの投資計画が立てられていた。ABiH, ZMF, BH. Präs 539-1912, 904-1912.

(78)　バルカン諸国の動員とそれに続くバルカン戦争の勃発は、アメリカにおける経済危機（1907年）以来の動揺を大陸諸国の株式市場にもたらすとともに、参戦諸国の支払延期を引き起こした。それによりハプスブルク経済も突如停滞に陥ることになった。Adolf Schwarz, "1912-13", *Österreichisch-Ungarische Export-Revue*, Jg. 12-1, 1913, S. 2; Heinrich Benedikt, *Die wirtschaftliche Entwicklung in der Franz-Joseph-Zeit*, Wien: Verlag Harold, 1958, S. 178-179.

(79)　ABiH, ZMF, BH. opći. 9471-1913; *Sammlung* 1913, S. 359-360（1913年 8 月21日）.

(80)　前出のヤラクも、農業協同組合の役割が公的に認められたことをふまえ、農業評議会に一定の評価を与えている。Jarak, *Poljoprivredna politika*, str. 113.

(81)　ABiH, ZMF, BH. opći. 2402-1913.

(82)　ABiH, ZMF, BH. opći. 16270-1913. 地方行政府は、共通財務省に1913年11月 5 日に提出し、共通財務省から両半部政府へは、1914年 2 月 6 日に送られた。

(83)　農業基金の廃止は、共通財務省の意向とされる。ABiH, ZMF, BH. opći. 1343-1913.

(84)　ABiH, ZMF, BH. opći. 1343-1913.

(85)　ABiH, ZMF, BH. opći. 922-1913.

(86)　ABiH, ZMF, BH. opći. 1343-1914.

(87)　StA, AVA, MP. 727-1914.

(88)　ABiH, ZMF, BH. opći. 3755-1914.

(89)　その際の食料検査においては、動物性製品を扱うことに鑑み獣医を参画させることを提示した。StA, AVA, MP. 1670-1914.

(90)　ABiH, ZMF, BH. opći. 5023-1914.

(91)　ABiH, ZMF, BH. opći. 9108-1914.

(92)　Dinklage, "Die Landwirtschaftliche Entwicklung", S. 461.

(93)　ハンガリー政府の求めたバルカン諸国との家畜取引条約に関する秘密補足条項（1909 年 3 月16日）により、「ハンガリーの意のままになる例外措置をのぞき、バルカン諸国からの家畜、食肉輸入は事実上不可能」となった。Alexander Spitzmüller-Harmersbach, *Der letzte österreichisch-ungarische Ausgleich und der Zusammenbruch der Monarchie*, Berlin: Verlag für Kulturpolitik, 1929, S. 29.

(94)　Wilhelm Felling, *Die Fleischversorgung der Stadt Wien: unter besonderer Berücksichtigung der ersten Wiener Grosschlächtereiaktien-Gesellschaft und des Städtischen Übernahmsamtes*, Aschaffenburg: Götz. Werbrun（Thesis（doctoral）-Universität Jena）, 1909, S. 38-39. すなわちセルビアからハプスブルクへの畜殺用家畜と食肉の輸入額は、1905年には約3,570万クローネだったが、翌年には1,180万クローネ、1908年には270万クローネ、1910年には 7 万クローネまで減少した。豚の輸入頭数は、1904年にはおよそ15万頭だったが、1907年には1,387頭、1910年には667頭へと大きく減少した。Otto von Zwiedineck, "Die handelspolitischen Beziehungen Serbiens zu Österreich-Ungarn", *Weltwirtschaftliches Archiv*, Bd. 6-2, 1915, S. 119.

(95)　主要紙のひとつ『ノイエ・フライエ・プレッセ Neue Freie Presse』は、このデモの背景

を食肉価格の高騰に求めている。*Neue Freie Presse*, 3, 10, 1910, S. 1.

（96） ハンガリー農務相シェレーニは、アルゼンチンからの食肉輸入と引き換えに、鉄道敷設
などの経済的要求を突きつけた。ハンガリー首相ティサも農業（＝地主）利害を擁護する
立場から、アルゼンチンからの食肉輸入を妨害した。この背後には、不安定なハンガリー
政情への配慮が働いたと考えられる。Berthold Sutter, "Die Ausgleichsverhandlungen
zwischen Österreich und Ungarn 1867-1918", in Mayer（hg.）, *Ausgleich*, S. 103; Norman
Stone, "Hungary and the Crisis of July 1914", *Journal of Contemporary History*, vol. 1-3,
1966, p. 155.

（97） Otto Bauer, "Die Teuerungsrevolte in Wien", *Die Neue Zeit*, Jg. 29-2, 1911, S. 913-917.（引
用は S. 913）バウアーは、オーストリア社会民主党の理論誌『カンプフ（闘争）Der Kampf』
の論考において、労働者世帯が食料品の値上がりにより収入の7割を食費にあてざるをえ
ないこと、この背景にある農業利害偏重の経済政策を改めるべきことを述べている。Otto
Bauer, "Krise und Teuerung", *Der Kampf*, Jg. 1, 1908, S. 116-123.

（98） *Neue Freie Presse*, 18, 9, 1911, S. 2. 社会民主党の『アルバイター・ツァイトゥング Arbe-
iter Zeitung』も、住居不足にともなう家賃の上昇とならんで食料価格の高騰をデモの背景
として指摘した（*Arbeiter-Zeitung*, 18, 9, 1911, S. 1）。この暴動については、下記のような
記述もある。「飢餓暴動は、都市近郊に住むプロレタリアートの生活水準に起因する危機の
蓄積が、——1907年以降、議会において見かけ上は取るに足らないと思われた——社会民
主主義者の満たされない希望と相まって、きわめて一過性の爆発的な反乱に至る道筋を示
すすぐれた例である」。Wolfgang Maderthaner/Lutz Musner, *Unruly Masses: The Other
Side of Fin-de-Siècle Vienna*, New York: Berghahn Books, 2008, p. 19.

（99） Schmid, *Bosnien*, S. 422-423.

（100） Otto von Frangeš, *Die landwirtschaftlichen Verhältnisse in Bosnien-Herzegowina und
ihre Wechselbeziehungen zu Handel und Industrie der Monarchie*（Mitteilungen des öster-
reichisch-bosnischherzegowinischen Interessentenverbandes（以下、MÖBH）, Bd. 6）,
Wien, 1913, S. 21. この講演は、1913年11月29日におこなわれた。

第6章

（1） Grünberg, *Agrarverfassung*, S. 67.

（2） Richard Charmatz, "Die Probleme und die Zukunft Österreich-Ungarns", *Zeitschrift für
Politik*, Bd. 2, 1909, S. 271.

（3） *Bericht* 1906, S. 427. その必要性が認識されていたにもかかわらず、十分の一税に代わる
新たな土地税制度は導入されなかった。*Bericht* 1906, S. 488.

（4） Hauptmann（hg.）, *Borba muslimana*, S. 580-588; Hauptmann, *Die österreichisch-un-
garische Herrschaft*, S. 184-190; Djordjevič, "Die Serben", S. 765.

（5） *Bericht* 1911, S. 19.

（6） Stephan Graf Burián, *Drei Jahre aus der Zeit meiner Amtsführung im Kriege*, Berlin:
Ullstein, 1923, S. 220.

（7） ABiH, ZMF, BH. opći. 12898-1907.

（8） Schmid, *Bosnien*, S. 334.

（9） 南塚「帝国主義」74-78、124-128頁。

（10） József Galántai, "Die Außenpolitik Österreich-Ungarns und die herrschenden Klassen
Ungarns", in Fritz Klein（hg.）, *Österreich-Ungarn in der Weltpolitik 1900 bis 1918*, Ber-

lin: Akademie-Verlag, 1965, S. 257.

(11) Luka Đaković, "Privilegovana Agrarna i Komercijalna Banka za Bosnu i Hercegovinu", *Glasnik Arhivâ i Društva arhiviskih Radnika Bosne i Hercegovine*, sve. 6, 1966, str. 143-170.

(12) Dževad Juzbašić, "Die Annexion von Bosnien-Herzegowina und die Probleme bei der Erlassung des Landesstatutes", *Southeast-Studies*, Bd. 68, 2009, S. 247-297.

(13) Sugar, *Industrialization*, pp. 93-94.

(14) Hauptmann, *Die österreichisch-ungarische Herrschaft*, S. 197-200.

(15) 南塚『東欧経済史の研究』230-231、279-285頁。

(16) Lorant Hegedüs, *Geschichte der Entstehung und des Bestandes der Pester ungarischen Commercial Bank*（Bd. 2: 1892-1917）, Budapest: Verlag der Bank, 1917, S. 265.

(17) ABiH, ZMF, BH. opći. 2389-1908.

(18) ABiH, ZMF, BH. Präs. 1123-1908, 2033-1908.

(19) 契約、定款、規程については以下を参照。ABiH, ZMF, BH. Präs. 1123-1908, 2033-1908.

(20) 特権地方銀行の場合、頭取は君主フランツ・ヨーゼフに、理事（7-21名）の半数は行政府により任命されたのに対し（定款19、25条）、特権農業銀行の理事（7-13名）の内、行政府による任命は2名であったうえ、頭取は理事によって選出された。*Sammlung* 1895, S. 247.

(21) 30年返済の特権地方銀行の利率は、年賦金の償却を含め7.04パーセントだったが、特権農業銀行では9パーセント以上と見込まれた。Anton Feifalik, *Ein neuer aktueller Weg zur Lösung der boshischen Agrarfrage*, Wien: Deuticke, S. 11-12; Grünberg, *Agrarverfassung*, S. 71.

(22) Grünberg, *Agrarverfassung*, S. 68-75（引用は70）。

(23) *Neue Freie Presse*, 20, 12, 1908, Morgenausgabe, S. 20; *Pester Lloyd*, 20, 12, 1908, Morgenausgabe, S. 10.

(24) 1908年12月23日。ABiH, ZMF, BH. Präs. 2234-1908.

(25) HHStA, Nachlass Baernreither, Karton. 43, Materialien, betreffend die Verhandlungen wegen Gründung der Privilegierten Agrar-und Kommerzialbank für Bosnien und die Hercegovina, S. 15.

(26) 1909年1月7日。ABiH, ZMF, BH. Präs. 173-1909.

(27) ABiH, ZMF, BH. Präs. 219-1909.

(28) ABiH, ZMF, BH. Präs. 1270-1908. ビーネルト、ヴェケルレ両首相に送られた覚書は同じ内容であった。

(29) 同年2月8日。ABiH, ZMF, BH. Präs. 359-1909.

(30) 同年2月25日。ABiH, ZMF, BH. Präs. 276-1909.

(31) StA, FH, FM, Präs. 449-1909, Präs. 456-1909. この時期に、後に制定される「1911年償却法」の原案がオーストリア財務省によって作成された。ただし、これはブリアーンとの折衝には提出されていない。

(32) 同年3月8日。StA, AVA, MP 795-1909. 1906年度の最終決算をみると、歳出の約6,349万クローネに対し、歳入は約6,488万クローネであった（剰余139万クローネ）。*Bericht* 1908, S. 217.

(33) StA, AVA, MP 793/795-1909. 依頼に至った経緯は不明だが、エーレンタールは1908年12月時点で特権農業銀行に関する情報をブリアーンに要求していた。銀行に対するエーレン

タールの関心が、何らかの形で作用したと考えられる。ABiH, ZMF, BH. Präs. 2234-1908.

(34) 同年3月11日。ABiH, ZMF, BH. Präs. 634-1909.

(35) この文言は、最終的に特権農業銀行の定款62条とされた。*Sammlung* 1909, S. 516-517.

(36) 同年4月8日。HHStA, P. A. I, KdM, VIII-c 12/2（Agrarbankfrage in Bosnien）Karton. 637.

(37) ABiH, ZMF, BH. Präs. 1067-1909 ; StA, AVA, MP. 2025-1909. ヴェケルレは、オーストリア系資本による地方銀行の存在、特権農業銀行の損失補填の正当性をおもな理由として、クメット償却業務を含めた特権農業銀行の早期設立をブリアーンに要求した（4月20日）。しかし、交渉の大勢を変えるにはいたらなかった。HHStA, P. A. I, KdM, VIII-c 12/2. Karton. 637.

(38) StA, AVA, MP. 2292-1909.

(39) ABiH, ZMF, BH. Präs. 1103-1909, Präs. 1175-1909 ; Hegedüs, *Geschichte*, Bd. 2, S. 269.

(40) この問題については下記の諸文献を参照。Thomas Simon（hg.）, *Hundert Jahre allgemeines und gleiches Wahlrecht in Österreich : modernes Wahlrecht unter den Bedingungen eines Vielvölkerstaates*, Frankfurt am Main : Peter Lang, 2010 ; 平田武「オーストリア＝ハンガリー君主国における政治発展の隘路（1）」『法学』第71巻2号、2007年、193-236頁 ; 大津留厚『ハプスブルクの実験―多文化共存を目指して（増補改訂）』春風社、2007年、155-180頁。

(41) 1867年12月21日・第141号法律の第14条は、以下のとおりである。「議会が招集されていないときに、憲法の規定上、帝国議会の同意を必要とする緊急の通達を出す必要がある場合、全省庁の責任のもとで勅令により布告される。それは基本法の変更、恒久的な国有財産への負荷、国有財産の譲渡に関わらないものに限られる。これにそくして出される通達は、全大臣により署名され、基本法の規定と明確に関連させて公表される。この布告は、政府が〔布告後〕直近に召集される議会の開会後、4週間以内に承認を得るために議会に提出されない場合、あるいは上院、下院のいずれかが承認しなかった場合には法的効力を失う」。*RGB*, Jg. 1867, S. 392. なお緊急条例は、1868年から1897年までの30回に対し、1897年から1904年には76回発動された。Ernst Hanisch, *Der lange Schatten des Staates : österreichische Gesellschaftsgeschichte im 20. Jahrhundert*, Wien : Ueberreuter, 1994, S. 231.

(42) Lothar Höbelt, "Parlamente der europäischen Nachbarn II : Die Vertretung der Nationalitäten im Wiener Reichsrat", in Dittmar Dahlmann/Trees Pascal（hg.）, *Von Duma zu Duma. Hundert Jahre russischer Parlamentarismus*, Internationale Beziehungen : Theorie und Geschichte, Band 4, Göttingen : V+R Unipress, 2009, S. 345.

(43) Hanisch, *Der lange Schatten*, S. 231.

(44) Ernst Bruckmüller, *Sozialgeschichte Österreichs*, Wien : Verlag für Geschichte und Politik, 2001, S. 330-341.

(45) 1905年11月28日、ウィーンで行われたデモは25万人を動員したとされる。Ilse Reiter, "«Das Wahlrecht gebt uns frei!» Der Kampf der Sozialdemokratie für das allgemeine und gleiche Reichsratswahlrecht", in Simon（hg.）, *Wahlrecht*, S. 191 ; 平田「オーストリア＝ハンガリー君主国」211頁。

(46) E・J・ホブズボーム（野口健彦、野口照子訳）『帝国の時代 1875-1914』第1巻、みすず書房、1993年、131頁。

(47) *RGB*, Jg. 1907, S. 57-81.

(48) 1861年の4、1897年の17と比べるとその差は明らかであろう。1911年には36にまで増加

した。オーストリア議会の変遷については下記を参照されたい。Lothar Höbelt, "Parteien und Fraktionen im cisleithanischen Reichsrat", in *Habsburgermonarchie*, Bd. 7-1, 2000, S. 895-1006.

(49)　このような選挙結果は、オーストリア政府やフランツ・ヨーゼフの希望——男子普選によって局地的なナショナリズムに対抗する大衆政党に政治権力を与えることで、帝国を強化する——をかなえたと指摘される。Judson, *The Habsburg Empire*, p. 375.

(50)　Hanisch, *Der lange Schatten*, S. 225.

(51)　Alois Freiherr Czedik, *Zur Geschichte der k. k. österreichischen Ministerien 1861-1916*, Bd. 4, Wien: Prochaska, 1920, S. 4-8.

(52)　Rudolf G. Ardelt, "Die Krise des Reformismus unter den Regierungen Bienerth und Stürgkh", in Helmut Konrad（hg.）, *Imperialismus und Arbeiterbewegung in Deutschland und Österreich*, Wien: Europaverlag, 1985, S. 70-71. なお与党勢力は、ドイツ民族連盟を含む国民連盟、キリスト教社会党連合、ポーランドクラブなどから構成された。Höbelt, "Parteien und Fraktionen", S. 981.

(53)　Friedrich Austerlitz, *Die Bienertherei. Was ist und will das System Bienerth*（Sozialdemokratische Werbeschriften zum Wahlkampf. 3）, Wien: Wiener Volksbuchhandlung, 1911, S. 10.

(54)　Hegedüs, *Geschichte*, Bd. 2, S. 265.

(55)　*StPrAR.*, 127 Sitzung, 18 Session, am 22.1. 1909, Beilage 4276.

(56)　*StPrAR.*, 2 Sitzung, 19. Session, am 11.3. 1909, S. 45.

(57)　*Ibid.*, S. 45.

(58)　*Ibid.*, S. 49.

(59)　*Ibid.*, S. 50-51.

(60)　*Ibid.*, S. 55.

(61)　*Ibid.*, S. 55. 前掲したオーストリア社会民主党の理論誌『カンプフ』では、クメット問題への取り組みがしばしば批判された。レンナーも同紙において、ハプスブルクの外交団と軍部がボスニアを「新たな練兵場」ととらえ、「新たに生じた諸々の課題に頭を悩ましていない」と苦言を呈している。Karl Renner, "Österreich und die Südslawen", *Der Kampf*, Jg. 6, 1913, S. 147. 併合後のオーストリア社会民主党は、ボスニアへの自治付与によって現地社会の反発を抑えることを提言した。cf. Enver Redžić, "Die österreichische Sozialdemokratie und die Frage Bosniens und der Herzegovina", *Österreichische Osthefte*, Bd. 9, 1967, S. 361-378.

(62)　*StPrAR.*, 2 Sitzung, 19 Session, am 11.3. 1909, S. 60.

(63)　*StPrAR.*, 24 Sitzung, 19 Session, am 8.6. 1909, S. 1334.

(64)　*Ibid.*, S. 1337.

(65)　681 der Beilagen zu *StPrAR.*, 19 Session 1909.

(66)　*StPrAR.*, 23 Sitzung, 19 Session, am 4.6. 1909, S. 1240.

(67)　*Ibid.*, S. 1241.

(68)　キリスト教社会党の機関紙『ライヒスポスト Reichspost』は、ボスニア地方行政府が特権農業銀行の下部機関と化したこと、同銀の規程や定款について、「ここまで軽率な、高利貸しの認可は前代未聞である」と書くとともに、「将来、ハンガリー領となるであろう帝国直轄領 Reichsland〔ボスニア〕の運命は、ズィーベンビュルゲンやクロアティアを範として定められる。当然のことながら、ダルマティアの喪失も時間の問題となろう」と糾弾した。

Reichspost, 29, 1, 1909, S. 1-2.

(69) *StPrAR.*, 23 Sitzung, 19 Session, am 4.6. 1909, S. 1240.

(70) *Ibid.*, S. 1246.

(71) *Ibid.*, S. 1264.

(72) *Ibid.*, S. 1268.

(73) レートリヒは、帝国内のセルビア人やクロアティア人に一定の政治的権利を与えること に賛同していたが、ボスニアのクメットの経済的搾取を図る特権農業銀行を彼らの感情を 逆なでするものであるとみなしていた。*Ibid.*, S. 1281.

(74) *Ibid.*, S. 1265.

(75) *Ibid.*, S. 1268.

(76) *Ibid.*, S. 1283-1284.

(77) *Ibid.*, S. 1283.

(78) *StPrAR.*, 22 Sitzung, 19 Session, am 3.6. 1909, S. 1214.

(79) *Ibid.*, S. 1215.

(80) *StPrAR.*, 24 Sitzung, 19 Session, am 8.6. 1909, S. 1311.

(81) *Ibid.*, S. 1312.

(82) *Ibid.*, S. 1312-1313.

(83) *Ibid.*, S. 1318.

(84) *StPrAR.*, 22 Sitzung, 19 Session, am 3.6. 1909, S. 1218.

(85) *Ibid.*, S. 1219.

(86) *StPrAR.*, 24 Sitzung, 19 Session, am 8.6. 1909, S. 1338-1339.

(87) *Ibid.*, S. 1339.

(88) *Ibid.*, S. 1339.

(89) "Bosnische Agrarbank und Parlament", *Der österreichische Volkswirt*, Bd. 1/37, 1909, S. 6-7.

(90) HHStA, KdM, VIII-c 12-1 Karton. 638.

(91) HHStA, KdM, VIII-c 12-1 Karton. 638. 当時のベオグラード大学教授で、ハプスブルク国 内の南スラヴ人の運動を支援していたB・マルコヴィチは、ボスニアにおける農地所有問 題が解決されず、農民が経済的破滅に追い込まれていると批判した。Božidar Markow-itsch, *Die serbische Auffassung der bosnischen Frage*, Berlin: Ebering, 1908, S. 7.

(92) HHStA, P. A. XL, GMP, Karton. 308; KdM, VIII-c 12-1 Karton. 638. なお当該期の共通閣 議の議事録は近年公刊されたが、筆者は本書で引用したすべての箇所について原典を確認 している。cf. Schmied-Kowarzik（hg.）, *Die Protokolle*.

(93) HHStA, P. A. XL, GMP, Karton. 308. 1910年2月12日の共通閣議においてビーネルトは、 本来であればクメット償却に関する条項が憲法に盛り込まれることを望んでいるが、勅令 によって布告されるならばそれを取り下げる旨を発言した。HHStA, P. A. XL, GMP, Kar-ton. 309.

第7章

（1） HHStA, P. A. XL, GMP, Karton. 309. Die Betreffung eines Allerhöchsten Handsch-reibens an den gemeinsamen Finanzminister Freiherrn von Burián, betreffend die Ange-legenheit der Kmetenablösung.

（2） *Fremden-Blatt*, 7.3. 1909, S. 1.

補注　229

（ 3 ）　ABiH, ZMF, BH. Präs. 984-1910. オーキーはクメット償却問題を議会開設期における 3
大課題のひとつと指摘する。Okey, *Taming Balkan Nationalism*, p. 181. ボスニア議会の第
1 会期には「償却法」以外に（第 5 章で取りあげた）種馬・種牛の選別法も協議されている。

（ 4 ）　Schmid, *Bosnien*, S. 333.

（ 5 ）　Edin Radušić, "Agrarno pitanje u Bosanskohercegovačkom Saboru 1910-1914", *Prilozi*,
sve. 34, 2005, str. 123.

（ 6 ）　柴「青年ボスニア」78-81頁。併合までのムスリムとセルビア人の関係は以下に詳しい。
Dževad Juzbašić, "Pokušaji stvaranja političkog saveza izmedju vođstva srpskog i musli-
manskog autonomnog pokreta u Bosni i Hercegovini", *Prilozi*, sve. 14/15, 1978, str. 125-
161.

（ 7 ）　Imamović, *Privni položaj*, str. 296-297.

（ 8 ）　このストライキは、グラディシュカ郡におけるクメットの貢納拒否に始まった。Тодор
Крушевац, "Сељачки Покрет-Штрајк у Босни 1910. Године", in Vasa Čubrilović (red.),
Jugoslovenski Narodi pred prvi Svetski Rat, Beograd: Naucno Delo, 1967, str. 382-383; Ču-
pić, *Opposition*, S. 223; Hauptmann, *Die österreichisch-ungarische Herrschaft*, S. 172-173.

（ 9 ）　1910年 8 月26日。ABiH, ZMF, BH. Präs. 1341-1910.

（10）　実際にグラディシュカ郡における運動は、ストヤノヴィチによって仲裁された。ABiH,
ZMF, BH. Präs. 1341-1910.

（11）　Schmid, *Bosnien*, S. 334.

（12）　Radušić, "Agrarno pitanje", str. 140.

（13）　3 月 8 日には Šć・グルギイチ Grgjić の強制償却案が否決された。Kaser, *Die serbischen
politischen Gruppen*, S. 135.

（14）　セルビア人議員らは、この点に執着していた節がある。後述するストヤノヴィチ法案の
際にも主張されている。ABiH, ZMF, BH. Präs. 46-1911.

（15）　Radušić, "Agrarno pitanje", str. 141-143.

（16）　凶作あるいは自然災害のために、十分の一税の支払いが免除されている場合、年賦金の
返済を 1 年間猶予し、延滞利息は国家が負担することも法律に反映された。ABiH, ZMF,
BH. Präs. 461-1911.

（17）　Radušić, "Agrarno pitanje", str. 125; Imamović, "Agrarno pitanje", str. 157.

（18）　Dževad Juzbašić, "Die Sprachenpolitik der österreichisch-ungarischen Verwaltung und
die nationale Verhältnisse in Bosnien-Herzegowina, 1878-1918", *Südost-Forschungen*, Bd.
61/62, 2002/2003, S. 253. クロアティアやダルマティアにおけるセルビア人とクロアティア
人の連携は、ボスニアでは見られなかった。Mirjana Gross, "Hrvatska politika u Bosni i
Hercegovini od 1878-1914", *Historijski Zbornik*, sve. 19/20, 1967, str. 46.

（19）　Radušić, "Agrarno pitanje", str. 133. この際セルビア系議員と関係の深いムスリム議員 6
名は、協定に署名しなかった（「償却法」には賛成した）。Gross, "Hrvatska politika", str.
49.

（20）　Milorad Ekmečić, "Nacionalni pokret u Bosni i Hercegovini", *Istorija Serpskog Naroda*,
Bd. VI-1, 1983, str. 640-641.

（21）　ABiH, ZMF, BH. Präs. 150-1911.

（22）　ABiH, ZMF, BH. Präs. 150-1911.

（23）　Kaser, *Die serbischen politischen Gruppen*, S. 135.

（24）　*Ibid.*, S. 136-137. 民族主義的なナロード Narod 〔民族〕、青年層を中心とする急進派オタ

ジュビナ Otadžbina〔祖国〕は、クメット償却の必要性を強調した。Djordjević, "Die Serben", S. 771.

(25) バルカン史に詳しいランピは、セルビア人の立場から償却の進展の遅さを指摘するが、法律の内容や償却法によって浮かび上がった問題は看過している。John R. Lampe, *Yugoslavia as History: Twice there was a Country*, Cambridge: Cambridge University Press, 2000, pp. 96-97. さらにドーニャ／ファインのように「1911年には農民が自己の耕作地を購入できるようにする法律も導入されたが〔…〕農民は地主に保証金を支払う義務があり、農地を実際に購入できるものはほとんどいなかった」と事実にそくしていない記述も見受けられる。ドーニャ／ファイン『ボスニア・ヘルツェゴヴィナ史』102頁。

(26) Hauptmann, *Die österreichisch-ungarische Herrschaft*, S. 202-203

(27) ABiH, ZMF, BH. Präs. 151-1911.

(28) 1911年10月13日付地方行政府通達。*Sammlung* 1911, S. 314-316.

(29) 1911年11月21日付地方行政府通達。*Sammlung* 1911, S. 331-337.

(30) ここで重視されたのは、一つの定住地に複数のクメットがいる際の各々の分担比率、クメットによる先買い権の行使に関する地主の同意である。

(31) 当該日が日曜日か債務者の祝日の場合は、直近の業務日を支払日とされた。

(32) 1911年12月2日付地方行政府通達。*Sammlung* 1911, S. 361. その後地方行政府は、償却貸付金の利率を上回る信用を得ることを強いられたため、1912-1913年に2,100万クローネの差額分を負担した。Shek, "Agrarfrage", S. 118.

(33) *Bericht* 1913, S. 50.

(34) 転換の件数は、グラスルの講演記録の添付資料より算出した。この点について彼は「すでに償却したクメットは、転換によって低利子の資金を借りられる恩恵から排除されていない。〔…〕より正確に述べると、クメット償却法はこれまでに類を見ない規模でクメット償却の進展するための刺激をもたらした。2年間の償却活動を経た今日もそれは退潮するどころか、さらに盛んになる傾向を示していることは、クメット償却法の実施が当事者双方〔クメットと地主〕の希望と期待に適合したことの証明」と語る。Georg Grassl, *Zwei Jahre fakultativer Kmetenablösung in Bosnien und der Herzegowina*（MÖBI, Bd. 10）, Wien, 1914, S. 12.

(35) *Bericht* 1914-16, S. 200-201.

(36) 5,100-20,000クローネの貸付493件のうち、292件が上記の諸郡においておこなわれた。ヘルツェゴヴィナの煙草栽培地域も総じて高額であった。モスタルとリュブシュキでは1ヘクタールあたり3,500クローネ、場合によっては4,000-5,000クローネに達した。なお、ボスニア・ヘルツェゴヴィナ全体での1ヘクタールの平均額は196クローネであった。

(37) *Bericht* 1913, S. 56. この言葉は1912年終了時点のものであるが、1913年を含めても大差はない。

(38) Grassl, *Kmetenablösung*, S. 14.

(39) 別の時点で行われる場合には、「償却法」の適用外とされた。

(40) Grassl, *Kmetenablösung*, S. 12-13.

(41) *Ibid.*, S. 10-11.

(42) Hauptmann, *Die österreichisch-ungarische Herrschaft*, S. 184-185.

(43) Otto Neurath, "Galizien und Bosnien während des Balkankrieges", *Jahresbericht der Neuen Wiener Handelsakademie*, Bd. VIII-19, 1913, S. 25.

(44) Hauptmann, *Die österreichisch-ungarische Herrschaft*, S. 181-182.

補注　231

（45）　Grassl, *Kmetenablösung*, S. 20.

（46）　Mehmed Spaho, *Die Agrarfrage in Bosnien und in der Herzegowina*（MÖBI, Bd. 2.），Wien, 1912, S. 23-24.

（47）　Grassl, *Kmetenablösung*, S. 15-16. 同時代の経済学者ノイラートも「プロイセンとマジャールの領主層が、官吏や軍人への移行に成功した一方で、ベグがそのような過程を歩むことはきわめて稀であった。ボスニアのムスリムにおいて改革への積極性はかなり少なかった。なぜならハプスブルク帝国政府が、ムスリムの立場を常に安泰にしたからである」と述べている。Neurath, "Galizien und Bosnien", S. 45.

（48）　Philipp Loewe, "Die Agrarverhältnisse in Bosnien und der Hercegowina", *Der österreichische Volkswirt*, Bd. 1/XXV, 1909, S. 4-5.

（49）　Grassl, *Kmetenablösung*, S. 17.

（50）　Shek, "Agrarfrage", S. 125.

（51）　*Ibid.*, S. 127.

（52）　*Ibid.*, S. 128.

（53）　Feifalik, *Ein neuer aktueller Weg*.

（54）　具体的には、従来のクメット地（約56万6,000ヘクタール）の3分の1に相当する（約19万ヘクタール）土地を開墾地として与えたうえで、耕地整理によって集約された土地をもつ農場の創出を見込んでいた。Feifalik, *Ein neuer aktueller Weg*, S. 80-81.

（55）　Schmid, *Bosnien*, S. 342.

（56）　Emerich Kaurimsky, "Das Existenzminimum des bosnischen Bauern", *Der österreichische Volkswirt*, Bd. 6-1/II, 1913, S. 24-25.

（57）　Adalbert Shek von Vugrovec, *Die nächsten Aufgaben der Ziviljustizgesetzgebung in Bosnien-Herzegowina*（II. ordentliche Generalversammlung des Österreichisch-bosnischherzegowinischen Interessentenverbandes）, Wien, 1914, S. 20.

（58）　とくに相続法については、オスマンのシャリーアに基づく相続法とオーストリア民法典に基づく相続法は基本概念が根本的に異なっていること、当事者の立場によって適用される法律が異なることなどの問題があった。Cf. Michael Zobkow, "Die Anwendung des allgemeinen bürgerlichen Gesetzbuches in Bosnien und der Herzegowina", *Festschrift zur Jahrhundertfeier des allgemeinen bürgerlichen Gesetzbuches*, Bd. 1, 1911, S. 728-752.

（59）　ブリアーンは、ベルヒトルトの共通外務相就任にともない辞職を余儀なくされた。これは、共通外務相と共通財務相がオーストリアとハンガリーに一つずつ割り当てられる慣行によるとの見方もあるが、実際にはブリアーンがボスニア行政における軍部の影響力拡大に反対したことが原因と考えられる。Imamović, *Privni položaj*, str. 315.

（60）　John Leslie, "The Antecedents of Austria-Hungary's War Aims: Policies and Policy-Makers in Vienna and Budapest before and during 1914", in Elisabeth Springer/Leopold Kammerhofer（hg.）, *Archiv und Forschung: das Haus-, Hof- und Staatsarchiv in seiner Bedeutung für die Geschichte Österreichs und Europas*, Wien: Verlag für Geschichte und Politik, 1993, pp. 360-361.

（61）　文民補佐官が軍部の意向をうけて廃止され（1912年4月1日）、それに代わって総督代理職がおかれた。これにより総督の権限は大幅に拡大された。*Sammlung* 1912, S. 121-122; Heuberger, "Politische Institutionen", S. 2420.

（62）　Sándor Hoyos, *Der Deutsch-englische Gegensatz und sein Einfluss auf die Balkanpolitik Österreich-Ungarns*, Berlin: Vereinigung wissenschaftlicher Verleger, 1922, S. 73-74. （引用

は74)

(63) Amir Duranović, "The Aggressiveness of Bosnian and Herzegovinian Serbs in the Public Discourse during the Balkan Wars", in M. Hakan Yavuz/Isa Blumi (eds.), *War and Nationalism: the Balkan Wars, 1912-1913, and their Sociopolitical Implications*, Salt Lake City: University of Utah Press, 2013, p. 380.

(64) ABiH, ZMF, BH. Präs. 1715-1912. ボスニアとダルマティアの駐屯兵力は、平時の4万から10万に増強された。Manfried Rauchensteiner, *Der Erste Weltkrieg und das Ende der Habsburgermonarchie 1914-1918*, Wien: Böhlau, 2013, S. 26.

(65) バルカン戦争においてハプスブルクがモンテネグロ軍をスクタリから撤退させたことも「青年ボスニア」などの強い不満を引き起こした。Vucinich, "Mlada Bosna", p. 54.

(66) Leslie, "The Antecedents", p. 365.

(67) Dževad Juzbašić, "Der Einfluss der Balkankriege 1912/1913 auf Bosnien-Herzegovina und auf die Behandlung der Agrarfrage", in Horst Haselsteiner (hg.), *Zeiten Wende Zeiten: Festgabe für Richard Georg Plaschka zum 75. Geburtstag*, Frankfurt am Main: Lang, 2000, S. 66; Radušić, "Agrarno pitanje", str. 148.

(68) Kaser, *Die serbischen politischen Gruppen*, S. 170-175; Tepić (red.), *Bosna i Hercegovina*, str. 284.

(69) Kaser, *Die serbischen politischen Gruppen*, S. 176-177; Čupić, *Opposition*, S. 339.

(70) ABiH, ZMF, BH. Präs. 1442-1913.

(71) Kaser, *Die serbischen politischen Gruppen*, S. 178. ディモヴィチは政党紙「イシュティナ Istina〔真実〕」においてクメット問題の解決によってのみ占領や併合を正当化しうると述べたと伝えられる。Imamović, *Privni položaj*, str. 322.

(72) 1913年2月、地方行政府は学校、病院などの公共施設においてセルボ・クロアティア語を公用語とする言語法案を提出した。1913年末には議会を通過し両半部政府の承認も得たが、第一次世界大戦の勃発によって発効には至らなかった。Heuberger, "Politische Institutionen", S. 2408-2409.

(73) 1913年11月12日、政党紙「イシュティナ」が創刊された。Kaser, *Die serbischen politischen Gruppen*, S. 183.

(74) ABiH, ZMF, BH. Präs. 10-1914.

(75) Kaser, *Die serbischen politischen Gruppen*, S. 183; *Bericht* 1913, S. XXIX-XXX.

(76) 前出のファイファリクは、ディモヴィチ方式の採用にはイスラム教徒への「莫大な贈り物」——ワクフへの補助金、モスク、奨学金など——が必要と述べている。Feifalik, *Ein neuer aktueller Weg*, S. 30.

(77) Kaser, *Die serbischen politischen Gruppen*, S. 167; Tepić (red.), *Bosna i Hercegovina*, str. 284.

(78) ABiH, ZMF, BH. Präs. 10-1914.

(79) 改正法は、すべて第1条に付属する項目とされた。ABiH, ZMF, BH. opći. 3319-1914.

(80) Miklós Komjáthy (hg.) (übersetzt. Károly Niederhauser), *Protokolle des Gemeinsamen Ministerrates der Österreichisch-Ungarischen Monarchie 1914-1918*, Budapest: Akadémiai Kiadó, 1966, S. 149. なおボスニア議会は1914年7月9日以降休会とされ、1915年2月6日に正式に解散された。Džaja, *Bosnien-Herzegowina*, S. 225.

(81) 1914年7月27日付・ビリンスキ宛電報。ABiH, ZMF, BH. Präs. 1159-1914.

(82) Ludwig Bittner/Hans Uebersberger (hg.), *Österreich-Ungarns Aussenpolitik: von der*

補注　233

bosnischen Krise 1908 bis zum Kriegsausbruch 1914: diplomatische Aktenstücke des Ös-
terreichisch-Ungarischen Ministeriums des Äussern, Bd. 8, Wien: Österreichischer Bundes-
verlag, 1930, Nr. 9974.（以下、*ÖVA*）

(83)　1914年8月4日付・ポティオレク宛電報。ABiH, ZMF, BH. Präs. 1159-1914.

(84)　*Bericht* 1914-1916, S. 23-25.

(85)　Holm Sundhaussen, "Von der Befreiung zur Marginalisierung der Bauern. Zwei Jahr-
hunderte Agrarreformen in Südosteuropa", in Karl-Peter Krauss（hg.）, *Agrarreformen*
und ethno-demographische Veränderungen: Südosteuropa vom ausgehenden 18. Jahrhun-
dert bis in die Gegenwart, Stuttgart: Steiner, 2009, S. 34.

(86)　Anton Hollmann, *Agrarverfassung und Landwirtschaft Jugoslawiens*, Berlin: Parey, 1931,
S. 46-47; Cvetko Šribar, *Die rechtliche Entwicklung und die sozialpolitische Bedeutung der*
südslawischen Hausgenossenschaft Zadruga, Köln（Inaugural-Dissertation, Universität
Köln）, 1934, S. 36-37.

(87)　Frangeš, *Die sozialökonomische Struktur*, S. 205-208. 1918年から29年には、放牧地と森
林の合計約2万ヘクタール、その他の当事者にも約14,000ヘクタールが入植地として与え
られた。

(88)　Wessely, "Die wirtschaftliche Entwicklung", S. 566.

(89)　Srećko-Mato Džaja, *Die politische Realität des Jugoslawismus（1918-1991）: mit beson-*
derer Berücksichtigung Bosnien-Herzegowinas, München: Oldenbourg, 2002, S. 163. 大戦直
後、ムスリム地主は度々セルビア人農民から暴行を受け、殺害されることも少なくなかっ
たという。Adnan Velagić, "Sprovođenje agrarne reforme i djelovanje komitskih četa u
Hercegovini nakon Prvog svjetskog rata", *Prilozi*, sve. 38, 2009, str. 121-143.

(90)　このような「偏った」農地改革がムスリムの恨みを募らせ、第二次世界大戦時にボスニ
アにおけるセルビア人虐殺を激化させたとさえ指摘される。Marko Attila Hoare, *The His-*
tory of Bosnia: From the Middle Ages to the Present Day, London: Saqi, 2007, p. 108。この
問題をボスニア内戦にまで敷衍したのは以下の論考である。岩田昌征「ボスニア・ヘルツ
ェゴヴィナ多民族内戦の深層」『大阪学院大学経済論集』第19巻2号、2005年、1-16頁。

(91)　バタコヴィチはバルカン戦争時の戒厳令の抑圧性を強調するが、やや誇張と言わざるを
えない。Dušan T. Bataković, "Storm over Serbia: Rivalry between Civilian and Military
Authorities（1911-1914）", *Balkanica*, vol. 44, 2013, p. 346.

(92)　Williamson, *Austria-Hungary*, p. 187.

補論

（1）　本箇所は「補論」という位置づけのため、「七月危機」の検討は別の機会に行うことを断
っておきたい。近年わが国においても大戦に関わる研究が多く刊行されている。とくに大
戦を「現代の起点」と位置づけ、「世界性」、「総体性」、「現代（持続）性」を軸として多角
的に検討した下記の論集には注目すべきであろう。山室信一［他］編『現代の起点　第一
次世界大戦』全4巻、岩波書店、2014年。このなかで本節では、とくに以下を参照した。
小関隆、平野千果子「ヨーロッパ戦線と世界への波及」『第一次世界大戦　一　世界戦争』
31-54頁。近年の動向については以下の説明も有用である。V・ベルクハーン（鍋谷郁太郎
訳）『第一次世界大戦：1914-1918』東海大学出版部、2014年、xi-xxiii 頁。

（2）　これに関しては以下を参照。石田勇治「ヴァイマル初期の戦争責任問題――ドイツ外務
省の対応を中心に――」『国際政治』第96号（「1920年代欧州の国際関係」）、1991年、51-68頁。

（3） David Lloyd George, *War Memoirs*, vol. 1, London: Ivor Nicholson & Watson, 1933, p. 52.

（4） Annika Mombauer, *The Origins of the First World War: Controversies and Consensus*, London: Longman, 2002, pp. 78-118.

（5） F・フィッシャー（村瀬興雄監訳）『世界強国への道：ドイツの挑戦1914‐1918年』I 巻、岩波書店、1972年、第 2 章。戦前のドイツ外交に関するフィッシャーの解釈については、今回は詳述する用意がないため別の機会に論じたい。なおフィッシャー説をめぐる一連の論争のあらましについては以下の説明が有益である。三宅立「第一次世界大戦とドイツ革命」西川正雄編『ドイツ史研究入門』東京大学出版会、1984年、104-107頁；馬場優「ヨーロッパ諸大国の対外膨張と国内問題」小野塚知二編『第一次世界大戦：開戦原因の再検討』岩波書店、2014年、55-60頁。

（6） Holger H. Herwig (ed.), *The Outbreak of World War I: Causes and Responsibilities*, Boston: Houghton Mufflin Company, 1996, p. 9.

（7） Andreas Hillgruber, *Deutsche Grossmacht- und Weltpolitik im 19. und 20. Jahrhundert*, Düsseldorf: Droste, 1977, S. 91-107.

（8） Samuel Ruthven Jr. Williamson/Ernest R. May, "An Identity of Opinion: Historians and July 1914", *The Journal of Modern History*, vol. 79-2, 2007, p. 353. オーストリアにおけるフィッシャー論争については下記を参照。Günther Kronenbitter, "Keeping a Low Profile - Austrian Historiography and the Fischer Controversy", *Journal of Contemporary History*, vol. 48-2, 2013, pp. 333-349.

（9） Fay, *Origins*, vol. 2, p. 550.

（10） Gerd Krumeich, *Juli 1914. Eine Bilanz*, Paderborn: Schöningh, 2014, S. 66, 74, 113; Holger H. Herwig, *The First World War: Germany and Austria-Hungary, 1914-1918*, London: Bloomsbury, 2014, p. 20.

（11） Wolfgang J. Mommsen, *Der Erste Weltkrieg. Anfang vom Ende des bürgerlichen Zeitalters*, Fischer Taschenbuch Verlag: Frankfurt am Main, 2004, S. 33.

（12） Clark, *Sleepwalkers*, p. xxvi.

（13） ここでは、同書がフィッシャー書に匹敵する衝撃を学術界に与えたのみならず、とくにドイツの世論に大きな反響を引き起こしたことを述べるにとどめておく。

（14） 馬場「ヨーロッパ諸大国」67頁。

（15） ハプスブルク外交に詳しい馬場によれば、ベルヒトルトはバルカン戦争を経て「ヨーロッパ協調」に幻滅したという。詳細は馬場『バルカン戦争』を参照。

（16） Samuel Ruthven Jr. Williamson, "Vienna and July 1914: The Origins of the Great War Once More", in Samuel Ruthven Jr. Williamson/Peter Pastor (eds.), *Essays on World War I: Origins and Prisoners of War*, New York: Social Science Monographs, Brooklyn College Press, 1983, pp. 22-23.

（17） David Stevenson, *The Outbreak of the First World War: 1914 in Perspective*, Basingstoke: Macmillan Press, 1997, p. 6. サライェヴォ事件を境とするハプスブルク外交の転換は下記の論考に詳しい。滝田毅「一九一四年の「七月危機」におけるオーストリア＝ハンガリー二重帝国の外交政策の転換――二つのメモランダムをめぐって――」『上智史學』第22号、1977年、53-76頁。かつてエーレンタールの「膨張外交」を信奉していた、ホヨシュをはじめとする共通外務省の「タカ派」の官僚たちが、「七月危機」を戦争に導くうえで重要な役割を演じたことは見逃せない。Fritz Fellner, "Austria-Hungary", in Keith M. Wilson (ed.), *Decisions for War, 1914*, London: UCL Press, 1995, pp. 11-13.

(18)　John H. Maurer, "Field Marchal Conrad von Hötzendorf and the Outbreak of the First World War", in Thomas G. Otte/Constantine A. Pagedas (eds.), *Personalities, War and Diplomacy: Essays in International History*, London: F. Cass, 1997, p. 60.

(19)　ホヨシュが派遣された理由としては、大使館書記官としてのドイツ駐在経験（1906 - 09 年）によりベルリンの政界に通じていたこと、ドイツ国務次官 A・ツィマーマン Zimmermann と中国駐在期に同僚だったこと、ホヨシュの姉が元宰相ビスマルクの長男ヘルベルト Herbert と結婚していたため、ドイツ政界と個人的な関係を有していたことなどがあげられる。Fritz Fellner, "Die Mission Hoyos", in Ders., *Vom Dreibund zum Völkerbund: Studien zur Geschichte der internationalen Beziehungen, 1882-1919*, Wien: Verlag für Geschichte und Politik, 1994, S. 125.

(20)　Fellner, "Die Mission Hoyos", S. 128; Williamson, *Austria-Hungary*, p. 199.

(21)　Komjathy (hg.), *Protokolle*, S. 142-143, 145, 148.

(22)　たとえばポティオレクは、ビリンスキ宛の電報（6月30日）においてカトリック（クロアティア人）、ムスリム住民によるセルビア正教徒（セルビア人）や彼らの商店、住居などに対する破壊行為を報じている。*ÖUA*, Nr. 9961.

(23)　Komjathy (hg.), *Protokolle*, S. 145.

(24)　クローネンビターは、ポティオレクが帝国中枢において強い影響力をもっていたこと、彼の報告がボスニアの状況の深刻さを印象づけたことを記している。Kronenbitter, "'Nur los lassen'", S. 178.

(25)　ディモヴィチからビリンスキへの書簡（1914年7月10日）。HHStA, P. A. I, Karton. 810.

(26)　Komjathy, *Protokolle*, p. 153. 実際には、出航時間の変更に合わせて午後6時とされた。*ÖUA*, Nr. 10518.

(27)　József Galántai (übersetzt. Géza Engl/Henriette Engl), *Die Österreichisch-Ungarische Monarchie und der Weltkrieg*, Budapest: Corvina Kiadó, 1979, pp. 266-278. ここでは、ティサと非常に近い関係にあった駐ウィーンハンガリー宮廷大臣で、元共通財務相ブリアーンが彼の説得において重要な役割を演じたことも指摘される。

(28)　Komjathy (hg.), *Protokolle*, S. 153.

(29)　ハプスブルクでは、兵士が収穫作業を支援するために帰郷するという独自の制度があった。1914年7月初旬には全16軍団中、7軍団は即時の動員が不可能な状況にあり、兵士の帰還完了予定は7月25日であった。Lawrence Sondhaus, *Franz Conrad von Hötzendorf: Architect of the Apocalypse*, Boston: Humanities Press, 2000, pp. 142-143.

(30)　Robert A. Kann, *Kaiser Franz Joseph und der Ausbruch des Weltkrieges. Eine Betrachtung über den Quellenwert d. Aufzeichnungen v. Dr. Heinrich Kanner*, Wien: Böhlau, 1971, S. 12.

(31)　Rauchensteiner, *Der Erste Weltkrieg*, S. 125.

(32)　ここでは、まず前段において――セルビア政府がボスニア併合危機（1909年3月31日）において表明した――善隣関係の維持に努めず、ハプスブルクに対する国内の陰謀を許容したこと、それが大公暗殺に帰結したことを批判したうえで、以下の諸要求を突きつけた。

第1項：ハプスブルクに対する憎悪、軽蔑を助長し、領土の一体性を脅かす出版物の禁止。

第2項：「民族防衛団」やこれに類する団体の解散。

第3項：教育機関からの反ハプスブルク的な宣伝の排除。

第4項：反ハプスブルク活動に加わった軍人や官僚の罷免。

第5項：セルビア国内におけるハプスブルクの領土保全を脅かす活動の鎮圧におけるハプスブルク側の参加。

第6項：セルビア国内にいるサラィェヴォ事件に関与した人物への司法捜査、ならびにその捜査活動へのハプスブルク側の参画。

第7項：初期捜査において共犯者と認定されたV・タンコシチ、M・チガノヴィチの逮捕。

第8項：国境を越えた武器、爆弾類の不正取引へのセルビア官吏の協力の阻止。またサラィェヴォ事件の犯人たちの越境を幇助した当局者の解雇と厳罰。

第9項：6月28日以降、国内外のセルビア公職者がおこなったハプスブルクに対する敵対的発言に関する釈明。

第10項：上記の諸措置の実施についてのハプスブルク側への通知。

以上についての回答を7月25日午後6時までに期待するとした。これに対しセルビア政府は要求を大筋で認めたが、第5項については、捜査協力に関する意図と範囲を理解できないとの留保を付し、第6項については、ハプスブルク側の代理人の参加は、セルビア憲法ならびに刑事訴訟法と齟齬をきたすため拒否した。セルビア政府はハプスブルクが満足しない場合には、ハーグ国際仲裁裁判所、あるいは1909年3月31日の宣言作成に関わった列強諸国に付託する用意があることを述べた。ÖUA, Nr. 10395, 10648（Beilage）.

(33)　Bataković, "Storm over Serbia", p. 349.

(34)　彼は、アピスに親しい人物であった。Clark, *Sleepwalkers*, p. 35.

(35)　ヴィースナー報告は以下を参照。ÖUA, Nr. 10252, 10253.

(36)　ポティオレクは、「民族防衛団」のチガノヴィチが爆弾や銃器、現金などを暗殺犯らに供与したことを報告している（7月2日）。ÖUA, Nr. 9992.

(37)　「民族防衛団」は、ボスニア併合を機にセルビアで結成された民族主義団体であり、その主導者には軍人、政党の代表者、大学教授、商人、ジャーナリストなど幅広い階層が参画していた。ハプスブルク領内における転覆、宣伝活動の展開を目的とし、訓練を施した非正規兵（コミタジ Komitadžis）をボスニアへ潜入させてさまざまな工作活動を行った。「民族防衛団」は、ハプスブルクの圧力により表向きは文化団体へと姿を変えたが、その後もハプスブルク領内で破壊活動をおこなう要員の徴募と訓練を実施し、工作網を維持した。なおこれらの活動の大半は、1911年5月に設立された「黒手組」に受け継がれた。これは、セルビア軍将校やパルチザンの指導者らによって創設され、暴力的手段による大セルビア国家の創出を目的とし、主な活動は、ゲリラや破壊工作者の養成施設の設置、参謀本部との協定に基づく国境警備官吏の任命、政治的暗殺などである。構成員はおよそ2,500名とされ（1914年／諸説あり）、軍部のみならず文民政府の重要人物も名を連ねたとされる。また、黒手組の機関紙『ピエモント Pijemont』には皇太子アレクサンドルも出資していた。ここでは「黒手組」がボスニアの青年層に格別な注意を向けていたが、青年ボスニアのすべての構成員がこれに加わっていた訳ではないことも補っておく。Fay, *Origins*, vol. 2, pp. 76-85; Joachim Remak, *Sarajevo: the Story of a Political Murder*, London: Weidenfeld & Nicolson, 1959, pp. 43-54; Hans Uebersberger, *Österreich zwischen Rußland und Serbien. Zur Südslawischen Frage u. der Entstehung des Ersten Weltkrieges*, Wien: Böhlau, 1958, S. 239-255; Behschnitt, *Nationalismus*, S. 108-132.

(38)　Dragoslav Ljubibratić, *Mlada Bosna i sarajevski atentat*, Sarajevo: Muzej Grada Sarajeva, 1964, str. 163-164. リュビブラティチは軽視しているが、大公暗殺におけるアピスの役割は明らかではない。なおアピスは、第一次大戦中に摂政アレクサンドルの暗殺と政権の転覆を図った罪で裁判（「サロニキ裁判」）にかけられた際、暗殺への関与を「自供」したとさ

補注　237

れる。しかし摂政アレクサンドル、パシチらによるきわめて恣意的な裁判であったことを踏まえると、真相の断定は難しい。マッケンジーは、アピスへの裁判をアレクサンドルの周辺に形成された軍人組織「白手組」とパシチの急進党による「復讐」と論じ、その正当性に疑義を呈している。D・マッケンジー（柴宜弘［他］訳）『暗殺者アピス：第一次世界大戦をおこした男』平凡社、1992年、533頁。

(39)　マッケンジーは、この2つの団体の関係について以下を指摘する。①「黒手組」の秘密活動は、「民族防衛団」により隠蔽されたこと、②「黒手組」は、中央委員会の一員であると同時に「民族防衛団」の幹部を務めたM・ヴァシチ Vasić を通じて、「民族防衛団」を支配していたこと、③ハプスブルクは、革命的行動が「民族防衛団」内の専従部署により行われていると誤解していたこと、④当初、セルビア政府は「民族防衛団」を支援していた一方、「黒手組」はとりわけ外務省と密接に協力していたことである。David MacKenzie, "Officer Konspirator and Nationalism in Serbia, 1901-1914", in Stephen A. Fischer-Galaţi/Béla K. Király（eds.）, *Essays on War and Society in East Central Europe, 1740-1920*, Boulder: Social Science Monographs, 1987, p. 138, 140.

(40)　Z. A. B. Zeman, *The Break-up of the Habsburg Empire, 1914-1918: a Study in National and Social Revolution*, London: Oxford University Press, 1961, pp. 27-31; Vladimir Dedijer, *The Road to Sarajevo*, New York: Simon and Schuster, 1966, pp. 235-260.

(41)　Ljubibratić, *Mlada Bosna*, str. 67-78; Cassels, *Archduke*, pp. 115-116, 132.

(42)　Bogićević, *Sarajevski atentat*, str. 85.

(43)　Fay, *Origins*, vol. 2, p. 152-166.

(44)　Richard C. Hall, "Serbia", in Richard F. Hamilton/Holger H. Herwig（eds.）, *The Origins of World War I*, Cambridge: Cambridge University Press. 2003, p. 107; Samuel Ruthven Jr. Williamson/Russel Van Wyk（eds.）, *July 1914: Soldiers, Statesmen, and the Coming of the Great War: a Brief Documentary History,* Boston: Bedford/St. Martins, 2003, pp. 25-28.

(45)　Holger H. Herwig, "Why Did It Happen", in Hamilton/Herwig（eds.）, *Origins*, pp. 461-462; Clark, *Sleepwalkers*, p. 62.「民族防衛団」と「黒手組」の関係は、両者の橋渡し役であったヴァシチが第二次バルカン戦争で戦死したために悪化していた。「民族防衛団」の新たな指導者B・ヤンコヴィチ Janković は、首相パシチを支持していたのである。Michael Boro Petrovich, *A History of Modern Serbia, 1804-1918*, vol. 2, New York: Harcourt Brace Jovanovich, 1976, p. 610.

(46)　ニューマンは、クラークよりもパシチ政権と軍部の対立を強調する。John Paul Newman, *Yugoslavia in the Shadow of War. Veterans and the Limits of State Building, 1903-1945*, Cambridge: Cambridge University Press, 2015, pp. 23-39.

(47)　*The Serbian Blue Book*（*Documents Regarding the European War Series, No. 7*）（New York: American Association for International Conciliation, 1915）, No. 30.

(48)　熱狂的なスラヴ主義者であったガルトヴィクは、ボスニア併合で被った屈辱を晴らすべく、バルカン同盟の組織を推し進めた。またパシチとセルビア内政に大きな影響力を行使できる人物とされ、1914年6月には辞職に追い込まれたパシチを復職させた。Barbara Jelavich, *Russia's Balkan Entanglements, 1806-1914*, Cambridge: Cambridge University Press, 1991, p. 244, 252. ガルトヴィクは、7月10日訪問先のハプスブルク公使館において急死したが、時のベオグラード駐在ハプスブルク公使ギースルの回顧録によれば、セルビアの各紙はギースルを「殺人者」と伝えたという。Wladimir Baron Giesl, Eduard Ritter von

Steinitz（hg.）, *Zwei Jahrzehnte im nahen Orient*, Berlin: Verlag für Kulturpolitik, 1927, S. 260-261.

(49) Alex N. Dragnich, *Serbia, Nikola Pašić, and Yugoslavia*, New Brunswick: Rutgers University Press, 1974, p. 107. セルビアの回答については下記を参照。*ÖUA*, No. 10648 (Beilage). このような見方は、現在のセルビアにおいても認められる。詳細については、機会を改めて整理したい。

(50) Clark, *Sleepwalkers*, p. 465.

(51) これに関しては下記を参照。Charles Jelavich, "The Issue of Serbian Textbooks in the Origins of World War I ", *Slavic Review*, vol. 48-2, 1989, pp. 214-233.

(52) Uebersberger, *Österreich*, S. 233.

(53) Mattias Schulz, "Did Norms Matter in 19th Century International Relations? The Rise and Fall of a Culture of Peace before World War I", in Holger Afflerbach/David Stevenson（eds.）, *An Improbable War: the Outbreak of World War I and European Political Culture before 1914*, New York: Berghahn Books, 2007, p. 55.

(54) Williamson, *Austria-Hungary*, p. 205.

(55) Rauchensteiner, *Der Erste Weltkrieg*, S. 129-133.

(56) ロシアの動員が大戦勃発につながったか否かについても、見解は分かれている。最近のリーヴェンの研究は、結果として列強諸国の中で最初に総動員に踏み切ったロシアに責任の一端を認めてはいるものの、ドイツ、ハプスブルクにより大きな責任を求めている。Lieven, *The End of Tsarist Russia*, pp. 337-338.

(57) Karl Kautsky（hg.）, *Die deutschen Dokumente zum Kriegsausbruch 1914*, Bd. 2, Berlin: Deutsche Verlagsgesellschaft für Politik und Geschichte, 1921, Nr. 395.

(58) Komjathy（hg.）, *Protokolle*, S. 156. フランツ・ヨーゼフはヴィルヘルム2世に対し、以下のように述べている。「現在進行中のセルビアに対するわが軍隊の活動は、ロシアの威嚇的、挑発的な態度により妨げることはできない。ロシアの干渉によって再びセルビアが救われることは、わが国に深刻な結果をもたらすであろう。それ故、余はかかる干渉を甘諾できない」と（7月31日）。*ÖUA*, Nr. 11118.

(59) これに関してM・B・フリードは、オーストリア中枢の文民政治家と軍人のあいだでは、セルビアの軍事的、政治的従属以外の目的は熟慮されていなかったと論じる。すなわち軍人はセルビアとガリツィアにおける戦闘を、外交官はイタリアとルーマニアの介入阻止に集中していた。Marvin Benjamin Fried, ""A Life and Death Question": Austro-Hungarian War Aims in the First World War", in Holger Afflerbach（ed.）, *The Purpose of the First World War: War Aims and Military Strategies*, Berlin: Walter de Gruyter, 2015, p. 117.

(60) Leslie, "Antecedents", p. 323. ウィリアムソンはこの動機として、愛人との再婚を容易にする英雄願望をあげている。Samuel Ruthven Jr. Williamson, "The Origins of World War I", *The Journal of Interdisciplinary History*, vol. 18-4, 1988, pp. 815-816. 彼の愛人は、カトリックの既婚者であったため離婚は不可能だったが、コンラートは国籍の変更や官庁への圧力などを駆使し、再婚に奔走した。自らの拙劣な指揮によりハプスブルク軍が苦戦を強いられるなか、コンラートは1915年10月19日に挙式したのである。Ulrike Harmat, "Divorce and Remarriage in Austria-Hungary: The Second Marriage of Franz Conrad von Hötzendorf", *Austrian History Yearbook*, vol. 32, 2001, pp. 69-103.

(61) Franz Conrad von Hötzendorf, *Aus meiner Dienstzeit 1906-1918*, Bd. 4, Wien: Rikola-Verlag, 1923, S. 72.

補注　239

（62）　Jörn Leonhard, *Die Büchse der Pandora: Geschichte des Ersten Weltkrieges*, München: C. H. Beck, 2014, S. 90.

（63）　ヴィルヘルム 2 世はロシアへの宣戦布告後、フランツ・ヨーゼフにドイツの戦略への従属を要求した。「この重大な戦いにおいて、オーストリアは主力部隊をロシアに振り向け、セルビアへの同時攻撃によって兵力を分割しないことがもっとも重要である。〔…〕セルビアは、防御的措置でまったく事足りるほどの取るに足らない役割を演じるに過ぎない」と。Kautsky (hg.), *Die deutschen Dokumente zum Kriegsausbruch 1914*, Bd. 3, Nr. 503.

（64）　イギリス、フランスとハプスブルクの間には、直接的な対立はほとんど存在しなかった。しかしフランスは、北アフリカからの兵力輸送において、ドレッドノート級戦艦をもつハプスブルク海軍に警戒する必要があった。さらにロシア外相 S・D・サゾノフ Sazonov は、ハプスブルク艦隊の黒海派遣とそのルーマニアやブルガリアへの影響を恐れ、イギリスに宣戦布告を促した。その結果、フランスが同 11 日、イギリスが同 12 日にハプスブルクに宣戦した。Francis Roy Bridge, "The British Declaration of War on Austria-Hungary in 1914", *The Slavonic and East European Review*, vol. 47-109, 1969, pp. 401-422.

（65）　Leslie, "Antecedents", p. 320. コンラートはロシアの動員を把握していたが、予備兵力を一旦セルビアに向けた後、ガリツィアに再転換させたために輸送の大混乱と兵員の消耗を引き起こした。ドイツとハプスブルクの共同作戦計画は協商国側に比べると漠然としたものであり、その連携の欠如は、緒戦における大敗の原因となった。これについては下記も参照。Norman Stone, "Moltke-Conrad: Relations between the Austro-Hungarian and German General Staffs 1909-14", in Paul Kennedy (ed.), *The War Plans of the great Powers, 1880-1914*, Boston: Allen & Unwin, 1985, pp. 222-251.

（66）　M・ハワード（馬場優訳）『第一次世界大戦』法政大学出版局、2014 年、59 頁。

（67）　Gunther Erich Rothenberg, *The Army of Francis Joseph*, West Lafayette, Ind: Purdue University Press, 1998, p. 199. ブルガリアとオスマンもこれに加入した。

（68）　この日付はオーストリアについての放棄であり、ハンガリーについては同月 13 日に放棄した。

結論

（ 1 ）　*Bericht* 1906, S. 488.

（ 2 ）　Grünberg, *Agrarverfassung*, S. 114-115.

（ 3 ）　経済面での植民地主義の遺産を取り上げる際には、一面的な評価は控えるべきであろう。マーク・ピーティー（浅野豊美訳）『植民地：帝国 50 年の興亡』読売新聞社、1996 年、第 11 章。

（ 4 ）　これはビリンスキの回顧録の一節であるが、以下の箇所より引用した。Josef Brauner, "Bosnien und Herzegovina. Politik, Verwaltung und leitende Personen vor Kriegsausbruch", *Berliner Monatshefte für Internationale Aufklärung*, Bd. 7, 1929, S. 321.

（ 5 ）　*Ibid.*, S. 321-322.

（ 6 ）　ルートナーによれば、同時代のハプスブルクだけではなく、今日のオーストリア歴史学においても「植民地主義」をボスニアに当てはめることは、可能な限り避けられているという。Clemens Ruthner, "Kakaniens kleiner Orient. Post/koloniale Lesarten der Peripherie Bosnien-Herzegowina (1878-1918)", in Hárs Endre (hg.), *Zentren, Peripherien und kollektive Identitäten in Österreich-Ungarn*, Tübingen: Francke, 2006, S. 266.

（ 7 ）　バルカン経済に詳しいパレレは、1878 年以降の経済成長が政治的緊張を緩和し、その成

果が現地社会で一般に受容されていたからこそ、暗殺という過激な手段がとられたと主張する。Palairet, *The Balkan Economies*, p. 237.

（8） セルビア人、クロアティア人、スロヴェニア人王国期、ユーゴスラヴィア期におけるプリンツィプの英雄視は、ハプスブルクへの批判と表裏一体といえるだろう。これに関しては以下も参照。Robert J. Donia, "Iconography of an Assassin: Gavrilo Princip from Terrorist to Celebrity", *Prilozi*, vol. 43, 2014, pp. 57-78; Paul B. Miller, "From Annexation to Assassination: The Sarajevo Murders in Bosnian and Austrian Minds", in Catherine (dir.), *1908, l'annexion*, pp. 239-253. ジャヤは、「青年ボスニア」の解釈には何等かの党派性が入り込まざるをえないと述べている。Džaja, *Bosnien-Herzegowina*, S. 228.

（9） Husnija Kamberović, "Commemoration of the First World War in Bosnia and Herzegovina", *Prilozi*, vol. 43, 2014, p. 14.

（10） Aleksandar Rastović, "Anglo-Saxon Historiography about the Responsibility for the Great War", *Teme - Časopis za Društvene Nauke*, vol. 2, 2015, pp. 581-591.

（11） Selma Harrington, "A Girl Called Bosnia, the Prince and the Villain. How we remembered the Sarajevo Assasination", in Vahidin Preljevic/Clemens Ruthner (eds.), *The Long Shots of Sarajevo 1914: Ereignis-Narrativ-Gedaechtnis*, Tübingen; Narr Francke Attempto, 2016, p. 664. 同論集を含めたサライェヴォ事件の研究史の検討は、他日を期したい。

（12） Holm Sundhaussen, *Sarajevo: die Geschichte einer Stadt*, Wien: Böhlau, 2014, S. 247. 民族ごとに分断されていたボスニアの歴史教育において、ボスニア・ヘルツェゴヴィナ国家への帰属意識の育成、相互の尊重と信頼の発展をめざす教科書の作成が進められていることは大きな一歩とみなすべきである。しかし過去に関する共通理解を創り出す試みは、発展途上段階にあると言わざるをえない。ソーニャ・ドゥイモヴィチ（長島大輔訳）「ボスニア・ヘルツェゴヴィナにおける歴史教育」柴宜弘編『バルカン史と歴史教育：「地域史」とアイデンティティの再構築』明石書店、2008年、162-169頁；Adriana Cupcea, "History Teaching in Bosnia Herzegovina during the Conflict and Post-Conflict Era", *Revista Romana de Studii Eurasiatice*, vol. 10-1/2, 2014, pp. 133-146.

（13） 本書を執筆するにあたり参照した植民地研究のなかで、とくに下記の書物は、現在のオーストリアにおけるボスニアへの眼差しを考えるうえで参考になった。N・バンセル／P・ブランシャール／F・ヴェルジェス（平野千果子、菊池恵介訳）『植民地共和国フランス』岩波書店、2011年。

関連年表

年	出来事
1848	三月革命によりメッテルニヒ失脚（3月）フランツ・ヨーゼフ、オーストリア皇帝に即位（12月）
1859	ハプスブルク、サルディニアとフランスの連合軍に敗退（4-11月）
1866	ハプスブルク、普墺戦争においてプロイセンに敗北（6-7月）
1867	ハプスブルクにおいて、アウスグライヒが成立し、オーストリア＝ハンガリー帝国（二重帝国体制）となる（3月）／フランツ・ヨーゼフ、ハンガリー国王に即位（6月）
1873	ドイツ、ハプスブルク、ロシアとの間で三帝協約が成立（10月）
1875	ヘルツェゴヴィナでキリスト教徒農民の反乱起こる（7月）
1877	露土戦争（4月-1878年）
1878	サンステファノ条約締結（3月）／ベルリン会議（6-7月）ハプスブルクはボスニア・ヘルツェゴヴィナの占領・行政権を獲得
1879	ハプスブルク、オスマンとの間でコンスタンティノーブル協定が成立（4月）
1881	ドイツ、ハプスブルク、ロシアとの間で三帝協約が成立／ハプスブルクとセルビア間で秘密条約締結（6月）
1882	ドイツ、ハプスブルク、イタリアの間で三国同盟成立（5月）
1885	ブルガリア公国、オスマン領東ルメリアとの統一を宣言（9月）
1887	三帝協約の解消（6月）／独露再保障条約の締結（6月・1890に失効）
1894	露仏同盟の成立（1月）
1897	ハプスブルク、ロシアとの間で（中立）協定成立（4月）／バデーニ言語令によるオーストリア議会の機能麻痺（4月-）
1903	セルビア国王オブレノヴィチ夫妻の暗殺（5月）／マケドニアにおける大規模反乱（イリンデン蜂起）（7月）／ハプスブルクとロシアとの間でミュルツシュテーク協定調印（10月）
1904	英仏協商の成立（8月）
1906	オーストリアにおいて男子普通選挙権の導入（1月）／ハプスブルクとセルビアとの間で関税戦争（豚戦争）が始まる（7月-1911年）
1907	英露協商の設立（8月）
1908	テッサロニキで青年トルコ革命発生（7月）／ブルガリアが独立宣言（10月）／ハプスブルク、ボスニア・ヘルツェゴヴィナの併合を宣言（10月）
1909	ハプスブルク、オスマンとの間で二月協定が成立（2月）
1911	イタリア・トルゴ（トリポリ）戦争（9月-1912年）
1912	第一次バルカン戦争（10-12月）
1913	第二次バルカン戦争（6-8月）
1914	ハプスブルクの皇位継承者、フランツ・フェルディナント夫妻、サライェヴォにおいて暗殺（6月28日）／ハプスブルク、セルビアに対し宣戦布告（7月28日）／ハプスブルク、ロシアに対し宣戦布告（8月6日）
1916	フランツ・ヨーゼフ崩御（11月）
1918	ハプスブルク、休戦協定に署名／カール1世の退位声明によりハプスブルクは崩壊（11月）

地図・写真典拠一覧

地図1　村上亮「ボスニア・ヘルツェゴヴィナ併合問題の再検討——共通財務相Ⅰ・ブ
リアーンによる二つの『覚書』を手がかりに——」『史林』第99巻第4号、2016年、67頁。
地図2　Lavender Cassels, *The Archduke and the Assassin: Sarajevo, June 28th 1914*,
New York: Dorset Press, 1988, pp. 108-109. （頁数記載なし）を基に筆者作成。
地図3　進藤牧郎「オーストリア啓蒙専制主義」『岩波講座世界歴史17 近代4』岩波書
店、1970年、386頁。
地図4　Srećko-Mato Džaja, *Bosnien-Herzegowina in der österreichisch-ungarischen Epo-
che (1878-1918)*, München: Oldenbourg, 1994, S. 45. を基に筆者作成。
写真など（以下にあげたもの以外は筆者撮影）
・サライェヴォ事件（5頁）http://www.bildarchivaustria.at/Preview/1073907.jpg
・フランツ・ヨーゼフ（30頁）http://www.bildarchivaustria.at/Bildarchiv/BA/966/B
　5634492 T 14604209.jpg
・B・カーライ（30頁）　Imre Ress, "Ungarn im gemeisamen Finanzministerium", in
　Fazekas, István（red.）, *Kaiser und König*, Wien: Collegium Hungaricum, 2001, S. 89.
・S・ブリアーン（30頁）*Ibid.*, S. 93.
・L・ビリンスキ（30頁）Josef Brauner, "Bosnien und Herzegovina. Politik, Verwal-
　tung und leitende Personen vor Kriegsausbruch", *Berliner Monatshefte für Internati-
　onale Aufklärung*, Bd. 7, 1929, S. 320-321. （頁数記載なし）
・ボスニア地方行政府庁舎（45頁）Renner, Heinrich, *Durch Bosnien und die Hercegovina
　kreuz und quer*, Berlin: Geographische Verlagshandlung Dietrich Reimer, 1896, S. 44.
・サライェヴォ市庁舎（45頁）*Ibid.*, S. 59.
・ボスニア議会の開会式（55頁）https://www.parlament.ba/Content/Read/179?title=
　period-austrougarske-vladavine
・ボスニア犂を用いた農作業（81頁）*Die Österreichisch-Ungarische Monarchie in Wort
　und Bild*（Bd. 12 Bosnien und Herzegovina）, 1901, S. 437.
・製糖工場（ウソラ）（93頁）Renner, *Bosnien*, S. 13.

参考文献

※括弧内の略号は、脚注で用いたものである

未公刊文書

ボスニア国立文書館 Arhiv Bosne i Hercegovine（ABiH）

Zajedničko Ministarstvo Finansija-Odjeljenje za Bosnu i Hercegovinu: Gemeinsames Finanz-ministerium: Abteilung für die Angelegenheiten Bosniens und der Herzegovina（ZMF, BH.）

オーストリア国立文書館 Österreichisches Archiv

Haus-, Hof- und Staatsarchiv（HHStA）

  Politisches Archiv（P. A.）

    I. Allgemeines: Karton 459, 485, 630; Kabinett der Ministers（KdM）: 637,
                    638, 639, 640, 641; 810

    VI. 5-3 Administrative Registratur   Fach 61 Bosnien und Herzegowina, Karton 12.
                                        Fach 79 Veterinärwesen, Karton 25, 46, 47.

    XL. Interna（1848-1918）: Karton 208, 247. Gemeinsame Ministerrats-Protokolle（GMP）
    1867-1918: Karton 290, 291, 292, 307, 308, 309, 310, 311. Nachlass Baernreither: Karton 41,
    42, 43, 44, 45, 46, 47.

Staatsarchiv（StA）

  Allgemeines Verwaltungsarchiv（AVA）: Ministerpäsidium（MP）, Ackerbauministerium（AM）
                                    Handelsministerium（HM）

  Finanz- und Hofkammerarchiv（FA）: k. u. k. Reichs-Finanz-Ministerium（RFM）
                            k. k. Finanzministerium（FM）

刊行史料

Bericht über die Verwaltung von Bosnien und der Hercegovina, 1906（Wien, 1907）; *1907*
  （Wien, 1908）; *1908*（Wien, 1909）; *1909*（Wien, 1910）; *1910*（Wien, 1911）; *1911*（Wien,
  1912）; *1913*（Wien, 1914）; *1914-16*（Wien, 1917）, k. und k. Gemeinsamen Finanzministe-
  rium（hg.）, Wien: Adolf Holzhausen.

Bericht über das österreichische Veterinärwesen für die Jahre 1891-inclusive 1900, Veterinär-
  departement des k. k. Ministeriums des Innern（hg.）, Wien: Alfred Hölder, 1905.

*Das Veterinärwesen in Bosnien und der Hercegovina seit 1879: nebst einer Statistik der Epi-
  zootien und des Viehexportes bis inclusiv 1898*, Landesregierung für Bosnien und die Her-
  cegovina（hg.）, Sarajevo: Landesdruckerei, 1899.

Der Aufstand in der Hercegovina, Süd-Bosnien und Süd-Dalmatien 1881-1882, Abtheilung für
  Kriegsgeschichte d. k. k. Kriegs-Archivs（hg.）, Wien: Seidel, 1883.

Die Ergebnisse der Volkszählung in Bosnien und der Hercegovina von 10. Oktober 1910, Lan-
  desregierung für Bosnien und die Hercegovina（hg.）, Sarajevo: Landesdrukerei, 1912.

Die Ergebnisse der Viehzählung in Bosnien und der Herzegovina vom Jahre 1910, Landesregierung für Bosnien und die Hercegovina (hg.), Sarajevo: Landesdrukerei, 1912.

Die Landwirthschaft in Bosnien und der Hercegovina, Landesregierung für Bosnien und die Hercegovina (hg.), Sarajevo: Landesdruckerei, 1899.

Die Österreichisch-Ungarische Monarchie in Wort und Bild, Bd. 12, Wien: k. k. Hof- und Staatsdruckerei, 1901.

Die wirtschaftlichen Verhältnisse von Bosnien und Hercegovina, Sarajevo: Landesdruckerei, 1882.

Ergebnisse der Viehzählung in Bosnien und der Hercegovina vom Jahre 1895, Landesregierung für Bosnien und die Hercegovina (hg.), Sarajevo: Landesdrukerei, 1896

Gesetz vom 29. Juni 1868 betreffend die Hintanhaltung und Unterdrückung der Rinderpest, Wien: Wilhelm Braumüller, 1869.

Gesetz betreffend die Abwehr und Tilgung der Rinderpest in Bosnien und Hercegovina, Sarajevo: k. und k. Regierungsdruckrei, 1880.

Hauptergebnisse des Auswärtigen Warenverkehres Bosniens und der Hercegovina im Jahre 1899–1914, Landesregierung für Bosnien und die Hercegovina (hg.), Sarajevo: Landesdruckerei, 1900–1917.

Landesstatut für Bosnien und die Hercegovina, Wien: Hof- u. Staatsdruckerei, 1910.

Landtagsreden der Vertreter der Regierung und der katholischen Kirche (Sonderabdruck aus der Bosnischen Post), Sarajevo: Bosnische Post, 1910.

Reichsgesetzblatt für die im Reichsrate vertretenen Königreiche und Länder. (RGB)

Sammlung der für Bosnien und die Hercegovina erlassenen Gesetze, Verordnungen und Normalweisungen (1878-1880), Landesregierung für Bosnien und die Hercegovina (hg.), Wien: k. k. Hof- u. Staatsdruckerei, 1880.

Sammlung der Gesetze und Verordnungen für Bosnien und die Hercegovina, Jg. 1881-1914, Landesregierung für Bosnienund die Hercegovina (hg.), Sarajevo: Landesdruckerei, 1881-1914.

Statistisches Jahrbuch der Stadt Wien, Magistrats-Abteilung XXI für Statistik (hg.).

Statuten der privilegirten Landesbank für Bosnien und Herzegovina, Sarajevo: Gerin, 1918.

Tabakmonopolsordnung für Bosnien und die Herzegowina, Wien: k. k. Hof- und Staatsdruckerei, 1880.

議事録、史料集、回顧録、その他

Baernreither, Joseph Maria (Redlich, Joseph (hg.)), *Fragmente eines politischen Tagebuches. Die südslavische Frage und Österreich-Ungarn vor dem Weltkrieg*, Berlin: Verlag für Kulturpolitik, 1928.

Bernatzik, Edmund (hg.), *Die österreichischen Verfassungsgesetze mit Erläuterungen*, Wien: Manz, 1911.

Bittner, Ludwig/Uebersberger, Hans (hg.), *Österreich-Ungarns Aussenpolitik: von der bosnischen Krise 1908 bis zum Kriegsausbruch 1914: diplomatische Aktenstücke des Österreichisch-Ungarischen Ministeriums des Äussern*, Bd. 8, Wien: Österreichischer Bundesverlag, 1930.

Bogićević, Vojislav, *Sarajevski atentat: izvorne stenografske bilješke sa glavne rasprave protiv Gavrila Principa i drugova*, Sarajevo: Državni Arhiv NR BiH, 1954.

Burián, Stephan Graf, *Drei Jahre aus der Zeit meiner Amtsführung im Kriege*, Berlin: Ullstein, 1923.

Conrad von Hötzendorf, Franz, *Aus meiner Dienstzeit 1906-1918*, Bd. 4, Wien: Rikola-Verlag, 1923.

Diószegi, István (hg.), *Die Protokolle des gemeinsamen Ministerrates der österreichisch-ungarischen Monarchie, 1883-1895*, Budapest: Akadémiai Kiadó, 1993.

Geiss, Imanuel (hg.), *Der Berliner Kongress 1878: Protokolle und Materialien*, Boppard am Rhein: Boldt, 1978.

Giesl, Wladimir Baron (Eduard Ritter von Steinitz (hg.)), *Zwei Jahrzehnte im nahen Orient*, Berlin: Verlag für Kulturpolitik, 1927.

Hauptmann, Ferdinand (hg.), *Borba muslimana Bosne i Hercegovine za vjersku i vakufskomearifsku autonomiju [Der Kampf um die Kultus- u. Schulautonomie d. Muslime v. Bosnien u. d. Herzegowina]*, Sarajevo: NP Oslobođenje, 1967.

Johannes, Lepsius/Bartholdy, Albrecht Mendetssohn/Thimme, Friedrich (hg.), *Die Große Politik der Europäischen Kabinette 1871-1914. Sammlung der Diplomatischen Akten des Auswärtigen Amtes*, Bd. 2, Berlin: Deutsche Verlagsgesellschaft für Politik und Geschichte, 1922.

Kapidžić, Hamdija (red.), *Arhiv Bosne i Hercegovine. Agrarni odnosi u BiH 1878-1918 [Agrarverhältnisse in Bosnien-Herzegowina 1878-1918]*, Sarajevo: Arhiv Bosne i Hercegovine, 1969.

Kautsky, Karl (hg.), *Die deutschen Dokumente zum Kriegsausbruch 1914*, Bd. 1-3, Berlin: Deutsche Verlagsgesellschaft für Politik und Geschichte, 1919/1921.

Komjáthy, Miklós (hg.) (übersetzt. Niederhauser, Károly), *Protokolle des Gemeinsamen Ministerrates der Österreichisch-Ungarischen Monarchie 1914-1918*, Budapest: Akadémiai Kiadó, 1966.

Lloyd George, David, *War Memoirs*, vol. 1, London: Ivor Nicholson & Watson, 1933.

Musulin von Gomirje, Alexander Freiherr, *Das Haus am Ballplatz: Erinnerungen eines österreich-ungarischen Diplomaten*, München: Verlag für Kulturpolitik, 1924.

Novotny, Alexander, *Quellen und Studien zur Geschichte des Berliner Kongresses 1878. (Bd. 1: Österreich, die Türkei u. das Balkanproblem im Jahre des Berliner Kongresses)*, Graz: Böhlau, 1957.

Oakes, Sir Augustus/Mowat, R. B. (eds.), *The Great European Treaties of the Nineteenth Century*, Oxford: Clarendon Press, 1930.

Pharos/Kohler, Josef (hg.), *Der Prozeß gegen die Attentäter von Sarajewo: nach dem amtlichen Stenogramm der Gerichtsverhandlung*, Berlin: Decker, 1918.

Pribram, Alfred Franzis (ed.), *The Secret Treaties of Austria-Hungary, 1879-1914*, 2 vols, Cambridge: Harvard University Press, 1921.

Schmied-Kowarzik, Anatol (hg.), *Die Protokolle des gemeinsamen Ministerrates der Österreichisch-Ungarischen Monarchie, 1908-1914*, Budapest: Akadémiai Kiadó, 2011.

Somogyi, Éva (hg.) (übersetzt. Héra, István), *Die Protokolle des gemeinsamen Ministerrates der österreichisch-ungarischen Monarchie 1896-1907*, Budapest: Akadémiai Kiadó, 1991.

Stenographische Protokolle der Delegation des Reichsrathes.

Stenographische Protokolle über die Sitzungen des Hauses der Abgeordneten des Österreichischen Reichsrates. (StPrAR.)

The Serbian Blue Book (Documents Regarding the European War Series, No. 7), New York: American Association for International Conciliation, 1915.

Wittmayer, Leo (hg.), Die Ausgleichsgesetze vom 30. Dez. 1907 samt Durchführungsbestimmungen und sonstigen Vereinbarungen. Mit Erläuterungen aus den Materialien unter Berücksichtigung der älteren Normen, Wien: Manz, 1908.

同時代定期刊行物、論稿

Baranski, Anton, "Ueber die Rinderpest in Bosnien", Österreichische Vierteljahresschrift für wissenschaftliche Veterinrkunde, Bd. LV, 1881, S. 24-32.

Bauer, Otto, "Krise und Teuerung", Der Kampf, Jg. 1, 1908, S. 116-123.

Bauer, Otto, "Die Teuerungsrevolte in Wien", Die Neue Zeit, Jg. 29-2, 1911, S. 913-917.

Charmatz, Richard, "Die Probleme und die Zukunft Österreich-Ungarns", Zeitschrift für Politik, Bd. 2, 1909, S. 252-280.

Dimitz, Ludwig, "Die forstlichen Verhältnisse Bosniens und der Herzegowina", Österreichische Vierteljahresschrift für Forstwesen, Bd. 22 (N. F.), 1904, S. 1-22.

Dopsch, Alfons, "Die südslawischen Hauskommunionen", Österreichische Rundschau, Bd. 19, 1909, S. 94-105.

Feifalik, Anton, "Ein neuer Vorschlag zur Lösung der bosnischen Kmetenfrage", Österreichische Rundschau, Bd. 48-4, 1916, S. 155-161.

Feitler, Siegmund, "Einiges über bosnisch-hercegovinische Industrie", Jahrbuch der Expört-Akademie des k. k. Handelsmuseums, Bd. 10, 1909, S. 1-58.

Gyurkovics, Georg von, "Die Agrar-Verhältnisse in Bosnien und der Hercegovina", Österreichische Monatsschrift für den Orient, Bd. 5, 1879, S. 41-43.

Hoffmann, Karl, "Die Entwicklung des Forstwesens in Bosnien und der Herzergowina von der österreich-ungar. Okkupation bis 1893", in Österreichische Vierteljahrsschrift für Forstwesen, Jg. 1894, 1894, S. 1-36.

Hofmann, Viktor von, "Reichsfinanzministerium", in Mischler, Ernst (hg.), Österreichisches Staatswörterbuch (2. Aufl.), Bd. 3, Wien: Hölder, 1907, S. 619-620.

Hufnagl, Leopold, "Der Holzhandel in seinen Grundlagen, Wegen, und Zielen", Österreichische Vierteljahresschrift für Forstwesen, Bd. 21 (N. F.), 1903, S. 11-38, 122-147, 237-268.

Irby, Paulina, "Bosnia and its Land Tenure", The Contemporary Review, vol. 56, 1889, pp. 28-40.

Kadlec, Karl, "Immobiliarrecht und Agrarverfassung in Bosnien und der Herzegowina", in Mischler, Ernst (hg.), Österreichisches Staatswörterbuch (2. Aufl.), Bd. 3, Wien: Hölder, 1907, S. 112-116.

Kaurimsky, Emerich, "Das Existenzminimum des bosnischen Bauern", Der österreichische Volkswirt, Bd. 6-1/II, 1913, S. 24-25.

Kaurimsky, Emerich, "Der Zehent in Bosnien", Der österreichische Volkswirt, Bd. 6-1/II, 1913, S. 12-13.

Kaurimsky, Emerich, "Die Zadruga（Hauskommunion）", *Der österreichische Volkswirt*, Bd. 6-1/XXI, 1914, S. 321-323.

Kleinwaechter, Friedrich, "Die Annexion Bosniens und der Herzegowina", *Zeitschrift für Politik*, Bd. 3-1, 1909, S. 138-158.

Lamp, Karl, "Die Verfassung von Bosnien und der Herzegowina vom 17. Februar 1910", *Jahrbüch des öffentlichen Rechts der Gegenwart*, Bd. 5, 1911, S. 136-229.

Loewe, Philipp, "Die Agrarverhältnisse in Bosnien und der Hercegowina", *Der österreichische Volkswirt*, Bd. 1/XXV, 1909, S. 2-5.

Marchet, Gustav, "Internationale Veterinärkonventionen", in Verein für Socialpolitik（hg.）, *Beiträge zur neuesten Handelspolitik Österreichs*（Schriften des Vereins für Socialpolitik. Bd. 93.）, Leipzig: Duncker & Humblot, 1901, S. 239-281.

Matlekovits, Alexander von, "Die wirtschaftliche Entwicklung Ungarns seit 1867", *Zeitschrift für Volkswirtschaft, Socialpolitik und Verwaltung*, Bd. 7, 1898, S. 529-556.

Matlekovits, Alexander von, "Die Zollgemeinschaft Ungarns mit Österreich", *Ungarische Rundschau*, Jg. 2, 1913, S. 162-180.

Nemeček, Ottokar, "Der wirtschaftliche Aufschwung Bosniens und der Hercegovina zur Zeit der Okkupation durch Österreich-Ungarn", *Jahresbericht über die Neue Wiener Handelsakademie des Wiener kaufmännischen Vereines*, Jg. 1908/09, 1909, S. 19-68.

Neurath, Otto, "Galizien und Bosnien während des Balkankrieges",（Sonderdruck: *Jahresbericht der Neuen Wiener Handelsakademie*）, Bd. VIII-19, 1913, S. 1-51.

Neurath, Otto, "Kriegswirtschaftliche Eindrücke aus Bosnien", *Der österreichische Volkswirt*, Bd. 5-2, 1913, S. 533-536, 557-560, 581-584.

Pawlaczky, Felix, "Wirtschaftsverhältnisse Bosniens und der Hercegovina im Jahre 1911", *Bericht der bosnisch-herzegovinischen Expositur in Sarajevo des k. k. Österreichischen Handelsmuseums*, Bd. 17, 1912, S. 1-40.

Pilar, Ivo, "Entwicklungsgang der Rezeption des österreichischen allgemeinen bürgerlichen Gesetzbuches in Bosnien und der Herzegowina unter besonderer Berücksichtigung des Immobilienrechtes", *Festschrift zur Jahrhundertfeier des allgemeinen bürgerlichen Gesetzbuches*, Bd. 1, 1911, S. 701-726.

Reich, Emile, "Austria-Hungary and the Ausgleich", *The Nineteenth Century*, vol. 43, 1898, pp. 466-480.

Renner, Karl, "Österreich und die Südslawen", *Der Kampf*, Jg. 6, 1913, S. 146-148.

Roesker, L., "Die Weine der Herzegovina und Bosniens", *Mittheilungen der k. k. chemisch-physiologischen Versuchsstation für Wein- und Obstbau in Klosterneuburg bei Wien*, Heft. 5, 1888, S. 43-51.

Sauter, Hermann von, "Bosnischer Handelsverkehr mit Österreich und Ungarn", *Österreichische Monatsschrift für den Orient*, Jg. 38, Nr. 4/5, 1912, S. 61-68.

Sax, Carl, "Skizzen über die Bewohner Bosniens", *Mitteilungen der k. Geographischen Gesellschaft*, vol. 7, 1864, S. 93-107.

Sax, K./Possilovic, "Verwaltungsgebiet Bosnien und Herzegowina", *Österreichisches Staatswörterbuch, Handbuch des gesammten österreichischen öffentlichen Rechts*, Bd. 2/2, 1897, S. 1456-1468.

Schüller, Richard, "Die Handelspolitik und Handelsbilanz Österreich-Ungarns", *Zeitschrift für*

Volkswirtschaft, Socialpolitik und Verwaltung, Bd. 21, 1912, S. 1-20.

Schwarz, Adolf, "1912-13", *Österreichisch-Ungarische Export-Revue*, Jg. 12-1, 1913, S. 1-2.

Shek, Vugrovec Adalbert von, "Die Agrarfrage in Bosnien und der Herzegowina", *Gesellschaft Österreichischer Volkswirte*, Jg. 1914, 1914, S. 97-141.

Slawkowsky, Wilhelm, "Der land- und forstwirtschaftliche Unterricht in Bosnien und der Hercegovina", *Land- und forstwirtschaftliche Unterrichts-Zeitung*, Bd. 25, 1911, S. 47-59, 119-132.

Somogyi, Oskar von,"Das bosnische Kreditwesen", *Zeitschrift für Volkswirtschaft, Socialpolitik und Verwaltung*, Bd. 18, 1909, S. 751-763.

Sperk, Bernhard, "Die Approvisionierung Wiens mit Fleisch", *Zeitschrift für Volkswirtschaft, Socialpolitik und Verwaltung*, Bd. 13, 1904, S. 65-97.

Starzyński, Stanislaus R. von, "Delegationen", in Mischler, Ernst (hg.), *Österreichisches Staatswörterbuch* (2. Aufl.), Bd. 1, Wien: Hölder, 1905, S. 666-668.

Steinbach, Gustav, "Die bosnische Verfassung", *Jahrbuch des öffentlichen Rechts der Gegenwart*, Bd. 4, 1911, S. 479-495.

Stöger, Edmund ,"Die landwirtschaftlichen Verhältnisse in Bosnien und der Herzegowina", *Monatshefte für Landwirtschaft*, Jg. 2-4, 1909, S. 99-118.

Tänzer, Ignaz, "Der auswärtige Warenverkehr Bosniens und der Herzegowina im Dezennium 1904-1913", *Statistische Monatschrift N. F.*, Bd. 21, 1916, S. 312-330.

Ullmann, Eugen von., "Die Ablösung der Kmetengründe in Bosnien und der Hercegovina", *Österreichische Rundschau*, Bd. 36, 1913, S. 252-258.

Ullmann, Karl, "Über Entwicklung und den derzeitigen Stand der hygienischen Verhältnisse in Bosnien und der Hercegovina", in *Beiträge zur Wirtschaftskunde Österreichs*, Wien: Hölder, 1911, S. 484-501.

Wiedersperg, Gustav Ritter von, "Die Entwicklung des Veterinärwesens in Österreich", in *Geschichte der österreichischen Land- u. Förstwirtschaft und ihrer Industrien 1848-1898*, Bd. 2, Wien: Perles, 1899, S. 769-798.

Zobkow, Michael, "Die Anwendung des allgemeinen bürgerlichen Gesetzbuches in Bosnien und der Herzegowina", *Festschrift zur Jahrhundertfeier des allgemeinen bürgerlichen Gesetzbuches*, Bd. 1, 1911, S. 728-752.

Zwiedineck, Otto von, "Die handelspolitischen Beziehungen Serbiens zu Österreich-Ungarn", *Weltwirtschaftliches Archiv*, Bd. 6-2, 1915, S. 89-123, 383-409.

"Bosnische Agrarbank", *Der österreichische Volkswirt*, Bd. 1/XXXIII, 1909, S. 1-4.

"Bosnische Agrarbank und Parlament", *Der österreichische Volkswirt*, Bd. 1/XXXVII, 1909, S. 6-7.

"Zuckerrübenbau in Bosnien", *Neue Zeitschrift für Rübenzucker-Industrie*, Bd. 30, Nr. 24, 1893, S. 261.

(新聞)

Arbeiter-Zeitung.

Fremden-Blatt.

Neue Freie Presse.

Pester-Lloyd.

Reichspost.

同時代文献

Adametz, Leopold, *Studien zur Monographie des illyrischen Rindes*, Berlin: Paul Parey, 1895.

Austerlitz, Friedrich, *Die Bienertherei. Was ist und will das System Bienerth* (Sozialdemokratische Werbeschriften zum Wahlkampf. 3), Wien: Wiener Volksbuchhandlung, 1911.

Baernreither, Joseph Maria, *Bosnische Eindrücke. Eine politische Studie*, Wien: Manz, 1908.

Ballif, Phillip, *Wasserbauten in Bosnien und der Hercegovina, Teil. 1: Meliorationsarbeiten und Cisternen im Karstgebiete*, Wien: Adolf Holzhausen, 1896.

Ballif, Phillip, *Wasserbauten in Bosnien und der Hercegovina, Teil. 2: Flussbauten und Wasserleitungen*, Wien: Adolf Holzhausen, 1899.

Baranski, Antoni, *Handbuch sämtlicher Veterinärgesetze und Verordnungen*, Wien: Manz, 1884.

Cvijić, Jovan, *Anekcija Bosne i Hecegovine i srpsko pitanje [Die Annexion Bosniens und Herzegowina und die serbische Frage]*, Beograd: Državna Štamparija Kraljevine Srbije, 1908.

Czedik, Alois Freiherr, *Zur Geschichte der k. k. österreichischen Ministerien 1861-1916*, Bd. 4, Wien: Prochaska, 1920.

Dimitz, Ludwig, *Die forstlichen Verhältnisse und Einrichtungen Bosniens und der Hercegovina*, Wien: Wilhelm Frick, 1905.

Eichler, Eduard, *Das Justizwesen Bosniens und der Hercegovina*, Wien: k. k. Hof- u. Staatsdruckerei, 1889.

Eisenmann, Louis, *Le Compromis Austro-Hongrois de 1867 Etude sur le Dualisme*, Paris: Georges Bellais, 1904.

Feifalik, Anton, *Ein neuer aktueller Weg zur Lösung der bosnischen Agrarfrage*, Wien: Deuticke, 1916.

Felling, Wilhelm, *Die Fleischversorgung der Stadt Wien: unter besonderer Berücksichtigung der ersten Wiener Grosschlächtereiaktien-Gesellschaft und des Städtischen Übernahmsamtes*, Aschaffenburg: Götz. Werbrun (Thesis (doctoral)-Universität Jena), 1909.

Frangeš, Otto, *Die Buša: Eine Studie über das in den Konigreichen Kroatien und Slavonien Heimische Rind*, Agram: C. Albrecht (Inaugural-Dissertation der Universität Leipzig), 1902.

Frangeš, Otto von., *Die landwirtschaftlichen Verhältnisse in Bosnien-Herzegowina und ihre Wechselbeziehungen zu Handel und Industrie der Monarchie* (Mitteilungen des österreichisch-bosnischherzegowinischen Interessentenverbandes) Bd. 6, Wien, 1913.

Grassl, Georg, *Zwei Jahre fakultativer Kmetenablösung in Bosnien und der Herzegowina* (Mitteilungen des österreichisch-bosnischherzegowinischen Interessentenverbandes) Bd. 10, Wien, 1914.

Grünberg, Carl, *Die Agrarverfassung und das Grundentlastungsproblem in Bosnien und der Herzegowina*, Leipzig: Duncker & Humblot, 1911.

Grunzel, Josef, *Handelspolitik und Ausgleich in Österreich-Ungarn*, Wien: Hölder, 1912.

Gyurkovics, Georg, *Bosnien und die Nebenländer. Schilderungen von Land und Leuten zwischen der Donau und der Adria*, Wien: Alfred Hölder, 1879.

Hegedüs, Lorant, *Geschichte der Entstehung und des Bestandes der Pester ungarischen Com-*

mercial Bank (Bd. 2: 1892–1917), Budapest: Verlag der Bank, 1917.

Horowitz, Eduard Ritter von, *Die Bezirks-Unterstützungsfonds in Bosnien und der Hercegovina*, Wien: Frommen, 1892.

Hoyos, Sándor, *Der Deutsch-englische Gegensatz und sein Einfluss auf die Balkanpolitik Österreich-Ungarns*, Berlin: Vereinigung wissenschaftlicher Verleger, 1922.

Kállay, Benjámin von, *Die Lage der Mohammedaner in Bosnien. Von einem Ungarn*, Wien: Holzhausen, 1900.

Kállay, Benjámin von, (Thallóczy, Lajos (hg.)/übersetzt. Beigel, Stephan), *Die Geschichte des serbischen Aufstandes 1807–1810*, Wien: Holzhausen, 1910.

Karszniewicz, Adam, *Das bäuerliche Recht in Bosnien u. der Hercegovina*, Tuzla: Pissenberger, 1899.

Koch, Alois, *Veterinär-Normalien, betreffend die Organisation des österr. und des ungar. Veterinärwesens einschließlich Bosnien und der Hercegowina* (Bd. 1. 2.), Wien: Moritz Perles, 1891 (Bd. 1), 1894 (Bd. 2).

Konanz, Karl, *Die Agrarverhältnisse in Bosnien und der Herzegowina*, Tauberbischofsheim: Druck der Aktiengesellschaft Frankonia, 1906.

Kukuljević de Sacci, Milutin, *Grundbesitzverhältnisse in Bosnien und in der Hercegovina. Ein Beitrag zur Agrarfrage*, Sarajevo: Regierungsdruckerei, 1879.

Liszt, Franz von, *Das Völkerrecht*, Berlin: Häring, 1913.

Marić, Mayer, *Die Landwirtschaft der Konigreiche Kroatien und Slavonien*, Leipzig: Thomas & Hubert, 1908.

Markowitsch, Božidar, *Die serbische Auffassung der bosnischen Frage*, Berlin: Ebering, 1908.

Matlekovits, Sándor, *Die Zollpolitik der oesterreichisch-ungarischen Monarchie von 1850 bis zur Gegenwart*, Budapest: Franklin-Verein, 1877.

Matlekovits, Sándor, *Die Zollpolitik der österreichisch-ungarischen Monarchie und des Deutschen Reiches seit 1868 und deren nächste Zukunft*, Leipzig: Duncker & Humblot, 1891.

Matlekovits, Sándor, *Die Landwirtschaft Ungarns*, Leipzig: Dunker & Humblot, 1900.

Polya, Jakab, *Geschichte der Entstehung und des 50-jähr. Bestandes der Pester Ungarischen Commercial-Bank*, Budapest: Kertesz, 1892.

Posilović, Stefan, *Das Immobilar-Recht in Bosnien und Hercegovina*, Agram: Scholz, 1894.

Renner, Heinrich, *Durch Bosnien und die Hercegovina kreuz und quer*, Berlin: Geographische Verlagshandlung Dietrich Reimer, 1896.

Rośkiewicz, Johann, *Studien über Bosnien und die Herzegovina*, Leipzig: Brockhaus, 1868.

Schmid, Ferdinand, *Bosnien und die Herzegovina unter der Verwaltung Österreich-Ungarns*, Leipzig: Veit, 1914.

Schola, Wakan, *Das bosnische Pferd*, Leipzig (Ph. D Dissertation, Universität Leipzig), 1912.

Seton-Watson, Robert William, *The Southern Slav Question and the Habsburg Monarchy*, London: Constable & Co., 1911.

Shek, von Vugrovec, Adalbert, *Die nächsten Aufgaben der Ziviljustizgesetzgebung in Bosnien-Herzegowina (II. ordentliche Generalversammlung des österreichisch-bosnischherzegowinischen Interessentenverbandes)*, Wien, 1914.

Spaho, Mehmed, *Die Agrarfrage in Bosnien und in der Herzegowina* (Mitteilungen des österreichisch-bosnischherzegowinischen Interessentenverbandes, Bd. 2.), Wien, 1912.

Spitzmüller-Harmersbach, Alexander, *Der letzte österreichisch-ungarische Ausgleich und der Zusammenbruch der Monarchie*, Berlin: Verlag für Kulturpolitik, 1929.

Stix, Edmund, *Das Bauwesen in Bosnien und der Hercegovina vom Beginn der Occupation durch die österr. ung. Monarchie bis in das Jahr 1887*, Wien: k. k. Hof- u. Staatsdruckerei, 1887.

Stojanoff, A., *Die handelspolitische Situation der Balkanstaaten gegenüber Österreich-Ungarn*, Wien: Perles, 1914.

Strakosch, Siegfried, *Die Grundlagen der Agrarwirtschaft in Österreich. Handels- und produktionspolitische Untersuchung*, Wien: F. Tempsky, 1917².

Szlávy, Joseph von, *Zur Orientierung über den gegenwärtigen Stand der bosnischen Verwaltung*, Wien: k. k. Hof- u. Staatsdruckerei, 1881.

Todić, Milan, *Die landwirtschaftlichen Eigentums-und Betriebsverhältnisse in Bosnien und der Herzegowina*, Erlangen (Thesis (doctoral) Universität Freiburg), 1913.

Volkar, Andreas, *Über die Agrarverhältnisse in der Herzegovina*, Prag: Otto, 1881.

Wagner, Hermenegild, *"Der geniale Zickzackkurs": eine Artikelserie uber die Verhaltnisse in Bosnien und der Hercegovina*, Sarajevo: Bosnischen Post, 1908.

Wessely, Victor, *Die Catastral-Vermessung von Bosnien und der Hercegovina*, Wien: Spielhagen & Schurich, 1896.

Wurmbrand, Norbert, *Die rechtliche Stellung Bosniens und der Herzegowina*, Wien: Franz Deuticke, 1915.

Zurunic, Theodor P., *Die bosnische Pflaume. Eine Handelsstudie*, Wien: Holzhausen, 1895.

信夫淳平『東欧の夢』外交時報社出版部、1919年。
大日本文明協會編（序文：長瀬鳳輔）『墺地利匈牙利』大日本文明協會事務所、1916年。
村上亮編『英国議会資料 資料集 XV ボスニア』国立民族学博物館・地域研究企画交流センター、2005年。

研究文献

Afflerbach, Holger, *Der Dreibund: Europäische Großmacht- und Allianzpolitik vor dem Ersten Weltkrieg*, Wien: Böhlau, 2002.

Afflerbach, Holger/Stevenson, David (eds.), *An Improbable War: the Outbreak of World War I and European Political Culture before 1914*, New York: Berghahn Books, 2007.
　　—Schulz, Mattias, "Did Norms Matter in 19th Century International Relations? The Rise and Fall of a Culture of Peace before World War I", pp. 43-60.
　　　Williamson, Samuel Ruthven Jr., "Aggressive and Defensive Aims of Political Elites? Austro-Hungarian Policy in 1914", pp. 61-74.

Albertini, Luigi (trans. Massey, Isabella M.), *The Origins of the War of 1914*, 3 vol., London: Oxford University Press, 1952-1957.

Aličić, Ahmed S., *Pokret za Autonomiju Bosne od 1831. do 1832. Godine [Die Autonomiebewegung in Bosnien 1831-1832]*, Sarajevo: Orijentalni Institut u Sarajevu, 1996.

Anderson, Matthew Smith, *The Eastern Question, 1774-1923: A Study in International Relations*, London: Macmillan, 1966.

Andrić, Josip, *Bosnische Kmetenwirtschaft und die Zadruga ein Beitrag zur Kenntnis des bauerlichen Wirtschaftsbetriebes*, Wien (Dissertation Hochschule für Bodenkultur Wien), 1919.

Ardelt, Rudolf G., "Die Krise des Reformismus unter den Regierungen Bienerth und Stürgkh", in Konrad, Helmut (hg.), *Imperialismus und Arbeiterbewegung in Deutschland und Österreich*, Wien: Europaverlag, 1985, S. 65-87.

Armour, Ian D, *Apple of Discord: The 'Hungarian Factor' in Austro-Serbian Relations, 1867-1881*, West Lafayette, Ind: Purdue University Press, 2014.

Babuna, Aydın, *Die nationale Entwicklung der bosnischen Muslime*, Frankfurt am Main: Lang, 1996.

Babuna, Aydin, "The Emergence of the First Muslim Party in Bosnia-Hercegovina", *East European Quarterly*, vol. 30-2, 1996, pp. 131-151.

Balandier, George, "The Colonial Situation", in Wallerstein, Immanuel (ed.), *Social Change: the Colonial Situation*, New York: Wiley, 1966, pp. 34-61.

Balling, Ludwig Adalbert, *Der Trommler Gottes: Franz Pfanner Ordensgründer und Rebell*, Freiburg im Breisgau: Herder, 1984.

Banac, Ivo, *The National Question in Yugoslavia: Origins, History, Politics*, Ithaca: Cornell University Press, 1984.

Banac, Ivo, "Yugoslavia", *The American Historical Review*, vol. 97-4, 1992, pp. 1084-1104.

Barkey, Karen/Hagen, Mark von (eds.), *After Empire: Multiethnic Societies and Nation-Building: the Soviet Union and Russian, Ottoman, and Habsburg Empires*, Boulder Colo.: Westview Press, 1997.
—Deák, István, "The Habsburg Empire", pp. 129-141.
　Wank, Solomon, "The Habsburg Empire", pp. 45-57.

Bataković, Dušan T., "Prelude to Sarajevo: The Serbian Question in Bosnia-Herzegovina 1878-1914", *Balcanica*, vol. 27, 1996, pp. 117-155.

Bataković, Dušan T., "Storm over Serbia: Rivalry between Civilian and Military Authorities (1911-1914)", *Balkanica*, vol. 44, 2013, pp. 307-356.

Batowski, Henryk, "Die Polen", in Wandruszka, Adam/Urbanitsch, Peter (hg.), *Die Habsburgermonarchie 1848-1918*, Bd. 3-1, Wien: Verlag der Österreichischen Akademie der Wissenschaften, 1980, S. 522-554.

Baumgart, Winfried, *Vom europäischen Konzert zum Völkerbund: Friedensschlüsse und Friedenssicherung von Wien bis Versailles*, Darmstadt: Wissenschaftliche Buchgesellschaft, 1974.

Behschnitt, Wolf Dietrich, *Nationalismus bei Serben und Kroaten, 1830-1914: Analyse und Typologie der nationalen Ideologie*, München: Oldenbourg, 1980.

Bencze, László (Schubert, Frank N. (ed.)), *The Occupation of Bosnia and Herzegovina in 1878*, New York: Columbia University Press, 2005.

Benedikt, Heinrich, *Die wirtschaftliche Entwicklung in der Franz-Joseph-Zeit*, Wien: Verlag Harold, 1958.

Berend, Ivan Tibor, *History Derailed: Central and Eastern Europe in the Long Nineteenth Century*, Berkeley: University of California Press, 2003.

Berend, Iván Tibor/Ránki, György, *Economic Development in East-Central Europe in the 19th and 20th Centuries*, New York: Columbia University Press, 1974 (南塚信吾監訳『東欧経

済史』中央大学出版部、1978年).

Berend, Iván Tibor/Ránki, György (trans. Palmai, E.), *The European Periphery and Industori-alization 1780-1914*, Cambridge: Cambridge University Press, 1982 (柴宜弘、柴理子、今井淳子、今井労共訳『ヨーロッパ周辺の近代：1780-1914』刀水書房、1991年).

Binder, Harald, *Galizien in Wien: Parteien, Wahlen, Fraktionen und Abgeordnete im Übergang zur Massenpolitik*, Wien: Verlag der Österreichischen Akademie der Wissenschaften, 2005.

Bled, Jean-Paul (übersetzt. Marie-Therese, Pitner/Daniela, Homan), *Franz Joseph: Der letzte Monarch der alten Schule*, Wien: Böhlau, 1988.

Bled, Jean-Paul (übersetzt. Susanna Grabmayr/Marie-Therese, Pitner), *Franz Ferdinand: Der eigensinnige Thronfolger*, Wien: Böhlau, 2013.

Boyer, John W. (übersetzt. Binder, Otmar), *Karl Lueger (1844-1910): christlichsoziale Politik als Beruf*, Wien: Böhlau, 2010.

Brauneder, Wilhelm, *Österreichische Verfassungsgeschichte*, Wien: Manz, 2009[11].

Brauner, Josef, "Bosnien und Herzegovina. Politik, Verwaltung und leitende Personen vor Kriegsausbruch", *Berliner Monatshefte für Internationale Aufklärung*, Bd. 7, 1929, S. 313-344.

Bridge, Francis Roy, *From Sadowa to Sarajevo: the Foreign Policy of Austria-Hungary 1866-1914*, London: Routledge, 1972.

Bridge, Francis Roy, "The British Declaration of War on Austria-Hungary in 1914", *The Slavonic and East European Review*, vol. 47-109, 1969, pp. 401-422.

Bruckmüller, Ernst, *Sozialgeschichte Österreichs*, Wien: Verlag für Geschichte und Politik, 2001.

Bruckmüller, Ernst, "Landwirtschaftliche Arbeitswelten und ländliche Sozialstrukturen", in Wandruszka, Adam/Urbanitsch, Peter (hg.), *Die Habsburgermonarchie 1848-1918*, Bd. 9-1/1, Wien: Verlag der Österreichischen Akademie der Wissenschaften, 2010, S. 251-322.

Brunnbauer, Ulf (hg.), *Schnittstellen: Gesellschaft, Nation, Konflikt und Erinnerung in Südosteuropa*, München: Oldenbourg, 2007.

　　—Aleksov, Bojan, "Habsburg's 'Colonial Experiment' in Bosnia and Hercegovina revisited", pp. 201-216.

　　Grandits, Hannes, "Zur modernisierung der spätosmanischen Perioherie: Die Tanzimat im städtischen Leben der Herzegowina", S. 39-56.

Brunner, Otto, "Das Haus Österreich und die Donaumonarchie", *Südost-Forschungen*, Bd. 14, 1955, S. 122-144.

Buchmann, Bertrand Michael, *Österreich und das Osmanische Reich*, Wien: WUV-Univ. Verlag, 1999.

Burbank, Jane/Cooper, Frederick, *Empires in World History: Power and the Politics of Difference*, Princeton, N. J.: Princeton University Press, 2010.

Burz, Ulfried (hg.), *Brennpunkt Mitteleuropa: Festschrift für Helmut Rumpler zum 65. Geburtstag*, Klagenfurt: Carinthia, 2000.

　　—Diószegi, István, "Der Platz Bosnien-Herzegowinas in Andrássys außenpolitischen Vorstellungen", S. 377-384.

　　Somogyi, Éva, "Das ungarische Ministerium in Wien (1867-1918)", S. 265-278.

Calic, Marie-Janine, *Sozialgeschichte Serbiens 1815-1941. Der aufhaltsame Fortschritt während der Industrialisierung*, München: Oldenbourg, 1994.

Calic, Marie-Janine, *Geschichte Jugoslawiens im 20. Jahrhundert*, München: C. H. Beck, 2010.

Canis, Konrad, *Bismarcks Aussenpolitik 1870 bis 1890: Aufstieg und Gefährdung*, Paderborn: F. Schöningh, 2008.

Carmichael, Cathie, *A Concise History of Bosnia*, Cambridge: Cambridge University Press, 2015.

Cassels, Lavender, *The Archduke and the Assassin: Sarajevo, June 28th 1914*, New York: Dorset Press, 1988.

Cebeci, Mehmet, *Die deutsch-türkischen Beziehungen in der Epoche Abdülhamids II. (1876-1908)*, Marburg: Tectum Verlag, 2010.

Clark, Christopher M., *The Sleepwalkers: how Europe went to War in 1914*, London: Penguin, 2012.

Classen, Lothar, *Der völkerrechtliche Status von Bosnien-Herzegowina nach dem Berliner Vertrag vom 13. 7. 1878.*, Frankfurt am Main: Lang, 2004.

Cupcea, Adriana, "History Teaching in Bosnia Herzegovina during the Conflict and Post-Conflict Era", *Revista Romana de Studii Eurasiatice*, vol. 10-1/2, 2014, pp. 133-146.

Čupić-Amrein, Martha M., *Die Opposition gegen die österreichisch-ungarische Herrschaft in Bosnien-Hercegovina <1878-1914>*, Bern: Lang, 1987.

Dedijer, Vladimir, "Sarajevo Fifty Years After", *Foreign Affairs*, vol. 42-4, 1964, pp. 569-584.

Dedijer, Vladimir, *The Road to Sarajevo*, New York: Simon and Schuster, 1966.

Dedijer, Vladimir/Božić, Ivan/Ćirković, Sima/Ekmečić, Milorad (eds.) (trans. Kveder, Kordija), *History of Yugoslavia*, New York: McGraw-Hill Book Company, 1974.

Dénes, Karasszon, *A Concise History of Veterinary Medicine*, Budapest: Akadémiai Kiadó, 1988.

Deusch, Engelbert, "Andrássy und die Okkupation Bosniens und der Herzegowina-Untersuchung mit besonderer Berücksichitungung der öster-ungarischen Konsulatsberichte", *Österreichische Osthefte*, Bd. 12-3, 1970, S. 18-36.

Dinklage, Karl, "Die Landwirtschaftliche Entwicklung", in Brusatti, Alois (hg.), *Die Habsburgermonarchie 1848-1918*, Bd. 1, Wien: Verlag der Österreichischen Akademie der Wissenschaften, 1973, S. 403-461.

Diószegi, István (trans. Kornél, Balás), *Hungarians in the Ballhausplatz: Studies on the Austro-Hungarian Common Foreign Policy*, Budapest: Corvina Kiadó, 1983.

Diószegi, István (Dt. Bearb. Haselsteiner, Horst), *Bismarck und Andrássy. Ungarn in der deutschen Machtpolitik in der 2. Hälfte des 19. Jahrhunderts*, Wien: Oldenbourg, 1999.

Djordjevič, Dimitrije, "Die Serben", in Wandruszka, Adam/Urbanitsch, Peter (hg.), *Die Habsburgermonarchie 1848-1918*, Bd. 3-1, Wien: Verlag der Österreichischen Akademie der Wissenschaften, 1980, S. 734-774.

Djordjevič, Dimitrije, "Agrarian Reforms in Post World War one Balkans. A Comparative Study", *Balcanica*, Bd. 13/14, 1982/1983, pp. 255-269.

Donia, Robert J., *Islam under the Double Eagle: the Muslims of Bosnia and Hercegovina, 1878-1914*, New York: Columbia University Press, 1981.

Donia, Robert J., *Sarajevo: A Biography*, London: Hurst, 2009.

Donia, Robert J., "Iconography of an Assassin: Gavrilo Princip from Terrorist to Celebrity", *Prilozi*, vol. 43, 2014, pp. 57-78.

Donia, Robert J., "The Proximate Colony: Bosnia-Herzegovina under Austro-Hungarian Rule", in Ruthner, Clemens（hg.）, *WechselWirkungen: Austria-Hungary, Bosnia-Herzegovina, and the Western Balkans, 1878-1918*, New York: Lang, 2015, pp. 67-82.

Doyle, Michael W., *Empires*, Ithaca, N. Y.: Cornell University Press, 1986.

Dragnich, Alex N., *Serbia, Nikola Pašić, and Yugoslavia*, New Brunswick: Rutgers University Press, 1974.

Drobesch Werner, "Vereine und Interessensverbände auf überregionaler（cisleithanischer）Ebene", in Rumpler, Helmut/Urbanitsch Peter, *Die Habsburgermonarchie 1848-1918*, Bd. 8-1, Wien: Verlag der Österreichischen Akademie der Wissenschaften, 2006, S. 1029-1132.

Duara, Prasenjit, "Modern Imperialism", in Bentley, Jerry H.（ed.）, *The Oxford Handbook of World History*, Oxford: Oxford University Press, 2011, pp. 379-395.

Duranović, Amir, "The Aggressiveness of Bosnian and Herzegovinian Serbs in the Public Discourse during the Balkan Wars", in Yavuz, M. Hakan/Blumi, Isa（eds.）, *War and Nationalism: the Balkan Wars, 1912-1913, and their Sociopolitical Implications*, Salt Lake City: University of Utah Press, 2013, pp. 371-398.

Džaja, Srećko-Mato, *Konfessionalität und Nationalität, Bosniens und der Herzegowina: Voremanzipatorische Phase 1463-1804*, München: Oldenbourg, 1984.

Džaja, Srećko-Mato, *Bosnien-Herzegowina in der österreichisch-ungarischen Epoche（1878-1918）*, München: Oldenbourg, 1994.

Džaja, Srećko-Mato, *Die politische Realität des Jugoslawismus（1918-1991）: mit besonderer Berücksichtigung Bosnien-Herzegowinas*, München: Oldenbourg, 2002.

Đaković, Luka, "Privilegovana Agrarna i Komercijalna Banka za Bosnu i Hercegovinu［Privilegirten Agrar-und Kommerzialbank für Bosnien und die Herzegowina］", *Glasnik Arhivâ i Društva arhiviskih Radnika Bosne i Hercegovine*, sve. 6, 1966, str. 143-170.

Ekmečić, Milorad, "Nacionalni Pokret u Bosni i Hercegovini［Nationale Bewegung in Bosnien und Herzegowina］", *Istorija Serpskog Naroda*, sve. VI-1, 1983, str. 604-648.

Ekmečić, Milorad, "Uticaj balkanskih ratova 1912-1913. na društvo u Bosni i Hercegovini［Der Einfluss der Balkankriege 1912-1913 auf die Gesellschaft in Bosnien-Herzegovina］", *Marksistička misao*, sve. 4, 1985, str. 137-158.

Ekmečić, Milorad, "Impact of the Balkan Wars on Society in Bosnia and Hercegovina", in Király, Béla K. /Đorđević, Dimitrije（eds.）, *East Central European society and the Balkan Wars*, Boulder, Colo.: Social Science Monographs, 1987, pp. 260-285.

Elliott, John H. "A Europe of Composite Monarchies", *Past & Present*, No. 137, 1992, pp. 48-71.

Erdődy, Gábor（hg.）, *Das Parteienwesen Österreich-Ungarns*, Budapest: Akadémiai Kiadó, 1987.

Erić, Milivoje, "Poljoprivreda Bosne i Hercegovine pod Austro-Ugarskom Okupacijom［Die Landwirtschaft Bosniens und der Herzegowina unter der österreichisch-ungarischen Okkupation］", in *Pregled: Časopis za društvena pitanja*, god. 10, 1958, str. 475-488.

Evans, R. J. W. /Strandmann, Hartmut Pogge von（eds.）, *The Coming of the First World War*, Oxford: Clarendon Press, 1988.
　—Evans, R. J. W., "The Habsburg Monarchy an the Coming of War", pp. 33-55.
　　Zeman, Z. A. B., "The Balkans and the Coming of War", pp. 19-32

Evans, R. J. W., *The Making of the Habsburg Monarchy, 1550-1700: An Interpretation*, Oxford: Clarendon Press, 2002³（新井皓士訳『バロックの王国：ハプスブルク朝の文化社会史

1550-1700年』慶應義塾大学出版会、2013年).

Evans, R. J. W., *Austria, Hungary, and the Habsburgs: Central Europe c. 1683-1867*, Oxford: Oxford University Press, 2006.

Fay, Sidney Bradshaw, *The Origins of the World War*, 2 vol., New York: Free Press, 1966[2].

Fellner, Fritz, "Die Mission Hoyos", in Ders., *Vom Dreibund zum Völkerbund: Studien zur Geschichte der internationalen Beziehungen, 1882-1919*, Wien: Verlag für Geschichte und Politik, 1994, S. 112-141.

Fellner, Fritz, "Austria-Hungary", in Wilson, Keith M. (ed.), *Decisions for War, 1914*, London: UCL Press, 1995, pp. 9-25.

Fieldhouse, David Kenneth, *The Colonial Empires: A Comparative Survey from the Eighteenth Century*, London: Macmillan, 1982[2].

Fieldhouse, David Kenneth, *Colonialism, 1870-1945: An Introduction*, London: Macmillan, 1983.

Finci, Moric, *Die Rinderbestände in Bosnien und der Herzegowina*, Jena: Universitätsbuchdruckerei G. Neuenhahn, 1932.

Findley, Carter Vaughn, "The Tanzimat", in Reşat Kasaba (ed.), *The Cambridge History of Turkey*, vol. 4, Cambridge UK: Cambridge University Press, 2008, pp. 11-37.

Fisher, Sydney N., "Ottoman Feudalism and Its Influence upon the Balkans", *Historian*, vol. 15-1, 1952, pp. 3-22.

Frangeš, Otto von, *Die sozialökonomische Struktur der jugoslawischen Landwirtschaft*, Berlin: Weidmannsche Verlagsbuchhandlung, 1937.

Fried, Marvin Benjamin, ""A Life and Death Question": Austro-Hungarian War Aims in the First World War", in Afflerbach, Holger (ed.), *The Purpose of the First World War: War Aims and Military Strategies*, Berlin: Walter de Gruyter, 2015, pp. 117-142.

Gaćinović, Radoslav, "European Concept of the Young Bosnia Movement", *Serbian Political Thought*, vol. 6-2, 2014, pp. 51-67.

Galántai, József, "Die Außenpolitik Österreich-Ungarns und die herrschenden Klassen Ungarns", in Klein, Fritz (hg.), *Österreich-Ungarn in der Weltpolitik 1900 bis 1918*, Berlin: Akademie-Verlag, 1965, S. 255-266.

Galántai, József (übersetzt. Engl, Géza/Engl, Henriette), *Die Österreichisch-Ungarische Monarchie und der Weltkrieg*, Budapest: Corvina Kiadó, 1979.

Galántai, József, *Der österreichisch-ungarische Dualismus 1867-1918*, Wien: Österreichischer Bundesverlag, 1990.

Gammerl, Benno, *Untertanen, Staatsbürger und Andere: Der Umgang mit ethnischer Heterogenität im Britischen Weltreich und im Habsburgerreich 1867-1918*, Göttingen: Vandenhoeck & Ruprecht, 2010.

Gauld, William A., "The 'Dreikaiserbundnis' and the Eastern Question, 1871-6", *English Historical Review*, vol. 40-158, 1925, pp. 207-221.

Gauld, William A., "The 'Dreikaiserbundnis' and the Eastern Question, 1877-8", *English Historical Review*, vol. 42-168, 1927, pp. 560-568.

Gauld, William A., "The Anglo-Austrian Agreement of 1878", *English Historical Review*, vol. 41-161, 1926, pp. 108-112.

Geiss, Imanuel, "Origins of the First World War", in Koch, H. W. (ed.), *The Origins of the First

World War: Great Power Rivalry and German War Aims, London: Macmillan, 1984, pp. 46–85.

Geiss, Imanuel, *Der lange Weg in die Katastrophe: Die Vorgeschichte des Ersten Weltkriegs 1815–1914*, München: Piper, 1990.

Geyer, Dietrich, *Der russische Imperialismus: Studien über den Zusammenhang von innerer und auswärtiger Politik 1860–1914*, Göttingen: Vandenhoeck und Ruprecht, 1977.

Glaise-Horstenau, Edmund von, *Franz Josephs Weggefährte. Das Leben des Generalstabschefs Grafen Beck. Nach seinen Aufzeichnungen und hinterlassenen Dokumenten*, Wien: Amalthea-Verlag, 1930.

Glatz, Ferenc, "Die Habsburgermonarchie und die Geschichtsschreibung", in Glatz, Ferenc/ Melville, Ralph (hg.), *Gesellschaft, Politik und Verwaltung in der Habsburgermonarchie 1830–1918*, Stuttgart: Franz Steiner Verlag Wiesbaden, 1987, S. 373–378.

Glockemeier, Georg, *Die politischen Richtlinien der bosnischen Verwaltung und ihre praktische Auswirkung in der Zeit von 1878 bis zur Jahrhundertwende*, Wien (Dissertation, Universität Wien), 1928.

Gonda, Imre/Niederhauser, Emil (übersetzt. Heribert Thierry), *Die Habsburger*, Wien: Kremayr & Scheriau, 1985.

Gonsalves, Priscilla Tapley, "A Study of the Habsburg Agricultural Programmes in Bosanska Krajina, 1878–1914", *The Slavonic and East European Review*, vol. 63, 1985, pp. 349–371.

Good, David F., *The Economic Rise of the Habsburg Empire, 1750–1914*, Berkeley: University of California Press, 1984.

Goreczky, Tamás, "Benjámin Kállay und die ungarische Delegation in den 1880er Jahren", *Öt Kontinens*, Jg. 2007, 2007, S. 75–84.

Gotta, Friedrich, *Ungarn im Zeitalter des Hochliberalismus. Studien zur Tisza-Ära (1875–1890)*, Wien: Verlag der Österreichischen Akademie der Wissenschaften, 1976.

Gotthold, Rhode, "Berliner Kongreß und Südosteuropa", in Aretin, Karl Otmar (hg.), *Bismarcks Aussenpolitik und der Berliner Kongress*, Wiesbaden: Steiner, 1978, S. 107–129.

Gross, Mirjana, "Hrvatska politika u Bosni i Hercegovini od 1878–1914 [Kroatische Politik in Bosnien und Herzegowina 1878–1914]", *Historijski Zbornik*, sve. 19/20, 1967, str. 9–68.

Gross, Mirjana, "Social Structure and National Movements among the Yugoslav Peoples on the Eve of the First World War", *Slavic Review*, vol. 36–4, 1977, pp. 628–643.

Gross, Mirjana, *Die Anfänge des modernen Kroatien: Gesellschaft, Politik und Kultur in Zivil-Kroatien und-Slawonien in den ersten dreißig Jahren nach 1848*, Wien: Böhlau, 1993.

Gunst, Péter, *Agrarian Development and Social Change in Eastern Europe, 14th–19th Centuries*, Aldershot: Hampshire, 1996.

Hadžibegović, Ilijas, "Promjene u Strukturi agrarnog Stanovništva Bosni i Hercegovini (1878–1914) [Veränderungen in der Struktur der agrarischen Bevölkerung von Bosnien und Herzegowina]", *Jugoslovenski istorijski Časopis*, sve. 13–1/2, 1973, str. 106–114.

Hamilton, Richard F. /Herwig, Holger H. (eds.), *The Origins of World War I*, Cambridge: Cambridge University Press, 2003.
—Hall, Richard C., "Serbia", pp. 92–111.
　Herwig, Holger H., "Why Did It Happen", pp. 443–468.
　Tunstall, Graydon A. Jr., "Austria-Hungary", pp. 112–149.

Hanisch, Ernst, *Der lange Schatten des Staates: österreichische Gesellschaftsgeschichte im 20. Jahrhundert*, Wien: Ueberreuter, 1994.

Hannig, Alma, *Franz Ferdinand. Die Biografie*, Wien: Amalthea-Verlag, 2013.

Hantsch, Hugo, *Die Geschichte Österreichs*, Bde. 2, Graz: Styria, 1962[3].

Hantsch, Hugo, *Leopold Graf Berchtold: Grandseigneur und Staatsmann*, Bde. 2, Graz: Styria, 1963.

Hantsch, Hugo, "Franz Joseph und die Außenpolitik", in Engel-Janosi, Friedrich/Rumpler, Helmut (hg.), *Probleme der Franzisko-Josephinischen Zeit, 1848-1916*, Wien: Verlag für Geschichte und Politik, 1967, S. 25-39.

Harmat, Ulrike, "Divorce and Remarriage in Austria-Hungary: The Second Marriage of Franz Conrad von Hötzendorf", *Austrian History Yearbook*, vol. 32, 2001, pp. 69-103.

Harrington, Selma, "A Girl Called Bosnia, the Prince and the Villain. How we remembered the Sarajevo Assasination", in Vahidin Preljevic/Clemens Ruthner (eds.), *The Long Shots of Sarajevo 1914: Ereignis-Narrativ-Gedaechtnis*, Tübingen: Narr Francke Attempto, 2016, pp. 663-681.

Haselsteiner, Horst, *Bosnien-Hercegovina: Orientkrise und Sudslavische Frage*, Wien: Böhlau, 1996.

Hauptmann, Ferdinand, "Djelokrug Austrougarskog Zajedničkog Ministarstva Financija [Der Wirkungskreis des k. und k. gemeinsamen Finanzministeriums (in Angelegenheiten Bosniens und der Herzegowina)]", *Glasnik Arhivâ i Društva arhiviskih Radnika Bosne i Hercegovine*, sve. 3, 1963, str. 13-22.

Hauptmann, Ferdinand, *Die österreichisch-ungarische Herrschaft in Bosnien und der Herzegowina 1878-1918: Wirtschaftspolitik und Wirtschaftsentwicklung*, Graz: Inst. f. Geschichte d. Univ. Graz, Abt. Südosteurop. Geschichte, 1983.

Hauptmann, Ferdinand, "Die Mohammedaner in Bosnien-Hercegovina", in Wandruszka, Adam/Urbanitsch, Peter (hg.), *Die Habsburgermonarchie 1848-1918*, Bd. 4, Wien: Verlag der Österreichischen Akademie der Wissenschaften, 1985, S. 670-701.

Hellbling, Ernst C, "Das österreichische Gesetz vom Jahre 1867 über die gemeinsamen Angelegenheiten der Monarchie", in Forschungsinst. für den Donauraum (hg.), *Der österreichisch-ungarische Ausgleich von 1867. Vorgeschichte u. Wirkungen*, Wien: Herold, 1967, S. 64-89.

Herwig, Holger H. (ed.), *The Outbreak of World War I: Causes and Responsibilities*, Boston: Houghton Mufflin Company, 1996.

Herwig, Holger H., *The First World War: Germany and Austria-Hungary, 1914-1918*, London: Bloomsbury, 2014.

Heuberger, Valeria, "Politische Institutionen und Verwaltung in Bosnien und der Hercegovina 1878-1918", in Rumpler, Helmut/Urbanitsch, Peter (hg.), *Die Habsburgermonarchie 1848-1918*, Bd. 7-2, Wien: Verlag der Österreichischen Akademie der Wissenschaften, 2000, S. 2383-2425.

Heuberger, Valeria, "Die Habsburgermonarchie und der Islam in Bosnien-Herzegowina", *Österreichisches Archiv für Recht und Religion*, Jr. 50, 2003, S. 213-233.

Hillgruber, Andreas, *Deutsche Grossmacht- und Weltpolitik im 19. und 20. Jahrhundert*, Düsseldorf: Droste, 1977.

参考文献 259

Hoare, Marko Attila, *The History of Bosnia: From the Middle Ages to the Present Day*, London: Saqi, 2007.

Hoffmann, Alfred (hg.), *Österreich-Ungarn als Agrarstaat: wirtschaftliches Wachstum und Agrarverhältnisse in Österreich im 19. Jahrhundert*, München: Oldenbourg, 1978.

—Hoffmann, Alfred, "Grundlagen der Agrarstruktur der Donaumonarchie", S. 11-65.

　　Wohlschlägl, Helmut, "Das Wachstum der landwirtschaftlichen Produktion in Österreich im 19. Jahrhundert: Der Viehbestand", S. 118-194.

Hollmann, Anton, *Agrarverfassung und Landwirtschaft Jugoslawiens*, Berlin: Parey, 1931.

Horel, Catherine (dir.), *1908, l'annexion de la Bosnie-Herzégovine, cent ans après*, Bruxelles: Lang, 2011.

—Bataković, Dušan T., "Les Serbes de Bosnie-Herzégovine face à l'annexion (1908-1914)", pp. 177-198.

　　Baumgart, Winfried, "Les antécédents de la crise bosniaque de 1908", pp. 15-19.

　　Miller, Paul B., "From Annexation to Assassination: The Sarajevo Murders in Bosnian and Austrian Minds", pp. 239-253.

　　Suppan, Arnold, "Baron Aehrenthal, Pan-Serbian Propaganda and the Annexation of Bosnia-Herzegovina", pp. 37-50.

Höbelt, Lothar, "Parteien und Fraktionen im cisleithanischen Reichsrat", in Rumpler, Helmut/ Urbanitsch, Peter (hg.), *Die Habsburgermonarchie 1848-1918*, Bd. 7-1, Wien: Verlag der Österreichischen Akademie der Wissenschaften, 2000, S. 895-1006.

Höbelt, Lothar, "Parlamente der europäischen Nachbarn II: Die Vertretung der Nationalitäten im Wiener Reichsrat" in Dahlmann, Dittmar/Pascal, Trees (hg.), *Von Duma zu Duma. Hundert Jahre russischer Parlamentarismus*. Internationale Beziehungen: Theorie und Geschichte, Band 4, Göttingen: V+R Unipress, 2009, S. 339-360.

Höbelt, Lothar, *Franz Joseph I. Der Kaiser und sein Reich*, Wien: Böhlau, 2009.

Höbelt, Lothar / Otte, Thomas G. (eds.), *A Living Anachronism? European Diplomacy and the Habsburg Monarchy*, Wien: Böhlau, 2010.

—Höbelt, Lothar, "The Bosnian Crisis Revisited: Why did the Austrian Liberals oppose Andrassy?", pp. 177-198.

　　Rumpler, Helmut, "Die Dalmatienreise Kaiser Franz Josephs 1875 im Kontext der politischen Richtungsentscheidungen der Habsburgermonarchie am Vorabend der orientalischen krise", S. 157-176.

Hösch, Edgar / Nehring, Karl / Sundhaussen, Holm (hg.), *Lexikon zur Geschichte Südeuropas*, Wien: Böhlau, 2004.

—Bartl, Peter, "Südslaven", S. 666-667.

　　Ivanišević, Alojz, "Südslavische Frage", S. 667-669.

Hrelja, Kemal, *Industrija Bosne i Hercegovine do kraja prvog svjetskog rata [The Industry of Bosnia and Herzegovina up to the End of World War I]*, Beograd: SDEJ, 1961.

Hroch, Miroslav, "Programme und Forderungen nationaler Bewegungen. Ein europäischer Vergleich", in Timmermann, Heiner (hg.), *Entwicklung der Nationalbewegungen in Europa 1850-1914*, Berlin: Duncker und Humblot, 1998, S. 17-29.

Imamović, Mustafa, "Agrarno pitanje u programima građanskih političkih stranaka u Bosni i Hercegovini do 1911. godine [Die Agrarfrage in den Programmen bürgerlicher politisher

Parteien in Bosnien und Herzegowina bis zum Jahr 1911]", *Jugoslovenski istorijski Časopis*, sve. 12-1/2, 1973, str. 150-162.

Imamović, Mustafa, "A Note on the Regulation of Agrarian Relationships in Bosnia and Herzegovina", *International Journal of Turkish Studies*, vol. 2, 1981/1982, pp. 101-103.

Imamović, Mustafa, (Friedman, Francine (ed.); trans. Suba, Risaluddin), *Bosnia and Herzegovina: Evolution of its Political and Legal Institutions*, Sarajevo: Magistrat, 2006.

Imamović, Mustafa, *Privni položaj i untarašnjo-politički razvitak BiH od. 1878. do 1918 [The Legal Status and Domestic Political Development of Bosnia-Herzegovina 1878-1914]*, Sarajevo: Magistrat, 2007[3].

İnalcık, Halil/Quataert, Donald (eds.), *An Economic and Social History of the Ottoman Empire, 1300-1914*, 2 vol., Cambridge: Cambridge University Press, 1997.

Islamov, Tofik, "The Balkan Policy of the Habsburg Monarchy and Austro-Russian Relations", in Király, Béla K. /Stokes, Gale (eds.), *Insurrections Wars Crisis. Insurrections, Wars, and the Eastern Crisis in the 1870s*, Boulder: Social Science Monographs, 1985, pp. 31-41.

Ivanišević, Alojz, "Konfessionelle Dimension der Annexionskrise 1908/09", *Österreichische Osthefte*, Bd. 31-3, 1989, S. 504-523.

Jackson, Paul, "'Union or Death!': Gavrilo Princip, Young Bosnia and the Role of 'Sacred Time' in the Dynamics of Nationalist Terrorism", *Totalitarian Movements and Political Religions*, vol. 7-1, 2006, pp. 45-65.

Jarak, Nikola, *Poljoprivredna politika Austro-Ugarske u Bosni i Hercegovini i zemljoradničko zadrugarstvo* [Die Landwirtschaftspolitik Österreich-Ungarns in Bosnien u. Herzegowina u. das landwirtschaftl. Genossenschaftswesen], Sarajevo: Narodna štamparija, 1956.

Jászi, Oscar, *The Dissolution of the Habsburg Monarchy*, Chicago: University of Chicago Press, 1929.

Jelavich, Barbara, *The Habsburg Empire in European Affairs, 1814-1918*, Chicago: Rand McNally, 1969.

Jelavich, Barbara, *Russia's Balkan Entanglements, 1806-1914*, Cambridge: Cambridge University Press, 1991.

Jelavich, Charles/Jelavich Barbara, *The Establishment of the Balkan National States 1804-1920*, Seattle: University of Washington Press, 1977.

Jelavich, Charles, "The Revolt in Bosnia-Hercegovina, 1881-2", *The Slavonic and East European Review*, vol. 31, 1953, pp. 420-436.

Jelavich, Charles, "The Issue of Serbian Textbooks in the Origins of World War I", *Slavic Review*, vol. 48-2, 1989, pp. 214-233.

Jelavich, Charles, *South Slav Nationalisms-Textbooks and Yugoslav Union before 1914*, Columbus: Ohio State University Press, 1990.

Jenks, William A., *The Austrian Electoral Reform of 1907*, New York, Columbia University Press, 1950.

Jeřábek, Rudolf, *Potiorek. General im Schatten von Sarajevo*, Graz: Styria, 1991.

Jeszenszky, Géza, "Hungary through World War I and the End of the Dual Monarchy", in Sugar, Peter F. (ed.), *A History of Hungary*, Bloomington: Indiana University Press, 1990, pp. 267-294.

Judson, Pieter M., *The Habsburg Empire. A New History*, Cambridge, Mass.: Belknap Press of

参考文献 261

Harvard University Press, 2016.

Juzbašić, Dževad, "Pokušaji stvaranja političkog saveza izmedju vođstva srpskog i muslimans-kog autonomnog pokreta u Bosni i Hercegovini [Versuche der Schaffung eines politischen Bündnisses zwischen der Führung der serbischen und der muslimischen Autonomiebewe-gung in BH]", *Prilozi*, sve. 14/15, 1978, str. 125-161.

Juzbašić, Dževad, "Die Einbeziehung Bosniens und der Herzegowina in das gemeinsame öster-reichsch-ungarische Zollgebiet", *Österreichische Osthefte*, Bd. 30, 1988, S. 196-211.

Juzbašić, Dževad, "Das österreichisch-ungarische „gemeinsame Ministerium" und die Verwal-tung von Bosnien-Herzegowina nach der Annexion 1908", *Österreichische Osthefte*, Bd. 41-2, 1999, S. 265-285.

Juzbašić, Dževad, "Der Einfluss der Balkankriege 1912/1913 auf Bosnien-Herzegovina und auf die Behandlung der Agrarfrage", in Haselsteiner, Horst (hg.), *Zeiten Wende Zeiten: Fest-gabe für Richard Georg Plaschka zum 75. Geburtstag*, Frankfurt am Main: Lang 2000, S. 57-71.

Juzbašić, Dževad, "Neke karakteristike privrednog razvitka Bosne i Hercegovine u periodu od 1878. do 1914. Godine", in Juzbašić, Dževad, *Politika i privreda u Bosni i Hercegovini pod austrougarskom upravom*, Sarajevo: Akademija Nauka i Umjetnosti Bosne i Hercegovine, 2002, str. 141-153.

Juzbašić, Dževad, "Die Sprachenpolitik der österreichisch-ungarischen Verwaltung und die na-tionale Verhältnisse in Bosnien-Herzegowina, 1878-1918", *Südost-Forschungen*, Bd. 61/62, 2002/2003, S. 235-272.

Juzbašić, Dževad, "Die österreichisch-ungarische Okkupationsverwaltung in Bosnien-Herzego-wina. Einige Aspekte der Beziehungen zwischen den Militär- und Zivilbehörden", *Prilozi*, Bd. 34, 2005, S. 81-112.

Juzbašić, Dževad, "Die Annexion von Bosnien-Herzegowina und die Probleme bei der Erlas-sung des Landesstatutes", *Southeast-Studies*, Bd. 68, 2009, S. 247-297.

Kamberović, Husnija, *Begovski zemljišni posjedi u Bosni i Hercegovini od 1878. do 1918. godi-ne [Land in Bosnia and Herzegovina owned by Beys in the Period 1878-1918]*, Zagreb: Naučnoistraživački Inst. Ibn Sina, 2005².

Kamberović, Husnija, "Commemoration of the First World War in Bosnia and Herzegovina", *Prilozi*, vol. 43, 2014, pp. 7-15.

Kann, Robert A, *The Habsburg Empire. A Study in Integration and Disintegration*, London: Thames & Hudson, 1957.

Kann, Robert A., *The Multinational Empire: Nationalism and National Reform in the Habs-burg Monarchy, 1848-1918*, 2 vol., New York: Octagon Books, 1970.

Kann, Robert A., *Kaiser Franz Joseph und der Ausbruch des Weltkrieges. Eine Betrachtung über den Quellenwert d. Aufzeichnungen v. Dr. Heinrich Kanner*, Wien: Böhlau, 1971.

Kann, Robert A., "Trends Toward Colonialism in the Habsburg Empire, 1878-1918: The Case of Bosnia-Hercegovina, 1878-1914", in Rowney, Don Karl/Orchard, G. Edward (eds.), *Rus-sian and Slavic History*, Ohio: Slavica Publishers, 1977, pp. 164-180.

Kapidžić, Hamdija, "Previranja u Austr-ugarskoj Politici u Bosni i Hercegovini 1912. Godine [Die Wandlungen der österreichisch-ungarischen Politik in Bosnien und der Herzegowina im Jahren 1912]", *Godišnjak Društva istoricara Bosne i Hercegovine*, sve. 1, 1961, str. 223-

249.

Kapidžić, Hamdija, "Аграрно питање у Босни и Херцеговини за Вријеме Аустроугарске Упр аве (1878-1918) [Die Agrarfrage in Bosnien und der Herzegovina zur Zeit der österreich-ungarischen Verwaltung]", *Godišnjak Društva istoričara Bosne i Hercegovine*, sve. 19, 1973, str. 71-96.

Karpat, H. Kemal, "The Ottoman Attitude towards the Resistance of Bosnia and Herzegovina to the Austrian Occupation in 1878", in Ekmečić, Milorad (red.), *Naučni Skup Otpor Austrougarskoj Okupaciji 1878. godine u Bosni i Hercegovini*, Sarajevo: Akademija Nauka i Umjetnosti Bosne i Hercegovine, 1979, pp. 147-172.

Kaser, Karl, *Die serbischen politischen Gruppen, Organisationen und Parteien und ihre Programme in Bosnien und der Hercegovina 1903-1914*, Graz (Phil. Dissertation, Universität Graz), 1980.

Kaser, Karl, "Die Annexion Bosniens und der Herzegowina im Jahre 1908 und ihre Auswirkungen auf die Politik der bosnisch-herzegowinischen Serben", *Glasnik Arhivâ i Društva arhiviskih Radnika Bosne i Hercegovine*, Bd. 23, 1982, S. 195-208.

Kaser, Karl, "Orthodoxe Konfession und serbische Nation in Bosnien und der Herzegovina im Übergang von der türkischen zur österreichisch-ungarischen Herrschaft", *Südostdeutsches Archiv*, Bd. 26/27, 1983/84, S. 114-124.

Kaser, Karl, *Südosteuropäische Geschichte und Geschichtswissenschaft. Eine Einführung*, Wien: Böhlau, 2002.

Kaser, Karl, "Bosnien-Herzegowina unter Österreichisch-ungarischer Herrschaft. Eine Zwischenbilanz", in Šehić, Zijad (hg.), *Međunarodna Konferencija Bosna i Hercegovina u okviru Austro-Ugarske 1878-1918* [International Conference Bosnia and Herzegovina within the Austro-Hungary 1878-1918], Sarajevo: Filozofski Fakultet u Sarajevu, 2011, S. 21-32.

Kaser, Karl/Gruber, Siegfried/Pichler, Robert (hg.), *Historische Anthropologie im südöstlichen Europa: Eine Einführung*, Wien: Böhlau, 2003.
　　—Kaser, Karl, "Politische Organisation und soziale Kontrolle", S. 317-341.
　　　Mitterauer, Michael, "Religionen", S. 345-375.

Kasumović, Amila, "Modaliteti eksterne kolonizacije u Bosni 1890-1914: Case study za njemačke erarne kolonije [Modalities of External Colonization in Bosnia 1890-1914: A Case Study on German State Colonies]", *Prilozi*, sve. 38, 2009, str. 81-120.

Katus, László, "Hauptzüge der kapitalistischen Entwicklung der Landwirtschaft in den südslawischen Gebieten der Österreichisch-Ungarischen Monarchie", in Sándor, Vilmos/Hának, Péter (hg.), *Studien zur Geschichte der Österreichisch-Ungarischen Monarchie*, Budapest: Akadémiai Kiádo, 1961, S. 113-165.

Klein, Fritz, "Weltpolitische Ambitionen Österreich-Ungarns vor 1914", *Jahrbuch für Geschichte*, Jg. 29, 1983, S. 263-289.

Klieber, Rupert, *Jüdische, christliche, muslimische Lebenswelten der Donaumonarchie: 1848-1918*, Wien: Böhlau, 2010.

Kolm, Evelyn, *Die Ambitionen Österreich-Ungarns im Zeitalter des Hochimperialismus*, Frankfurt am Main: Lang, 2001.

Komlosy, Andrea, "Innere Peripherien als Ersatz für Kolonien? Zentrenbildung und Peripherisierung in der Habsburgermonarchie", in Hárs, Endre (hg.), *Zentren, Peripherien und kol-*

lektive Identitäten in Österreich-Ungarn, Tübingen: Francke, 2006, S. 55-78.

Kornrumpf, Hans-Jürgen, "Scheriat und christlicher Staat: Die Muslime in Bosnien und in der christlichen Nachfolgestaaten des Osmanischen Reiches", *Saeculum*, Bd. 35, 1984, S. 17-30.

Kos, Franz-Josef, "Die Rückwirkungen der Peripherie auf das Zentrum. Der Aufstand in Süddalmatien/Südherzegovina 1881/1882 und die Aussenpolitik Bismarcks", *Quellen und Forschungen aus italienischen Archiven und Bibliotheken*, Bd. 68, 1988, S. 339-443.

Kos, Franz-Josef, "Ein Plan österreichischer Militärs zur Erwerbung Bosniens und der Herzegowina (1869)", *Österreichische Osthefte*, Bd. 34-3, 1992, S. 410-428.

Kożuchowski, Adam, *The Afterlife of Austria-Hungary: The Image of the Habsburg Monarchy in Interwar Europe*, Pittsburgh: University of Pittsburgh Press, 2013.

Kraljačić, Tomislav, *Kalajev Režim u Bosni i Hercegovini 1882-1903 [Kallays Regime in Bosnien und der Herzegowina]*, Sarajevo: Veselin Maslesa, 1987.

Kreševljaković, Hamdija, *Menafi-Sanduci: Poljodjelske pripomoćne Zaklade u Bosne i Hercegovini, 1866-1878* [Die landwirtschaftliche wohltätige Stiftung in Bosnien und der Herzegowina in 1866-1878], Sarajevo: Islamska dionička štamparija, 1940.

Kronenbitter, Günther, "'Nur los lassen': Österreich-Ungarn und der Wille zum Krieg", in Burkhardt, Johannes /Becker, Josef/Förster, Stig/Kronenbitter, Günther, *Lange und kurze Wege in den Ersten Weltkrieg*, München: Ernst Vögel, 1996, S. 159-187.

Kronenbitter, Günther, *"Krieg im Frieden": die Führung der k. u. k. Armee und die Großmachtpolitik Österreich-Ungarns 1906-1914*, München: Oldenbourg, 2003.

Kronenbitter, Günther, "Keeping a Low Profile-Austrian Historiography and the Fischer Controversy", *Journal of Contemporary History*, vol. 48-2, 2013, pp. 333-349.

Krumeich, Gerd, *Juli 1914. Eine Bilanz*, Paderborn: Schöningh, 2014.

Крушевац, Тодор, "Сељачки Покрет-Штрајк у Босни 1910. Године [Bauernbewegung-Streik im Jahre 1910]", in Cubrilovic, Vasa (red.), *Jugoslovenski Narodi pred prvi Svetski Rat*, Beograd: Naucno Delo, 1967, str. 369-405.

Lampe, John R, *Yugoslavia as History: Twice there was a Country*, Cambridge: Cambridge University Press, 2000.

Lampe, John R. /Jackson, Marvin R., *Balkan Economic History 1550-1950: From Borderlands to Developing Nations*, Bloomington: Indiana University Press, 1982.

LeDonne, John P., *The Russian Empire and the World, 1700-1917: the Geopolitics of Expansion and Containment*, Oxford: Oxford University Press, 2004.

Lentze, Hans, "Der Ausgleich mit Ungarn und die Dezembergesetze von 1867", in Inst. f. Österreichkunde (hg.), *Die Entwicklung der Verfassung Österreichs vom Mittelalter bis zur Gegenwart*, Wien: Hirt, 1970, S. 101-111.

Leonhard, Jörn, *Die Büchse der Pandora: Geschichte des Ersten Weltkrieges*, München: C. H. Beck, 2014.

Leslie, John, "The Antecedents of Austria-Hungary's War Aims: Policies and Policy-Makers in Vienna and Budapest before and during 1914", in Springer, Elisabeth/Kammerhofer, Leopold (hg.), *Archiv und Forschung: das Haus-, Hof- und Staatsarchiv in seiner Bedeutung für die Geschichte Österreichs und Europas*, Wien: Verlag für Geschichte und Politik, 1993, pp. 307-394.

Lieven, D. C. B., *The End of Tsarist Russia: The March to World War I and Revolution*, New

York: Viking, 2015.

Loewenfeld-Russ, Hans von, *Die Regelung der Volksernährung im Kriege*, Wien: Hölder-Pichler-Tempsky, 1926.

Loomba, Ania, *Colonialism-Postcolonialism*, London: Routledge, 1996.

Lovrenović, Ivan, *Bosnia: A Cultural History*, New York: NY University Press, 2001.

Lutz, Heinrich, "Von Königgrätz zum Zweibund. Aspekte europäischer Entscheidungen", *Historische Zeitschrift*, Bd. 217-2, 1973, S. 347-380.

Lyon, James, *Serbia and the Balkan Front, 1914. The Outbreak of the Great War*, London: Bloomsbury, 2015.

Ljubibratić, Dragoslav, *Mlada Bosna i sarajevski atentat [Young Bosnia and Sarajevo Conspiracy]*, Sarajevo: Muzej Grada Sarajeva, 1964.

Macartney, C. A., *The Habsburg Empire 1790-1918*, New York: Macmillan, 1969.

MacKenzie, David, *The Serbs and Russian Pan-Slavism, 1875-1878*, Ithaca, N. Y.: Cornell University Press, 1967.

MacKenzie, David, *Ilija Garašanin, Balkan Bismarck*, Boulder: East European Monographs, 1985.

MacKenzie, David, "Officer Konspirator and Nationalism in Serbia, 1901-1914", in Fischer-Galați, Stephen A. /Király, Béla K. (eds.), *Essays on War and Society in East Central Europe, 1740-1920*, Boulder: Social Science Monographs, 1987, pp. 117-149.

MacKenzie, David, *Serbs and Russians*, Boulder: East European Monographs, 1996.
— "Russia's Balkan Politics and the South Slavs, 1878", pp. 268-287.

MacMillan, Margaret, *The War That Ended Peace: The Road to 1914*, New York: Random House, 2013.（滝田賢治監修、真壁広道訳『第一次世界大戦：平和に終止符を打った戦争』えにし書房、2016年）

Maderthaner, Wolfgang/Musner, Lutz, *Unruly Masses: The Other Side of Fin-de-Siècle Vienna*, New York: Berghahn Books, 2008.

Maier, Hans, *Die deutschen Siedlungen in Bosnien*, Stuttgart: Ausland u. Heimat Verl.-AG, 1924.

Maier, Lothar, "Die Grenze zwischen dem Habsburgerreich und Bosnien um 1830. Von einem Versuch, eine friedlose Region zu befrieden", *Jahrbücher für Geschichte Osteuropas*, Bd. 51-3, 2003, S. 379-391.

Maiwald, Serge, *Der Berliner Kongreß 1878 und das Völkerrecht. Die Lösung des Balkanproblems im 19. Jahrhundert*, Stuttgart: Wissenschaftliche Verlagsgesellschaft, 1948.

Malcolm, Noel, *Bosnia: A Short History*, London: Macmillan, 1994.

Marriott, John Arthur Ransome Sir, *The Eastern Question: an Historical Study in European Diplomacy*, Oxford: Clarendon Press, 1940.

Matl, Josef, "Historische Grundlagen der agrarsozialen Verhältnisse auf dem Balkan", *Vierteljahrschrift für Sozial- und Wirtschaftsgeschichte*, Bd. 52-2, 1965, S. 145-167.

Matsch, Erwin, *Geschichte des Auswärtigen Dienstes von Österreich (-Ungarn), 1720-1920*, Wien: Böhlau, 1980.

Maurer, John H., "Field Marchal Conrad von Hötzendorf and the Outbreak of the First World War", in Otte, Thomas G. /Pagedas, Constantine A. (eds.), *Personalities, War and Diplomacy: Essays in International History*, London: F. Cass, 1997, pp. 38-65.

Mautz, Josef, "The Nature and Stages of Ottoman Feudalism", *Asian and African Studies*, vol. 16, 1982, pp. 281-292.

May, Arthur J., *The Hapsburg Monarchy, 1867-1914*, Cambridge: Harvard University Press, 1951.

Mayer, Theodor (hg.), *Die österreichisch-ungarische Ausgleich von 1867: Seine Grundlagen und Auswirkungen*, München: Oldenbourg, 1968.

　　—Brunner, Otto, "Die österreichisch-ungarische Ausgleich von 1867", S. 15-24.

　　Sutter, Berthold, "Die Ausgleichsverhandlungen zwischen Österreich und Ungarn 1867-1918", S. 71-111.

Mazower, Mark, *The Balkans: A Short History*, New York: Modern Library, 2000.

McDonald, MacLaren David, "A. P. Izvols'kij and Russian Foreign Policy under United Government' 1906-10", in McKean, Robert B. (ed.), *New Perspectives in Modern Russian History*, New York: St. Martin's Press, 1992, pp. 174-202.

Medlicott, W. N., *The Congress of Berlin and after: A Diplomatic History of the Near Eastern Settlement, 1878-1880*, Hamden: Archon, 1963².

Mezey, Barna, "Gesetzesvorbereitung in Ungarn zur Zeit des Dualismus. Die Rolle der Regierung in der Gesetzgebung", in Kohl, Gerald (hg.), *Festschrift für Wilhelm Brauneder zum 65. Geburtstag: Rechtsgeschichte mit internationaler Perspektive*, Wien: Manz, 2008, S. 329-343.

Milward, Alan S. /Saul, S. B., *The Development of the Economies of Continental Europe 1850-1914*, London: Allen & Unwin, 1977.

Miskolczy, Julius, *Ungarn in der Habsburger-Monarchie*, Wien: Herold, 1959.

Mombauer, Annika, *The Origins of the First World War: Controversies and Consensus*, London: Longman, 2002.

Mombauer, Annika, *Die Julikrise. Europas Weg in den Ersten Weltkrieg*, München: C. H. Beck, 2014.

Mommsen, Wolfgang J., *Imperialismus: seine geistigen, politischen und wirtschaftlichen Grundlagen*, Hamburg: Hoffmann und Campe, 1977.

Mommsen, Wolfgang J., *Der Erste Weltkrieg. Anfang vom Ende des bürgerlichen Zeitalters*, Frankfurt am Main: Fischer Taschenbuch Verlag, 2004.

Mulligan, William, *The Origins of the First World War*, Cambridge, U. K.: Cambridge University Press, 2010.

Newman, John Paul, *Yugoslavia in the Shadow of War. Veterans and the Limits of State Building, 1903-1945*, Cambridge: Cambridge University Press, 2015.

Nikić, Andrija, "Der Aufstand in der Herzegowina 1875/78, dargestellt auf Grund von Archivmaterial der Katholischen Kirche", *Südost-Forschungen*, Bd. 37, 1978, S. 69-91.

Novotny, Alexander, *Franz Joseph I. An der Wende vom alten zum neuen Europa*, Göttingen: Musterschmidt, 1968.

Novotny, Alexander, "Der Monarch und seine Ratgeber", in Wandruszka, Adam/Urbanitsch, Peter (hg.), *Die Habsburgermonarchie 1848-1918*, Bd. 2, Wien: Verlag der Österreichischen Akademie der Wissenschaften, 1975, S. 57-99.

Okey, Robin, "Austria and the South Slavs", in Robertson, Ritchie/Timms, Edward (eds.), *The Habsburg Legacy: National Identity in Historical Perspective*, Edinburgh: Edinburgh University Press, 1994, pp. 46-57.

Okey, Robin, *The Habsburg Monarchy: From Enlightenment to Eclipse*, Basingstoke: Macmillan Press, 2001 (三方洋子訳／山之内克子、秋山晋吾監訳『ハプスブルク君主国1765-1918：マリア＝テレジアから第一次世界大戦まで』NTT 出版、2010年).

Okey, Robin, "A Trio of Hungarian Balkanists: Béni Kállay, István Burián and Lajos Thallóczy in the Age of High Nationalism", *The Slavonic and East European Review*, vol. 80-2, 2002, pp. 234-266.

Okey, Robin, *Taming Balkan Nationalism: The Habsburg 'Civilizing Mission' in Bosnia 1878-1914*, Oxford: Oxford University Press, 2007.

Okey, Robin, "Overlapping National Historiographies in Bosnia-Herzegovina", in Frank, Tibor/Hadler, Frank (eds.), *Disputed Territories and shared Pasts: Overlapping National Histories in Modern Europe*, Basingstoke: Palgrave Macmillan, 2011, pp. 349-372.

Olechowski-Hrdlicka, Karin, *Die gemeinsamen Angelegenheiten der Österreichisch-Ungarischen Monarchie*, Frankfurt am Main: Lang, 2001.

Ortner, Christian M., "Erfahrungen einer westeuropäischen Armee auf dem Balkan: Die militärische Durchsetzung österreichisch-ungarischer Interessen während der Interventionen von 1869,1878 und 1881/82", in Chiari, Bernhard/Groß, Gerhard P. /Pahl, Magnus (hg.), *Am Rande Europas? : der Balkan-Raum und Bevölkerung als Wirkungsfelder militärischer Gewalt*, München: Oldenbourg, 2009, S. 67-87.

Osterhammel, Jürgen, *Kolonialismus: Geschichte, Formen, Folgen*, München: Beck, 2006[5] (石井良訳『植民地主義とは何か』論創社、2005年).

Österreichische Akademie der Wissenschaften (hg.), *Österreichisches Biographisches Lexikon und biographische Dokumentation*, Bd. 1-4, Wien: Österreichischen Akademie der Wissenschaften, 1957.

Palairet, Michael, *The Balkan Economies c. 1800-1914*, Cambridge: Cambridge University Press, 1997.

Palotás, Emil, *Machtpolitik und Wirtschaftsinteressen der Balkan und Rußland in der österreichisch-ungarischen Außenpolitik 1878-1895*, Budapest: Akadémiai Kiadó, 1995.

Petrovich, Michael Boro, *A History of Modern Serbia, 1804-1918*, 2 vol., New York: Harcourt Brace Jovanovich, 1976.

Petrović, Nikola, "Der Balkan 1860-1875. Die Darstellung der politischen Situation in den Berichten russischer Diplomaten", *Österreichische Osthefte*, Bd. 19, 1977, S. 83-92.

Pinson, Mark (ed.), *The Muslims of Bosnia-Herzegovina: Their Historic Development from the Middle Ages to the Dissolution of Yugoslavia*, Cambridge: Harvard University Press, 1996.

Pleterski, Janko, "Die Südslawenfrage", in Cornwall, Mark (hg.), *Die letzten Jahre der Donaumonarchie. Der erste Vielvölkerstaat im Europa des frühen 20. Jahrhunderts*, Essen: Magnus, 2006, S. 126-155.

Pribram, Alfred Franzis, *Austrian Foreign Policy, 1908-18*, London: G. Allen & Unwin, 1923.

Promitzer, Christian, "Whose is Bosnia? Post-communist Historiographies in Bosnia and Herzegovina", in Brunnbauer, Ulf (ed.), *(Re) writing History: Historiography in Southeast Europe after Socialism*, Münster: LIT-Verlag, 2004, pp. 54-93.

Radušić Edin, "Agrarno pitanje u Bosanskohercegovačkom Saboru 1910-1914 [Agrarian Issue in the Parliament of Bosnia and Herzegovina in the Period 1910-1914]", *Prilozi*, sve. 34, 2005, str. 119-154.

Ramhardter, Günther, "Propaganda und Außenpolitik", in Wandruszka, Adam/Urbanitsch, Peter（hg.）, *Die Habsburgermonarchie 1848-1918*, Bd. 6-1, Wien: Verlag der Österreichischen Akademie der Wissenschaften, 1989, S. 496-536.

Rastović, Aleksandar, "Anglo-Saxon Historiography about the Responsibility for the Great War", *Teme - Časopis za Društvene Nauke*, vol. 2, 2015, str. 581-591.

Rauchensteiner, Manfried, *Der Erste Weltkrieg und das Ende der Habsburgermonarchie 1914-1918*, Wien: Böhlau, 2013.

Redžić, Enver, "Kállays bosnische Politik. Kállays These über die bosnische Nation", *Österreichische Osthefte*, Bd. 7, 1965, S. 367-379.

Redžić, Enver, "Die österreichische Sozialdemokratie und die Frage Bosniens und der Herzegovina", *Österreichische Osthefte*, Bd. 9, 1967, S. 361-378.

Remak, Joachim, *Sarajevo: the Story of a Political Murder*, London: Weidenfeld & Nicolson, 1959.

Ress, Imre, "Ungarn im gemeisamen Finanzministerium", in Fazekas, István（red.）, *Kaiser und König*, Wien: Collegium Hungaricum, 2001, S. 89-95.

Rita, Aldenhoff-Hübinger, *Agrarpolitik und Protektionismus: Deutschland und Frankreich im Vergleich, 1879-1914*, Göttingen: Vandenhoeck & Ruprecht, 2002.

Rothenberg, Gunther Erich, *The Army of Francis Joseph*, West Lafayette, Ind: Purdue University Press, 1998.

Rudolph, Richard L. /Good, David F.（eds.）, *Nationalism and Empire: the Habsburg Empire and the Soviet Union*, New York: University of Minnesota, 1992.

Rumpler, Helmut, *Eine Chance für Mitteleuropa: Bürgerliche Emanzipation und Staatsverfall in der Habsburgermonarchie*, Wien: Verlag Carl Ueberreuter, 2005.

Rupp, George Hoover, "The Reichstadt Agreement", *The American Historical Review*, vol. 30-3, 1925, pp. 503-510.

Rupp, George Hoover, *A Wavering Friendship: Russia and Austria, 1876-1878*, Cambridge: Harvard University Press, 1976.

Ruthner, Clemens, "K. u. k. Kolonialismus als Befund, Befindlichkeit und Metapher: Versuch einer weiteren Klärung", in Feichtinger, Johannes（hg.）, *Habsburg Postcolonial: Machtstrukturen und kollektives Gedächtnis*, Innsbruck: Studien-Verlag, 2003, S. 111-128.

Ruthner, Clemens, "Kakaniens kleiner Orient. Post/koloniale Lesarten der Peripherie Bosnien-Herzegowina（1878-1918）", in Endre, Hárs（hg.）, *Zentren, Peripherien und kollektive Identitäten in Österreich-Ungarn*, Tübingen: Francke, 2006, S. 255-283.

Sandgruber, Roman, *Österreichische Geschichte: österreichische Wirtschaftsgeschichte vom Mittelalter bis zur Gegenwart*, Wien: Verlag Carl Ueberreuter, 2005.

Sauer, Walter, "Schwarz-Gelb in Afrika. Habsburgermonarchie und koloniale Frage", in Ders., （hg.）, *K. u. k. kolonial: Habsburgermonarchie und europäische Herrschaft in Afrika*, Wien: Böhlau, 2007, S. 17-78.

Scherer, Friedrich, *Adler und Halbmond: Bismarck und der Orient 1878-1890*, Paderborn: F. Schöningh, 2001.

Schmidt, Rainer F., *Die gescheiterte Allianz Österreich-Ungarn, England und das Deutsche*

Reich in der Ära Andrassy (1867 bis 1878/79), Frankfurt am Main: Lang, 1992.

Schmitt, Bernadotte Everly, *The Annexation of Bosnia 1908-1909*, New York: H. Fertig, 1970.

Schödl, Günter, "„Kroato-serbische Koalition" und Habsburgermonarchie: Entfaltung und Scheitern des frühen „Jugoslawismus"", *Südost-Forschungen*, Bd. 49, 1990, S. 227-241.

Schöllgen, Gregor/Kiessling, Friedrich, *Das Zeitalter des Imperialismus*, München: Oldenbourg, 2009.

Seton-Watson, Robert William, "The Murder at Sarajevo", *Foreign Affairs*, vol. 3, 1925, pp. 489-509.

Seton-Watson, Robert William, *The Role of Bosnia in international Politics (1875-1914)*, London: Humphrey Milford, 1932.

Simon, Thomas (hg.), *Hundert Jahre allgemeines und gleiches Wahlrecht in Österreich: modernes Wahlrecht unter den Bedingungen eines Vielvölkerstaates*, Frankfurt am Main: Lang, 2010.

— Reiter, Ilse, "«Das Wahlrecht gebt uns frei!» Der Kampf der Sozialdemokratie für das allgemeine und gleiche Reichsratswahlrecht", S. 167-212.

Sinno, Abdul-Raouf, "Pan-Slawismus und Pan-Orthodoxie als Instrumente der russischen Politik im Osmanischen Reich", *Die Welt des Islams, New Series*, Bd. 28, Nr. 1/4, 1988, S. 537-558.

Sked, Alan, *The Decline and Fall of the Habsburg Empire 1815-1918*, Harlow: Longman, 2001[2]（鈴木淑美、別宮貞徳訳『図説ハプスブルク帝国衰亡史：千年王国の光と影』原書房、1996年）.

Skřivan, Aleš Sr., "Die internationale Reaktion auf die Annexion Bosniens und der Herzegowina im Jahre 1908", *Prague Papers on the History International Relations*, Jg. 2006, 2006, S. 121-162.

Skřivan, Aleš Sr., "Österreich-Ungarn, die Großmächte und die Frage der Reformen in Makedonien Anfang des 20. Jahrhunderts", in Wakounig, Marija (hg.), *Nation, Nationalitäten und Nationalismus im östlichen Europa: Festschrift für Arnold Suppan zum 65. Geburtstag*, Wien: Lit-Verlag, 2010, S. 517-532.

Somogyi, Éva, "Aehrenthals Reformbestrebungen 1906-1907", *Österreichische Osthefte*, Bd. 30-1, 1988, S. 60-75.

Somogyi, Éva, *Der gemeinsame Ministerrat der österreichisch-ungarischen Monarchie 1867-1906*, Wien: Böhlau, 1996.

Somogyi, Éva, "Die Delegation als Verbindungsinstitution zwischen Cis-und Transleithanien", in Rumpler, Helmut/Urbanitsch, Peter (hg.), *Die Habsburgermonarchie 1848 bis 1918*, Bd. 7-1, Wien: Verlag der Österreichischen Akademie der Wissenschaften, 2000, S. 1107-1176.

Sondhaus, Lawrence, *The Naval Policy of Austria-Hungary, 1867-1918: Navalism, Industrial Development, and the Politics of Dualism*, West Lafayette, Ind.: Purdue University Press, 2000.

Stallaerts, Robert, "Historiography in the Former and New Yugoslavia", *The Journal of Belgian History*, vol. 29-3/4, 1999, pp. 315-336.

Stavrianos, L. S., *The Balkans since 1453*, London: Hurst, 2008[4].

Stevenson, David, *The Outbreak of the First World War: 1914 in Perspective*, Basingstoke:

Macmillan Press, 1997.

Stojanović, Mihailo D., *The Great Powers and the Balkans. 1875-1878*, Cambridge: Cambridge University Press, 1968.

Stojanović, Vladimir, "Die ungelösten agrarrechtlichen Verhältnisse im ottomanischen Reich als Ursachen der Volksbewegungen bei den Südslawen von 1832 bis 1860", *Balcanica*, Bd. 15, 1984, S. 127-134.

Stone, Norman, "Hungary and the Crisis of July 1914", *Journal of Contemporary History*, vol. 1-3, 1966, pp. 153-170.

Stone, Norman, "Moltke-Conrad: Relations between the Austro-Hungarian and German General Staffs 1909-14", in Kennedy, Paul (ed.), *The War Plans of the Great Powers, 1880-1914*, Boston: Allen & Unwin, 1985, pp. 222-251.

Stourzh, Gerald, "Der Dualismus 1867 bis 1918: Zur staatsrechtlichen und völkerrechtlichen Problematik der Doppelmonarchie", in Rumpler, Helmut/Urbanitsch, Peter (hg.), *Die Habsburgermonarchie 1848-1918*, Bd. 7-1, Wien: Verlag der Österreichischen Akademie der Wissenschaften, 2000, S. 1177-1230.

Sućeska, Avdo, "Die Timar-Organisation im bosnischen Eyalet", *Wiener Zeitschrift für die Kunde des Morgenlandes*, Bd. 82, 1992, S. 335-348.

Sugar, Peter F., *Industrialization of Bosnia-Herzegovina, 1878-1918*, Seattle: Washington University Press, 1963.

Sugar, Peter F., *Southeastern Europe under Ottoman Rule, 1354-1804*, Seattle: University of Washington Press, 1977.

Sugar, Peter F., "An Underrated Event. The Hungarian Consitutional Crisis of 1905-6'", *East European Quarterly*, vol. 15-3, 1981, pp. 281-306.

Sundhaussen, Holm, *Der Einfluß der Herderschen Ideen auf die Nationsbildung bei den Völkern der Habsburger Monarchie*, München: Oldenbourg, 1973.

Sundhaussen, Holm, *Geschichte Serbiens*, Wien: Böhlau, 2007.

Sundhaussen, Holm, "Von der Befreiung zur Marginalisierung der Bauern. Zwei Jahrhunderte Agrarreformen in Südosteuropa", in Krauss, Karl-Peter (hg.), *Agrarreformen und ethno-demographische Veränderungen: Südosteuropa vom ausgehenden 18. Jahrhundert bis in die Gegenwart*, Stuttgart: Steiner, 2009, S. 25-48.

Sundhaussen, Holm, *Sarajevo: die Geschichte einer Stadt*, Wien: Böhlau, 2014.

Suppan, Arnold, "Aussen-und Militärpolitische Strategie Österreich-Ungarns vor Beginn des bosnischen Aufstandes 1875", in *Medjunarodni naučni skup povodom 100-godišnjice ustanka u Bosni i Hercegovini, drugim balkanskim zemljama i istočnoj krizi 1875-1878. godine*, Bd. 1, Sarajevo: Akademija Nauka i Umjetnosti Bosne i Hercegovine, 1977, S. 159-175.

Sutter, Berthold, "Gołuchowskis Versuche einer Alternativpolitik zum Zweibund", in Rumpler, Helmut/Niederkorn, Jan Paul (hg.), *Der „Zweibund" 1879*, Wien: Verlag der Österreichischen Akademie der Wissenschaften, 1996, S. 144-194.

Swabe, Joanna, *Animals, Disease, and Human Society: Human-Animal Relations and the Rise of Veterinary Medicine*, London: Routledge, 1999.

Šehić, Nusret, *Autonomni pokret muslimana za vrijeme austrougarske uprave u Bosni i Hercegovini [Die Autonomiebewegung der Muslime zur Zeit der österreichischungarischen Ver-*

waltung in Bosnien und Herzegovina], Sarajevo: Svjetlost, 1980.

Šribar, Cvetko, *Die rechtliche Entwicklung und die sozialpolitische Bedeutung der südslawischen Hausgenossenschaft Zadruga*, Köln (Inaugural-Dissertation, Universität Köln), 1934.

Tamás, Goreczky, "Benjámin Kállay und die ungarische Delegation in den 1880er Jahren", *Öt Kontinens*, Bd. 5, 2007, S. 75–84.

Taylor, A. J. P., *The Habsburg Monarchy 1809-1918. A History of the Austrian Empire and Austria-Hungary*, London: Harper & Row, 1965.

Tepić, Ibrahim (red.), *Bosna i Hercegovina od najstarijih vremena do kraja Drugog svjetskog rata* [Bosnia and Herzegovina: From Ancient Times to the End of World War II], Sarajevo: Bosanski Kulturni Centar, 2004.

Thomas, Raju G. C., "History, Religion, and National Identity", in Thomas, Raju G. C. /Friman, Richard H. (eds.), *The South Slav Conflict: History, Religion, Ethnicity, and Nationalism*, New York: Garland Publishing, 1996, pp. 11–42.

Thompson, Sarahelen, "Agrarian Reform in Eastern Europe Following World War I: Motives and Outcomes", *American Journal of Agricultural Economics*, vol. 75–3, 1993, pp. 840–844.

Tokay, Gül, "A Reassessment of Macedonian Question, 1878-1908", in Yavuz, M. Hakan/ Sluglett, Peter (eds.), *War and Diplomacy: the Russo-Turkish War of 1877-1878 and the Treaty of Berlin*, Salt Lake City: University of Utah Press, 2011, pp. 253–269.

Tomasevich, Jozo, *Peasants, Politics and Economic Change in Yugoslavia*, Stanford: Stanford University Press, 1955.

Tremel, Ferdinand, "Sozialökonomische Probleme nach dem Ausgleich", in Institut für Österreichkunde (hg.), *Historisches Geschehen im Spiegel der Gegenwart. Österreich-Ungarn, 1867-1967*, Wien: Hirt, 1970, S. 149–171.

Tremel, Ferdinand, "Der Binnenhandel und seine Organisation. Der Fremdverkehr", in Brusatti, Alois (hg.), *Die Habsburgermonarchie 1848-1918*, Bd. 1, Wien: Verlag der Österreichischen Akademie der Wissenschaften, 1973, S. 369–402.

Uebersberger, Hans, *Österreich zwischen Rußland und Serbien. Zur Südslawischen Frage u. der Entstehung des Ersten Weltkrieges*, Wien: Böhlau, 1958.

Ullrich, Volker, *Die nervöse Grossmacht: Aufstieg und Untergang des deutschen Kaiserreichs 1871-1918*, Frankfurt am Main: Fischer Taschenbuch, 1999.

Vári, András, *Herren und Landwirte: Ungarische Aristokraten und Agrarier auf dem Weg in die Moderne (1821-1910)*, Wiesbaden: Harrassowitz, 2008.

Velagić, Adnan, "Sprovođenje agrarne reforme i djelovanje komitskih četa u Hercegovini nakon Prvog svjetskog rata [Realisation of Agrarian Reform and Actions of Brigand Units in Herzegovina after World War I]", *Prilozi*, sve. 38, 2009, str. 121–143.

Vocelka, Karl, "Das Osmanische Reich und die Habsburgermonarchie 1848-1918", in Wandruszka, Adam/Urbanitsch, Peter (hg.), *Die Habsburgermonarchie 1848-1918*, Bd. 6-2, Wien: Verlag der Österreichischen Akademie der Wissenschaften, 1993, S. 247–278.

Vranešević, Branislav, "Die Aussenpotilischen Beziehungen zwischen Serbien und der Habsburgermonarchie", in Wandruszka, Adam/Urbanitsch, Peter (hg.), *Die Habsburgermonarchie 1848-1918*, Bd. 6-2, Wien: Verlag der Österreichischen Akademie der Wissenschaften, 1993, S. 319–375.

Vrankić, Petar, *Religion und Politik in Bosnien und der Herzegowina (1878-1918)*, Paderborn: Schöningh, 1998.

Vucinich, Wayne S., "The Serbs in Austria-Hungary", *Austrian History Yearbook*, vol. 3-2, 1967, pp. 3-47.

Vucinich, Wayne S., "Mlada Bosna and the First World War", in Kann, Robert A./Király, Béla K. /Fichtner, Paula S. (eds.), *The Habsburg Empire in World War I: Essays on the Intellectual, Military, Political, and Economic Aspects of the Habsburg War Effort*, New York: Columbia University Press, 1977, pp. 45-70.

Vujačić, Veljko, *Nationalism, Myth, and the State in Russia and Serbia: antecedents of the dissolution of the Soviet Union and Yugoslavia*, New York: Cambridge University Press, 2015.

Vujadinović, Željko, "Sarajevski Atentat 1914: Znak i Odjek Vremena", in Maksimović, Vojislav/Mastilović, Drag (red.), *Sarajevski atentat 1914: međunarodni naučni skup istoričara*, Beograd: SPKD Prosvjeta, 2014, str. 124-149.

Wank, Solomon, "Foreign Policy and the Nationality Problem in Austria-Hungary 1867-1914", *Austrian History Yearbook*, vol. 3-3, 1967, pp. 37-56.

Wessely, Kurt, "Die wirtschaftliche Entwicklung von Bosnien-Herzegowina", in Brusatti, Alois (hg.), *Die Habsburgermonarchie 1848-1918*, Bd. 1, Wien: Verlag der Österreichischen Akademie der Wissenschaften, 1973, S. 528-566.

Williamson, Samuel Ruthven Jr., "Vienna and July 1914: The Origins of the Great War Once More", in Williamson, Samuel Ruthven Jr. /Pastor, Peter (eds.), *Essays on World War I: Origins and Prisoners of War*, New York: Social Science Monographs, Brooklyn College Press, 1983, pp. 9-36.

Williamson, Samuel Ruthven Jr., "The Origins of World War I", *The Journal of Interdisciplinary History*, vol. 18-4, 1988, pp. 795-818.

Williamson, Samuel Ruthven Jr., *Austria-Hungary and the Origins of the First World War*, Basingstoke: Macmillan, 1991.

Williamson, Samuel Ruthven Jr., "Leopold Count Berchtold: The Man who could have prevented the Great War", in Bischof, Günter/Plasser, Fritz/Berger, Peter (eds.), *From Empire to Republic: Post-World War I Austria*, Innsbruck: Innsbruck University Press, 2010, pp. 24-51.

Williamson, Samuel Ruthven Jr., "July 1914 revisited and revised: the Erosion of the German Paradigm", in Levy, Jack S. /Vasquez, John A. (eds.), *The Outbreak of the First World War: Structure, Politics, and Decision-Making*, Cambridge: Cambridge University Press, 2014, pp. 30-64.

Williamson, Samuel Ruthven Jr. /May, Ernest R., "An Identity of Opinion: Historians and July 1914", *The Journal of Modern History*, vol. 79-2, 2007, pp. 335-387.

Williamson, Samuel Ruthven Jr. /Wyk, Russel Van (eds.), *July 1914: Soldiers, Statesmen, and the Coming of the Great War: a Brief Documentary History*, Boston: Bedford/St. Martin's, 2003.

Würthle, Friedrich, *Die Spur führt nach Belgrad: die Hintergründe des Dramas von Sarajevo 1914*, Wien: Molden, 1975.

Zeman, Z. A. B., *The Break-up of the Habsburg Empire, 1914-1918: a Study in National and Social Revolution*, London: Oxford University Press, 1961.

邦語文献

芦田均『バルカン』岩波書店、1939年。

新井政美『トルコ近現代史：イスラム国家から国民国家へ』みすず書房、2001年。

有賀貞『国際関係史：16世紀から1945年まで』東京大学出版会、2010年。

アンダーソン・B（白石隆、白石さや訳）『定本想像の共同体：ナショナリズムの起源と流行』書籍工房早山、2007年。

飯田洋介『ビスマルクと大英帝国：伝統的外交手法の可能性と限界』勁草書房、2010年。

家田修「東欧社会経済史」和田春樹、家田修、松里公孝（編集責任）『講座スラブの世界第3巻　スラブの歴史』弘文堂、1995年、188-210頁。

イェリネク・G（芦部信喜［他］共訳）『一般国家学』学陽書房、1974年。

石田信一『ダルマチアにおける国民統合過程の研究』刀水書房、2004年。

石田勇治「ヴァイマル初期の戦争責任問題——ドイツ外務省の対応を中心に——」『国際政治』第96号（「1920年代欧州の国際関係」）、1991年、51-68頁。

今井淳子「1885年ブルガリア公国と東ルメリアの統一」『東欧史研究』第17号、1994年、5-34頁。

入江啓四郎、大畑篤四郎『外交史提要（増補版）』成文堂、1967年。

岩田昌征「ボスニア・ヘルツェゴヴィナ多民族内戦の深層」『大阪学院大学経済論集』第19巻2号、2005年、1-16頁。

宇山智彦編『ユーラシア近代帝国と現代世界』ミネルヴァ書房、2016年。
　　　—秋葉淳「帝国とシャリーア——植民地イスラーム法制の比較と連関——」44-65頁。
　　　　池田嘉郎「第1次世界大戦と帝国の遺産——自治とナショナリズム——」147-168頁。

江川ひかり「『サフェル』法と現実」『東欧史研究』第16号、1993年、58-75頁。

江川ひかり「タンズィマート改革期におけるトルコ農村社会——土地法改正と行政・税制改革——」『オリエント』第38巻1号、1995年、61-78頁。

江川ひかり「タンズィマート改革期のボスニア・ヘルツェゴヴィナ」『岩波講座世界歴史21　イスラーム世界とアフリカ』岩波書店、1998年、119-140頁。

江口朴郎『帝国主義と民族』東京大学出版会、1977年。

大井知範「ハプスブルク帝国と『植民地主義』——ノヴァラ号遠征（1857-59年）にみる『植民地なき植民地主義』——」『歴史学研究』第891号、2012年、17-33頁。

大津留厚「ハプスブルクの国家・地域・民族——プラグマーティシェ・ザンクツィオーン再考——」『歴史評論』第599号、2000年、2-13頁。

大津留厚「ハプスブルク帝国—アウスグライヒ体制の論理・構造・展開」『岩波講座世界歴史5　帝国と支配　古代の遺産』岩波書店、1998年、297-320頁。

大津留厚『ハプスブルクの実験—多文化共存を目指して（増補改訂）』春風社、2007年。

大津留厚、水野博子、河野淳、岩崎周一編『ハプスブルク史研究入門：歴史のラビリンスへの招待』昭和堂、2013年。

大庭千恵子「「民族」としてのムスリム人—ボスニアとマケドニアにおけるムスリム問題」梶田孝道編『ヨーロッパとイスラム—共存と相克のゆくえ』有信堂高文社、1993年、188-212頁。

岡義武『国際政治史（岡義武著作集第七巻）』岩波書店、1993年。

オーキー・R（越村勲、田中一生、南塚信吾編訳）『東欧近代史』勁草書房、1987年。

小沢弘明「ハプスブルク帝国末期の民族・国民・国家」歴史学研究会編『国民国家を問う』青木書店、1994年、70-86頁。

小沢弘明「東欧における地域とエトノス」歴史学研究会編『現代歴史学の成果と課題Ⅱ　国家

参考文献　273

　　像・社会像の変貌』青木書店、2003年、223-237頁。

カーザー・K（越станов勲、戸谷浩、河野淳、清水明子、村上亮、秋山晋吾、岩崎厳共訳）『ハプス
　　ブルク軍政国境の社会史：自由農民にして兵士』学術出版会、2013年。

ガル・L（大内宏一訳）『ビスマルク：白色革命家』創文社、1988年。

川村清夫「研究動向　英語圏におけるハプスブルク帝国史研究の動向」『上智史學』第47号、
　　2002年、163-173頁。

川村清夫「ヨーロッパの後継諸国におけるハプスブルク帝国史の研究動向」『上智史學』第50号、
　　2005年、75-88頁。

木谷勤「第一次世界大戦前の国際対立」『岩波講座世界歴史23　近代10』岩波書店、1969年、
　　197-259頁。

北村次一『植民地主義と経済発展』啓文社、1970年。

木戸蓊『バルカン現代史（世界現代史24）』山川出版社、1977年。

木戸蓊、伊東孝之編『東欧現代史』有斐閣、1987年。

木畑洋一「現代世界と帝国論」歴史学研究会編『帝国への新たな視座：歴史研究の地平から』
　　青木書店、2005年、3-28頁。

木畑洋一『イギリス帝国と帝国主義——比較と関係の視座——』有志社、2008年。

木畑洋一、南塚信吾、加納格著『帝国と帝国主義（21世紀歴史学の創造4）』有志舎、2012年。
　　—木畑洋一「帝国と帝国主義」1-54頁。
　　　　南塚信吾「ハプスブルク帝国と帝国主義—「二州併合」から考える」55-161頁。

木村靖二『第一次世界大戦』筑摩書房、2014年。

キャメロン・R／ニール・L（速水融監訳、酒田利夫［他］訳）『概説世界経済史II　工業化の
　　展開から現代まで』東洋経済新報社、2013年。

桐生裕子『近代ボヘミア農村と市民社会——19世紀後半ハプスブルク帝国における社会変容と
　　国民化——』刀水書房、2012年。

久保慶一「デイトン合意後のボスニア・ヘルツェゴヴィナ——紛争後の多民族国家における持
　　続可能な制度の模索——」『早稲田政治経済学雑誌』第377号、2010年、21-40頁。

クリゾルド・S（田中一生、柴宜弘、高田敏明共訳）『ユーゴスラヴィア史』恒文社、1980年。

黒田壽郎『イスラームの構造—タウヒード・シャリーア・ウンマ』書肆心水、2004年。

桑名映子「ハンガリー1905-06年危機とティサ・イシュトヴァーン」『史學雑誌』第98編2号、
　　1989年、38-73頁。

越村勲（編訳）『バルカンの大家族ザドルガ』彩流社、1994年。

コーン・H（稲野強、小沢弘明、柴宜弘、南塚信吾共訳）『ハプスブルク帝国史入門』恒文社、
　　1982年。

近藤信市「ボスニアにおけるハプスブルク帝国の統治に関する一考察」『史観』第111号、1984年、
　　72-87頁。

佐藤勝則『オーストリア農民解放史研究——東中欧地域社会史研究序説——』多賀出版、1992年。

佐原徹哉『近代バルカン都市社会史：多元主義空間における宗教とエスニシティ』刀水書房、
　　2003年。

佐原徹哉『ボスニア内戦——グローバリゼーションとカオスの民族化——』有志舎、2008年。

塩川伸明『民族とネイション：ナショナリズムという難問』岩波書店、2008年。

篠原琢、中澤達哉編『ハプスブルク帝国政治文化史：継承される正統性』昭和堂、2012年。
　　—篠原琢「近世から近代に継承される政治的正統性」1-10頁。

柴宜弘「オーストリア＝ハンガリー二重王国のボスニア統治と「青年ボスニア」運動」『史観』

第110号、1984年、71-85頁。

柴宜弘「なぜ独立国家を求めるのか─ギリシアからコソヴォまで」高橋哲哉、山影進編『人間の安全保障』東京大学出版会、2008年、34-50頁。

柴宜弘編『バルカン史（新版世界各国史18）』山川出版社、1998年。

柴宜弘、中井和夫、林忠行『連邦解体の比較研究：ソ連・ユーゴ・チェコ』多賀出版、1998年。

柴宜弘〔他〕編『東欧を知る辞典（新版）』平凡社、2015年。

シュガー・P・F／レデラー・I・J編（東欧史研究会訳）『東欧のナショナリズム：歴史と現在』刀水書房、1981年。

シュタットミュラー・G（丹後杏一訳、矢田俊隆解題）『ハプスブルク帝国史 中世から1918年まで』刀水書房、1989年。

ジョル・J（池田清訳）『ヨーロッパ100年史』第1、2巻、みすず書房、1975-1976年。

ジョル・J（池田清訳）『第一次世界大戦の起原（改訂新版）』みすず書房、1997年。

ジョルジェヴィチ・D／フィシャー・ガラティ・S（佐原徹哉訳）『バルカン近代史：ナショナリズムと革命』刀水書房、1994年。

ジロー・R（渡邊啓貴、柳田陽子、濱口學、篠永宣孝共訳）『国際関係史：1871-1914年 ヨーロッパ外交、民族と帝国主義』未來社、1998年。

進藤牧郎「オーストリア啓蒙専制主義」『岩波講座世界歴史17 近代4』岩波書店、1970年、370-410頁。

進藤牧郎「オーストリア＝ハンガリー二重帝国の成立──歴史的ベーメン国法の理念をめぐって──」柴田三千雄、成瀬治編『近代史における政治と思想』山川出版社、1977年、357-394頁。

鈴木董「イスラーム帝国としてのオスマン帝国」『岩波講座世界歴史5 帝国と支配 古代の遺産』岩波書店、1998年、269-296頁。

鈴木董『ナショナリズムとイスラム的共存』千倉書房、2007年。

高田和夫「露土戦争とロシア・ナショナリズム」『法政研究』第68巻3号、2001年、707-727頁。

高田和夫『帝政ロシアの国家構想：1877-78年露土戦争とカフカース統合』山川出版社、2015年。

高橋進『国際政治史の理論』岩波書店、2008年。

滝田毅「一九一四年の「七月危機」におけるオーストリア＝ハンガリー二重帝国の外交政策の転換──二つのメモランダムをめぐって──」『上智史學』第22号、1977年、53-76頁。

竹中浩「汎スラヴ主義と露土戦争─大改革期ロシアの保守的ジャーナリズムにおけるナショナリズムの諸相」『阪大法学』第59巻3・4号、2009年、617-640頁。

チャーチル・W・S（佐藤亮一訳）『第二次世界大戦』全4巻、河出書房新社、1975年。

月村太郎『オーストリア＝ハンガリーと少数民族問題：クロアティア人・セルビア人連合成立史』東京大学出版会、1994年。

月村太郎「オーストリア＝ハンガリー二重帝国の多文化主義─二重制と少数民族政策を中心に」初瀬龍平編『エスニシティと多文化主義』同文舘出版、1996年、179-203頁。

月村太郎『ユーゴ内戦─政治リーダーと民族主義』東京大学出版会、2006年。

ドゥイモヴィチ・S（長島大輔訳）「ボスニア・ヘルツェゴヴィナにおける歴史教育」柴宜弘編『バルカン史と歴史教育：「地域史」とアイデンティティの再構築』明石書店、2008年、162-169頁。

ドーニャ・R・J／ファイン・V・A・F（佐原徹哉、柳田美映子、山崎信一訳）『ボスニア・ヘルツェゴヴィナ史：多民族国家の試練』恒文社、1995年。

中澤達哉『近代スロヴァキア国民形成思想史研究：「歴史なき民」の近代国民法人説』刀水書房、

2009年。

中澤達哉「二重制の帝国から「二重制の共和国」と「王冠を戴く共和国へ」」池田嘉郎編『第一次世界大戦と帝国の遺産』山川出版社、2014年、135-165頁。

中田瑞穂『農民と労働者の民主主義：戦間期チェコスロヴァキア政治史』名古屋大学出版会、2012年。

永田雄三「オスマン帝国支配下のバルカン」矢田俊隆編『東欧史（新版）（世界各国史13）』1977年、99-129頁。

永田雄三「歴史の中のアーヤーン―19世紀初頭トルコ地方社会の繁栄」『社会史研究』第7号、1986年、82-162頁。

永田雄三、永田真知子「18・19世紀ボスニア地方の人々」『アジア・アフリカ言語文化研究』第46、47号合併号、1994年、437-473頁。

永田雄三「18・19世紀サラエヴォのムスリム名士と農民」歴史学研究会編『ネットワークのなかの地中海』青木書店、1999年、172-201頁。

西川正雄編『ドイツ史研究入門』東京大学出版会、1984年。

西川正雄［他］編『角川世界史辞典』角川書店、2001年。

ニーデルハウゼル・E（渡邊昭夫［他］訳）『総覧東欧ロシア史学史』北海道大学出版会、2013年。

丹羽祥一「19世紀末のボスニアにおける土地問題に関する一考察―テスケレジッチの嘆願書の分析を通じて」下村由一、南塚信吾共編『マイノリティと近代史』彩流社、1996年、118-140頁。

塙陽子「イスラム相続法の特色」『摂南法学』第20号、1998年、287-311頁。

羽場久浭子「ハプスブルグ帝国の再編とスラブ民族問題：『東・中欧連邦化』構想とスラブ民族の「共存」の試み」『社會勞働研究』第32巻2号、1986年、45-95頁。

馬場優『オーストリア＝ハンガリーとバルカン戦争：第一次世界大戦への道』法政大学出版局、2006年。

馬場優「ヨーロッパ諸大国の対外膨張と国内問題」小野塚知二編『第一次世界大戦：開戦原因の再検討』岩波書店、2014年、41-68頁。

浜勝彦「ユーゴスラヴィアにおける第1次大戦後の土地改革」『農業経済研究』第36巻1号、1964年、25-34頁。

パムレーニ・E（編）（田代文雄、鹿島正裕訳）『ハンガリー史（増補版）』第1、2巻、恒文社、1990年。

ハワード・M（馬場優訳）『第一次世界大戦』法政大学出版局、2014年。

バンセル・N／ブランシャール・P／ヴェルジェス・F（平野千果子、菊池恵介訳）『植民地共和国フランス』岩波書店、2011年。

ピーティー・M（浅野豊美訳）『植民地：帝国50年の興亡』読売新聞社、1996年。

平田武「オーストリア＝ハンガリー君主国における政治発展の隘路（1）」『法学』第71巻2号、2007年、193-236頁。

平野千果子『フランス植民地主義の歴史：奴隷制廃止から植民地帝国の崩壊まで』人文書院、2002年。

ピルチャー・ジェフリー・M（伊藤茂訳）『食の500年史』NTT出版、2011年。

フィッシャー・F（村瀬興雄監訳）『世界強国への道：ドイツの挑戦　1914-1918年』第Ⅰ、Ⅱ巻、岩波書店、1972／1983年。

藤波伸嘉『オスマン帝国と立憲政：青年トルコ革命における政治、宗教、共同体』名古屋大学出版会、2011年。

藤波伸嘉「主権と宗主権のあいだ―近代オスマンの国制と外交」岡本隆司編『宗主権の世界史：東西アジアの近代と翻訳概念』名古屋大学出版会、2014年、49-87頁。

藤由順子『ハプスブルク・オスマン両帝国の外交交渉：1908-1914』南窓社、2003年。

古谷大輔、近藤和彦編『礫岩のようなヨーロッパ』山川出版社、2016年。
　　　―エリオット・J・H（内村俊太訳）「複合君主政のヨーロッパ」55-78頁。
　　　近藤和彦「礫岩のような近世ヨーロッパの秩序問題」3-24頁。
　　　中澤達哉「ハプスブルク君主政の礫岩のような編成と集塊の理論―非常事態へのハンガリー王国の対応」118-135頁。

ヘーゲル・G・W・F（長谷川宏訳）『歴史哲学講義』上、下巻、岩波書店、1994年。

ベルクハーン・V（鍋谷郁太郎訳）『第一次世界大戦：1914-1918』東海大学出版部、2014年。

ポーター・A（福井憲彦訳）『帝国主義』岩波書店、2006年。

ホブズボーム・E・J（野口健彦、野口照子訳）『帝国の時代　1875-1914』第1、2巻、みすず書房、1993年。

槇裕輔「Pragmatische Sanktion の制定の背景について―マリア・テレジアのハプスブルク君主国の継承の意味に関して」『日本法学』第71巻3号、2006年、223-246頁。

マッケンジー・D（柴宜弘、南塚信吾、越村勲、長場真砂子訳）『暗殺者アピス：第一次世界大戦をおこした男』平凡社、1992年。

黛秋津『三つの世界の狭間で：西欧・ロシア・オスマンとワラキア・モルドヴァ問題』名古屋大学出版会、2013年。

御園生真「19世紀前半のオーストリア＝ハンガリー間貿易―ハプスブルク帝国内の経済的統合に関する一考察」『独協大学経済学研究』第51号、1988年、25-49頁。

南塚信吾『東欧経済史の研究――世界資本主義とハンガリー――』ミネルヴァ書房、1979年。

南塚信吾（責任編集）『歴史学事典』第4巻（民衆と変革）、弘文堂、1996年。

南塚信吾「東欧のネイションとナショナリズム」『岩波講座世界歴史18　工業化と国民形成』岩波書店、1997年、73-95頁。

南塚信吾編『ドナウ・ヨーロッパ史（新版世界各国史19）』山川出版社、1999年。

三宅正樹『ベルリン・ウィーン・東京―20世紀前半の中欧と東アジア』論創社、1999年。

村上亮「ハプスブルク帝国統治下ボスニア・ヘルツェゴヴィナにおける農地政策――1911年『償却法』の分析を中心に――」『歴史家協会年報』第2号、2006年、49-63頁。

村上亮「世紀転換期ボスニア・ヘルツェゴヴィナにおける農業政策――ハプスブルク帝国による周辺地域開発の展開――」『西洋史学』第234号、2009年、38-48頁。

村上亮「ハプスブルク統治下ボスニア・ヘルツェゴヴィナにおける森林政策――森林用益をめぐる国家規制と慣習的権利の対立と妥協――」『スラヴ研究』第57号、2010年、97-122頁。

村上亮「ハプスブルク帝国におけるボスニア・ヘルツェゴヴィナ統合の試み（1878-1908）――国際法上の立場と物上連合体制（二重帝国体制）の交錯――」『関学西洋史論集』第34号、2011年、15-22頁。

村上亮「ハプスブルク統治下ボスニア・ヘルツェゴヴィナにおける家畜衛生政策――獣疫問題にみる二重帝国体制の一側面――」『東欧史研究』第35号、2013年、44-60頁。

村上亮「ハプスブルクの『忘れられた植民地（？）』――ボスニア・ヘルツェゴヴィナ統治（1878-1918）をめぐる研究動向――」『関学西洋史論集』第36号、2013年、53-66頁。

村上亮「ボスニア・ヘルツェゴヴィナ特権農業・商業銀行の設立問題（1909年）――二重帝国体制における『共通案件』のあり方――」『ゲシヒテ』第6号、2013年、3-15頁。

村上亮「東方危機（1875-78年）とハプスブルク帝国―ボスニア・ヘルツェゴヴィナ占領問題を

中心に」『論叢』(関西学院高等部)第59号、2014年、1-13頁。

村上亮「第一次世界大戦前夜ボスニアにみるハプスブルク統治の諸相——フランゲシュ農業振興法案の顛末を手がかりに——」『社会科学』第44巻2号、2014年、31-52頁。

村上亮「皇位継承者フランツ・フェルディナント再考——政治権力と「三重制」を手がかりに——」『関西大学西洋史論叢』第18号、2015年、1-18頁。

村上亮「ボスニア・ヘルツェゴヴィナ併合問題の再検討——共通財務相I・ブリアーンによる二つの『覚書』を中心に——」『史林』第99巻第4号、2016年、66-94頁。

モーゲンソー・ハンス・J(原彬久監訳)『国際政治：権力と平和』第1-3巻、岩波書店、2013年。

百瀬宏「東方問題」『岩波講座世界歴史20 近代7』岩波書店、1971年、293-327頁。

百瀬亮司「歴史学と「公共の歴史」の狭間で：ユーゴスラヴィア／セルビア史学の射程と盲点」『歴史研究』第52号、2014年、17-38頁。

矢田俊隆『ハプスブルク帝国史研究：中欧多民族国家の解体過程』岩波書店、1977年。

山内一也『史上最大の伝染病牛疫：根絶までの4000年』岩波書店、2009年。

山室信一、岡田暁生、小関隆、藤原辰史編『現代の起点 第一次世界大戦』全4巻、岩波書店、2014年。

　　—小関隆、平野千果子「ヨーロッパ戦線と政界への波及」『第一次世界大戦 一 世界戦争』31-54頁。

山本俊朗編『スラブ世界とその周辺』ナウカ、1992年。

　　—近藤信市「併合前後のボスニア・ヘルツェゴヴィナにおける民族運動」321-340頁。

　　　柴宜弘「バルカン研究の視点と課題」310-320頁。

山本有造編『帝国の研究——原理・類型・関係——』名古屋大学出版会、2003年。

　　—杉山正明「帝国史の脈略—歴史のなかのモデル化にむけて」31-85頁。

　　　山室信一「「国民帝国」論の射程」87-128頁。

吉田忠典「「帝国」という概念について」『史學雑誌』第108編3号、1999年、38-61頁。

米岡大輔「ハプスブルク統治下ボスニア・ヘルツェゴヴィナにおける初等教育政策の展開」『東欧史研究』第28号、2006年、24-44頁。

米岡大輔「ハプスブルク帝国下ボスニアにおけるイスラーム統治とその反応—レイス・ウル・ウレマー職をめぐって」『史林』第94巻2号、2011年、323-341頁。

米岡大輔「オーストリア＝ハンガリー二重帝国によるボスニア領有とイスラーム教徒移住問題」『史学雑誌』第123編7号、2014年、1-37頁。

リヒトハイム・G(香西純一訳)『帝国主義』みすず書房、1980年。

リーベン・D(袴田茂樹監修、松井秀和訳)『帝国の滅亡』上、下巻、日本経済新聞社、2002年。

ロスチャイルド・J(大津留厚監訳)『大戦間期の東欧：民族国家の幻影』刀水書房、1994年。

あとがき

　本書は、2012年3月に関西学院大学より博士号（歴史学）を授与された、学位論文『世紀転換期ボスニア・ヘルツェゴヴィナにおける農業政策の展開——プスブルク帝国による周辺地域開発の意義——』を加筆、修正したものである。本書はこれまでに学術雑誌に発表してきた論文を中心としているが、原型をとどめていない箇所、後で付け加えた箇所もかなり多い。既発表論文と本書の該当部分は、以下のとおりである。

第1章（第2 - 4節）
・「東方危機（1875-78年）とハプスブルク帝国—ボスニア・ヘルツェゴヴィナ占領問題を中心に」『論叢』（関西学院高等部）、第59号、2014年、1 -13頁。

第2章（第1 - 3節）
・「ハプスブルク帝国におけるボスニア・ヘルツェゴヴィナ統合の試み（1878-1908）——国際法上の立場と物上連合体制（二重帝国体制）の交錯——」『関学西洋史論集』第34号、2011年、15-22頁。

第3章、第7章（第2 - 3節）
・「ハプスブルク統治下ボスニア・ヘルツェゴヴィナにおける農地政策——1911年『償却法』の分析を中心に——」『歴史家協会年報』第2号、2006年、49-63頁。

第4章
・「世紀転換期ボスニア・ヘルツェゴヴィナにおける農業政策——ハプスブルク帝国による周辺地域開発の展開——」『西洋史学』第234号、2009年、38-48頁。

第4章（第3節の一部）、第5章（第1 - 2節）
・「ハプスブルク統治下ボスニア・ヘルツェゴヴィナにおける家畜衛生政策——

獣疫問題にみる二重帝国体制の一側面——」『東欧史研究』第35号、2013年、44-60頁。

第5章　第3-4節
・「第一次世界大戦前夜ボスニアにみるハプスブルク統治の諸相——フランゲシュ農業振興法案の顛末を手がかりに——」『社会科学』第44巻第2号、31-52頁、2014年。

第6章　第1-3節
・「ボスニア・ヘルツェゴヴィナ特権農業・商業銀行の設立問題（1909年）——二重帝国体制における「共通案件」のあり方——」『ゲシヒテ』第6号、3-15頁、2013年。

　以上に加え、拙稿「ハプスブルクの「忘れられた植民地（？）」——ボスニア・ヘルツェゴヴィナ統治（1878-1918）をめぐる研究動向——」（『関学西洋史論集』第36号、53-66頁、2013年）と「皇位継承者フランツ・フェルディナント再考——政治権力と「三重制」を手がかりに——」（『関西大学西洋史論叢』第18号、2015年、1-18頁）が序章、同「ハプスブルク統治下ボスニア・ヘルツェゴヴィナにおける森林政策——森林用益をめぐる国家規制と慣習的権利の対立と妥協——」（『スラヴ研究』第57号、2010年、97-122頁）が第4章の一部にそれぞれ組み込まれていることを付記しておきたい。

　博士課程への進学から本書の基盤となった博士論文の完成までに6年、その後本書を完成させるまでにほぼ5年の歳月を要した。筆者の力不足ゆえにここまで時間がかかったうえ、史料や文献の検討が十分にできていない粗削りな箇所が数多く残されており、近年の研究も部分的にしか組み込めていない。本書の問題については読者諸賢の御叱正を賜り、今後の研究に活かす所存である。

　このような本書ではあるが、多くの方々、とくに関西学院大学大学院の先生方の支えなくしては決して完成できなかった。最初に、博士課程以来の指導教官である阿河雄二郎先生（現大阪外国語大学名誉教授）に感謝申し上げたい。奥深い学識と広い視野に基づく先生の適確なご助言がなければ、本書は日の目を見ることはなかったであろう。先生は、私の拙い構想を受け止めたうえで、大局的な展

あとがき　281

望と進むべき針路、そして新たな課題を示して下さった。また先生の御研究は、国と時代は違えども大きな刺激であり、歴史学の面白さと奥深さを教えていただいた。

　いまひとり大変お世話になったのは、飯田収治先生（現大阪市立大学名誉教授）である。当初、修士論文の主題さえ決められない状況のなかで、先生は幾度となく私の話に耳を傾け、忍耐強く向き合って下さった。先生に自分の考えを話すことで、研究の問題点や新しい主題に気づかされることは、当時も今も変わらない。さらに私がまがりなりにもドイツ語を読めるようになったのは、先生との講読のおかげである。およそ3年にわたる濃密な勉強会は、筆者にとってかけがえのない財産となっている。本書によってお二人の先生から受けた学恩にどれほど報いることができたのかについては、まったく自信がない。本書の公刊をもって御寛恕を乞いたいと思う。

　また筆者がビザンツ史を志望していた学部生以来、修士課程までの指導教官としてお心遣いをいただいた中谷功治先生、学部時代から大学院に至るまで講義、演習などにおいて多くのことを教えていただいた田中きく代先生、大学院の演習や博士論文の審査において、御専門に近い立場から鋭いご指摘をしていただき、歴史の多元的な見方を示して下さった橋本伸也先生にも深謝したい。学部時代に演習を担当していただいた根無喜一先生（現大阪学院大学）、大学院の演習や研究会などにおいてお世話になった田淵結先生（現関西学院大学院長）が、筆者を温かく見守って下さっていることにも御礼を申し上げたい。

　現在、日本学術振興会特別研究員の受入教官をしていただいている小山哲先生（京都大学）には、筆者の博士論文の副査として、十分に意識できていなかった研究全体に関わるさまざまな問題点をご指摘いただき、その後の進展を大いに助けていただいた。本書についても、大変ご多忙にも拘らず本書の草稿について貴重なご教示を賜るとともに、刊行を後押しして下さった。

　大学院への進学以来、参加させていただいているハプスブルク史研究会では、大津留厚先生（神戸大学）をはじめとする先生方、先輩方から多くのことを学ばせていただいている。そのなかで馬場優先生（福岡女子大学）には、留学先の受入教員の紹介や奨学生受験のアドバイスのみならず、非常勤講師の職を得る際にもご尽力していただくなど、一方ならぬ御厚情を賜った。本書についても、なかなか筆者が書ききれなかった「補論」に関して有益なご指摘をいただくことがで

きた。

　上に書かせていただいた以外にも、本書が完成にいたるまでに多くの方々にお世話になった。全員のお名前をあげることはできないが、研究会での報告や拙稿について貴重な助言、あるいは激励を下さったすべての方々に、この場を借りて厚く御礼を申し上げたい。とくに翻訳でご一緒させていただいた戸谷浩先生（明治学院大学）には、本書の枠組みを再考するうえで大変参考になるご意見をいただいた。また長年にわたる、関西大学の乾雅幸氏と嶋中博章氏との「会合」は、筆者の視野を広げてくれるとともに、大きな励ましとなった。関西学院大学図書館の魚住英子氏、高島祐子氏（現関西学院大学人間福祉学部）には、海外の史資料も迅速に手配していただくことで、円滑な研究活動を助けていただいた。

　2008年から2010年までのオーストリア留学においては、受入教官となっていただいたウィーン大学東欧史研究所のアロイツ・イヴァニシェヴィチ先生に大変お世話になった。先生は、お世辞にも上手いとは言えないドイツ語による筆者の質問にいつも真摯に答えて下さり、ゼミ報告の際にも丁寧で明快なご批評をいただいた。また史料調査における関係諸機関への照会や研究者の紹介などのお骨折りもしていただいた。留学時に快適な環境を整えていただいたオーストリア政府の関係者の方々、ウィーンやサライェヴォの史料館員の皆さんの協力にも深く感謝したい。

　なお、本書の校正に際しては、筆者が現在所属する京都大学大学院文学研究科の笈川侑也氏、春日あゆか氏、萩野谷龍悟氏、平賀拓史氏に御協力いただいた。長時間にわたる作業に付き合っていただき、多くの問題点を改善してくださったこと、ここに記して御礼を申し上げたい。索引の作成については、関西学院大学大学院文学研究科の九鬼由紀氏に支援していただいた。さらに同文学研究科の石田喜敬氏には、人名表記についてご教示を受けた。もちろん本書の誤りについては、すべて筆者の責任である。

　これまでの研究生活においては、各機関より多くのご支援を賜った。北海道大学スラブ研究センター（現スラブ・ユーラシア研究センター）にはCOE＝鈴川・中村基金奨励研究員に採用していただいた。関西学院大学からは、2011年度に大学院海外研究助成金の提供を受けた。さらに本書は、日本学術振興会JSPS科研費（特別研究員奨励費）（課題番号15J03820）の助成による成果の一部であることも申し添えておく。

本書の出版にあたっては、多賀出版株式会社の佐藤和也氏には大変お世話になった。出版事情の厳しいなかで、本書のような博士論文を基盤とする専門書の出版を快諾していただいたことに深謝するとともに、編集においては最後までお手を煩わせてしまったことをお詫び申し上げたい。

　ここからは私事であるが、本書を故父秀之と母ゆみ子に捧げることをお許し願いたい。学生時代以来、両親には好きにさせてもらい、大学院への進学に際しても背中を押してくれた。なかなか先の見えない研究生活のなかでも、決して焦らせることなく応援し続けてくれた。とりわけ母が物心両面で支えてくれることに心から感謝するとともに、本書が少しでも親孝行になればと願う次第である。父に本書を見てもらえなかったことは痛恨であるが、ここで感謝の念と刊行の報告をさせてもらいたい。

　最後に、本書の出版を妻早紀子とともに喜びたい。妻は、研究者とは無縁の生活を送ってきたにも拘らず、研究中心の生活に理解を示し、助けてくれている。筆の進まない時には筆者を励まし、専門家にしか分からないような話をしても、嫌な顔ひとつせずに付き合ってくれた。索引の確認作業にも最後まで協力してくれた。本書の執筆を乗り越えることができたのは妻の支えあればこそである。ここで妻に感謝を伝えるとともに、一緒に刊行の時を迎えられることを望外の幸せに思う。

　2017年1月

　　　　　　　　　　　　　　　　　　　　　　　　　　　村上　　亮

事項／地名索引

・頻出する国名や地域名（ハプスブルク、オーストリア、ハンガリー、ボスニア、オスマン、ロシアなど）、宗派／民族名（ドイツ人、イスラム教徒（ムスリム／ボシュニャク人）、セルビア正教徒／セルビア人、ローマカトリック教徒／クロアティア人など）は割愛した。
・同じ事項を指すものは、表記が若干異なる場合も同一の項目に含めた。別記する場合には指示を付した。
・本文中にない事項は一部を除き記載していない。

ア行

アウスグライヒ　9, 24, 29, 31, 40, 112, 133, 198
アウスグライヒ体制　→二重帝国体制
アガ　67, 68, 70, 144, 157, 169, 212
アーヤーン ayan　64
アルザス・ロレーヌ（Alsace-Lorraine）　13, 16
アルプス（Alpen）　18
アンドラーシ覚書（Andrássy）　33, 200
イェニチェリ軍団 yeniçeri　64
イスラム民族組織 Muslimanska narodna organizacija　14, 52, 73-75
イタリア（Italia）　11, 12, 32, 36, 48, 51, 99, 107, 176, 182, 190, 201, 202, 208, 219
イリジャ（Ilidža）　4
イリンデン蜂起 Ilindensko vǎstanie　50
ウィーン（Wien）　35, 90, 106, 109, 117, 129, 145, 167, 174, 180, 182, 183, 208, 219, 226, 235
ウィーン中央家畜市場（ザンクト・マルクス St. Marx）　90, 109, 117, 216
ヴィントホルスト　87
ヴェネティア（Venezia）　17
ヴェルサイユ条約（Versailles）　175
ヴォイヴォディナ（Vojvodina）　33
ウソラ（Usora）　93
馬飼育・畜産委員会 Pferde- und Viehzucht-kommissionen　95, 118
英雄の死　180
オーストリア家畜伝染病予防法　91, 107, 115, 218
オーストリア（下院）議会　21, 133, 134, 136, 141-151, 153, 173, 174, 206, 227
オーストリア牛疫法　89, 91, 218
オーストリア財務省　124, 137, 138, 225
オーストリア商務省　119
オーストリア政府　21, 52, 90, 91, 109, 112, 115, 116, 124, 128, 129, 133, 134, 136-140, 143-145, 147-151, 173, 188
オーストリア農務省　115-117, 124
オーストリア・ボスニア＝ヘルツェゴヴィナ利益者連盟　129, 165, 190
オーストリア民法典 Das Allgemeine Bürgerliche Gesetzbuch für die gesamten Deutschen Erbländer der Österreichischen Monarchie　69, 231

カ行

戒厳令 Standrecht　168, 169, 233
改正ボスニア豚ペスト条例　109, 110
外来入植 Externe Kolonisation　86, 87
家禽飼育　95
家産法　164, 167, 187
果樹栽培局　92, 122, 124
家畜取引条項（協定）　112-114
家畜旅券 Viehpasswesen　89, 99, 216, 219
ガツコ（Gacko）　88, 120
カペタン制度 Kapetan　64
ガリツィア（Galicja）　18, 87, 184, 197, 199, 217, 238, 239
キプロス協定（Cyprus）　35
牛疫　81, 82, 89-91, 98
ギュルハネ勅令（Gülhane）　64

強制償却 Obligatrische Kmetenablösung　76,
　154, 155, 168-170

共通案件 Gemeinsame Angelegenheiten　17,
　21, 24, 27, 29, 32, 42, 58, 59, 112, 134, 185, 186

共通外務省 Ministerium des kaiserlichen und
　königlichen Hauses und des Äußern
　41-43, 140, 168, 179, 205, 219

共通閣議 Gemeinsamer Ministerrat　24, 26-29,
　44, 51, 151, 153, 171, 177-179, 183, 228

共通関税領域 Gemeinsames Zollgebiet　17, 18,
　31, 41, 57, 112, 118, 137, 169, 206

共通行政地域　12, 16, 20, 133, 150, 185

共通軍 Gemeinsames Heer　42, 46, 49, 53, 57,
　209

共通国防省 Reichskriegsministerium（k. u. k.
　Kriegsministerium）　42, 43, 89, 140

共通財務省 Gemeinsames Finanzministeri-
　um（Reichsfinanzministerium）　17, 21,
　40, 42-44, 53, 58, 59, 73-75, 84, 89, 109, 110,
　112, 114-117, 121, 127, 128, 134-140, 143,
　145, 150, 159, 173, 185, 186, 204, 215, 222, 223

共通獣疫体制　113-117, 128, 188

共通省庁 Gemeinsames Ministerium　17, 20,
　21, 24, 27, 40, 42, 52, 53, 57, 85, 89, 108, 139,
　140, 149, 150, 186, 204

共用森林・共用放牧地 baltalik i mera　164,
　187

キリスト教社会党（連合）Christlichsoziale
　Vereinigung　141, 142, 145, 146, 148, 149,
　227

緊急条例 Notverordnungsrecht　141, 226

クメット　6, 66-79, 102, 130-133, 143, 144, 147,
　153-160, 162-167, 169, 170, 172, 173, 186, 212,
　213, 228, 229

（クメット）償却 Kmetenablösung　63, 76-78,
　130, 133, 135-141, 143-145, 147-149, 151,
　153, 156-170, 186, 187, 226, 228-230

クメット制度（関係）　19, 63, 66-68, 70-80, 102,
　155, 165, 172, 186

クメット（定住）地（クメット農場）Kmeten-
　ansässigkeit　69, 71-77, 158, 165, 166, 170,
　172, 230, 231

クメット問題　6, 7, 19, 59, 60, 62, 63, 65, 82-84,
　133, 135, 146, 151, 164, 167, 169, 171-173, 187,
　213, 228, 232

グラダチャツ（Gradačac）　88

グラーツ（Graz）　109

クーリエ制度 Kurie　54

クロアティア（Hrvatska）（・スラヴォニア
　Slavonija）　33, 49, 51, 52, 62, 99, 107, 108,
　112, 119, 120, 169, 199, 206, 217, 222, 227, 229

クロアティア人＝セルビア人連合 Hrvatsko-
　srpska koalicija　49, 50, 206

クロアティア民族協会 Hrvatska narodna za-
　jednica　14

黒手組　180-182, 236, 237

郡穀物貯蔵庫 Getreidebezirksspeicher　97,
　215

郡支庁区 Expositur　46

郡諮問委員会 Bezirks-Medžlis　46

軍政国境地帯 Militärgrenze　64

郡農業協同組合　80, 95-97, 118, 119, 125, 215,
　217, 223

郡扶助基金　88, 89, 94-97, 119, 127, 170

経済アウスグライヒ Der wirtschaftliche Aus-
　gleich　24, 31, 49, 57, 112, 221

計算された危険 kalkulierten Risiko　175

耕地整理（法）　163-167, 170, 172, 187, 231

口蹄疫 Maul- und Klauenseuche　91, 99, 113,
　117

国事詔書　8, 9

国民国家　10, 15, 31

国民帝国　10

国有林から共用森林・共用放牧地を分離する
　法律（分離法）166

黒海中立化事項 Neutralisation of the Black
　Sea　32, 200

国家的土地所有原則　64

ゴラジュデ（Goražde）　124, 126

コンスタンティノープル協定（Constantinop-
　le）　39

サ行

最高戦争指導部 Oberste Kriegsleitung　184

最後通牒 Ultimatum　176, 178, 179, 181, 182

最低生活条件 Existenzminimum　167

ザダル決議 Zadarska rezolucija　49

サトマールの和議（Szatmár）　8

ザドルガ　66, 211

サフェル法 Das Sefergesetz　65-68, 70, 71, 73, 75, 77, 210, 212

サライェヴォ（Sarajevo）　3, 4, 21, 46, 53, 56, 66, 76, 120, 124, 133, 137, 171, 189, 197, 217

サライェヴォ決議 Sarajevska rezolucija　50

サライェヴォ事件 Sarajevski atentat　3, 4, 6, 7, 19, 171, 174-182, 189, 192, 234, 236, 237, 240

サンジェルマン条約（Saint Germain）　176

サンジャク（Sandžak）　→ノヴィパザル

サンジャク鉄道計画　50

三重制 Trialism　6

サンステファノ条約（San Stefano）　35, 38, 202

三帝協約 Dreikaiserbund（1873年／1881年）　32-34, 38

三位一体王国 Das dreieinige Königreich/Trojedne kraljevine　49

ジェプチェ（Žepče）　89

七月危機　21, 29, 175, 176, 180, 182, 233, 234

地主＝小作問題　→クメット問題

社会民主党　129, 141-143, 146-148, 182, 224, 227

獣疫調査委員会　89, 90, 110

獣疫予防協定　106

収穫休暇制度 Ernteurlaub　178

修正派　175, 176

州籍　→ボスニア籍

十分の一税 Zehent　68, 71, 73, 82, 84, 87, 88, 95, 97, 102, 131, 155, 213, 215, 224, 229

周辺地域開発　20, 102, 185, 187, 189

種畜調達基金　94, 118, 217

シュリーフェン計画 Schlieffen Plan　184

償却法（1876年）　76

償却法（1911年）　21, 154-165, 167, 168, 170, 172-174, 186, 225, 229, 230

植民地　6, 10-12, 14, 18, 20, 31, 38, 59, 185, 188, 194, 195

植民地主義　6, 11, 15, 239

諸民族の牢獄　15

新絶対主義 Neoabsolutismus　9, 59

森林行政　86

森林賦役 Waldrobot　86

森林法　85

森林労働　86

新路線 novi kurs　49

水痘（羊）Schafpockenseuche　91

ズヴォルニク（Zvornik）　88

スターリン批判　15

スレムスカ・ミトロヴィツァ（Sremska Mitrovica）　119

スルプスカ共和国（Republika Srpska）　16, 189, 190

スルプスカ・リェーチ　168, 169

スロヴェニア（Slovenija）　62, 217

スロヴェニアクラブ Slowenischer Klub　143

青年チェコ党 Národní strana svobodomyslná/Mladočeši　141

青年トルコ革命 Hürriyet İlânı　51, 54

青年ボスニア　4, 182, 192, 232, 236, 240

セルビア（Srbija）　6, 7, 11-14, 29, 32-34, 36, 37, 41, 50, 51, 59, 62, 64, 91, 106, 110, 114, 129, 151, 167, 168, 174, 176-184, 189, 190, 195, 197, 200-203, 207, 217, 219, 220, 223, 235-239

セルビア人・クロアティア人・スロヴェニア人王国 Kraljevina Srba, Hrvata i Slovenaca　15, 119, 172, 173, 186, 240

セルビア人民党　170

セルビア正教徒の教会・教育の自治に関する規約　50

セルビア民族組織 Srpska narodna organizacija　14, 154

繊維と小麦の結婚　31

全軍監察長官 Generalinspektor　3

戦争評議会 Kriegsrat　175

相続法　167, 187, 231

総督（ボスニア）Landeschef　17, 44, 57, 127, 167, 180, 186, 193, 205, 231

ソコル Sokol　169

タ行

第一次世界大戦 Der erste Weltkrieg　3, 7, 15, 38, 51, 72, 128, 171, 173-175, 185, 186, 189,

190, 205, 218

大臣連絡会議 44, 126, 139

大セルビア主義 Velikosrpska ideja 13, 178

第二次ウィーン包囲 8

代表議員会議 26, 27, 29, 42, 44, 53, 58, 73, 168

大ブルガリア 35

大陸型帝国 8

種牛法 Zuchtstiere 118, 123, 124, 229

種馬法 Zuchthengste 118, 124, 229

煙草専売 94

ダルマティア（Dalmacija） 18, 32, 33, 41, 49, 51, 52, 64, 67, 119, 124, 197, 216, 227, 229, 232

男子普通選挙権（オーストリア）Das allge-meine Wahlrecht 141, 142, 150

男子普通選挙権（ハンガリー） 49

タンズィマート（改革）Tanzimat-ı Hayriye 48, 64, 210, 211

炭疽 Milzbrand 91, 219, 222

チェシム česim 70

チフチエ 67

チフトリキ 64, 65, 67, 210, 213

地方基本法（基本法） 52, 53, 56, 57, 124

地方行政府（ボスニア）Landesregierung 17, 21, 44, 46, 53, 56, 57, 60, 73, 75, 76, 80–82, 88–90, 92, 97, 101, 107–110, 117–121, 125, 127, 133, 135, 136, 157–159, 169, 170, 186, 213, 215, 216, 218, 219, 222, 223, 230

地方評議会 57

町村救済基金 88

通商条約において農林業利害を保護するためのオーストリア中央協会 Österreichische Zentralstelle zur Wahrung der land- und forstwirtschaftlichen Interessen beim Abschluß von Handelsverträgen 116

帝国 7, 8, 10

帝国宰相 24

帝国主義 7, 10, 11, 190, 193, 194

帝国直轄領 16, 227

帝国両半部政府 →両半部政府

ティマール（制度）timar 64, 210, 211

ディモヴィチ法案 170, 171, 172, 174, 178

テメシュ・クビン（Temes Kubin） 182

デルヴェンタ（Derventa） 92

ドイツ（Deutschland） 7, 10, 11, 13, 16, 31–33, 35, 36, 38, 48, 51, 82, 87, 91, 99, 107, 116, 175–178, 182–184, 190, 201, 202, 207, 219, 234, 235, 238, 239

ドイツ民族連盟 Deutscher Nationalverband 142, 146, 149, 227

統一か死か →黒手組

ドゥーマ duma 141

東方危機 33, 36, 62, 65, 66, 186, 203, 210

東方問題 Eastern Question 11, 32, 201

独墺同盟 Zweibund 38, 184

土地改良事業 97

土地証書 69

土地台帳法（ボスニア・ヘルツェゴヴィナ） Grundbuchsgesetz 69, 76

土地法 Das Ramazangesetz 64, 67, 69, 212

ドニャ・トゥズラ（Donja Tuzla） 46

トリエステ（Trieste） 13

トレティナ tretina 67

トレント（Trento） 13

ナ行

内地入植 Interne Kolonisation 87, 164

ナゴドバ 29, 199

ナチェルターニェ 12, 195

二重帝国体制 7, 9, 14, 16, 17, 20, 21, 24, 29, 49, 58, 103, 107, 128, 134, 150, 173, 177, 183, 185, 188, 197, 198

ネヴェシニェ（Nevesinje） 33

ノヴィバザル（Novi-Bazar） 37, 39, 40, 88, 203

農業危機 106

農業基金 122, 124, 126, 223

農業教育 96, 120, 121, 124

農業局 92, 121, 122, 124

農業振興法案（振興法案） 107, 120–130, 171, 187, 188

農業信用 120, 121, 164

農業評議会 125–127, 223

農事訴訟（制度）Agrarprozeß 69, 70, 73, 75, 186, 213

農地所有問題 →クメット問題

事項／地名索引　289

ハ行

肺病（牛）Lungenseuche der Rinder　91, 116

パウシャル式 Pauschalierung　73, 83, 131

白紙小切手　175, 177, 179

バデーニ言語令 Badenische Sprachenverordnung　49, 150, 206

バニャ・ルーカ（Banja Luka）　46, 154, 217

バルカン戦争　3, 125, 167, 176, 180, 184, 233, 234, 237

ハンガリー議会　142

ハンガリー政府　29, 41, 90, 109, 115-117, 124-129, 138, 143, 144, 150, 223

ハンガリー独立党 Függetlenségi Párt　49, 141, 206

ハンガリー農務省　113, 117, 219

ハンガリー・ボスニア＝ヘルツェゴヴィナ経済本部 Ungarisch-bosnischherzegowinische Wirtschaftszentrale　190

ビエリナ（Bjelina）　88, 92

ビレク（Bilek）　97

品種改良　94, 98, 118, 120, 121, 123

普墺戦争 Deutscher Krieg　9

ブゴイノ（Bugojno）　94, 96, 118, 217

ブコヴィナ（Bucovina）　18, 87

プシェミシル（Przemyśl）　184

豚戦争 Schweinekrieg　50, 106, 107, 190, 219, 220

豚丹毒 Rothlauf der Schweine　91, 222

豚ペスト Schweinepest　101, 103, 107-110, 113, 117, 123, 128, 219-221

ブダペシュト協定（Budapest）　34

ブフラウ会談（Buchlau）　51

不法開墾　71

プラハの春 Pražské jaro　15

プラム　21, 82, 92, 97-99, 213, 218

フランツヨーゼフスフェルト　87

プリイェドル（Prijedor）　95

プリドゥルジュニク　70

プリンツィプ橋（Principov most）　→ラテン橋

ブルガリア（Bâlgarija）　33-36, 62, 88, 174, 190, 201, 219, 239

ブルチュコ（Brčko）　92

文民補佐官　44, 57, 205, 231

ベオグラード（Beograd）　168, 179-183, 237

ベオグラード停戦案　183

ベグ　72

ベグ地　72, 155, 162, 163, 172, 212, 213

ペシュト・ハンガリー商業銀行（ペシュト商業銀行）Pester Ungarische Commercial Bank　133-135, 137, 138

ベッサラビア（Bessarabiya）　33-35, 201

ベルリン覚書（Berlin）　33, 200

ベルリン会議　3, 31, 35, 36, 50, 59, 62

ベルリン条約　37, 38, 40, 48, 51, 202

ポサヴィナ（Bosanska Posavina）　72, 162

ボスニア委員会 Die bosnische Kommission　40

ボスニア家畜伝染病予防法　98

ボスニア局 Das bosnische Bureau　40, 204

ボスニア議会 Der Landtag von Bosnien und der Hercegovina　14, 16, 17, 52-59, 75, 118, 121, 127, 128, 138-140, 143, 146, 149, 151, 153-156, 166, 167, 169-172, 174, 178, 185-189, 208, 222, 232

ボスニア牛疫法 Rinderpest　89, 90, 98, 108

ボスニア行政法　41, 52, 53, 57, 59, 137-140, 143, 145, 147, 149, 150, 169, 173, 185

ボスニア憲法　52, 53, 145, 146, 148, 149, 151, 171, 188, 190, 205, 208

ボスニア籍　54, 56

ボスニア内戦　15, 189, 190, 233

ボスニア豚ペスト条例　108, 109

ボスニア併合　11, 13, 38, 51, 114, 115, 144, 186, 207, 235-237

ボスニア・ヘルツェゴヴィナ（Bosna i Hercegovina）　189

ボスニア・ヘルツェゴヴィナ暫定国防法 Provisorisches Wehrgesetz　46

ボスニア・ヘルツェゴヴィナ特権地方抵当銀行（特権地方銀行）Die privilegierte Landesbank für Bosnien und die Hercegovina　76, 118, 136-138, 213, 225

ボスニア・ヘルツェゴヴィナ特権農業・商業銀行（特権農業銀行）　21, 133-140, 142-151, 153, 154, 173, 185, 188, 225-228

ボスニア・ヘルツェゴヴィナ連邦（Federaci-
　　ja Bosne i Hercegovine）　15
ボスポラス・ダーダネルス海峡 Straits of Bos-
　　phorus and Dardanelles　51, 207
ボヘミア（Čechy）　18, 217, 222
ボヘミアクラブ Böhmischer Klub　142, 147
ボヘミア民族社会主義、急進、国権議員連合
　　Vereinigung der böhmischen nationalso-
　　zialen, radikalfortschrittlichen und staats-
　　rechtlichen Abgeordneten　145
ホヨシュ使節団　177
ポーランドクラブ Polenklub　142, 143, 227

マ行

南スラヴ民族　12
南スラヴ問題 Südslawische Frage　12, 59, 171,
　　177, 185, 186, 189, 199
ミュルク　53, 64, 69, 208, 212
ミュルツシュテーク改革案（Mürzsteg）　50
ミーリー　64, 69, 208
民族防衛団　179-182, 235-237
無償賦役 Robot　85
ムスリム・クロアティア人連合（会派）Mus-
　　limanski-hrvatsko blok　156, 170
モスタル（Mostar）　46, 217, 230
モンテネグロ（Crna Gora）　14, 33, 34, 36, 37,
　　91, 97, 173, 193, 195, 200-202

ヤ行

養蚕　95, 98, 121
養蜂　95

予備覚書　120, 121
ユーゴスラヴィア連邦人民共和国（Federati-
　　vna Narodna Republika Jugoslavija ※
　　1963 年にユーゴスラヴィア社会主義連邦
　　共和国へと改称）　15, 16, 18, 62, 63, 182,
　　196, 240

ラ行

ライヒシュタット協定（Reichstadt）　33, 201,
　　202
ラッコニージ協定（Racconigi）　208
ラテン橋 Latinska ćuprija　4, 189
リイェーカ決議 Riječka rezolucija　49
リヴノ（Livno）　120
領事裁判権　48
両半部議会（オーストリア、ハンガリー両議
　　会）　27, 38, 41, 42, 59, 208
両半部政府（オーストリア、ハンガリー両政
　　府）　17, 27, 31, 33, 41, 42, 44, 56, 57, 89, 91,
　　99, 113, 114, 116, 117, 125, 127, 128, 130, 137-
　　140, 143, 145, 169, 170, 223, 232
ルドルフスタール　87
ルーマニア（România）　29, 36, 107, 129, 176,
　　182, 190, 199, 202, 238, 239
レオーベン（Leoben）　109
ロシア革命 Russkaya revolutsiya　141
ロンドン議定書（London）　34
ロンバルディア（Lombardia）　17

ワ行

ワクフ waqf　64, 205, 215, 232

人名索引

・本文中に登場しない人物は一部を除き割愛した。
・爵位については省略したものがある。

ア行

アイゼンマン Eisenmann, Louis　17, 198

アウステルリツ Austerlitz, Friedrich　142

アダメツ Adametz, Leopold　94

アードラー Adler, Victor　147, 148

アービー Irby, Paulina　65

アピス Apis　180, 236, 237

アブドゥルハミト2世 Abdülhamids II.　39, 204

アレクサンダル・オブレノヴィチ Aleksandar Obrenović　50

アレクサンドル2世 Aleksandr II.　38, 200, 201

アレクサンドル3世 Aleksandr III.　38

アレスコフ Aleksov, Bojan　6

アンダーソン Anderson, Benedict　12

アンドラーシ Andrássy, Gyula Graf　31-39, 59, 200-204

イヴァニシェヴィチ Ivanišević, Alojz　52, 208

イェフタノヴィチ Jeftanović, Gligorije　157, 168

イェリネク Jellinek, Georg　16

池田嘉郎　17

イズヴォルスキ Izvolsky, Alexander Petrovich　51, 207

イマモヴィチ Imamović, Mustafa　16

ヴィースナー Wiesner, Friedrich Ritter von　179, 236

ウィリアムソン Williamson, Samuel Ruthven Jr.　37

ヴィルヘルム2世 Wilhelm II.　175, 238, 239

ヴィンディシュグレーツ Windischgräz, Alfred von　129

ヴェケルレ Wekerle, Sándor　137, 139, 140, 151, 226

ヴェセリー Wessely, Kurt　79, 173

ヴルムブラント Wurmbrand, Norbert　58

エーベンホッホ Ebenhoch, Alfred　113, 114, 116

エリオット Elliott, John H.　8

エーレンタール Aehrenthal, Alois Lexa Freiherr von　26, 27, 50, 51, 139, 150, 151, 207, 208, 225, 234

小沢弘明　8

オスタハメル Osterhammel, Jürgen　12

カ行

ガイス Geiss, Imanuel　4

ガウチュ Gautsch von Frankenthurn, Paul　115

カウリムスキ Kaurimsky, Emerich　167

カーザー Kaser, Karl　6, 15

カトゥシュ Katus, László　63

カーライ Kállay von Nagy-Kálló, Béni　30, 42, 44, 50, 59, 63, 76, 77, 131, 205

ガラシャニン Garašanin, Ilija　12

ガラーンタイ Galántai, József　133, 197

カリナ Kalina, Antonín　145

カルシュニェヴィチ Karszniewicz, Adam　70-72

ガルトヴィク Hertwig, Nicholas　181, 237

カールノキ Kálnoky von Köröspatak, Gustav Siegmund Graf　26

カール6世 Karl VI.　8

カン Kann, Robert A.　12

ギースル Giesl von Gieslingen, Wladimir Freiherr　181, 237

木畑洋一 10
クエン - ヘーデルヴァーリ Khuen-Héderváry,
  Károly Graf 49
ククリェヴィチ Kukuljević, Milutin de Sacci
  66, 68
クラーク Clark, Christopher M. 176, 181, 237
クラインヴェヒター Kleinwaechter, Fried-
  rich 16
グラスル Grassl, Georg 162-165, 230
クラッセン Classen, Lothar 48
クラマーシュ Kramář, Karel 146, 147
クリャリャチチ Kraljačić, Tomislav 42
グリュンベルク Grünberg, Carl 131, 136, 187
グルンツェル Grunzel, Josef 113
クレシェヴリャコヴィチ Kreševljaković, Ham-
  dija 88
クロバティン Krobatin, Alexander Ritter von
  177
ゴウホフスキ Gołuchowski von Gołuchowo,
  Agenor Graf 26
コジュホフスキ Kożuchowski, Adam 27
コムロシ Komlosy, Andrea 11
コルム Kolm, Evelyn 10-12, 18
ゴンサルヴェス Gonsalves, Priscilla T. 79
コンラート・ヘッツェンドルフ Conrad von
  Hötzendorf, Franz Freiherr 176, 182-184,
  238, 239

サ行

ザウター Sauter, Hermann von 119
サゾノフ Sazonov, Sergei Dmitrievich 239
シェク Shek, Vugrovec Adalbert von 75, 166,
  167, 212
シェレーニ Serenyi, Béla 116, 224
ジックス Stix, Edmund 97
シートン－ワトスン Seton-Watson, Robert
  William 4
シミチ Simić, Božin 180
ジャクソン Jackson, Marvin R. 79
ジャコヴィチ Đaković, Luka 134
ジャドソン Judson, Pieter M. 15
ジャヤ Džaja, Srećko-Mato 14, 51, 173, 240

シュヴェーゲル Schwegel, Josef Freiherr von
  41
シュガー Sugar, Peter F. 134
シュステルシチ Šušteršič, Ivan 143, 144, 146,
  148, 149
シュタインバハ Steinbach, Gustav 53, 205
シューテーガー Stöger, Edmund 92
シュトゥルク Stürgkh, Karl Graf 115, 127
シュペルク Sperk, Bernhard 106
シュミット Schmid, Ferdinand 46, 60, 154, 155,
  205, 215
シュミット Schmidt, Rainer F. 31
シュミット Schmitt, Bernadotte Everly 48
ジョル Joll, James 3
ジルヴェスター Sylvester, Julius 149
ジロー Girault, René 32
スウェイブ Swabe, Joanna 106
スタヴリアーノス Stavrianos, L. S. 19
ステファン・ドゥシャン Stefan Dušan 13
ストヤノヴィチ Stojanović, Nikola 155, 156,
  222
スパホ Spaho, Mehmed 165
スラーヴィ Szlávy von Érkenéz und Okány,
  József 68, 81, 82
スレイマンパシチ Sulejmanpašić, Rifatbeg
  155
ゾフィー Chotek Sophie, Gräfin Herzogin
  von Hohenberg 3
ソールズベリ 3rd Marquess of Salisbury, Ro-
  bert Arthur Talbot Gascoyne-Cecil 36,
  202

タ行

高田和夫 200
ダシンスキ Daszyński, Ignacy 148
ターフェ Taaffe, Eduard Franz Joseph, Graf
  von 49
タンコシチ Tankosić, Vojislav 179, 181, 236
チガノヴィチ Ciganović, Milan 179, 181, 236
チャーチル Churchill, Winston Leonard Spen-
  cer 15
チャブリノヴィチ Čabrinović, Nedeljko 4

ツヴィイチ Cvijić, Jovan 13, 195

ツェンカー Zenker, Franz Freiherr von 116

ツルニチ Zurunic, Theodor P. 114

ティサ（イシュトヴァーン）Tisza, István gróf 178, 224, 235

ティサ（カールマーン）Tisza, Kálmán 49

ディミトリェヴィチ Dimitrijević, Dragutin T. →アピス

ディモヴィチ Dimović, Danilo 169, 170, 178

テイラー Taylor, A. J. P. 11

ドゥラノヴィチ Duranović, Amir 168

ドディク Dodik, Milorad 190

トマセヴィチ Tomasevich, Jozo 62, 63, 79

ドラグニチ Dragnich, Alex N. 181

ナ行

長瀬鳳輔 9

ニューマン Newman, John Paul 237

丹羽祥一 73

ハ行

バウアー Bauer, Otto 129, 224

ハウプトマン Hauptmann, Ferdinand 44, 63, 80, 82, 107, 134, 157, 163, 164, 213

パシチ Pašić, Nikola 50, 180-182, 237

ハーゼルシュタイナー Haselsteiner, Horst 32

バタコヴィチ Bataković, Dušan T. 6, 16, 179, 233

バデーニ Badeni, Kasimir Felix Graf 206

ハーニシュ Hanisch, Ernst 141

馬場優 176, 234

バブーナ Babuna, Aydin 73

バランスキ Baranski, Anton 89, 90

ハルマツ Charmatz, Richard 131

パレレ Palairet, Michael 66, 107, 239

ビエロフラーヴェク Bielohlawek, Hermann 146

ビスマルク Bismarck, Otto Fürst von 35, 36, 38, 48, 201, 202

ビーネルト Bienerth, Baron Richard von 114,

115, 137-139, 142, 146-148, 151

ピラル Pilar, Ivo 69

ビリンスキ Biliński, Chevalier Leon de 30, 115, 116, 125, 127, 139, 143, 151, 167-171, 174, 177, 178, 188, 221, 232, 235, 239

ファイファリク Feifalik, Anton 166, 232

フィッシャー Fischer, Fritz 175, 176, 234

フィールドハウス Fieldhouse, David Kenneth 18

フェイ Fay, Sidney Bradshaw 176, 193

フェイエルヴァーリ Fejérváry, Géza báró 49

フォルカー Volkar, Andreas 67

プファナー Pfanner, Franz 87

フランゲシュ Frangeš, Otto von 20, 21, 107, 119-124, 126, 128-130, 222

フランツ・フェルディナント Franz Ferdinand 3, 176, 198

フランツ・ヨーゼフ1世 Franz Joseph I. 9, 24, 27, 28, 32, 33, 37, 38, 48, 49, 52, 59, 66, 94, 119, 138, 140, 141, 146, 153, 154, 157, 170, 179, 182-184, 188, 198, 199, 201-203, 205-207, 213, 225, 227, 238, 239

フリーマン Freeman, Edward Bothamly 98, 99

ブリアーン Burián von Rajecz, Stephan（István）Freiherr 30, 50, 51, 112-116, 119, 120, 131, 133, 134, 137-140, 146, 147, 149, 153, 156, 167, 207, 208, 225, 226, 231, 235

プリンツィプ Princip, Gavrilo 3, 4, 6, 79, 179, 180, 182, 189, 190, 192, 193, 240

フルシチョフ Khrushchyov, Nikita Sergeevich 15

フロフ Hroch, Miroslav 14

ヘーゲル Hegel, Georg Wilhelm Friedrich 8

ベートマン‐ホルヴェーク Bethmann Hollweg, Theobald von 175, 182, 183

ヘーベルト Höbelt, Lothar 141

ベルヒトルト Berchtold von und zu Ungarschitz, Leopold Graf 3, 27, 125, 176-178, 182-183, 231, 234

ベルンライター Baernreither, Joseph Maria 75

ベンコ Benko, Isidor 121

ボイスト Beust, Friedrich Ferdinand Graf　24
ポティオレク Potiorek, Oskar　127, 167-171,
　　177-179, 233, 235, 236
ホブズボーム Hobsbawm, Eric J.　141
ホヨシュ Hoyos, Alexander Graf　168, 177,
　　234, 235

マ行

マウラー Maurer, John H.　177
マッケンジー MacKenzie, David　195, 237
マフムート 2 世 Mahmud II.　64
ミクリ Mikuli, Jakob　118, 121
南塚信吾　6, 32, 133
メドリコット Medlicott, W. N.　39
モルザイ Morsey, Franz　149

ヤ行

ヤーシ Jászi, Oscar　17
矢田敏隆　8
ヤラク Jarak, Nikola　80, 218, 223
ユズバシチ Juzbašić, Dževad　16, 18, 134, 168
ヨイキチ Jojkić, Milan　169
ヨヴァノヴィチ Jovanović, Jovan　180
ヨールカシューコッホ Jorkasch-Koch, Adolf
　　Freiherr von　137

ラ行

ライヒ Reich, Emile　24
ラウヒェンシュタイナー Rauchensteiner, Man-
　　fried　179, 182
ラデツキー Radetzky von Radetz, Johann
　　Joseph Wenzel Graf　32
ラドゥシチ Radušić, Edin　154
ラーンツィ Lánczy, Leó　134
ランピ Lampe, John R.　79
ランプ Lamp, Karl　54, 209
リーヴェン Lieven, D. C. B.　51
ルエーガー Lueger, Karl　142
ルカーチ Lukács, László Úrnak　125
ルートナー Ruthner, Clemens　11, 239
ルドンヌ LeDonne, John P.　38
レスリー Leslie, John　183
レートリヒ Redlich, Josef　146, 147, 149-151,
　　228
レヒャー Lecher, Otto　143
レンナー Renner, Karl　143, 144, 227
ロイド・ジョージ Lloyd George, David　175
ローズヴェルト Theodore, Roosevelt　12

ワ行

ワンク Wank, Solomon　31

［著者紹介］

村上　亮（むらかみ　りょう）

1981年、兵庫県生まれ。
2004年、関西学院大学文学部卒業。
2006年、関西学院大学大学院文学研究科博士課程前期課程修了。
2008〜10年、オーストリア政府給費留学生としてウィーン大学東欧史研究所に留学。
2011年、関西学院大学大学院文学研究科博士課程後期課程満期退学。
2012年、博士（関西学院大学・歴史学）。
現在、日本学術振興会特別研究員PD（京都大学大学院文学研究科）。
　　　関西学院大学、大阪成蹊大学非常勤講師。

ハプスブルクの「植民地」統治

2017年3月30日　第1版第1刷発行

Ⓒ著　者　村　上　　亮
発行所　多　賀　出　版 株式会社
〒102-0072　東京都千代田区飯田橋3-2-4
電　話：03（3262）9996㈹
E-mail:taga@msh.biglobe.ne.jp
http://www.taga-shuppan.co.jp/
印刷／文昇堂　製本／高地製本

〈検印省略〉　　　　　　落丁・乱丁本はお取り替えします.
ISBN978-4-8115-7931-3　C1022